AF454532

Die Ordnung der Welt

Hans-Jörg Schmidt-Trenz

Die Ordnung der Welt

Wie Regeln unser Leben lenken

Hans-Jörg Schmidt-Trenz
Universität Hamburg
Hamburg, Deutschland

ISBN 978-3-658-51052-7   ISBN 978-3-658-51053-4   (eBook)
https://doi.org/10.1007/978-3-658-51053-4

Die Deutsche Nationalbibliothek verzeichnet diese Publikation in der Deutschen Nationalbibliografie; detaillierte bibliografische Daten sind im Internet über https://portal.dnb.de abrufbar.

Springer ist ein Imprint der eingetragenen Gesellschaft Springer Fachmedien Wiesbaden GmbH und ist ein Teil von Springer Nature.
Die Anschrift der Gesellschaft ist: Abraham-Lincoln-Str. 46, 65189 Wiesbaden, Germany

Wenn Sie dieses Produkt entsorgen, geben Sie das Papier bitte zum Recycling.

Für Ludwig Leopold

Vorwort

Was die Welt der Menschen in ihrem Innersten zusammenhält oder auseinandertreibt, das interessierte mich seit ich
denken kann. Ich erinnere mich, wie ich als kleiner Junge
unterm Tisch lag, das Spielen einstellte und die Gespräche
von Eltern, Großeltern, -onkeln und -tanten verfolgte. Vor
allem, wenn es lauter wurde. Dann spitzte ich die Ohren
und lauschte ihren mir abenteuerlich erscheinenden Geschichten über den Zusammenbruch der Ordnung nach
zwei Weltkriegen und die Versuche, eine neue wirtschaftliche Existenz und eine neue politische Ordnung aufzubauen. So blieb nicht aus, dass Geschichte mein Lieblings-
fach in der Schule wurde. Würde sich das, was meine überlebenden Altvorderen an Chaos erlebt hatten, wiederholen
können? Das war natürlich nichts anderes als die Frage
nach: *Was stiftet Ordnung?* Um stringentere Antworten auf
diese Frage zu erhalten, entschied ich mich später neben
dem Studium der Geschichte vor allem für das Studium der
Volkswirtschaftslehre. Denn es sind vor allem ökonomische
Kräfte, deren Zusammenspiel Prognosen darüber erlauben,
ob ein soziales System – sei es ein Unternehmen, ein Staat

oder eine internationale Ordnung – sich stabil entwickelt oder dem Untergang entgegentaumelt. Worauf dann neue Strukturen folgen: evolutionär oder eben auch disruptiv, wenn notwendige Anpassungen versäumt werden.

Ordnung stellt sich ein, wenn Menschen Regeln befolgen und Institutionen achten. Nichts davon ist ein Selbstgänger. Für den Ökonomen lautet die Antwort: Die Leute werden sich nur *ordentlich* verhalten, wenn es in ihrem Interesse liegt. Doch wie wägen sie das ab? Wie „gut" ist die Ordnung, die sich einstellt? Ist sie vielleicht verbesserungsfähig? Was unterscheidet gute von schlechten Regeln/Institutionen? Wie entstehen sie? Oder wie werden sie gemacht? Wie und warum werden sie und die Ordnung, die sie erzeugen, umgestürzt?

Mit diesen Fragen beschäftigt sich seit einigen Jahrzehnten die „Institutionenökonomik". Tausende wissenschaftliche Artikel sind dazu publiziert worden. Nobel-Preise wurden in diesem Bereich verliehen.[1] Viele Spezialfragen wurden untersucht. Und das, dem Stand der wissenschaftlichen Übung gemäß, nicht ohne dazugehörigen modelltheoretischen, mathematischen und statistischen Apparat. Auch ich habe meine eigenen Beiträge dazu geleistet. Die Notwendigkeit dazu in der akademischen Welt ist unbestritten. Aber so konnte es auch geschehen, dass nur wenige der Erkenntnisse der Institutionenökonomik Eingang in die praktische Welt des Normalbürgers und auch vieler Verantwortungsträger gefunden hat. Wenn heute immer wieder ein Ludwig Erhard vermisst, ein *Mangel an ordnungspolitischem Sachverstand* beklagt und zugleich ein zunehmender *Vertrauensverlust in die*

---

[1] Die wichtigsten und im Literaturverzeichnis zitierten Preisträger waren u. a. 1974 Friedrich August von Hayek, 1986 James M. Buchanan, 1993 Douglas C. North, 2001 George A. Akerlof, 2009 Oliver E. Williamson und Elinor Ostrom sowie 2024 Daron Acemoglu und James A. Robinson.

Institutionen[2] diagnostiziert wird, so auch deshalb, weil es die einschlägigen Wissenschaftskreise immer noch nicht hinreichend vollbracht haben, ihren Elfenbeinturm zu überwinden und ihre Gedanken voraussetzungslos, nachvollziehbar und im Idealfall sogar so spannend und unterhaltsam zu präsentieren, dass aus einem Geheimfach Allgemeinwissen wird. Ich möchte mit diesem Buch etwas Abhilfe leisten und einen Schritt auf diesem Weg gehen. Es geht um ein Allgemeinwissen, das dazu dienen möge, sich in einer komplexen Welt besser zurechtzufinden und den Kern dessen, was die Welt der Menschen zusammenhält und voranbringt, besser zu erkennen. Auch die Kräfte, die sie auseinandertreiben. Um mit diesem Verständnis die Welt zu einer besseren machen zu können.

Wer an vielen Wenns und Abers interessiert ist und eine wissenschaftlich-mathematische Darstellung sucht, der sei auf mein 2023 im Vahlen-Verlag erschienenes Lehrbuch zur Institutionenökonomik (2023) verwiesen. Das hier vorliegende Buch hat im Unterschied dazu einen Leser ohne volkswirtschaftliche Vorbildung vor Augen. Es wird sein Ziel erreicht haben, wenn es möglichst vielen Lesern die Welt der Institutionen anregend und verständlich näherbringt und den Blick auf die alltäglichen, aber auch grundsätzlichen Handlungsmuster unserer Mitmenschen schärft.

Zu dem Wagnis, ein allgemein verständliches Buch über die Bedeutung von Regeln bzw. Institutionen für unser Leben zu schreiben, haben mich zahlreiche Weggefährten, Kollegen, Familienmitglieder und die Freunde meiner Kinder getrieben, die Interesse an meiner wissenschaftlichen Arbeit gezeigt, aber auf eine allgemein verständliche Darstellung gepocht haben. Ob es mir gelungen ist, kann nur

---

[2] Siehe z. B. die Untersuchungen der Bertelsmann-Stiftung (2019) und der OECD (2024). Insbesondere die Corona-Pandemie 2020–2022 hat offenbar das Vertrauen in wichtige politische Institutionen nachhaltig getrübt. Siehe hierzu Jäckle/Wagschal (2023).

der Leser entscheiden. Allen, die mich in diesem Unterfangen durch abendfüllende Diskussionen bestärkt haben, sei an dieser Stelle herzlich gedankt. Stellvertretend gilt dieser Dank besonders meiner Frau Vera und meinen Kindern Jeffrey, Gina und meiner Schwiegertochter Friederike sowie meinen Freunden Michael Dieckmann, William Dunn IV und Mel Turner. Prof. Dr. Dieter Schmidtchen hat dankenswerterweise einzelne Kapitel (Kap. 12, 23 und 26) durchgesehen. Der Lektorin Dr. Veronika Schuchter gilt ein ganz besonderer Dank für das sorgfältige Lektorat und wertvolle Hinweise. Danken möchte ich auch den engagierten Studierenden meiner Vorlesung „Institutionenökonomik", die ich seit vielen Jahren an der Universität Hamburg halte. Ihre vielen interessierten Nachfragen, Diskussionsbeiträge und der Transfer des Erlernten auf aktuelle tagespolitische Ereignisse oder Geschehnisse in der Geschichte haben viel zur Idee dieses Buches beigetragen. Ich widme es meinem Enkelsohn Ludwig Leopold (*11. Nov. 2025), der während der finalen Arbeiten an diesem Buch geboren wurde. Möge ihm ein gutes Leben in einer wohl geordneten Welt beschieden sein.

Hamburg
im März 2026

Hans-Jörg Schmidt-Trenz

Über den Autor

Hans-Jörg Schmidt-Trenz Der promovierte und habilitierte Volkswirt Hans-Jörg Schmidt-Trenz ist ausgewiesener Institutionenökonom und kennt die Welt der Institutionen, Organisationen, Regeln und Gesetze aus theoretischer und praktischer Sicht wie kaum ein anderer. Er studierte Volkswirtschaftslehre und Geschichte an der Universität des Saarlandes sowie der University of Michigan und ist langjähriger Professor an der Universität Hamburg und der Universität des Saarlandes. Er war u. a. Chef der Handelskammer Hamburg, Gründungspräsident der Hamburg

School of Business Administration, Vice-Chair der World Chamber Federation der International Chamber of Commerce (Paris), Mitglied im Verwaltungsrat eines Schweizer Versicherungskonzerns und Mitglied zahlreicher Aufsichtsräte. Hans-Jörg Schmidt-Trenz hat umfangreich zur Institutionenökonomik, zur Ökonomischen Analyse des Rechts sowie zu den Internationalen Wirtschaftsbeziehungen publiziert.

Inhaltsverzeichnis

Internationales

Einleitung

Alles in Ordnung? Das wurden Sie ganz bestimmt schon einmal gefragt. Sei es floskelhaft oder aus ehrlichem Interesse, wenn Ihr Gegenüber Anlass zur Vermutung hatte, dass vielleicht etwas nicht ganz „stimmen" könnte. Aber was heißt das? Nun, wenn jemand zufrieden ist, alle Freunde und Verwandte gesund sind, man in Freiheit und gesellschaftlichem und internationalen Frieden lebt, einen gesicherten Platz im Beruf und sein Auskommen hat sowie fest in seiner Partnerschaft, in Familie und Freundeskreis verankert ist, dann heißt das wohl so viel wie: Ja, alles in Ordnung! Das ist das, was viele darunter verstehen und erwarten. Es ist ein bestimmtes Muster, das wir im Kopf haben. Ein Muster über unseren wünschenswert realisierbaren Platz im Gefüge einer friedlichen Welt. Es hat etwas mit einer gewissen erstrebten Regelhaftigkeit zu tun. Zuckt der Adressat dagegen bei unserer Frage oder antwortet sogar mit nein, dann ist etwas in diesem Gefüge aus dem Lot geraten. Aus Sicht des Fragestellers folgen Schrecksekunde, gegebenenfalls Nachfrage. Vorstellungen werden abgeglichen, wo angezeigt Mitgefühl geäußert. Meist geht es in der anschließenden Diskussion um die Frage, welche Mittel und Wege es gibt, die Ordnung wiederherzustellen.

Alles strebt nach Ordnung. Vom ganz Großen bis zum ganz Kleinen. Der Kosmos weist eine Ordnung auf, die wir zunehmend besser verstehen. Das Atom weist eine Ordnung auf, die ein Kosmos im Kleinstformat zu sein scheint. Dazwischen leben wir – die Menschen – in einer *sozialen* Ordnung. Die Sehnsucht nach Ordnung ist bei aller Veränderungsdynamik für uns Menschen naturgegeben und eine Triebfeder unseres Zusammenlebens.

Ordnung vereinfacht das Leben. Es sind die sozialen Regeln, die ihr zugrundeliegen, die es vorhersehbar und berechenbar machen und uns ein Gefühl von Stabilität verleihen. Das gilt von den zehn Geboten bis zur Straßenverkehrsordnung, vom Bürgerlichen Gesetzbuch bis zum Völkerrecht. Die so gestiftete Ordnung ist häufig nützlich. Ordnung kann aber auch negativ gepolt sein, wie z. B. eine Gewaltordnung. Ordnung stets verstanden als Muster, das eine gewisse Regelhaftigkeit beinhaltet und wiederkehrt.

Die physikalische Ordnung der Welt fußt auf den Naturgesetzen und ist *nicht* der Gegenstand dieses Werks. Die Ordnung, um die es hier geht, ist die soziale Ordnung, sind die *Verhaltensmuster der Menschen.*

Doch was erzeugt diese Muster? Dieses Buch will darlegen, dass diese Muster auf *Regeln, Regelsets und deren Anwendungen* beruhen, die sich über die Zeitläufte, auch unter Beteiligung von „Gesetzgebern", entwickelt haben und weiter entwickeln. Sie schaffen *begründete Vorhersehbarkeiten an das Verhalten Dritter* (im Sinne von Wahrscheinlichkeiten) und erleichtern es, sich in einer komplexen Welt zu bewegen. Häufig werde ich in diesem Buch auch das Wort „Institutionen" in einem weiten Verständnis benutzen. Ich sehe darin den Sammelbegriff für *Regeln, Sets von Regeln und korporative Regelanwender. Letzteres sind Organisationen und ihre Organe.* Manchmal werden unter dem Begriff Institutionen nur Organisationen verstanden. Das ist im Vergleich zu meiner Benutzung dieses Wortes also zu eng gefasst.

Schauen wir kurz auf die einzelnen Erscheinungsformen von Institutionen:

Regeln sind Gesetzesvorschriften, die Regeln der Moral, Sitten, Gebräuche und Gewohnheiten. Das Gebot „Du sollst nicht töten" ist eine soziale Regel genauso wie die Sitte, dass man sich für ein Geschenk bedanken sollte.

Dann gibt es *Sets an Regeln* wie z. B. die Verfassung, das Strafgesetzbuch, das Regelsystem der Ehe oder die Summe der Regeln, die der Marktwirtschaft zugrunde liegen.

Bringen mehrere Individuen zum Zweck einer gemeinsamen Zielsetzung ein Set von Regeln zur Anwendung, so liegt eine *Organisation* vor. Beispiele dafür sind „der Staat" oder auch Unternehmen und Nonprofit-Organisationen wie Interessen- und Wohlfahrtsverbände.

In Organisationen entscheiden und handeln *Organe*. Es handelt sich um Funktionen. In der Organisation „Bundesrepublik Deutschland" entscheidet das Organ „der Bundestag" über den Haushalt und die Gesetze, das Organ „der Bundespräsident" unterschreibt sie und das Organ „die Bundesregierung" führt sie aus. In der Aktiengesellschaft entscheidet das Organ „die Hauptversammlung" über die Satzung, die Gewinnverwendung sowie die Zusammensetzung des Organs „der Aufsichtsrat", der die Ausübung der Unternehmensgeschäfte durch das Organ „der Vorstand" überwacht.

Regeln, Regelsets und daraus hervorgehende Organisationen und Organe erzeugen „*Governance*" (Williamson, 1985, S. 61), was soviel heißt, dass sie einen Rahmen bilden, in den unser tägliches Handeln eingebettet ist. North (1990, S. 3) spricht entsprechend von „constraints" (am besten zu übersetzen als „Schranken"), die unser Handeln beschränken und leiten. Und damit in gewisser Weise auch vorhersehbar machen. Weil sie Ordnung in das Handeln der Menschen bringen.

Solcherlei *Regeln lenken unser Leben* von der Wiege bis zur Bahre und machen es *musterhaft* vorhersehbar, weil sie ordnungsstiftend sind. Von den Regeln des Familienrechts, des Kaufrechts, des Arbeitsrechts, des Gesellschaftsrechts über das Strafrecht bis zum öffentlichen Recht, einschließlich des Verfassungs- und Völkerrechts. Die Regeln der Moral und ungeschriebene Regeln nicht zu vergessen. Sie haben sich über Jahrhunderte entwickelt. Entsprechend sind wir i. d. R. auch Mitglieder von sich stetig weiter entwickelnden Organisationen: als Staatsbürger, ggf. als Mitglieder einer Religionsgemeinschaft und von Vereinen, als Angehörige eines Unternehmens oder als Angestellte des Staates.

Regeln bringen Ordnung in die Welt. Deshalb der Titel dieses Buches. Damit ist klar, dass es hier, nach allem was schon gesagt worden ist, erkennbar nicht nur um die Ordnung der *Staaten*welt geht,[1] wie manche vielleicht vorab gedacht haben mögen. Es geht vielmehr um die Ordnung *jedweden* menschlichen Miteinanders an sich, handele es ich um die Interaktion Einzelner oder Gruppen von ihnen wie z. B. Unternehmen oder Staaten. Es geht hier also um die Welt grundsätzlich *aller* sozialen Beziehungen.

Regeln bzw. Institutionen prägen unser Handeln, erzeugen soziale Handlungsmuster und lassen Mustervoraussagen zu. Wer die Welt wirklich verstehen will, sollte weniger auf die Handlungen schauen als auf die Regeln, unter denen sie stattfinden. Regeln bilden das Betriebssystem unserer Gesellschaft, ihre unsichtbare Architektur. Wer die Regeln versteht, versteht die Ergebnisse. Wer die Regeln versteht, versteht die Welt. Sie eröffnen den Möglichkeitsraum für unser Handeln und geben vor, welche Handlungs-

---

[1] Darauf beschränkt sich das Werk gleichnamigen Titels des Politologen Menzel (2015). Wenn er von der „Ordnung der Welt" spricht, meint er ausschließlich die „Staatenwelt", deren Dynamik er im Lichte der Hegemonie- und Imperialismustheorie darstellt und untersucht.

weisen sich lohnen und welche eher nicht. Wer auf Handlungen schaut, sieht lediglich die Oberfläche. Die Tiefe der Struktur erblickt nur der, der nach den unterliegenden Regeln sucht. Regeln machen den Unterschied, zwischen erfolgreichem und weniger erfolgreichem Handeln, effektiven und weniger effektiven Ordnungssystemen in Politik, Wirtschaft und Gesellschaft. Wie leisten Regeln/Institutionen das? Wie sind die aus ihnen hervorgehenden Muster zu beurteilen? Dienen die Regeln/Institutionen dem wohlverstandenen Wohl aller? Wie haben sie sich entwickelt? Und wie entwickeln sie sich weiter? Sind sie volkswirtschaftlich sinnvoll, defizitär oder dienen sie nur einzelnen Gruppen? Was sind „gute" und was sind weniger gute Regeln? Lassen sie sich – im genannten wohlverstandenen Interesse aller – gezielt verbessern oder lassen wir besser die Finger davon?

Meine Antwort vorweg: Wir sind diesen Handlungsmustern, auch wenn sie eine ihnen ureigene kulturelle und entwicklungsdynamische Schwerkraft aufweisen, nicht vollständig ausgeliefert, denn wir können die sie prägenden Regeln/Institutionen zu einem gewissen Grad gestalten und eine bessere Welt, ein höherwertige Ordnung, erschaffen. Das ist, was dieses Buch zeigen will. Und: Worauf es dabei ankommt. Dabei wird deutlich werden, dass gerade Deutschland mit seinen komplexen geschichtlichen Erfahrungen und daraus gezogenen Lehren viel beizusteuern hat.

Zwischen Einleitung und Epilog gehe ich dazu in sechs Schritten (Hauptkapiteln) vor.

Das Hauptkapitel „*Verhalten*" dient dazu, sich über die Natur des menschlichen Verhaltens als Quelle von Regel- bzw. Institutionenbildung klar zu werden. Es handelt sich um den menschlichen Opportunismus und das Gefühl, sich in einer Vielzahl von Entscheidungssituationen einer Komplexität gegenüberzusehen, die nur durch regelgeleitetes Handeln bewältigt werden kann. Unter welchen Bedingungen kooperiert der Mensch? Wann handelt er opportunistisch und wird möglicherweise sogar gewalttätig?

Das Hauptkapitel „*Anreize*" kreist um die Frage, welche Instrumente zur Verfügung stehen, das menschliche Verhalten zu beeinflussen und im Sinne des sozial Erwünschten zu leiten: Es sind Strafen und Belohnungen, Haftung, Geiselnahme und Grenzen („rote Linien").

Das Hauptkapitel „*Prägung*" zeigt auf, dass sich unsere Institutionen auf einem kulturellen Humus entwickeln und nicht im luftleeren Raum. Die Institutionen, die wir sehen, sind Ausfluss einer ererbten Rechtskultur, und sie sind auch durch religiöse Traditionen und Verhaltensweisen geprägt.

Es folgen die bedeutendsten institutionellen Anwendungsfälle.

Zunächst das Hauptkapitel „*Staat*", in dem es um Souveränität und Territorium, Legitimität, Kontrolle, Gewaltenteilung, Demokratie, Subsidiarität und Föderalismus geht.

Dann das Hauptkapitel „*Wirtschaft*", das den Institutionen Geld, Unternehmen, Markt & Monopol und dem Patent und Schutz des geistigen Eigentums als Treiber von Innovation gewidmet ist.

Schließlich das Hauptkapitel „*Internationales*", das der letztlich anarchischen Ordnung der Staaten untereinander auf den Grund, aber auch der Frage nachgeht, wie Außenhandel zwischen Unternehmen ohne supranationales Gewaltmonopol funktioniert.

Neben alltäglichen und jüngeren Fallbeispielen greife ich in fast allen Kapiteln auf Beispiele aus der Geschichte der Menschheit zurück, um die Herkunft und Funktionsweise von Regeln und Institutionen zu veranschaulichen. Die Menschheitsgeschichte ist nämlich eine wahre Fundgrube für „case studies" der Institutionenökonomik. Ich werde immer wieder auch Begebenheiten aus der überaus vielfältigen deutschen Geschichte heranziehen. Sie eignet sich besonders hierfür. Es dürfte wohl kein zweites größeres Land auf der Erde geben, das, wie Deutschland, sämtliche sozialen Spielregelsysteme von der Monarchie über die Republik, den Faschismus, den Kommunismus und die Demokratie durchgespielt hat.

Daher lässt sich das vorliegende Werk auch als interdisziplinäre Studie in *angewandter Institutionenökonomik* begreifen. Dabei erhebe ich nicht den Anspruch, ein umfassendes Kompendium darzubieten. Ich will einen Überblick über Grundzüge bieten.

Seit Jahrtausenden ist die Mehrzahl der Menschen auf der Suche nach einer gerechten, auskömmlichen und friedlichen Ordnung ihres Zusammenlebens. Dabei ist die Welt einem stetigen Wandel der Abfolge der Generationen, ihres Lernens, Ringens und Anpassens ausgesetzt. Der Evolution des Lebens entspricht eine Evolution der Regeln bzw. Institutionen. Diese entwickeln sich teilweise von selbst, teilweise experimentiert der Mensch bewusst mit ihnen und erschafft neue. Solchermaßen bietet die Geschichte reichhaltiges Anschauungsmaterial über das, was sich bewährt hat und das, was sich nicht bewährt hat. Unser in die Zukunft gerichtetes Handeln kann davon zweifellos profitieren. Denn Fehler, die man kennt, müssen nicht wiederholt werden, und Bewährtes kann fortentwickelt werden.

Das führt zu der alten Frage: Kann man aus der Geschichte lernen? Oh ja! Das ist eigentlich selbstverständlich. Von Kindes Beinen an lernt der Mensch aus eigener Erfahrung und aus der Beobachtung von Vorbildern und Erfahrungen Dritter. Wir erkennen Muster. Für gut Erachtetes wird, wenn es nachhaltig ist, übernommen. Schlechtes oder Schmerzhaftes wird vermieden, wenn dem nicht ein hoher Ertrag in der Zukunft gegenübersteht. Dann kommt hinzu, was wir Bildung nennen. Auch die Inhalte von Bildung sind grundsätzlich erfahrungsgestützt. Was sind diese Erfahrungen anderes als Erkenntnisse, Ereignisse, Eigen- und Fremd-Erlebnisse der Vergangenheit?

Unsere Gegenwart ist das Ergebnis von regelgeleiteten Entscheidungen von Menschen, die in der Vergangenheit getroffen wurden und deren resultierende Handlungen sich gekreuzt und eine Kette von Ereignissen geschaffen haben. Unsere Zukunft beruht auf diesen, den aktuellen und künftigen Entscheidungen. Dieser Entscheidungsbaum ist alt, hoch und ausladend, und er wächst von Tag zu Tag, Woche zu Woche, Jahr um Jahr und so weiter. Schaut man also in die Geschichte als Abfolge von Entscheidungen und darauf fußenden Ereignissen, so ist sie das Labor, in dem die jeweils aktuelle Generation *schmerzfrei* studieren kann, was funktioniert hat und was nicht, um Anhaltspunkte dafür zu gewinnen, was für in die Zukunft gerichtete Entscheidungen relevant sein könnte. Mustervorhersagen sind dann möglich. Darauf zu verzichten, wäre dumm und teuer, und es widerspricht auch unserer Natur. Denn der Mensch ist ein lernendes Wesen. Lernen ist keine Erfindung der KI, sondern das, was sie auf eine neue Stufe, nämlich unsere, die Stufe des Menschen, stellt! Nur: Der Mensch neigt im Unterschied zur KI zum Vergessen. Was die heiße Herdplatte für das Kleinkind, ist die Geschichte für den Erwachsenen. Wer sie kennt und nicht vergisst, kann besser einschätzen, welchen Weg einzuschlagen von Erfolg gekrönt sein könnte, welche Institutionen und Regeln wir als Individuum und Gesellschaft langfristig befolgen und entwickeln und welche wir verwerfen sollten. In diesem Buch geht es also um Regeln und Entscheidungen über Regeln.

Teil I

Verhalten

1

Opportunismus: *Adam und Brigitte*

Geht es um die Ordnung der Welt, fängt man am besten bei Adam und Eva an. Bereits diese erste aller Geschichten enthält, erstaunlich genug, sämtliche Elemente, die man zum Verständnis der Welt der Menschen, so wie sie ist, benötigt.

Erinnern wir uns: Zunächst schuf Gott den Adam, und dann, aus einer dessen Rippen, die holde Eva, damit er nicht alleine im Paradiese sei. Mit diesen Beiden war die Urform sozialer Beziehungen geschaffen.

Und gleich ging's los. Eva ließ sich verführen, nicht von Adam, nein, sondern von einer Schlange, die die Früchte eines Apfelbaums pries, deren Verzehr der liebe Gott strengstens untersagt hatte. Ihr Konsum brächte Erkenntnis, die Gott den Menschen verweigere. Und Eva meinte tatsächlich, sie könne Gott überlisten. Sie biss heimlich zu, und auch den unbedarften Adam überredete sie zum geheimen Genuss. Allein, dies blieb dem lieben Gott nicht verborgen. Aus der Tatsache, dass die beiden plötzlich Scham

© Der/die Autor(en), exklusiv lizenziert an Springer Fachmedien Wiesbaden GmbH, ein Teil von Springer Nature 2026
H.-J. Schmidt-Trenz, *Die Ordnung der Welt*,
https://doi.org/10.1007/978-3-658-51053-4_1

empfanden, die im Paradies nicht vorgesehen war, konnte er gewissermaßen kriminologisch ableiten, dass sich die beiden an dem verbotenen Apfel vergriffen und die *einzige Regel*, die er ihnen mit auf den Weg gegeben hatte, gebrochen hatten. Seine Strafe folgte auf dem Fuße: lebenslanger Arbeitsdienst. Damit hatten die beiden nicht gerechnet, und es sollte eine Warnung an alle sein, künftig den göttlichen Geboten zu folgen.

Was ist zu dieser Geschichte zu sagen? Zunächst: Eva, und mit ihr der schwache Adam, handelten *opportunistisch*. Bei der erstbesten Gelegenheit, bei der sie sich unbeobachtet fühlten, meinten sie, die Situation unbemerkt zu ihrem vermeintlichen Vorteil ausnutzen zu können. Aber sie hatten sich verkalkuliert, weil sie nicht mit der Aufdeckung ihres frevelhaften Tuns gerechnet hatten. Sie waren zwar durchaus mit der Gabe der Vernunft ausgestattet, aber sie hatten sich nicht wirklich vollumfänglich vorstellen können, was sie für sich und alle folgenden Generationen auslösen würden. Kurzum: Sie handelten unter *Ungewissheit* und mit *beschränkter Vernunft*.[1]

Und was ist zum lieben Gott zu sagen? Er handelte fahrlässig, weil vertrauensselig. Er hatte auf das Gute im Menschen vertraut und war enttäuscht worden. Das hätte er durchaus vermeiden können: Hätte er Adam und Eva schon *von Beginn an* für den Fall eines Fehlverhaltens mit dem ewigen Arbeitsdienst gedroht, dann hätten Adam und Eva aus Angst vor solcherlei Bestrafung den Apfel wahrscheinlich Apfel sein lassen. Aus Schaden klug geworden, vertritt Gott am Ende der Geschichte offensichtlich die Auffassung, dass man die Menschen mittels *Strafen* für alle Zeiten von unerlaubten Handlungen *abschrecken* müsse (mehr

---

[1] Zum Begriff der beschränkten Rationalität vgl. Simon (1978). Der Mensch kann viele Entscheidungssituationen nicht vollständig überblicken und vereinfacht die Dinge solange, bis er die ihm gestellte Aufgabe meint lösen zu können. Mehr dazu in Kap. 2.

dazu in Kap. 8). Folgerichtig erfanden seine Stellvertreter auf Erden im 13. Jahrhundert das *Fegefeuer,* also die ausdrückliche Androhung eines Unheils, das denjenigen ereilt, der sich nicht regelkonform verhält (Näheres in Kap. 13).

Wozu dieser Ausflug in die Schöpfungsgeschichte?

Die Antwort ist so einfach wie klar: *Den menschlichen Opportunismus zu beherrschen, steht* seit jeher, wie in diesem Buch gezeigt werden soll, *am Beginn jedweder Regel- und Institutionenbildung.* Nur wenn der Opportunismus gebändigt werden kann, entsteht höherwertige Ordnung.

Höherwertige Ordnungen sind solche, die so gut wie alle Menschen besserstellen als lebten sie in einer Welt ohne diese Ordnung. Eine Welt ohne Betrug oder Diebstahl ist eine solche höherwertige Ordnung. Betrachten wir das Gemeinwesen, so halten wir einen freiheitlichen, demokratischen Rechtsstaat gemeinhin als ein Beispiel für eine höherwertigen Ordnung.

Eine Ordnung, in der sich Einzelne auf Kosten anderer bereichern, sie hintergehen und betrügen, ist der Paradefall einer minderwertigen Ordnung. Allgemein kann man sagen: *Minderwertige Ordnungen* sind solche, bei denen das Potenzial besteht, durch Umorganisation des sozialen Miteinanders, also durch *Regeländerung,* den Wohlstand aller zu heben.

Höherwertige Ordnungen sind, um das Wording von D. Acemoglu und J. A. Robinson (2014) zu benutzen, in der Regel *„inklusiv".* Sie sind so verfasst, dass alle zustimmen könnten, möglicherweise sogar tatsächlich zugestimmt haben. Minderwertige Ordnungen sind dagegen häufig *„extraktiv".*[2] Eine allgemeine Zustimmung zu einer solchen Ordnung liegt nicht oder nicht wirklich vor. Sie ist auch nicht denkbar. Ein Einzelner oder eine Gruppe beutet die

---

[2] Das Begriffspaar geht zurück auf Acemoglu u. Robinson (2012), S. 14 f.

anderen aus oder verschafft sich unverhältnismäßige Vorteile auf deren Kosten.

Minderwertige Ordnungen sind von mehr oder weniger ungebändigtem Opportunismus geprägt. Korruption, Betrug, Diebstahl, Gewalt und im Extremfall Mord sind alles Beispiele von Opportunismus. Dem Opportunisten geht es darum, bei günstiger Gelegenheit einen Vorteil für sich herauszuschlagen, selbst wenn er das Recht und die Moral verletzt, falsche Tatsachen vorspiegelt und Versprechen bricht. Nicht das Eigennutzstreben ist das primäre Problem, sondern die *Arglist,* mit der dabei vorgegangen wird.

Wir alle kennen das. Haben Sie schon einmal einen Gebrauchtwagen verkauft? Und haben Sie dem Käufer dabei auf Nachfrage sämtliche Reparaturen und vergangenen Unfälle vollständig offengelegt? Es soll ja Verkäufer geben, die bei dieser Frage den Kopf schütteln und felsenfest behaupten: Nie etwas gewesen! Das steigert natürlich den Wert des Fahrzeugs bzw. verhindert Abschläge. Wie blöd muss man denn sein, freiwillig einen versteckten Mangel zuzugeben, der einem finanzielle Einbußen beschert? So das häufig anzutreffende Denken. Nüchtern betrachtet handelt es sich hierbei um nichts Geringeres als Betrug. Der Wert des Fahrzeugs, den sich der gutgläubige Käufer ausrechnen durfte, erscheint ihm höher als der tatsächliche. Sein Kaufpreis ist mutmaßlich überhöht, seine Nutzenkalkulation geschmälert, falls die verschwiegenen Mängel des Fahrzeugs ihn während seiner Nutzungszeit einholen. Möglicherweise hätte er das Fahrzeug gar nicht gekauft, wenn er dessen wahre Vorgeschichte gekannt hätte.[3]

---

[3] Akerlof (1970) hat den „Markt für Zitronen" in einem wegweisenden Artikel eingehend beschrieben, wobei er mit „Zitronen" Gebrauchtwagen mit versteckten Mängeln bezeichnet. Da kluge Käufer mit einer gewissen Wahrscheinlichkeit damit rechnen, eine Zitrone zu erwischen, werden sie aus Gründen des Selbstschutzes einen Preisabschlag vornehmen. Damit erhalten Anbieter mangelfreier Autos nicht mehr den von ihnen angestrebten Verkaufspreis und ziehen sich aus dem privaten Gebrauchtwagenmarkt zurück.

Der Opportunismus feiert stets fröhliche Urständ, wenn die Beteiligten *unterschiedliche* Informationsstände über eine Sache oder einen Sachverhalt haben. Der Opportunist nutzt solche *Informationsasymmetrien*[4] erbarmungslos aus. Gelegenheit – ich weiß etwas, was Du nicht weißt – verführt zum Betrug. Bleibt er unentdeckt, dann ist es fein für den Täter. Nicht so für das Opfer, wenn es den Betrug früher oder später erkennt. Es fühlt sich getäuscht, seines Vertrauens missbraucht. Das Opfer wird dann seine Lehre aus der Erfahrung ziehen und bestrebt sein, sich beim nächsten Mal abzusichern.

Seit Menschengedenken geht es daher um die Frage: Kann man den Mitmenschen vertrauen? Sagen sie die Wahrheit? Meinen sie es gut? Oder täuschen sie, einseitiger Vorteile wegen? Die Ungewissheit über die Beantwortung dieser Fragen nötigt den Menschen Kopfzerbrechen ab: Wie schütze ich mich vor dem Opportunismus der anderen? Wie verhindere ich, über den Tisch gezogen zu werden?

Blicken wir dazu noch einmal kurz auf unser Beispiel: Natürlich könnte der Gebrauchtwagenkäufer einen Gutachter beauftragen, der das Fahrzeug auf Herz und Nieren prüft. Aber das kostet! Viele wollen diese Kosten vermeiden. Aber dann sollten sie nie ein Gebrauchtfahrzeug von jemandem kaufen, dessen Ehrlichkeit anzuzweifeln sie gute Gründe haben. Und sei der Grund auch nur der, dass sie den Verkäufer nicht kennen und wahrscheinlich auch nie mehr wieder sehen. Missachtet man diese einfache Regel, dann ist die Wahrscheinlichkeit ziemlich hoch, dass man zu viel für das Fahrzeug zahlt.

Opportunismus ist eine der häufigsten menschlichen Verhaltensformen, und sie begegnet uns im Alltäglichen, im Geschäftsleben und in der Politik, also überall. Es gibt Leute, die das weit von sich weisen, sich mitunter über alle Zweifel

---

[4] Grundlegend ist Williamson (1985), S. 47 f.

erhaben inszenieren, und auch nicht davor zurückschrecken, mit dem Finger auf andere zeigen, wo sie selbst doch nur Opportunisten sind.

Ein eindrückliches Beispiel hierfür ist eine Gruppe Berliner Journalisten um eine ehemalige Chefredakteurin der Berliner Zeitung, über die DER SPIEGEL in seiner Ausgabe Nr. 3 vom 13. Januar 2023 berichtete. Die besagte Ex-Chefredakteurin Brigitte F. und ihre journalistischen Freunde hatten im Rahmen ihres journalistischen Lebens unter anderem für den Spiegel, die ZEIT, die Süddeutsche Zeitung, die Frankfurter Rundschau und die TAZ geschrieben. Wenn es um die prekäre Lage auf den urbanen Wohnungsmärkten ging, dann fehlte es bei ihnen nicht an harschen Anwürfen gegen gierige Projektentwickler, dem Wucher verfallene Vermieter und eine untätige öffentliche Hand, die unfähig sei, den Auswüchsen am Wohnungsmarkt eine Ende zu setzen. Klare Moral- und Politikvorstellungen der besagten Journalisten, möchte man rufen. Wobei es eine offene Frage ist, ob der geforderte staatliche Interventionismus das Problem wirklich an der Wurzel lösen würde. Vermutlich eher nein.

Aber das soll hier nicht die Frage sein. Die interessante Frage, die hier Anfang 2023 pars pro toto auftauchte, war, ob das moralisierende Reden dieser Journalisten zu ihrem eigenen, tatsächlichen Tun passte? Um die Antwort vorwegzunehmen: Es scheint wohl leider nicht ganz gepasst zu haben.

Was war geschehen? Die besagte, etwa ein halbes Dutzend große Journalistengruppe hatte sich gemäß der SPIEGEL-Recherche Anfang der Neunzigerjahre für 600.000 € (damals 1,2 Mio. D-Mark) gemeinschaftlich ein Mietshaus mit 22 Einheiten in der Oranienstraße in Berlin-Kreuzberg zugelegt und es später mit staatlichen Zuschüssen des Bezirks in Höhe von 1,78 Mio. Euro (3,4 Mio. D-Mark; Förderquote 85%) saniert. Die Berliner Verwaltung hatte diesen für „Selbsthilfegruppen" mit genossenschaftlichen Grundsätzen vorgesehenen Zuschuss mit entsprechenden Auflagen versehen: Die Eigentümer sollten das Förderobjekt zu großen Teilen selbst bewohnen, und die weiteren Mieter sollten nach Sanierung zu den vormaligen Mieten wieder einziehen dürfen; freiwerdender Wohnraum sollte durch die Berliner Verwaltung an Bedürftige vergeben werden dürfen und noch das ein oder andere mehr.

Allein, nachdem man den Zuschuss verausgabt hatte, hielt sich die Journalistengruppe, so der SPIEGEL, nicht an die Auflagen. In verschiedenen Medien wird berichtet, dass man den selbstbewohnten Wohnraum ausdehnte, frisierte Mieterlisten weitergab, Wohnungen unter der Hand vermietete und dass von den Mietern Mietaufschläge und Nebenkosten in Bar verlangt wurden[5] – das alles Dank einer Verwaltung, die ihre Auflagen nicht angemessen kontrollierte oder aufgrund ihrer seinerzeitigen politischen Besetzung vielleicht auch nicht kontrollieren wollte. Opportunismus auf allen Seiten. Im Jahr 2024 wurde der Wert der Immobilie auf 12 Mio. Euro geschätzt und ein Verkauf durch die „Selbsthilfegruppe" war schon angedacht. Alles wäre so schön für die Journalisten gewesen, hätte nicht ein Berliner CDU-Abgeordneter den wohl auch nicht völlig selbstlosen Mut aufgebracht, die Journalisten wegen Fördermittelbetrugs anzuzeigen. Allein, die Staatsanwaltschaft konnte nur noch feststellen, dass sich weitere Ermittlungen wegen schweren Betrugs nicht lohnten, da inzwischen die Verjährung gegriffen habe. Die Journalisten konnten ihre Schweißperlen vorerst abwischen. Verdammt knapp davongekommen – schien es. Dann aber erhob das Land Berlin im April 2025 eine verwaltungsgerichtliche Klage auf Rückzahlung der Fördergelder nebst Zinsen, wie der Tagesspiegel

---

[5] Siehe Spiegel 1/2024 vom 27.12.23 „Journalisten als ‚Selbsthelfer', Der große Immobilienpoker in Berlin-Kreuzberg" (von Frauke Hunfeld).

am 27.7.25 berichtete. Dieses Verfahren wurde im Februar 2026 durch einen „Vergleich" beendet: Demnach muss die Journalistengruppe die *komplette* Fördersumme von 1,78 Mio. € zuzüglich 1,35 Mio. € an Zinsen zurückzahlen (vgl. u. a. Berliner Zeitung vom 19. Februar 2026). Durch den Vergleich, welcher der Gerechtigkeit Genüge tat, entfiel die Peinlichkeit einer mündlichen Verhandlung.

Dankenswerterweise hatte der SPIEGEL drei Jahre zuvor alles öffentlich gemacht. Da hat das Glashaus, in das sich die Journalisten begeben haben, ganz schön gescheppert. Ihren eigenen Maßstäben sind sie erkennbar nicht gerecht geworden. Schlimmer noch: Es steckte wohl Absicht dahinter, wie die aufgeführten Umgehungen der Auflagen belegen. Die vermeintliche Gier der anderen aus ihrem journalistischen Angestelltendasein heraus mit moralisierender Haltung zu bekämpfen und ihr gleichzeitig „privat" selbst zu frönen, das war schon dreist, opportunistisch eben. Es gibt zum Glück andere Journalisten, die das beim Namen genannt haben.

Solcherlei Dreistigkeit bzw. Opportunismus findet sich natürlich auch in der Politik. Fürchterlichstes Beispiel der jüngsten Vergangenheit ist Wladimir Putin (*1952). Noch Mitte Februar 2022 schwor er trotz eines unübersehbaren militärischen Aufmarschs an der ukrainischen Grenze Stein und Bein, dass er den völkerrechtlich anerkannten Nachbarstaat nicht angreifen werde. Um es dann nur wenige Tage danach doch zu tun. Das Täuschungsmanöver gelang und verschaffte ihm die Anfangserfolge eines Überraschungsangriffs, der sein unmittelbares Ziel gleichwohl nur dank des Dilettantismus der russischen Generalität und des Mutes der ukrainischen Verteidiger nicht erreichte.

Versprechen abzugeben in der festen Absicht, sie zu brechen, ist Opportunismus pur und hat auch in Deutschland seine Vertreter. Der bekannteste unter ihnen dürfte Walter Ulbricht (1893–1973) sein, Lenker der Geschicke des ersten sozialistischen Staates auf deutschem Boden, der Deutschen Demokratischen Republik (1949–1990). Auf einer Pressekonferenz am 15. Juni 1961 erklärte er auf Nachfrage: „Niemand hat die Absicht, eine Mauer zu bauen!" Ja, möchte man sagen, was wäre uns erspart geblieben, wenn Walter Ulbricht sein Versprechen eingelöst hätte.

Aber natürlich hatte er nie die Absicht, dieses Versprechen einzuhalten. Es handelte sich vielmehr um eine bewusste Täuschung, um die eigenen Bürger, die teilweise auf gepackten Koffern saßen, zu beruhigen und eilige Fluchtbewegungen nach West-Berlin angesichts eines mutmaßlichen Toresschlusses zu verhindern. Ein opportunistischer Akt von entsetzlichem Ausmaß, der nach dem Bau von Ulbrichts Berliner Mauer (begonnen am 13. August 1961) über 300 Flüchtlingen das Leben kostete, Familien auf fast drei Jahrzehnte trennte und die DDR in ein Groß-Gefängnis mit ausgeklügeltem Spitzelsystem und wirtschaftlichem Siechtum verwandelte, in dem es für die Masse der sogenannten Volksgenossen allenfalls noch Nischen des privaten Glücks gegeben hat.

Die Reihe der Beispiele opportunistischen Verhaltens aus allen Sphären des menschlichen Miteinanders ließe sich beliebig fortsetzen:

Sei es der opportunistische Marktbeschicker, der seine konventionell gezüchteten Äpfel schlicht als „Bio"-Äpfel bezeichnet, um auf dem Markt einen Euro mehr für das Kilo zu erhalten.

Sei es die heimliche Preisabsprache von zwei großen Unternehmen, um höhere Preise und höhere Gewinne durchzusetzen.

Sei es der Handwerker, der vordergründig seine Verbände darin bestärkt, der Schwarzarbeit endlich das Handwerk zu legen, nur um zu kaschieren, dass er selbst bei sich bietender Gelegenheit ohne Rechnung und für Bares arbeitet.

Sei es der Abgeordnete, der gegen sein Gewissen und seine Überzeugung im Bundestag für eine Maßnahme die

Hand hebt, nur um sich das Wohlwollen seines Fraktionsvorsitzenden und die Wiederaufstellung zu sichern, weil das Mandat in Ermangelung eines zivilen Berufes seine einzige Existenzgrundlage darstellt.

Genug der Beispiele. Warum ist es so wichtig, anzuerkennen und in aller Klarheit auszusprechen, dass wir allerorten und immerdar von tatsächlichem und potenziellem Opportunismus umgeben sind? Die Antwort lautet: Weil die Bekämpfung oder zumindest die Eindämmung des allgegenwärtigen Opportunismus die eigentliche Ursache für die Entstehung von Regeln und Institutionen ist. Wenn es richtig läuft, erzeugen sie eine Ordnung, in welcher der Opportunismus auf ein Mindestmaß reduziert wird.

Deshalb gibt es, um bei den oben genannten Beispielen zu bleiben, Regeln über Kaufverträge und ADAC-Musterverträge für den Gebrauchtwagenkauf und auch Händler, die eine Gebrauchtwagengarantie geben.

Deshalb gibt es das Strafgesetzbuch, mit dem u. a. Betrug geahndet werden soll.

Deshalb gibt es ein Eichamt, das die Waagen und Gewichte der Händler auf dem Wochenmarkt überprüft.

Deshalb gibt es Verfassungen, die staatliches Handeln regeln, und Rechnungshöfe sowie Verwaltungsgerichte, die staatliches Handeln überwachen sollen. Und deshalb gibt es ein Bundesverfassungsgericht, das die Einhaltung der grundlegenden Verfassungsregeln und -werte, wie sie im mehrheitlich getragenen Grundgesetz verkörpert sind, sicherstellen soll.

Als gute Regeln und Institutionen erweisen sich dabei solche, die Opportunismus zu vertretbaren Kosten zurückdrängen und von allen als handlungsleitendes Prinzip anerkannt werden (können). Von einer vollständigen Beseitigung des Opportunismus kann leider nicht ausgegangen werden. Dies erweist sich in der Praxis als häufig zu teuer:

Ein Gutachten beim privaten Gebrauchtwagenkauf kann nicht unbeträchtliche Kosten aufwerfen; die bessere Alternative mag sein, den Wagen bei einem ortsansässigen Händler zu kaufen, den man seit Jahren kennt und der einen Ruf zu verlieren hat, weshalb er die Wahrheit sagt.

Einen staatlichen Blockwart in jedem Berliner Mietshaus zu installieren, der die ordnungsgemäße Verwendung von Sanierungszuschüssen kontrolliert, ist nicht wirklich finanzierbar. Wohl aber unangekündigte Stichproben durch Behördenvertreter, insbesondere, wenn es um große Fördersummen geht.

Eine Weltpolizei könnte die Achtung des Völkerrechts sicherstellen, aber das Generalsekretariat der Vereinten Nationen verfügt über keine eigene, global einsatzfähige Streitmacht. Selbst den USA, im 20. Jahrhundert immer wieder als selbsternannter Weltpolizist unterwegs, geht angesichts der vielen weltweiten Konflikte die Puste und der Wille aus, omnipräsent zu sein. Jeder Staat muss für sich selber sorgen, erscheint vielen als das Gebot der Stunde. Damit gilt wieder, was eigentlich immer schon so war: Du musst auf den Krieg vorbereitet sein, wenn Du ihn verhindern willst. Opportunistische Nachbarn verstehen nur die Sprache der Stärke und Abschreckung.

Am Anfang war der Opportunismus. Und da er nicht gestorben ist, lebt er bis heute. Und damit das Erfordernis von allgemein akzeptierten und durchgesetzten Regeln. Auch und gerade, weil sie uns helfen, uns in einer komplexen Welt zurechtzufinden. Wenden wir uns daher im nächsten Kapitel der Frage zu, was Komplexität ist, und wie wir damit umgehen.

2

Komplexität: *Das Universum ist zu klein*

Schätzungen zufolge beträgt die Zahl möglicher Figurenstellungen, die auf einem Schachbrett auftreten können, ungefähr 10^{46}, was einer 1 mit 46 Nullen entspricht. Ungleich höher noch ist die Zahl der möglichen Abfolgen von Spielzügen, der sogenannten Schach-*Partien*. Claude Shannon (1916–2001), Pionier der Informationstheorie, schätzte diese Zahl in einem Artikel aus dem Jahr 1950 auf 10^{120}, also eine 1 mit 120 Nullen (*„Shannon-Zahl"*)! Er ging dabei von einem durchschnittlichen Partienverlauf von 40 Zügen pro Spieler und etwa 30 möglichen Zügen von jeder Position aus.

Kein Mensch und auch kein Computer (!, s. u.) ist in der Lage, die sich daraus ergebende Komplexität zu verarbeiten. Dabei haben wir es hier lediglich mit der Interaktion von *zwei* Menschen zu tun! Der von 2013–2023 ununterbrochen amtierende Schachweltmeister Magnus Carlsen (*1990) erklärte in einem SPIEGEL-Interview im Jahr 2010, dass er in der Lage sei, 15 bis 20 Spielzüge im Voraus zu durchdenken. Die begrenzte Rechenkapazität limitiere

H.-J. Schmidt-Trenz, *Die Ordnung der Welt*, https://doi.org/10.1007/978-3-658-51053-4_2

diese Herangehensweise, sodass es eher auf *Mustererkennung* und *Intuition* ankomme, den richtigen Zug vorzunehmen.

Moderne Schachprogramme wie „Stockfish" oder „Leela Chess Zero" können zwar, weit schneller und mehr als alle Großmeister, Millionen von Stellungen pro Sekunde analysieren, um optimale Züge zu finden, doch auch sie bleiben unendlich weit hinter der Shannon-Zahl zurück. Das ist auch nicht verwunderlich. Denn es gibt keinen denkbaren, im Dualsystem arbeitenden Computer, dessen Speicherkapazität an die Shannon-Zahl heranreichen könnte. Das liegt daran, dass es im beobachtbaren Universum schätzungsweise „nur" 10^{80} Atome gibt (sogenannte „*Eddington-Zahl*"). Würde jedes einzelne von diesen als Speichermedium in einem Computer verbaut, so bliebe die Speicherleistung noch immer weit unter dem, was angesichts der ungleich höheren Shannon-Zahl erforderlich wäre. Auch Quantencomputer können dieses grundsätzliche Problem nicht lösen. So kommen also auch Schachprogramme nicht ohne Heuristiken wie Musteranalysen, Näherungen, Erfahrungswerte und Daumenregeln aus. Und das wird wohl so bleiben. Für den Mensch gilt das allemal. Für ihn gilt ein „speed limit" von 10 Bit pro Sekunde. Mehr kann er nicht bewusst verarbeiten.[1] In seinem Fall gibt, wenn alles Rechnen nicht weiter führt und die Zeit zur Entscheidung drängt, die Intuition den Ausschlag.

Wahrscheinlich ist gerade dies das Faszinierende am Schach. Kein Spiel ist genau wie das andere. Alles ist möglich. Niemand kann es vollständig durchdenken, auch kein Computer. Welcher Spieler kann weiter vorausdenken?

---

[1] Neueste neurologische Untersuchungen (Meister u. Zeng 2024) ergeben, dass der Mensch nur bis zu 10 BIT/Sekunde bewusst verarbeiten kann, während seine Sinnesorgane (v. a. das visuelle System) pro Sekunde bis zu 1 Mrd. BIT an Informationen aufnehmen. 10 Bit entspricht etwa dem Tippen von 120 Wörtern pro Minute. Der Mensch trifft gemäß einer Studie von Sahakian und LaBuzetta (2013) am Tag bis zu 35.000 Entscheidungen, viele davon unbewusst.

Wer kann besser Muster erkennen und interpretieren? Wer hat die bessere Erfahrung und Intuition? Wer trifft welche und nach Möglichkeit die richtige Schlussfolgerung aus einem Muster, das er zu erkennen glaubt?

Wechseln wir vom Schach zum Straßenverkehr. Auch dieser ist ein großes Spiel, aber zumeist mit sehr viel mehr Akteuren als im Schach. Jeder Akteur hat viele Verhaltensmöglichkeiten (Strategien) und aus dem Aufeinandertreffen dieser x Strategien entstehen unzählig viele mögliche Ereignisse: Zum Beispiel einer lässt die anderen vor/einer überholt die anderen/man fährt mit gleicher Geschwindigkeit hintereinander/einer bremst, alle fahren auf (Unfall) usw. usf. Jeder Verkehrsteilnehmer muss also permanent seine Umgebung beobachten, Prognosen über das Verhalten Dritter stellen, die daraus entstehenden potenziellen Ereignisse bewerten und dann Entscheidungen über das eigene Verhalten treffen: z. B. „überholen", „hupen", „defensiv fahren" usw. usf. Die Zahl der Zustände („Vielfalt" oder „Varietät"), die ein Verkehrssystem mit *vielen* Beteiligten grundsätzlich einnehmen kann, erklimmt dann sehr schnell die Größenordnung der Shannon-Zahl und ist wahrscheinlich noch sehr viel höher.

Einem Marsmenschen, der auf der Erde landet, wird der urbane Straßenverkehr zunächst ziemlich komplex anmuten. Durch Beobachtung und mit der Zeit wird er jedoch lernen, dass z. B. Lichtsignale Muster erzeugen: Bei Rot stehen Fahrzeuge, bei Grün fahren sie. Er erkennt also plötzlich eine Regel, deren Beachtung es auch ihm ermöglicht, unfallfrei eine Straße zu überqueren. Durch Regeln, die befolgt werden, wird die potenzielle Vielfalt des Straßenverkehrs dramatisch reduziert und es entstehen Muster, die wir verarbeiten können. Erst nach der Reduktion der Zahl der zu berücksichtigenden Umstände und Strategien können wir die Vor- und Nachteile einiger typischer Handlungsoptionen abwägen und uns für diejenige entscheiden, die wir als die Beste ansehen. Natürlich gibt es Menschen, die mehr Vielfalt verarbeiten können als andere, weil sie intelligenter sind, mehr Erfahrung und bessere Intuition aufweisen und mehr über die Regeln wissen.

Damit ist nun klar, was hier unter „*Komplexität*" verstanden wird. Komplexität liegt vor, wenn die Varietät der betrachteten Welt, also die *Umvarietät* (z. B. die Shannon-Zahl im Fall des Schachspiels), größer ist als die *Eigenvarietät* des Betrachters ist. Letzteres ist die Vielfalt, die er verarbeiten kann, was von seinem Wissen und seiner Intelligenz abhängt.[2] Es ist diese *Differenz zwischen Um- und Eigenvarietät,* die den Eindruck von Komplexität erzeugt. In den Worten Heiners (1983) handelt es sich um die *Diversitäts-Kompetenz-Lücke.*[3] Sie ist höchst subjektiv. Denn die gefühlte Umvarietät ist genauso individuell wie die Eigenvarietät. Was der eine für komplex hält, muss es also für den anderen lange nicht sein, weil seine Eigenvarietät höher ist oder weil er die Umvarietät niedriger einschätzt.

Wir müssen die besagte Lücke schließen, um zu einer Handlungsentscheidung zu gelangen. Wir können versuchen, die Umvarietät, die wir berücksichtigen wollen, zu reduzieren, indem wir bestimmte Varianten als irrelevant ausschließen und uns auf prototypische Muster kaprizieren. Häufig geschieht dies unbewusst und antrainiert. Zugleich können wir auch unsere Eigenvarietät erhöhen, in dem wir uns Wissen und Entscheidungsmethoden aneignen, lernen und die Strategien erfolgreicher Mitmenschen beobachten und imitieren. So gehen wir vernünftigerweise mit Komplexität um, um nicht in Handlungsunfähigkeit wegen Überforderung zu erstarren.

---

[2] Vgl. Röpke (1977), S. 21 u. 27 und Schmidt-Trenz (2023), S. 27 ff.

[3] Heiner (1983), S. 562, spricht von der „CD-gap", wobei C für „competence"(=Eigenvarietät) und D für „diversity"(= Varietät des Umsystems) steht.

Gibt es eine solche Lücke nicht, dann nehmen wir Aufgaben nicht als komplex, sondern als einfach zu lösen wahr. Streckt mir ein bekannter Mitteleuropäer die Hand entgegen, so ergreife und schüttele ich sie. Das Muster einer ortsüblichen Begrüßung eben. Da müssen wir nicht lange überlegen.

Streckt mir dagegen ein Ureinwohner auf einer Insel im indischen Ozean die Hand entgegen, nachdem ich das Kreuzfahrtschiff alleine verlassen habe, so ist vielleicht Vorsicht geboten. Will er mich ins Dickicht ziehen? Zu welchem Zweck? Oder will er mich nur berühren? Zum Zwecke der Begutachtung? Zum Zwecke der Begrüßung? Oder was? Dieselbe Situation ist also plötzlich komplex, weil sie in einem anderen Kontext steht. Der eine oder andere hat solcherlei Begegnungen mit seinem Leben gezahlt. So z. B. noch jüngst der amerikanische Missionar John Allen Chau (1991–2018), der im November 2018 versuchte, Kontakt zu den auf einer Insel im indischen Ozean lebenden Sentinelesen (eine der ca. 170 noch isoliert lebenden Ethnien der Welt) aufzunehmen und Drohgebärden nicht ernstnahm.

Klugerweise schließt man in diesem Fall die „Lücke" so, dass man einen ortskundigen Führer mitnimmt, der die richtige Verhaltensweise vermittelt, wenn man Mitgliedern einer indigenen Bevölkerung begegnet. Einen Führer also, der die Muster kennt und die richtigen Schlussfolgerungen daraus zieht. Und wir tun gut daran, ihm zu folgen und ihn zu imitieren.

Nicht so Chau. Schlimmer noch: Er hatte schlicht das Verbot der indischen Regierung missachtet, sich der Insel auf unter 3 km zu nähern. Eine Regel, die die o. g. „Lücke" auf denkbar einfache Weise schloss und bei deren Beherzigung er noch leben würde.

Erscheinen vor dem geschilderten Hintergrund bereits Entscheidungen über angemessene Verhaltensweisen gegenüber den Sentinelesen als komplex, so gilt dies für Entscheidungen über die richtige Schulwahl, die Studienwahl, die Berufswahl, die Partnerwahl und die Frage, Kinder in die Welt zu setzen, erst recht. Sie sind zudem eingebettet in umfangreiche gesellschaftliche, politische und wirtschaftliche Entwicklungen, die schwer zu prognostizieren sind, weil sie auf der zukünftigen Interaktion von Milliarden von Menschen beruhen. Können wir über Jahrzehnte mit der Aussicht auf irgendeine Perfektion oder Garantie durchdenken, welche Weiterungen die besagten Entscheidungen mit sich bringen, welche Chancen und Risiken? Sicherlich nein. Trotzdem entscheiden wir. Zum Beispiel auf der Grundlage von Erfahrungen Dritter, wenn wir den Rat Älterer anhören und annehmen. Oder auf der Grundlage von Intuition oder eigener Erfahrungen, wenn das Kind schon einmal in den Brunnen gefallen ist. Oder wir suchen ggf. den Rat von Eltern und Freunden oder unbeteiligten Dritten. Wir beobachten Entscheidungen und Lebenswege anderer und orientieren uns gegebenenfalls an Verhaltensmustern, die wir als erfolgreich bewerten und die wir deshalb mehr oder weniger imitieren, ganz nach unseren individuellen Möglichkeiten.

Kurzum: Wir können sehr häufig nicht alles wissen, was wir wissen müssten, um richtige Entscheidungen zu treffen. In dieser Welt der Unvorhersehbarkeit müssen wir auf *allgemeine Regeln*[4] vertrauen, die uns Guiding verschaffen. Das hat einen doppelt positiven Effekt: Ihre breite Befolgung durch unsere Mitmenschen reduziert einerseits die Varietät des Umsystems, in dem wir uns bewegen und in

---

[4] Zu *allgemeinen* Regeln vgl. Hayek (1971), S. 270ff und Hoppmann (1972), S. 68 f. Solche Regeln müssen allgemein und abstrakt, in die Zukunft und an alle gleichermaßen gerichtet und gewiss sein.

dem wir zu Entscheidungen aufgerufen sind; andererseits erhöht ihre Kenntnis auch die Eigenvarietät des Einzelnen, wodurch er in Summe in die Lage versetzt wird, die Komplexität zu bewältigen und zu handeln. So werden Kinder Ärzte, weil schon ihre Eltern diesen Beruf ergriffen haben und erfolgreich wurden. So werden Kinder an bestimmte Schulen geschickt, weil ihre Absolventen bei späteren Aufnahmeprüfungen erfahrungsgemäß besser abgeschnitten haben. So verlassen wir uns auf rote Ampeln, die den Straßenverkehr anhalten, wenn wir die Straße überqueren wollen. So verleihen wir Geld, weil wir davon ausgehen, dass in einem zivilisierten Land Schulden zurückgezahlt werden. Und so weiter und so fort.

Regeln fungieren also wie Leitplanken, Schienen und Signale, um uns in einer komplexen Welt zurechtzufinden und zu bewegen. So blenden wir alles, was hinter den Leitplanken liegt, als Hintergrundrauschen aus; entlasten uns von diesen Informationen, die wir als unnütz einstufen. Unser Entscheidungsmodell wird rechenbar. Aber: Welches Gleis nehmen wir? Auf welches werden wir vielleicht auch einfach gesetzt? Welche Weiche nehmen wir? Woher kommen diese Weichen und Schienen?

Wir werden uns in diesem Buch mit solchen Regeln und Institutionen beschäftigen. Manche haben sich spontan herausgebildet, andere wurden von langer Hand geplant. Manche Regeln benötigen eine Instanz, die sie strafbewehrt durchsetzt, andere benötigen dies nicht, weil sie sich von alleine durchsetzen.

Damit schließt sich der Kreis zum Anfang dieses Kapitels: So wenig die Informationstheorie *(Kybernetik[5])* den

---

[5] Grundlegend ist Norbert Wiener (1952), der die Kybernetik als Wissenschaft der Steuerung von Maschinen mit Rückkopplungsmechanismen analog zur Handlungsweise lebender Organismen etablierte. „Lernende Maschinen" und „Selbstorganisation" sind Stichworte, wie sie auch für die „Künstliche Intelligenz" maßgeblich sind. Vgl. auch von Neumann (1958).

Traum der DDR-Oberen Ende der 60er-Jahre erfüllte, eine Marktwirtschaft durch ein Computermodell planerisch simulieren und sogar übertreffen zu können, so wenig ist dies vom letzten Schrei, der *„Künstlichen Intelligenz"* und den *Quanten-Computern,* zu erwarten, auch wenn uns Harari (2018) schon vor einer „digitalen Diktatur" wähnt. So sehr beides zusammen Rechenkapazitäten, Analogien zum menschlichen Lernen und Rückkoppeln auch erhöht und beschleunigt und „Künstliche Intelligenz" den Einzelnen eines Tages übertrifft, so ist das Zusammenwirken der Menschen in der Gesellschaft über die Zeit viel zu komplex als dass wir gänzlich ohne Heuristik, ohne allgemeine Regeln und Institutionen auskommen werden. Die grundlegende Unvorhersehbarkeit der Zukunft bleibt, und der Mensch, unterstützt durch immer leistungsfähigere Maschinen, muss sich in dieser komplexen Welt orientieren und verhalten. Auf Dauer erfolgreich gelingt dies nur regelbasiert, wobei die Regeln sich wandeln, weil sie einem *evolutorischen Veränderungsprozess von Versuch und Irrtum* unterliegen. Hayek, Ökonomie-Nobelpreisträger des Jahres 1974 und einer der Pioniere der Ordnungstheorie und Evolutionsökonomik, ist überzeugt, dass dabei nur die „besten" Regeln überleben.[6] Auf lange Sicht spricht einiges dafür.

Auf kürzere Sicht sind Sackgassen denkbar, die des planerischen Eingriffs bedürfen. Häufig handelt es sich bei diesen Sackgassen um Dilemmata, in denen wir stecken und aus denen wir nicht ohne weiteres herauskommen. Womit wir beim nächsten Kapitel sind.

---

[6] F. A. v. Hayek (1969), S. 149 ff. Er spricht von einem Prozess der „kulturellen Evolution".

3

Eigentlich: *Der Mensch im Dilemma*

Sie kennen es doch wahrscheinlich auch: Eigentlich müsste man, folgte man der einschlägigen Regel, dieses oder jenes tun oder unterlassen. Aber dann treibt uns ein „innerer Schweinehund" in eine andere Richtung und wir lassen alle Vorsätze fallen. Manchmal geben wir auch irgendwelchen „Sachzwängen" die Schuld daran. Schauen wir auf ein paar Beispiele:

- Eigentlich sollte man das Wickelpapier eines Ricola-Bonbons aus Gründen des *Umweltschutzes* nicht in den Wald werfen. Das wissen wir alle, und wir wurden in der Regel auch so erzogen. Aber es deshalb bis nach Hause tragen? Vielen genügt ein kurzer 360 Grad Blick, der sicherstellt, dass niemand zuschaut – und schon fällt einem das Papierchen aus der Hand. Macht ja nix, so die Selbstrechtfertigung: Der Wald ist groß und an meinem Papierchen wird er schon nicht zugrunde gehen.
- Eigentlich sollte man auch nicht (direkt oder indirekt) zuviel CO_2 in die Luft verballern, durch übermäßiges

H.-J. Schmidt-Trenz, *Die Ordnung der Welt*, https://doi.org/10.1007/978-3-658-51053-4_3

Heizen bei geöffnetem Fenster, durch Dauerbeleuchtung bei Abwesenheit oder unnötige Transportwege, wenn sich Erledigungen auch kombinieren ließen. Ja, eigentlich. Aber macht es für das *Weltklima* einen Unterschied, ob ich einen Liter Öl mehr verbrenne, eine Kilowattstunde Strom mehr verbrauche oder einen Fahrweg zuviel absolviere? Nein, so mag man sich getrost sagen: Das wird das Weltklima fürwahr nicht zerstören.

- Eigentlich sollte man auch kein Geld für *Rüstungsproduktion* ausgeben. Denn Panzer kann man bekanntermaßen nicht essen. Wie viele bessere Verwendungsmöglichkeiten gäbe es für das ganze Geld, das letztlich auf die Vernichtung von Menschenleben und Material ausgerichtet wird? Sollte es nicht stattdessen für die Finanzierung von Bildung, Innovation und echter sozialer Notlage ausgegeben werden? Ja, eigentlich. Trotzdem geben wir Geld für Rüstung aus. Denn tun *wir* es nicht, dann werden wir Opfer der *anderen,* die es tun und uns drohen oder gar angreifen, weil ihnen unser Lebensmodell nicht gefällt oder sie sich unsere Vermögenswerte aneignen wollen. Also bleibt uns nichts anderes übrig, als ein Gleichgewicht des Schreckens herzustellen.

- Eigentlich sollte man ein tatsächliches oder potenziell feindliches Land nicht mit kriegswichtigen Produkten und Zulieferteilen beliefern. In der Regel ist es in Form von *„Sanktionen"* auch verboten. Das hält den ein oder anderen Unternehmer trotzdem nicht davon ab, es heimlich, unter Nutzung des Umwegs über Drittstaaten, gleichwohl zu tun. Auch hier ist die Selbstrechtfertigung schnell und passend zur Hand: Würde ich es nicht tun, würde ein anderer (möglicherweise aus einem anderen Land) es tun. Ich bin doch nicht blöd und überlasse diesem den Gewinn. Im Übrigen geht es ja schließlich auch um die Arbeitsplätze im Inland!

- Eigentlich haben sich die erdölexportierenden Länder auch gegenseitig versprochen, den Preis für Rohöl hochzuhalten, weil sie alle davon profitieren. Ja, eigentlich. Das hält aber trotzdem die wenigsten davon ab, Abnehmer heimlich zu einem geringfügig niedrigeren Preis zu beliefern, um so größere Mengen abzusetzen und einen größeren Umsatz und Gewinn zu erzielen als der, der angefallen wäre, hätte man sich an die *Preisabsprache* gehalten.

- Eigentlich sollten sich die Fischtrawler im Indischen Ozean an die ihnen durch internationale Vereinbarungen zugewiesenen *Fangquoten* und -gebiete halten, die dazu dienen, die Regeneration der Fischbestände zu sichern. Doch das Meer ist groß und die Kontrolle der Aktivitäten der zahlreichen Fischfangflotten schwierig. Liegt es da für einen, sagen wir japanischen Fischfangtrawler nicht nahe, «aus Versehen» vom Kurs abzukommen, in die unbewachte Ausschließliche Wirtschaftszone Madagaskars einzufahren und sein Fischfangergebnis etwas aufzuhübschen? Darunter wird der Fischbestand im Großen und Ganzen sicher nicht leiden, mag sich der Kapitän einreden.

- Eigentlich sollte man im Kino oder Theater mit Rücksicht auf die Hinterbänkler seine Sitzposition nicht künstlich erhöhen, nur weil man meint, so seine Sicht auf das Geschehen verbessern zu können. Trotzdem beobachtet man das immer wieder – und dann pflanzt sich das Recken und Strecken nach hinten unweigerlich fort, mit der Folge, dass alle eine unbequeme Haltung eingenommen haben, ihre Sicht aber die alte ist, vom erstgenannten einmal abgesehen.

Bei aller vordergründigen Unterschiedlichkeit dieser Beispiele, deren Liste sich unendlich fortsetzen ließe, kreisen sie doch um ein und dasselbe *Dilemma:* Obwohl er es eigentlich besser weiß und die ideale Welt kennt, agiert der Einzelne anders, als es, bei Lichte und ganzheitlich betrachtet, eigentlich geschehen sollte. Und da sich jeder Einzelne, sofern er die Gelegenheit dazu hat, genau so und nicht anders verhält, wird das Ideal letztlich verfehlt, obwohl dies natürlich niemandes Absicht war. Die Situation gerät suboptimal.[1] Denn es verhält sich ja so:

- Würden *alle* sich so verhalten und ihr Bonbonpapier in den Wald werfen, dann wäre der Wald bald verdreckt, unansehnlich und mit Schadstoffen belastet. Damit wäre niemandem gedient.
- Würden *alle* bei offenem Fenster heizen und unnötig Energie vergeuden, dann kämen wir der drohenden Klimakatastrophe umso schneller näher. Alle hätten den Schaden.
- Würden *alle* Staaten Geld für Rüstungsgüter ausgeben, hielten sie sich im besten Falle alle in Schach, doch alle müssten den Gürtel enger schnallen, weil dieses Geld für andere Belange nicht zur Verfügung steht. Das wäre für alle nur die zweitbeste Lösung im Vergleich zu einer allgemeinen Abrüstung.
- Würden vereinbarte Handelssanktionen von *allen* Rechtsadressaten unterlaufen, so blieben sie wirkungslos.

---

[1] Grundlegend für die Analyse von gesellschaftlichen bzw. gruppenbezogenen Dilemma-Situationen ist die „Logik kollektiven Handelns" von Olson (1965). Vgl. auch Schmidt-Trenz (1996). Grundlegend für die Analyse solcherlei Dilemmata im Bereich *natürlicher Ressourcen* war Hardin (1968), der sogenannte Allmende-Ressourcen und deren Bewirtschaftung betrachtete, die in Ermangelung von Regeln häufig der Überbeanspruchung anheimfallen. Fischgründe oder das Weltklima sind Beispiele für Allmenden, zu denen zunächst grundsätzlich jedermann freien Zugang hat. Regelt man diesen nicht auf die eine oder andere Weise, so kann die Folge im einen Fall Überfischung, im anderen Fall menschengemachter Klimawandel sein. Vgl. auch Ostrom (1990).

Und dann hätte man sich den ganzen administrativen und rhetorischen Aufwand auch sparen können.

- Würden *alle* Produzenten eine zwischen ihnen getroffene Preisabsprache unterlaufen, dann bräche das Preiskartell schnell zusammen und der Markt würde mit dem relevanten Produkt überschwemmt. Schön für die Konsumenten, aber ganz und gar nicht im Sinne der Kartellbrüder.

- Würden *alle* Fischtrawler die ihnen zugewiesenen Zonen und Quoten missachten, so würde sich der erhoffte Zugewinn wegen der Überfischung der Bestände schon bald in sein Gegenteil verkehren.

- Würden *alle* im Kino oder Theater durch Unterlegen eines Kissens versuchen, ihre Sichtmöglichkeiten einseitig zu verbessern, so würde niemand sein Ziel tatsächlich erreichen. Niemandem wäre gedient und alle hätten umsonst ihr unhandliches Sitzkissen mitgeschleppt.

Der Kern des Problems in all diesen Fällen besteht darin, dass es in jeder dieser sozialen Situationen einen Unterschied gibt zwischen dem, was die *individuelle* Logik verheißt, und dem, was dem Interesse der *Gruppe* dient. Denn natürlich wäre es im Interesse der in Betrachtung stehenden Gruppe, dass

kein Bürger sein Bonbonpapier in den Wald wirft,
kein Haushalt Energie verschwendet,
kein Staat der Welt in Rüstung investiert,
kein Unternehmen das Sanktionsregime seines Staates umgeht,
kein Fischfänger seine Fangquote unterläuft,
kein Produzent sich über Preisabsprachen hinwegsetzt,
kein Kino- oder Theaterbesucher mit einem aufgepolsterten Sitzkissen daherkommt.

Und so wäre jede Gruppe, seien es die Gruppe der Bürger, der Haushalte, der Staaten, der sanktionsbetroffenen Unternehmen, der Fischfänger, der einem Kartell angehörenden Produzenten oder die Gruppe der Kinobesucher, sicherlich bereit, sich das, was im gemeinsamen Interesse liegt, gegenseitig zu versprechen.

Doch sind solche Versprechen glaubwürdig? Besteht die Aussicht, dass sie von ganz alleine eingehalten werden?

Das zu erwarten, wäre naiv. De facto liegt in den betrachteten Fällen ein *soziales Dilemma* vor. Natürlich weiß jeder, was im Interesse der Gruppe ist und sähe dieses Gruppeninteresse auch gerne realisiert. Womöglich hat er sich sogar öffentlich dazu bekannt (selbstverständlich mit Ausnahme des Kartells). Und trotzdem hat er einen Anreiz, individuell davon abzuweichen und sein Versprechen zu verletzen, um nicht zu sagen zu brechen. Insbesondere wenn er es heimlich tun bzw. es ihm nicht nachgewiesen oder er schlicht nicht bestraft werden kann. Das Dilemma beruht auf dem Widerspruch zwischen *opportunistischem Eigeninteresse* und *Gruppeninteresse*. Man kann auch vom Widerspruch zwischen *individueller Rationalität* und *kollektiver Rationalität* sprechen.

Ein solcher Widerspruch liegt nicht in allen sozialen Situationen vor. Manchmal gehen opportunistisches Eigeninteresse und Gruppeninteresse durchaus auch konform.

In einem Land, das sich für den Rechtsverkehr entschieden hat, kann der Einzelne keinen Vorteil dadurch erheischen, dass er entgegen der Regel links fährt. Ein Crash und die Selbsttötung wären die höchst wahrscheinliche Folge. Das macht keinen Sinn. Ebenso sinnbefreit wäre es, auf einer vielbefahrenen Straße ein Rotlicht zu missachten. Eine Strafe auf Rotlichtverstöße ist dazu nicht wirklich vonnöten. Wer bei Rot über eine Ampel fährt, gefährdet sein eigenes Leben. Hat dieses einen Wert für ihn, so wirkt dies hinreichend abschreckend, um einen Regelverstoß zu verhindern. Sollte man meinen.

Individuelle und kollektive Rationalität fallen hier also überein.

In einem Land, dessen Amtssprache Deutsch ist, kann man keinen Vorteil dadurch erhalten, dass man einen Beamten auf Chinesisch oder Arabisch anspricht. Man wird ob kurz oder lang freiwillig Deutsch lernen, weil es letztlich im eigenen Interesse liegt, wenn man dauerhaft in diesem Land leben will.

Bei der Amtssprache oder der Frage der Organisation des Straßenverkehrs handelt es sich um kulturell abgeleitete oder gemachte *Konventionen*. Liegt eine Konvention vor, so wird sie in der Regel allgemein und ohne weiteres beachtet, weil sich abweichendes Verhalten nicht auszahlt. Ich spreche in diesem Fall von sozialen *Non-Dilemma-Situationen*. Hier genügt die den Menschen innewohnende *intrinsische Motivation,* um Ordnung zu stiften.

In *Dilemma-Situationen* ist das anders. Weshalb sie aus ordnungspolitischer Sicht besonders interessant und herausfordernd sind. Denn hier besteht besonderer Regelungsbedarf, weil sich in diesem Fall normabweichendes Verhalten auszahlt. Da das opportunistische Eigeninteresse in diesen Fällen dazu neigt, das Verhaltensversprechen zu verletzen, bedarf es einer *extrinsischen Sanktion* hierauf (z. B. in Form einer «Strafe», siehe Kap. 8), um dem Gruppeninteresse zum Durchbruch zu verhelfen. Erst die Sanktion erzeugt die höherwertige soziale Ordnung, bringt also das System von einem suboptimalen Zustand zu dem vereinbarten Ideal.

Sinn der Strafe ist es, der Versuchung, einseitig dem Eigeninteresse nachzugeben, etwas entgegenzusetzen. Nur dann verhalten sich alle so, wie es das vom opportunistischen Eigeninteresse abweichende Gruppeninteresse gebietet. Die drohende Strafe zwingt die Beteiligten gewissermaßen zu ihrem Glück.

Deshalb ist die Drohung gegenüber Waldbesuchern mit Ordnungsgeld für Fälle von Verschmutzung extrem wichtig. Ein Theaterbesucher mit Sitzkissen wird vermutlich schon am Eingang aufgehalten werden, zurecht. Sein Ticket verfällt entschädigungslos oder er lässt das Kissen draußen. Eine gestörte Heizung, die unnötig viel Energie verbraucht, muss repariert werden, sonst droht nach einer gewissen Frist Ordnungs- oder Bußgeld.

Ohne Sanktion wird sich das Gruppeninteresse in Dilemma-Situationen nicht durchsetzen. Es sei denn, es gibt ausgeprägte Moralvorstellungen, die in Form von «Gewissensbissen» die Stelle von Sanktionen einnehmen können. Aber allein auf guter Moral hat sich in der Weltgeschichte noch kein dauerhaft erfolgreiches Gesellschaftssystem gründen lassen, so wünschenswert es auch wäre.

Die OPEC als das Kartell das Erdöl produzierenden Länder hat keine echten Möglichkeiten, Länder, die sich nicht an Preisabsprachen halten, zu bestrafen. Zum Glück für uns Konsumenten funktioniert das Kartell daher auch nicht nachhaltig, jedenfalls nicht im vollumfänglichen Sinne seiner Erfinder.

Auch alle Abrüstungsvereinbarungen haben sich, trotz temporärer Erfolge, als nicht nachhaltig erwiesen (vgl. Kap. 24). Irgendwann hat eine Seite dann doch, zunächst heimlich, dann offen, begonnen, wieder aufzurüsten. Weil die Sanktionen der Weltgemeinschaft für Staaten, die sich nicht an völkerrechtliche Abmachungen halten, eben zahnlose Tiger sind. Eine UN-Resolution kann zwar einen Vertragsbruch feststellen und „verurteilen", doch bleibt dieser faktisch folgenlos. Es fehlt die effektive Sanktion. Und damit besteht ein Anreiz zum Bruch von Abrüstungsversprechen.

Mit Sanktionen für Staaten, die ihren international eingegangenen Verpflichtungen nicht nachkommen, ist es halt so eine Sache. Wie sollen sie aussehen? Wer setzt sie durch? Was im Nationalstaat mit seinem Gewaltmonopol ohne weiteres möglich ist, erweist sich im internationalen Kontext ohne effektiven Weltpolizisten als faktisch unmöglich, weshalb alle diese Abkommen notleidend werden, wenn ein Staat die Umsetzung plötzlich nicht mehr als in seinem „nationalen Interesse" liegend betrachtet. Clevere Staatslenker, die zumindest am Eindruck von Rechtkonformität interessiert sind, bauen daher in die Verträge meistens schon einen entsprechenden Ausnahmeparagrafen ein.

Ein eindrückliches Beispiel für die prekäre Situation bei der Einhaltung internationaler Abkommen ist der Beschluss von 130 Ländern aus dem Jahr 2021, eine Mindest-Unternehmensbesteuerung von 15 % einzuführen, um im Steuerunterbietungswettbewerb im Kampf um Unternehmenssitze einen Haltepunkt für die Abwärtsspirale zu finden. Eine klassische Dilemma-Situation, in der sich alle Staaten befinden, die sich über Steuern finanzieren müssen. Das gemeinsame (Gruppen-) Interesse besteht darin, die eigene Steuerbasis zu schützen und die notwendigen Steuern zu erheben, während das opportunistische Einzelinteresse der Staaten der Versuchung unterliegt, durch einen geringfügig niedrigeren Steuersatz Unternehmen und Arbeitsplätze von anderen ab- und zu sich anzuziehen. Wenn sich alle so verhalten, gewinnt keiner, sondern alle habe geringere Steuereinnahmen als vorher.

Die Frage ist also: Wie setzt man eine Mindestbesteuerung in Höhe 15 % im internationalen Kontext faktisch durch? Wo es doch keine wirksamen internationalen Sanktionen gegenüber Staaten gibt, die sich als vertragsbrüchig erweisen!

In dem Versuch, das im internationalen Kontext besonders schwierige Problem der fehlenden Sanktion ansatzweise zu lösen, wurde die „*Undertaxed Profit Rule* (UTP-Rule)" vereinbart, die es einem Land nach Ablauf einer

Schonfrist erlaubt, ausländische Konzerne höher zu besteuern, wenn der Gewinnsteuersatz in deren Sitzland nicht mindestens 15 % beträgt. Eine auf den ersten Blick pfiffige Idee, das Problem zu lösen, und dem zahnlosen Tiger dritte Zähne zu verpassen.

Aber wie häufig, wenn man Prothesen bauen muss, weil ein Implantat nicht funktioniert, erweist sich die UTP-Rule in der praktischen Durchführung als wackelig. Während die meisten EU-Staaten, Großbritannien, Kanada und Australien die UTP-Rule ab 2025 umsetzen, haben weder die USA, China, Indien noch Brasilien bislang Anstalten gemacht, die vereinbarten Maßnahmen umzusetzen. Keine ganz unbedeutenden Länder. Nimmt man das Beispiel der USA, so gilt hier zwar ein Bundessteuersatz von 21 % (2024); doch zahlreiche Abzugsmöglichkeiten drücken die tatsächliche Steuerbelastung häufig unter 15 %. Die andauernde Untätigkeit der USA veranlasste den Schweizer Bundesrat im September 2024, den vorgesehenen Beschluss zur Einführung der UTP-Rule in der Schweiz vorerst zurückzustellen und die amerikanischen Wahlen abzuwarten. In der Diskussion wurde, man reibt sich die Augen, ganz offen die Angst vor amerikanischen Vergeltungsmaßnahmen angeführt, wenn man die Vereinbarung umsetzt, die ja sowohl die Schweiz wie auch die USA unterschrieben haben![2] Inzwischen wissen wir, dass die Angst der Schweizer, die der neu neugewählte amerikanische Präsident Donald Trump im Frühjahr 2025 mit ungewöhnlich hohen Zöllen von 50 % belegte, nicht ganz unberechtigt war.

In den dargestellten sozialen Dilemma-Situationen schlägt der in Kap. 1 beschriebene Hang der Menschen zum Opportunismus in voller Wucht zu. Derjenige, der ein

---

[2] Siehe Baseler Zeitung vom 5.9.24, S. 2 („Der Bundesrat fürchtet den Zorn der USA. OECD-Mindeststeuer. Die Schweiz führt wichtige Elemente des neuen Rahmenwerks vorerst nicht ein").

Versprechen zum Wohlverhalten im Sinne des Gruppeninteresses abgibt, nur um es anschließend offen oder klammheimlich wegen eines einseitigen Vorteils zu brechen, das ist der klassische Opportunist. Das Problem aller hier beschriebenen sozialen Dilemma-Situationen besteht letztlich darin, dass es sich lohnt, ein gegebenes Versprechen zu brechen. Es gibt ein *Versprechenverletzungsinteresse.*[3] Betrachten Sie es getrost als Synonym für Opportunismus.

Im Extremfall wird ein Versprechen *von vornherein* abgegeben mit der Absicht, aus seinem Bruch Kapital zu schlagen. Ein schlimmes Beispiel dieser Art war der *VW-Abgas-Skandal* im Jahr 2015. Den für dumm verkauften amerikanischen Verbrauchern wurden saubere Autos versprochen im vollen Bewusstsein, die Abgaswerte nicht einzuhalten. Alles, um einen Wettbewerbsvorteil davon zu tragen. Die ganze Branche geriet unter Generalverdacht.

Wenn Eigeninteresse und Gruppeninteresse auseinanderfallen, dann verhindert der Opportunismus die Realisierung des Gruppeninteresses. Es kommt nur zustande, wenn der Opportunismus durch eine hinreichende wirksame Strafe unterdrückt wird. Indem das Individuum, das Unternehmen oder der staatliche Akteur die Strafe einkalkuliert, wird sein Eigeninteresse in Deckung mit dem Gruppeninteresse gebracht. Dann, und nur dann, stellt sich die höherwertige Ordnung ein, die zwar alle anstreben, die sich aber in einer Welt ohne Sanktionen in der Regel nicht von alleine herausbilden wird. Auf die Ausnahmen von dieser Regel komme ich in Kap. 5 zu sprechen.

Es sei angemerkt, dass der Begriff „höherwertig" hier vom Standpunkt der betrachteten Gruppe (z. B. der Waldbesucher, der Fischfänger, der Partner einer Abrüstungsvereinbarung etc.) zu verstehen ist. Eine Ordnung ist dann

---

[3] Vgl. Schmidt-Trenz (2023), S. 20 f.

höherwertiger als eine andere, wenn durch sie kein Gruppenmitglied schlechter gestellt und mindestens ein Gruppenmitglied besser als im Status quo gestellt wird. Das ist das sogenannte *Pareto-Prinzip,* das von Vilfredo Pareto (1848–1923) in die Wirtschaftswissenschaft eingeführt worden ist und Grundlage ihrer „Werturteile" ist. Im best case werde *alle* Gruppenmitglieder *besser*gestellt. Das ist in meinen Beispielen praktisch durchgehend der Fall, da eine Situation, in der sich alle Gruppenmitglieder an ihre Verhaltensversprechen halten, jeden einzelnen besserstellt als in einer Situation, in der alle ihr Versprechen brechen.

Was vom Standpunkt der betrachteten Gruppe eine „höherwertige" Ordnung, muss es vom Standpunkt einer größeren, diese Gruppe *umhüllenden* Gruppe oder einer *anderen* Gruppe natürlich noch lange nicht sein. Ein Beispiel: Wenn sich die deutschen Zuckerproduzenten auf ein Preiskartell einigen und intern Wege finden, Abweichler zu sanktionieren und so ihr Kartell effektiv durchsetzen, so ist das aus Sicht der Zuckerproduzenten zweifellos eine höherwertige Ordnung, da sie jedem einzelnen mehr Gewinn verschafft. Aus Sicht der Gruppe der deutschen Konsumenten ist diese Ordnung allerdings keineswegs erstrebenswert. Sie zahlen überhöhte Preise und werden ausgebeutet. Aus Sicht des Staatsvolks, also volkswirtschaftlich betrachtet, erscheint dann ein Kartellverbot als „höherwertige" Ordnung, und sie wird sich im demokratischen Verfahren entsprechend durchsetzen, da die Konsumenten ein höheres Stimmengewicht haben als die Produzenten und ihre Angestellten. Das jedenfalls ist in einer Volksdemokratie nach Schweizer Modell zu erwarten. In einer auf Parteien gestützten parlamentarischen Demokratie können dagegen *kleine Gruppen* von stark Interessierten (wie die Zuckerproduzenten), weil sie sich leichter mobilisieren lassen, den parlamentarischen Prozess im Wege des Lobbying häufig zu

Lasten der Interessen *großer Gruppen* (wie die Konsumenten) in ihrem Sinne beeinflussen. Letztere dringen politisch häufig nicht durch, weil sie vor dem Dilemma stehen, dass sich niemand findet, der die Last der Bearbeitung der Parlamentarier auf sich nimmt.[4]

Ob eine Ordnung, die ein soziales Dilemma überwindet, eine gute oder schlechte Ordnung ist, hängt also häufig vom Auge des Betrachters ab. Nämlich ob der Betrachter Mitglied der Gruppe ist oder außerhalb steht. Die NATO mit ihrem Postulat, dass demnächst jeder Mitgliedstaat 5 % seines BIP für Verteidigungsaufgaben ausgibt, ist sicherlich, aus Sicht der Mitgliedsstaaten, eine gute Ordnung, weil sie für ihre Mitglieder Sicherheit schafft und eine faire Lastenteilung gewährleistet. Aus Sicht eines feindlich gesinnten Gegners fällt die Beurteilung einer derart funktionierenden NATO ganz anders aus. Auch andere Mitglieder der Weltgemeinschaft dürften einer solchen Ballung militärischer Macht auf Nachfrage eher kritisch gegenüberstehen.

Kurzum: Im Falle sozialer Dilemma-Situationen setzt sich eine höhere Ordnung nur durch, wenn die Einhaltung von Verhaltensversprechen durch wirksame Sanktionen resp. Strafen sichergestellt wird. Eine höherwertige Ordnung ist also eine Seite einer Medaille, deren andere Seite notwendigerweise das zugehörige *Strafsystem* ist.

Das Institut der Strafe für Verhalten, das explizit oder implizit vereinbarte Regeln bricht, ist, das sollte nun klar geworden sein, von zentraler Bedeutung für eine höherwertige Ordnung (siehe Kap. 8). Strafen sind daher nicht aus Zufall so alt wie die Menschheit, bis hin zu den strafenden Göttern (siehe Kap. 1 und 13). Es lohnt sich also, genauer hinzuschauen und sich mit dem Phänomen der Strafe

---

[4]Die Bedeutung der Gruppengröße für die Chancen erfolgreicher Kooperation ist maßgeblich von Mancur Olson (1965) in die Wirtschaftswissenschaft eingeführt worden.

auseinanderzusetzen. Wie straft man zielführend? Und wovon hängt das ab? Was kann schiefgehen? Diesen Fragen wenden wir uns im Kap. 8 zu.

Zuvor richten wir im anschließenden Kap. 4 den Blick noch genauer auf die *Mutter aller Dilemmata:* das Dilemma der Anarchie.

4

Anarchie: *Der tägliche Wahnsinn*

Jan A. radelte, zunächst friedlich, am 3. April 2014 über den Hamburger Jungfernstieg, so berichtet es das Hamburger Abendblatt am 15.1.2015. Dann kam es, wie es wohl im Zeitalter der „Freien und Fahrradstadt Hamburg" kommen musste. Jan A. fühlte sich durch ein Auto behindert, hielt erbost an und trommelte zweimal aufs Dach des Fahrzeugs. Ein buchstäblicher Akt von Faustrecht möchte man sagen. Jan A. hatte jedoch die Rechnung ohne den Fahrer des Autos gemacht. Dieser ließ sich nicht lange bitten, stieg aus und schlug Jan A. kommentarlos nieder. Ein weiterer Akt von Faustrecht. Kein legitimierter staatlicher Ordnungshüter war präsent. Zwei Menschen sahen sich subjektiv im Recht, übten Selbstjustiz und: Der Stärkere gewann. Für Minuten herrschte so etwas wie ein unkontrollierter, recht- und/oder herrschaftsloser Zustand – eine Situation der *Anarchie,* wie sie schon der Staatstheoretiker Thomas

© Der/die Autor(en), exklusiv lizenziert an Springer Fachmedien Wiesbaden GmbH, ein Teil von Springer Nature 2026
H.-J. Schmidt-Trenz, *Die Ordnung der Welt,*
https://doi.org/10.1007/978-3-658-51053-4_4

Hobbes (1588–1679) in Anlehnung an Plautus charakterisierte: Dort ist *der Mensch des Menschen Wolf*.[1]

Vielen ist der Begriff der Anarchie nur im Zusammenhang mit der politischen Philosophie und der Geschichte geläufig. Doch begegnet uns Anarchie offenbar auch als alltägliches Phänomen. Anarchie oder zumindest Elemente davon herrschen in meiner Definition überall dort, *wo kein übergeordnetes, für alle geltendes Recht anerkannt oder keine Instanz tätig oder sichtbar ist, die dem geltenden Recht Geltung verschafft.*

Das gilt von der dunklen Gasse bei Nacht bis zum Völkerrecht am helllichten Tag. So ist Anarchie z. B. im Straßenverkehr allgegenwärtig, wenn die Polizei weit weg ist. Dann verhalten sich viele, als gäbe es kein Recht. Sie nehmen anderen die Vorfahrt, fahren zu schnell, überholen auf der Autobahn rechts oder nutzen die Standspur, um einem Stau zu entkommen. Allenfalls eine gute Erziehung, die Regeln der Moral und eine der Tagesform geschuldete gute Laune halten die Menschen dann davon ab, § 1 der Straßenverkehrsordnung zu missachten, der die gegenseitige Rücksichtnahme verlangt. Inzwischen kleben sich Menschen rechtswidrig sogar auf Straßen fest, um anderen eine Lehre in puncto Klimaschutz zu erteilen. Wie selbstverständlich erwarten sie dabei eine Rücksichtnahme, die sie selbst den von ihnen behinderten Verkehrsteilnehmern nicht entgegenbringen.

Was in Deutschland mitunter im Straßenverkehr zu beobachten ist, betrifft in anderen Ländern essentielle Lebensbereiche. Das ist für jedermann am offensichtlichsten in Ländern ohne funktionierende staatliche Autorität. Somalia, Libyen, Teile Syriens, der Jemen und der Sudan sind aktuelle Beispiele für Länder, in denen Anarchie herrscht.

---

[1] Vgl. seine Widmung an William Cavendish im Zusammenhang mit Hobbes (1642) sowie Hobbes (1651). Hier spricht er vom „Krieg aller gegen alle", der im Naturzustand herrsche. Die lateinische Satz *lupus est homo homini* geht zurück auf den römischen Dichter Plautus (254–184 v. Chr.).

Warlords und ihre Milizen konkurrieren um die Macht. Persönliches Eigentum und körperliche Unversehrtheit sind deren Beliebigkeit ausgesetzt. Mit hohen Mauern und Bewachern, wer sie sich leisten kann, oder mit Flucht reagiert die Bevölkerung, die zum Spielball wird.

Das war hierzulande zwischen Rhein und Loire nach dem Zerfall des Weströmischen Reiches für einige Zeit um das Jahr 500 nicht anders. Es fehlte an zentraler Staatsgewalt und Plünderungen waren an der Tagesordnung, wie der archäologische Brandschatzungsbefund beweist. Akteure waren neben äußeren Invasoren vor allem auch Ansässige im Zuge lokaler Machtkämpfe, militärischer Disziplinlosigkeit der sich auflösenden römischen Armee und bürgerkriegsähnlicher, sozialer Unruhen. Es war eine längere Transformationsphase, bis das System wieder zu neuer Ordnung, einem neuen Gleichgewicht fand. Nach dem heutigen Stand der Forschung umfasst dieser Zeitraum von der Früh- bis zur Endphase die Jahre zwischen ca. 350 und 650 nach Christus. Erst die entstehenden frühmittelalterlichen Königreiche und der zunehmende Einfluß der Kirche stabilisierten die Lage.[2]

Auch in modernen Zeiten begegnen uns in unseren Breiten tiefergehende Erscheinungsformen von Anarchie, wenngleich auch kleinräumlich begrenzt. Im Jahr 1981 besetzten linksradikale Aktivisten widerrechtlich einige vom Abriss bedrohte städtische Häuser in der Hamburger Hafenstraße, um gegen Wohnungsnot zu protestieren und selbstverwaltete Wohnprojekte durchzusetzen. Versuche der Eigentümerin, eine Räumung durchzusetzen, endeten ergebnislos in Straßenschlachten. Die Besetzer richteten sich ein und setzten die abgewohnten Häuser sogar instand. Jahrelang betrat kein Polizist das Gebiet, weil eine Durchsetzung des Rechts aus Angst vor Eskalation politisch nicht erwünscht

---

[2] Vgl. umfassend Christie (2011).

war. Erst 1995 wurde diese anarchische Situation durch einen „Deal" beendet, bei dem die Stadt Hamburg die Häuser an eine eigens zu diesem Zweck gegründete Genossenschaft der Besetzer verkaufte. Bis dahin war es eine No-Go-Area für Normal-Hanseaten, die die Gegend bis heute meiden.

Selbst wenn es über das geltende Recht keine Zweifel gibt, lauert die Anarchie überall, wo durch die besonderen Umstände von Ort und Zeit die Rechtsdurchsetzung fehlt oder notleidend ist. Wenn sich ein Hundebesitzer und ein Jogger im Wald begegnen, herrscht genauso potenzielle Anarchie wie in einer einsamen Straße bei Nacht, durch die dunkle Gestalten huschen. Vom Einbrecher, der plötzlich im Schlafzimmer steht, ganz zu schweigen. Niemand kann dann auf allgemeingültige Regeln vertrauen und auf einen anwesenden Dritten, der diesen konsequent Geltung verschafft. Nur die eigene Physis und Intelligenz steht dann zur Verfügung. Das Gewaltmonopol des Staates mag zwar theoretisch existieren, aber es steht in diesem Fall nur auf dem Papier, seine Vollzugsorgane sind weit weg. Dann ist der Gewalt der Einzelnen Tor und Tür geöffnet. Das ist nicht gerade angenehm. Stets muss man auf der Hut sein, ist seines Lebens und/oder Besitzes nicht sicher, muss in Sicherheit investieren statt in Dinge, die man konsumieren kann. Alles nur, weil der Schutz, den unser Staat uns verspricht, nicht perfekt ist.

Im *perfekten Staat* ist die Gewalt bei ihm monopolisiert (vgl. Kap. 7), in der *reinen Anarchie* ist die Gewalt vollkommen auf die Menschen verteilt. Im perfekten Staat obsiegt friedvoll derjenige, der im Verfahren Recht zugesprochen erhält. In der reinen Anarchie gewinnt derjenige, der der Stärkere ist.

Natürlich leben wir weder im perfekten Staat, noch herrscht reine Anarchie. Die Welt, in der wir leben, ist eine Mischform. In Deutschland gilt zwar überall das Recht, wir sehen aber nur selten die Polizei. Eine *omnipräsente Polizei* wäre schlicht zu teuer. So müssen wir uns ergänzend selbst schützen, Schlösser an unseren Haustüren anbringen und allgemeine Vorsicht walten lassen. In dieser realen Welt ist es sogar manchmal aus „Kostengründen" besser, nicht auf seinem Recht zu beharren. Unser ober erwähnter Fahrradfahrer Jan A., der zunächst eine Anzeige gegen den Autofahrer erstattet hatte, erschien schließlich nicht bei Gericht. Wohl aus Angst, wie vermutet wurde. Denn inzwischen war bekannt geworden, dass sein autofahrender Kontrahent vormals dadurch aufgefallen war, dass er einem Hells-Angel ins Bein geschossen hatte. Jan konnte offenbar nicht auf staatlichen Personenschutz hoffen und arrangierte sich. Er wird vermutlich nicht mehr auf ein Auto eintrommeln, auch wenn er dies subjektiv für angemessen hält.

Was lehrt uns die Geschichte? Die Zurückdrängung der Anarchie ist zwar wichtigstes Ziel des Rechtsstaates und sie gelingt ihm in der Regel mehr oder weniger. Vollständig wird sie jedoch nicht umzusetzen sein, weil dies schlicht zu teuer ist. Zugespitzt müßte dazu hinter jedem Bürger ein Polizist und Staatsanwalt wachen. Die daraus entstehende Steuerlast wäre untragbar.

Zum Glück halten sich viele Menschen auch dann an das Recht, wenn sie sich nicht von Gesetzeshütern beobachtet fühlen. Der Opportunismus, dem jeder Mensch grundsätzlich ausgesetzt ist, wird dann offensichtlich gematcht von einem Gefühl der Moral und der eingeübten, anerzogenen, also *intrinsischen Rechtstreue*. Dann liegt eine innere, auf Normbeachtung gerichtete Motivation vor und umso weniger müssen strafende Instanzen wie Polizei und Justiz tätig werden, um *extrinsische* Motivation (also Angst vor Strafe) aufzubauen, um Rechtstreue sicherzustellen. Je geringer die intrinsische Motivation der Rechtsadressaten ist, umso mehr Aufwand muss betrieben werden, um dem Gewaltmonopol des Staates Geltung zu verschaffen. Ohne intrinsische Motivation der Rechtsadressaten bräche der Rechtsstaat letztlich zusammen, weil er unbezahlbar würde.

In diesem Zusammenhang erfährt übrigens auch die Debatte über die *„Leitkultur"* einer Gesellschaft eine tiefergehende Bedeutung. Denn es geht bei der Leitkultur natürlich nicht um die Thüringer Bratwurst und das Bier zum Feierabend als gemeinsamem Lebensschatz aller Mitglieder der deutschen Gesellschaft, um diese als Beispiel zu nehmen. Es geht vielmehr um die *Kenntnis der ortsüblichen Werte und Gesetze sowie das Bekenntnis, diese einhalten zu wollen.* Fehlt es einer zunehmenden Zahl von Mitbürgern daran, dann bedeutet dies automatisch eine Zunahme von normwidrigen Verhalten und Kriminalität, also höhere Kosten für Polizei und Justiz und damit eine höhere Steuerbelastung für alle Steuerzahler. Wenn zunehmend Menschen aus anarchischen, von Bürgerkrieg geprägten Gesellschaften des Mittleren Ostens und Afrikas, in denen nicht wenige Bürger um ihr Überleben kämpfen und sich notgedrungen bewaffnen mussten,[3] völlig unvorbereitet in einem

---

[3] Siehe Tealakh u. a. (2002). Hussein Elobeid, Direktor des „Center for Humanitarian Affairs Sudan" schreibt in Bezug auf die Situation im West-Sudan ebenda, S. 202: „More than 50 % of the population in the area has good knowledge on how to use small arms and light weapons, while the number is higher in rural areas. While 70 % of the population believe that it is legitmate to possess small arms and light weapons for self-defemse, 25 % possess small arms and light weapons in case they get involved in tribal conflicts."

Fadi F. Malha, Rechtsanwalt im „Institute for Human Rights Lebanon" schreibt ebenda, S. 196, unter der Überschrift „Lebanon or the Over-Armed Society" Folgendes: „The various strata in the Lebanese society of unique composition and cultural diversity, have a common trend that is possesssing arms. (....) The Lebanese citizen would acquire arms irrespective of their legitimacy. He would justify this to himself on the basis of many rationalizations: historical, legitmate, overcoming fear, realizing aspirations, for self or communal defense, liberating the homeland, or defending one's integrity." Auf S. 198 fährt er fort: „Lebanon is an Arab country, and shares with other Arab countries the male view of what represents manhood. In the region of Baàlbek and the Mountain, we still say, when a baby is born, ‚We have been increased by one gun'".

Waffenbesitz ist in zahlreichen arabischen Gesellschaften kulturell verankert. So schreibt der Direktor des „Center of Information and Rehabilitation for

entwickelten Rechtsstaat ankommen, in dem niemand außer der Polizei Gewaltmittel besitzt, dann sind die Probleme vorprogrammiert. Es kann kein Zweifel darüber bestehen, dass jedes erfolgreiche Staatswesen schon aus Kostengründen darauf angewiesen ist, auf die intrinsische Rechtstreue seiner Bürger zu achten und diese zu pflegen, d. h. die Kenntnis der Gesetze zu vermitteln und deren Befolgung aus innerer Überzeugung zu befördern.

Erfreulicherweise können wir beobachten, dass sich die Menschen nicht jedes Mal die Köpfe einschlagen, wenn sie sich begegnen und kein Polizist Wache steht. Sie helfen sich mitunter sogar gegenseitig. Es gibt also eine Alternative zur Anarchie: die *Kooperation*. Mit den Bedingungen, unter denen sie zu erwarten ist, beschäftigt sich das folgende Kapitel.

Human Rights Yemen" Izz Al-Din Said Al-Asbahy in Tealakh u. a. (2002, S. 189) über sein Land: „Weapons are proliferated among the various social strata, even among university students, where weapons appear increasingly in weddings and celebrations, to the extent that one easily can find a picture of a groom holding a Kalashnikov machine gun. Moreover, weapons are considered tools of expression, anger, greeting guests, and firing in the air in weddings is an expression of happiness. (…) Another example, to stop a passing car, a bullet is shot in the air, two bullets are for warning, but more mean that there is an attack. Weapons in Yemen are a source of pride, and determine the social status."

5

Kooperation: *Robinson, schaff Dir Freunde*

Segelschiffe waren über mindestens drei Jahrtausende das wichtigste Transport- und Bewegungsmittel der Menschheit. Für ein Segelschiff gilt par excellence, dass nur das Zusammenwirken Vieler das Schiff kontrolliert in Fahrt und sicher zum nächsten Hafen bringt. Die Kooperation der Mitglieder eines Teams ist also die entscheidende Voraussetzung für das Erreichen des Ziels, den gemeinsamen Erfolg.

Einer der vielen Seeleute, die die Welt mit Handelsschiffen besegelten, war der Schotte Alexander Selkirk (1676–1721), der mit seinem Schiff im Oktober 1704 die unbewohnte Pazifikinsel Isla Más a Tierra erreichte. Hier stellte sich heraus, dass der Schiffsrumpf von Bohrmuscheln befallen war. Das Schiff war damit, so Selkirk, dem Untergang geweiht, und er beschloss zu bleiben. Doch als er realisierte, dass seine Kameraden die Lage anders einschätzten und das Schiff wieder bestiegen, soll er gerufen haben: „Ich hab's mir anders überlegt." Doch der Kapitän antworte kühl vom Ruderboot: „Ich aber nicht." Das war das letzte

Wort. Das Schiff legte ab – und ging wenig später mit Mann und Maus unter.

Selkirk hatte den sechsten Sinn bewiesen, doch nun war er allein auf einer gottverdammten Insel, fast viereinhalb Jahre lang. Einem wenig später erschienen Bericht ist zu entnehmen, dass er von Schalentieren, Früchten und allem lebte, was Ziegen liefern konnten: ihrer Milch, ihrem Fleisch und ihrer Haut. Zwei Hütten baute er und machte Gebrauch von dem, was die Insel ihm bot. Ein Messer hatte er aus Fassringen geschmiedet, die am Strand zurückgelassen worden waren.[1] Kurzum: Er muss wohl ein Muster an *Selbstorganisation* gewesen sein, um unter diesen Bedingungen zu überleben.

Selbstorganisation ist jedoch nicht das, woran wir in diesem Kapitel, und auch nicht in diesem Buch, interessiert sind. Hier geht es vielmehr um *soziale Organisation,* also die Frage, wie sich das Miteinander von Menschen organisiert. Dafür braucht es zwei oder mehr! Unter welchen Bedingungen kooperieren sie, unter welchen eher nicht, wie wir in dem vorangegangenen Kapitel über die Anarchie gesehen haben.

Die Insel, auf der Selkirk lebte, heißt seit 1966 *Robinson Crusoe,* denn seine und ähnliche zeitgenössische Geschichten inspirierten Daniel Defoe (1660–1731) zum gleichnamigen Roman, der 1719 erschien. Doch Defoe gab der Geschichte seine eigene literarische Prägung, die den Umstand der *Kooperation* ins Zentrum stellt. Sein Robinson bleibt nämlich nicht allein. Defoe bringt den Eingeborenen „Freitag" ins Spiel, der vorübergehend angelandeten Kannibalen entspringt und Robinson an einem Freitag zuläuft.

---

[1] Unser heutiges Wissen über Selkirk beruht auf dem 1712 veröffentlichten Bericht von Captain Woodes Rogers, der ihn 1709 auffand und rettete. Näheres in Rogers (1712) und Wilson (2009).

Das ändert die Situation fundamental. Was nun in Form von Misstrauen, Beäugen, vielleicht Konflikt und vorsichtiger Annäherung hätte ablaufen können, löst Defoe kurzerhand durch die sofortige, freiwillige Unterwerfung Freitags, der Robinsons Hand küsst. Freitag wird zum gehorsamen Schüler und wird erst im Verlauf der Geschichte einigermaßen ebenbürtig und schließlich zum Freund. Beide kooperieren, auch im Wissen, aufeinander angewiesen zu sein. Sie ergänzen sich in ihren Fertigkeiten. Und durch Arbeitsteilung und Zusammenarbeit erreichen sie mehr, als wenn jeder auf sich allein gestellt wäre. Im Roman verbringen sie Jahrzehnte miteinander, und es kann keine Frage sein, dass diese Kooperation trägt. Niemand hätte einen nennenswerten Gewinn davongetragen, hätte er die Kooperation aufgekündigt, den anderen betrogen oder gar beseitigt.

Der Mensch, das macht Defoe in seinem Roman klar, ist ein Gesellschaftswesen, ein homo socialis, der auf Kooperation angelegt ist. Doch Kooperation ist kein Selbstgänger. Es ist in jedem Fall mehr als bloße Interaktion. Kooperation findet statt, wenn zwei oder mehr Beteiligte einen Beitrag zu einer gemeinsamen Zielsetzung leisten.[2] Im Roman ist das gemeinsame Ziel, zivilisiert zu überleben und die Rettung zu ermöglichen. Dabei ist es ist die geteilte Einsamkeit auf der unentrinnbaren Insel, die eine konstruktive Zusammenarbeit und gegenseitige Verlässlichkeit befördert. Die Schicksalsgemeinschaft wird zur *Freundschaft.*

Es gibt andere Strukturen, die ähnlich funktionieren. Allen voran ist es die *Familie,* in der die Eltern-Kind-Beziehung und die Verwandtschaft ein i. d. R. grundsätzlich belastbares Band der Loyalität zwischen den Beteiligten

---

[2] Näheres zu diesen Grundbegriffen findet sich in Schmidt-Trenz (2023), S. 18 ff.

herstellt und so für Kooperation durch *Reziprozität*[3] sorgt. Es ist ein selbstverständliches Geben und Nehmen, ohne dass es täglich aufgerechnet wird. *Balanciertheit* gilt nur in längerfristiger Betrachtung. Blut ist dicker als Wasser, heißt es landläufig. Fürwahr. Familien bilden gemeinhin den Rückzugsort einer gewissen Verlässlichkeit und einen Hort der wechselseitigen Unterstützung, wenn die sonstigen gesellschaftlichen Kooperationsbeziehungen schon lange zusammengebrochen sind. Das ist in Krisenzeiten besonders sichtbar. Die Familie ist dann nichts anderes als die Insel von Robinson und Freitag. So natürlich der Idealfall, der leider nicht immer die Regel ist.

Überhaupt lässt sich sagen, dass Kooperation dann um so leichter fällt, wenn man sich *wiederholt* begegnet, also kennt und ggf. schätzt und ggf. das Gefühl hat, aufeinander angewiesen zu sein. Das gilt nicht nur im familiären und freundschaftlichen Kreis, sondern auch im Geschäftlichen. Langfristige Geschäftsbeziehungen zwischen *Geschäftsfreunden* und Partnerschaften zwischen und innerhalb von *Firmen* benötigen oftmals keine Anwälte und komplizierten Vertragswerke, um ihr Miteinander zu regeln. Ist die *Wiederbegegnungswahrscheinlichkeit* der Beteiligten hinreichend hoch, dann reicht das der Beziehung innewohnende Sanktionspotenzial i. d. R. aus um sicherzustellen, dass Probleme konstruktiv und nicht konfliktär gelöst werden. Es sei denn, der Abbruch der Beziehung verspricht einen höheren Gewinn als die Summe aller abdiskontierten, zukünftigen Gewinne und Nutzen aus der Fortsetzung der Beziehung. Das ist selten, kommt aber vor:

Der typische Fall in der Familie sind Erbschaftsstreitigkeiten. Geht es hierbei um sehr viel Geld, dann kann die

---

[3] Grundlegend für den Begriff der Reziprozität im anthropologischen Kontext ist Polanyi (1959).

Familie daran zerbrechen und man schaut sich für den Rest seines Lebens nicht mehr an.

Bietet sich eine geschäftliche Möglichkeit, die den Wert einer bestehenden Geschäftsbeziehung nachhaltig outperformed, dann gilt auch hier: Der Geschäftspartner wird sich umorientieren und die Beziehung kappen.

Klar ist jedoch, dass im Falle von Familie, Freundschaft und Firma Kooperationsbeziehungen sehr viel eher aufrechterhalten werden als im Fall, in dem die Beteiligten wissen, sie sehen sich nur ein einziges Mal oder „nie mehr wieder".

Wenn Sie in Ihr Stammlokal gehen, erscheint es Ihnen selbstverständlich, der Ihnen vertrauten Bedienung ein vernünftiges Trinkgeld zu geben, um beim nächsten Besuch angemessen begrüßt, gesetzt und betreut zu werden. Doch macht dieses Verhalten Sinn, wenn Sie einmal im Leben im Zugspitzrestaurant essen? Die meisten werden sich ein nennenswertes Trinkgeld verkneifen, selbst wenn sie freundlich und gut bedient worden sind. Der Bedienung geht es natürlich wie Ihnen. In Erwartung, Sie niemals wieder zu sehen und kein oder ein lächerliches Trinkgeld zu erhalten, wird sie Ihnen voraussichtlich den Teller mit Speisen zweifelhafter Qualität nach länglicher Wartezeit auf den Tisch knallen und gleich abkassieren wollen.[4] Sie, mein geschätzter Leser, sind wahrscheinlich bei alledem die rühmliche Ausnahme.

Ein durchschnittlicher Hamburger kauft im Kaufhaus in Bremen eine Vase, die er beim Betreten der Straße versehentlich an der nächsten Laterne knellert. Was wird er tun? Nun, ich sage es Ihnen: Er wird zurückgehen und sich an der Kasse beschweren, ihm sei eine fehlerhafte Vase eingepackt worden und er verlange einen Umtausch oder sein Geld zurück. Ich frage Sie: Würde er sich so verhalten,

---

[4] Das ist natürlich eine bloße Behauptung zum Zwecke meiner Darstellung und hat nichts mit den Gegebenheiten im real existierenden Zugspitzrestaurant zu tun!

wenn ihm das vor seinem heimatlichen Haushaltswarenladen unter lauter Bekannten passiert wäre?

Nennen Sie es Notlüge, Gentleman-Vergehen oder wie auch immer. Es hat jedenfalls mit gelungener Kooperation nichts zu tun, sondern mit dem Opportunismus, der überall lauert, wenn uns die Chance dazu gegeben wird. *Einmalbeziehungen* sind hochgradig Opportunismus-gefährdet, *wiederholte Beziehungen* weniger.

Eine kleine Fabrik in Paraguay, von der er noch nie vorher etwas gehört hat und ein Land, zu dem er keinerlei Geschäftsbeziehungen unterhält, wünscht von einem Pfälzer Schuhmaschinenfabrikant eine seiner Maschinen zu erwerben? Wird/soll er das positiv bescheiden? Er wird, wenn er bei Trost ist, Vorkasse verlangen, bevor er liefert. Aus Angst, sein Geld nicht zu erhalten. Und die paraguayische Fabrik? Wird sie nicht erst die Maschine auf dem Hof sehen wollen, bevor sie zahlt? Aus Angst, einen Ladenhüter zweiter Wahl oder eine Kiste voller Sägespäne zu erhalten? Diese Ängste blockieren sich gegenseitig und unter diesen Umständen wird es zu keiner Transaktion über den Atlantik kommen.

Um solcherlei Probleme zu umschiffen, schielen wir – in Ermangelung einer allgegenwärtigen Ordnungsmacht - auf längerfristige, auf Reziprozität beruhende Beziehungen, oder um es mit Ben-Porath (1980) zu sagen, auf *F-connections* wie *family, friendship and firm,* wenn es darum geht, erfolgreiche Kooperation sicherzustellen. Wenn wir etwas wirklich wollen, dann betten wir es tunlichst in einen dieser drei Rahmen ein. Jeder davon fördert Kooperation, weil er wegen der Erwartung eines langfristigen Nutzens die Anreize zum kurzfristigen Opportunismus minimiert. Deshalb gehen wir gerne in ein „Stammlokal" oder hören auf Empfehlungen. Deshalb überprüfen Porzellan- und Glaswarenverkäufer die Kanten vor der Übergabe an Kunden, die sie nicht kennen. Deshalb schaltet der pfälzische Schuhmaschinenverkäufer einen Hamburger Außenhändler ein, der den paraguayischen Kunden seit Jahren kennt und den Export reibungslos abzuwickeln weiß (vgl. Kap. 26).

Kommen wir damit zurück zu einer Frage, die ich noch nicht gestellt, geschweige denn beantwortet habe. Wieso entsprach der Kapitän nicht dem Wunsch von Selkirk, diesen wieder an Bord zu nehmen, nachdem er sich es anders überlegt hatte? Beide kannten sich ja über längere Zeit und waren über eine Heuer verbunden, also Teil einer Firma, wenn man so will. Gute Bedingungen für Kooperation, möchte man meinen. Aber sie waren offenbar keine Freunde. Der Kapitän wird sich gesagt haben, Selkirk liegt quer zu meiner Meinung und der der Mannschaft und macht sie wuschig, wenn er wieder unter ihnen ist. Möglicherweise bis hin zur Meuterei. Diese Kosten schätzte er offenbar höher ein als die Kosten aus dem Verlust eines zurückgelassenen Seemanns. Und Selkirk hatte ihm nichts zu bieten, was ihn hätte umstimmen können.

Es gab im Pazifik auch keine *dritte Instanz,* kein Gericht und keine Ordnungsmacht, die den Kapitän hätte zwingen können, den Seemann, für den er ja grundsätzlich verantwortlich war, wieder aufzunehmen. Nein. Beide waren hinsichtlich ihrer Kooperationsbeziehung ganz auf sich allein gestellt. Und deren intrinsisches, zweiseitiges Sanktionspotenzial reichte offensichtlich nicht aus, um die Kooperation fortzusetzen.

Was lehrt uns das?

Einmal-Beziehungen, wie die auf der Zugspitze, im Kaufhaus in Bremen oder beim Export nach Paraguay haben es *grundsätzlich* schwer. Sie sind anfällig für Opportunismus. Gegenseitige Vertragsversprechen werden zwar unter Umständen gegeben, doch es besteht ein gewisser Anreiz, diese Versprechen etwas lax zu handhaben oder ganz zu brechen.

In all diesen Fällen bedarf es eines Vertragsrechts und einer Ordnungsmacht, einer dritten Instanz, die die Beteiligten glauben lässt, dass sie ihnen zu ihrem Recht verhilft und Fehlverhalten wirksam sanktioniert. In den beiden ersten Beispielen (Zugspitzrestaurant, Bremer Kaufhaus) geschieht dies leidlich, denn das Recht durchzusetzen ist mit Kosten verbunden. Im dritten Fall (Export nach Paraguay) sind diese sogenannten *Transaktionskosten* besonders hoch.

Wie wollen Sie nachweisen, dass das Essen im Restaurant auf der Zugspitze das Geld nicht wert war? Das ist bei einem *„Erfahrungsgut"*[5] wie einem Mittagessen, das Sie schon verspeist haben, nicht so einfach. Was typisch ist für viele Dienstleistungen: Man weiß erst *hinterher,* was sie wirklich wert waren. Sie werden, wenn Sie kein Prinzipienreiter sind, im vorliegenden Fall vermutlich den Streitaufwand im Verhältnis zum Nutzen als zu hoch einschätzen und den Ärger schlucken. Seit einiger Zeit können sie über Social Media immerhin eine Bewertung schreiben und andere warnen. Das hilft.

Das Kaufhaus in Bremen hat allgemeine Geschäftsbedingungen und die Verkäuferin ist angewiesen, vor dem Verpacken und Aushändigen die Unversehrtheit des Produkts zu überprüfen, was bei einer Vase relativ leicht ist. Denn es handelt sich um ein *„Inspektionsgut".*[6] Man kann in einem solchen Fall, anders als bei Dienstleistungen, durch bloße Inaugenscheinnahme *sofort* und außerordentlich kostengünstig ermessen, ob man für sein Geld eine werthaltige Gegenleistung bekommt. Dies werden Sie bei Einschaltung von Gerichten gegen sich gelten lassen müssen. Verbunden mit dem augenzwinkernden Hinweis, dass

---

[5] Bei einem solchen Gut erweist sich erst mit der Zeit, ob das Qualitätsversprechen eingehalten worden ist. Vgl. Nelson (1970).

[6] Die Unterscheidung zwischen Erfahrungs- und Inspektionsgütern geht zurück auf Nelson (1970).

Sie die Vase nach Verlassen des Kaufhauses aller Wahrscheinlichkeit nach selbst zerstört haben und es deshalb nicht zu weit treiben sollten. Der Gesetzgeber und die Kaufhaus-Angestellten geben ihnen damit einen Anreiz aufzupassen und nichts Unrechtes von den Mitarbeitern des Kaufhauses zu fordern. Das verhilft zu einer gelungenen Kooperation, für beide Seiten.

Im Falle des Exports nach Paraguay ist es komplizierter. Hier stehen *zwei* Gesetzgeber und seine Instanzen am Spielfeldrand, weil zwei Länder berührt sind, was die Sache besonders schwierig und kostenintensiv macht (vgl. Kap. 26). Wenn Sie als Pfälzer Schuhmaschinenfabrikant in Vorleistung gegangen sind, wird der paraguayische Staat ihren Anspruch durchsetzen, wenn Ihr Kunde nicht zahlt? Wird umgekehrt, wenn Sie Vorkasse erhalten haben, der deutsche Staat Sie zwingen, eine neue Maschine zu liefern, wenn der paraguayische Kunde erklärt, die Maschine sei nie angekommen? Im internationalen Kontext steht also kein eindeutiger Rechtsrahmen zur Verfügung, der Kooperation ermöglicht. Die Teilnehmer der internationalen Arbeitsteilung sind daher letztlich auf F-connections angewiesen. Auch für inländische Transaktionen sind sie nützlich, wie wir gesehen haben, aber sie hängen im Zweifel nicht vorrangig davon ab.

Was ich soeben für die Kooperation im Zusammenhang von Transaktionen mit privaten Wirtschaftsgütern ausgeführt habe, gilt auch für Transaktionen mit sogenannten Kollektivgütern. Das sind Güter, die von Gruppen gemeinschaftlich konsumiert werden und deren Kosten man sich teilen kann. Darunter gibt es Güter, deren Bereitstellung tricky ist, weil Nichtzahler vom Konsum nur schwerlich ausgeschlossen werden können (sogenannte „öffentliche" Güter). Nehmen Sie an, Sie sollen im Rahmen einer studentischen Arbeitsgruppe ein gemeinsames Referat erarbeiten, für das alle Teilnehmer der Gruppe dieselbe Note erhalten werden. Es soll schon vorgekommen sein, dass einer auf den anderen gewartet hat, bis einer die Nerven verloren und sich erbarmt hat, die Arbeit auf sich zu nehmen, von der die anderen dann mitprofitiert haben. Die anderen waren dann die *„Trittbrettfahrer".* Im übertragenen Sinn sind sie also Straßenbahn gefahren, ohne zu bezahlen. Der Ehrliche bzw. der Nervenschwächste war der Dumme.

Hier liegt also erneut ein Dilemma vor (vgl. Kap. 3). Nehmen alle die Trittbrettfahrerposition ein, wird am Stichtag kein Referat abgegeben. Oder einer macht's schließlich. In der Spieltheorie nennt man ihn das *„chicken".*[7] Es handelt sich in der Regel um eine Person, die ein überragendes Interesse am Kollektivgut hat und seine Erzeugung auf sich nimmt, auch wenn alle anderen Profiteure sich verstecken oder heuchlerisch verweigern.

Natürlich gibt es jede Menge Gruppenarbeiten, an denen sich alle beteiligen. Das gilt auch für Teamarbeiten im betrieblichen Geschehen. Warum ist das so? In der Regel sind es *Mechanismen sozialen Drucks,* die dies bewerkstelligen. Wenn sich einer seines Beitrags entzieht, wird er durch seine Kommilitonen/Arbeitskollegen gemieden, geschnitten und schlecht gemacht, was unterstellt, dass man sich kennt und davon ausgeht, sich wiederholt zu begegnen, was in einem Studium oder am Arbeitsplatz ja nicht ganz unwahrscheinlich ist. Wieder ist es die Kraft der Wiederbegegnungswahrscheinlichkeit, die hier segensreich wirkt, weil sie immanente Sanktionsmöglichkeiten schafft und funktionierende Kooperation sicherstellt, ohne dass eine dritte Instanz (hier: der Professor bzw. Vorgesetzte) überprüfen muss, wer welche Beiträge geleistet hat, geschweige denn diese Beiträge durchsetzt.

---

[7] Zu den mathematischen Einzelheiten des Trittbrettfahrerdilemmas („prisoner's dilemma") und des „chicken game" im Zusammenhang mit der Bereitstellung öffentlicher Güter vgl. Schmidt-Trenz (2023), S. 88 ff.

Die Kraft der Wiederbegegnungswahrscheinlichkeit und die daraus folgenden Sanktionsmöglichkeiten über *sozialen Druck* funktionieren freilich nur in *kleinen* Gruppen,[8] was nichts anderes als F-connections sind (s. o.).

In *großen* Gruppen ist die Wiederbegegnungswahrscheinlichkeit dagegen außerordentlich gering, im Prinzip Null. Man kennt sich nicht und kann sich aufgrund großer Gruppengröße mitunter gar nicht identifizieren, sodass sozialer Druck schwierig zu bewerkstelligen ist.

Schauen wir auf öffentliche Güter wie Polizei und Feuerwehr in einer Großstadt. Steht zu erwarten, dass diese auf der Grundlage freiwilliger Beiträge hinreichend finanziert würden? Und effektiv arbeiten könnten? Wohl kaum. Damit freiwillige Finanzierung überhaupt ein Chance hätte, müssten Polizei und Feuerwehr vor einem Einsatz dann erst einmal fragen, ob das Opfer eines Verbrechens oder eines Brandes seinen Finanzierungsbeitrag entrichtet hat? Um dann zu entscheiden, ob man ausrückt. Könnte man angesichts möglicher spill-over-Effekten von Bränden und Delikten darauf setzen, dass diese Beiträge durch nachbarschaftlichen Druck geleistet werden? Dazu müsste allgemeine Transparenz über die Beitragszahler hergestellt werden.

Kurzum: In großen Gruppen bestehen sehr hohe Transaktionskosten, um ein öffentliches Gut auf freiwilliger Grundlage bereitzustellen. Sein Bereitstellungsumfang ist allenfalls suboptimal. Viele werden behaupten, dass ihnen die Sicherheit nicht so wichtig ist, um mit einem niedrigen Beitrag davonzukommen. Manche werden es auch darauf ankommen lassen und gar nichts tun; im Vertrauen darauf, dass ihnen in der Not schon geholfen werden wird. Das sind wieder die Trittbrettfahrer.

Eine *große* Gruppe, die sich dieser Probleme bewusst ist und die die Bereitstellung des öffentlichen Gutes „Polizei

---

[8] Vgl. Schmidt-Trenz (2023), S. 89 ff.

und Feuerwehr" gleichwohl im notwendigen Umfang bewerkstelligen möchte, wird sich daher auf einen *Beitrags-zwang* für alle einigen (müssen). Es handelt sich dabei um einen *konstitutionellen Vertrag* zur Bereitstellung eines öffentlichen Gutes: Jeder zahlt eine Steuer im Austausch für öffentliche Sicherheit bzw. Brandschutz. Die Menschen stimmen also auf einer *konstitutionellen Ebene* freiwillig einem *Zwangsbeitrag* und damit einer Zwangskooperation zu, weil es ohne diesen Zwang nicht zur gewünschten Kooperation auf der *postkonstitutionellen Ebene* käme.[9] Im Falle öffentlicher Güter braucht es also einen steuerfinanzierten Staat, der die Kooperation bewerkstelligt und das Gut bereitstellt.

Fassen wir zusammen:

Kooperation ist der Oberbegriff für verschiedene Transaktionen. Kooperation ist elementar für das gedeihliche Miteinander von Menschen. Durch erfolgreiche Kooperation können sie ihre Wohlfahrt erhöhen. Das gilt im Hinblick auf private wie auch öffentliche Güter. Sind solcherlei Transaktionen eingebettet in F-connections (family, friendship, firm), so sind erfolgreiche Transaktionen wahrscheinlich und ist Kooperation zu erwarten. Sie setzt sich häufig aufgrund der Anreize von alleine durch, die sich aus dem längerfristigen Zusammenwirken von Menschen ergeben, die sich kennen und wiederholt begegnen. Es gibt *intrinsische,* also der Beziehung innewohnende Sanktionen, die dabei helfen. Aber manchmal reichen sie nicht aus.

In anonymen großen Gruppen verflüchtigen sich die intrinsischen Sanktionsmöglichkeiten. Dann gibt es einen

---

[9] Die Unterscheidung zwischen der konstitutionellen Ebene (Phase) und der postkonstitutionellen Ebene (Phase) der Betrachtung institutioneller Fragestellungen geht auf J. M. Buchanan (1975, S. X, 28 ff u. 33) zurück. Bei Ersterem geht es um die „choice of rules", bei Zweitem um die „choice within the rules". Vgl. hierzu Buchanan (1977, S. 287) sowie auch Schmidt-Trenz (2023), S. 33 f.

starken Anreiz zum Opportunismus. Jetzt muss der Staat als dritte Instanz in jedem Fall *extrinsische* Sanktionen androhen, also Anreize setzen, um Kooperation zu bewerkstelligen und den Opportunismus zu unterdrücken.

Mit den ersten fünf Kapiteln haben wir die Grundlagen für die Regel- bzw. Institutionenbildung kennengelernt, die in der menschlichen Natur begründet liegen: den Hang zum Opportunismus, das Gefühl der Komplexität, die Existenz sozialer Dilemmata, den Schatten der Anarchie mit dem Hang zur Gewalt sowie die Möglichkeit der Kooperation.

Kommen wir zum nächsten Hauptkapitel: den verschiedenen Arten von *Anreizen,* wie der omnipräsente Opportunismus überwunden werden kann. Höherwertige Ordnungen entstehen aus diesen Anreizen. Es lohnt sich daher, sie genauer anzuschauen.

Teil II

Anreize

6

Regeln: *Warum fahren die Engländer links?*

In den urbanen Zentren der modernen Welt leben Millionen von Menschen bei Bevölkerungsdichten von zehntausenden Personen pro Quadratkilometer. Sie begegnen sich mal als Fußgänger, als Zweiradfahrer oder mit einem motorisierten Fahrzeug mit unterschiedlichen Zielen und Geschwindigkeiten. Und alle wollen zügig aneinander vorbei. Gilt das Recht des Stärkeren? Also SUV schlägt Fußgänger? Hat die Marke mit dem Stern die eingebaute Vorfahrt? Also Mercedes vor Fiat 500? Was wäre, wenn sich eine S-Klasse und ein 7er BMW begegneten? Eine Frage des Umfangs der Sonderausstattung?

Zum Glück müssen wir uns diese Fragen in den meisten Ländern der Erde nicht permanent durch gegenseitige Verständigung beantworten. Das wäre aufwendig, konfliktbeladen und gefährlich. Das Befolgen von Verkehrsregeln entlastet uns davon, darunter der Standard des Rechtsverkehrs und die Beachtung von Lichtzeichenanlagen. Wir beachten diese *Standards* im Grundsatz nicht vorrangig deshalb, weil sie bußgeldbewehrt sind. Vernünftige Menschen

© Der/die Autor(en), exklusiv lizenziert an Springer Fachmedien Wiesbaden GmbH, ein Teil von Springer Nature 2026
H.-J. Schmidt-Trenz, *Die Ordnung der Welt*,
https://doi.org/10.1007/978-3-658-51053-4_6

befolgen sie aus reinem Eigennutz, ohne dass es einer Bußgelddrohung für Zuwiderhandlungen bedürfte. Würden sie im Vollbesitz ihrer Geisteskräfte willentlich als Geisterfahrer unterwegs sein wollen oder eine rote Ampel missachten? Sicherlich nein. Verkehrsregeln steuern das Geschehen weitgehend unfallfrei und effizient. Wir haben sie verinnerlicht. Soweit, dass wir selbst dann an einer roten Ampel auf freiem Feld stehenbleiben, wenn meilenweit kein weiteres Auto zu sehen ist. Auch an einer Fußgängerampel verhält sich der in Mitteleuropa sozialisierte Mensch so! Gut so! Man weiß ja nicht, ob man die Komplexität einer modernen Kreuzung vollends überblickt. Vielleicht läuft man ja Gefahr, doch etwas zu übersehen!?

Im alten Rom war die Situation nicht viel anders. Man muss an die Stelle von Zweirädern und Autos nur Lasttiere, Pferde-Fuhrwerke und Ochsenkarren setzen. Wie chaotisch oder regelhaft es damals zuging, wissen wir nicht hundertprozentig. Eines ist jedenfalls klar: Die modernen Verkehrsregeln, aus denen die Ordnung im Straßenverkehr hervorgeht, sind nicht vom Himmel gefallen, sondern Entwicklung eines evolutionären Prozesses.

Weil Fahrspuren in einer gepflasterten Römerstraße, die aus einem Steinbruch im englischen Swindon wegführen, links tiefer ausgeprägt sind als rechts, hat man geschlossen, dass die Römer – zumindest in der besagten Region westlich Londons – die Regel des *Linksverkehrs* befolgt haben.[1] Ein Standard, der der Verhaltenskoordination diente und bis heute dient. Ups, genau, in Deutschland befolgen wir im Gegensatz dazu heutzutage den umgekehrten Standard, nämlich den des Rechtsverkehrs. Wie die modernen Italiener, die anderen Kontinentaleuropäer, die USA und viele

---

[1] Siehe Walters (1998), S. 8 f. Poehler (2017) meint für Pompei nachweisen zu können, dass dort Rechtsverkehr geherrscht habe; wobei dort kaum Fuhrwerke verkehrt haben, sondern zumeist Lasttiere die Transportarbeit verrichteten. Siehe ebd., S. 136, 150–155, 218–219.

andere Länder der Erde auch. Wie ist es zu diesem Wandel gekommen? Wieso haben einige Länder der Erde immer noch Linksverkehr, wie z. B. Großbritannien, Australien, Indien und einige andere Länder, die in ihrer Geschichte britisch beeinflusst waren?

Fährt man mit dem Auto von der auf zwei Inseln gelegenen Selbstverwaltungszone Macau nach Festlandchina, so muss man die *Lotus-Brücke* überqueren. An deren Ende ist Vorsicht geboten, denn es wartet, wie in der Gegenrichtung auch, eine 360-Grad-Fahrbahnschleife, deren einziger Zweck darin besteht, von der linken Fahrspur auf die rechte Fahrspur zu wechseln, ohne dass es dabei zu Karambolagen mit dem Gegenverkehr kommt, der umgekehrt vor derselben Herausforderung steht. Denn auf Macau herrscht Linksverkehr, in Festland-China Rechtsverkehr. Das Bauwerk, im Fachjargon ein „Überwerfungsbauwerk", ist imposant, erinnert im Luftbild manche an das den Mann definierende Körperteil und war bestimmt nicht preiswert. Wir haben es mit einem riesigen, in Beton gegossenen Adapter zu tun. Eine gigantische Form dessen, was man benötigt, wenn man den Stecker eines deutschen Föns in eine englische Steckdose stecken will. *Standards* sind gut, sie senken Kosten. Unterschiedliche Standards sind dagegen ein Gräuel. Sie erzeugen Kosten.

Wie entstehen Standards? Wie kommt es zu Unterschieden in den Standards? Wie kann deren Angleichung bewerkstelligt werden? Wieso haben manche Unterschiede solche Beharrungskraft?

Also der Reihe nach. Die meisten Standards werden nicht gesetzt, sondern sie entwickeln sich. Der niederländische Kulturphilosoph Norbert Elias (1978/1980) beschreibt in seinem „Prozess der Zivilisation" eindrücklich, dass die Menschen zunächst mithilfe ihrer Finger und in Form des Schlürfens gegessen haben, dann im Zuge des technischen Fortschritts den Gebrauch des Messers nicht nur als Tötungsinstrument sondern auch als Esshilfe entdeckten, bis schließlich erst vor verhältnismäßig kurzer Zeit die Gabel hinzukam, die zusammen mit dem älteren Löffel das Essbesteck ausmachen, das heute der geläufige Standard beim Restaurantbesuch ist. Das ist das, was man dort erwartet. Bei Ihnen zuhause kann es natürlich anders sein. Aber treten sie vor die Tür, dann halten sie sich in der Regel an den Gebrauch dieser Instrumente, um nicht unangenehm aufzufallen. Es ist ein allgemein anerkannter und befolgter Standard, der sich entwickelt hat. Einfach so! Und ohne, dass es dazu ein Gesetz gibt! Man höre und staune!

Standards entstehen, weil Menschen lernen. Sie können erfolgreiches Handeln von weniger erfolgreichem Handeln unterscheiden. So können sie aus ihren eigenen Erfahrungen lernen. Aber nicht nur aus diesen. Als wache Beobachter ihrer Umwelt können Sie auch aus den Erfolgen und Misserfolgen ihrer Mitmenschen lernen. Diese eigenen Erfahrungen und die beobachteten Fremderfahrungen können Verhaltensänderungen herbeiführen, wenn man sich davon bessere Resultate (also einen Nutzengewinn) verspricht. Geisterfahrer haben keine lange Lebenserwartung. Das hat sich schnell herumgesprochen. Es lohnt sich auf Dauer nicht, auf der falschen Fahrspur unterwegs zu sein, auch wenn sie manchmal auf den ersten Blick freie Fahrt zu versprechen erscheint. Der vernunftbegabte Verkehrsteilnehmer folgt in Kontinentaleuropa der Regel des Rechtsverkehrs, fährt rechts und verlässt diese Fahrspur allenfalls vorübergehend, mit erhöhtem Adrenalinausstoß, und entspannt, wenn er wieder auf der rechten Fahrspur angekommen ist, wo in der Regel nicht mit Gegenverkehr zu rechnen ist.

Nehmen wir einmal an, sie wollen ein Land befahren und wissen nicht, ob dort Links- oder Rechtsverkehr oder überhaupt eine solche Regel besteht. Ihre Aufmerksamkeit ist dann fürs Erste sicherlich dramatisch erhöht. Sie werden wahrscheinlich sehr defensiv mittig fahren, um jederzeit in die eine oder die andere Richtung ausweichen zu können. Oder noch besser: Sie fahren auf einen Parkplatz neben der Straße und beobachten das Geschehen erst einmal. Kommen sie so zu der begründeten Vermutung, dass mindestens 50 % der Verkehrsteilnehmer auf der rechten Seite fahren, so werden sie sich ebenso verhalten. Wenn alle Verkehrsteilnehmer diese Vermutung teilen und sich entsprechend verhalten, stellt sich die Regel des Rechtsverkehrs ohnehin und relativ rasch „von selbst" ein. Es könnte auch die Regel des Linksverkehrs sein, wenn sich aus der Beobachtung eine entsprechende Vermutung ableiten ließe. Es ist letztlich eine Frage der *„kritischen Masse"*. Letztlich tun Sie in *diesem* Fall gut daran, das Verhalten der Mehrheit zu übernehmen.

Bis sich dieses Gleichgewicht einstellt, kann es unter Umständen einige Zeit dauern, in der mit Karambolagen zu rechnen ist, die ein Umdenken der Überlebenden auslösen.

Denn die Vermutung darüber, wie sich die Mehrheit verhält, kann von Ihrem Beobachtungszeitraum abhängen. Ist dieser zu kurz, kann es sich um einen statistischen Ausreißer handeln. Sie haben 10 min beobachtet und fast alle fuhren rechts. Aber vielleicht handelte sich um Neuankömmlinge wie sie, die im Gegensatz zu Ihnen einfach beherzt drauf los gefahren sind. Hätten sie länger gewartet, hätten Sie wahrgenommen, dass die Mehrheit doch eher dem Linksverkehr anhängt.

Ich habe einmal in Japan diniert und saß an einem Tisch mit anderen Ausländern, die hungrig und beherzt alles aufaßen, was auf einer Etagere serviert worden war. Als die Kellner abräumten, lachten diese sich krumm und meinten, die Hälfte der Darbietungen seien Deko und eigentlich nicht zum Verzehr gedacht bzw. geeignet gewesen. Nun, wir haben betreten geschwiegen und es überlebt. Aber was lehrt uns das? Es kommt nicht nur darauf an, dass man etwas länger beobachtet, sondern auch darauf, dass man die Richtigen beobachtet. In diesem Fall, wie übrigens auch in meinem Straßenverkehrsbeispiel, wären es die Einheimischen gewesen, auf die wir hätten achten sollen.

Welches Muster sich am Ende auch immer einstellt: Die Regeln des Linksverkehrs respektive des Rechtsverkehrs bilden vom Standpunkt ihrer Effizienz gleichwertige Systeme.

Ist es also bloßer Zufall, dass in dem einen Land die Menschen rechts, in anderen Ländern die Menschen links fahren? Sind die Würfel in die eine oder andere Richtung nur deshalb gefallen, weil die ersten Straßennutzer in dem einen Land mehrheitlich rein zufällig die rechte statt die linke Seite benutzt haben, sodass das System letztlich zum Rechtsverkehr gekippt ist? In anderen Ländern aus anderen Zufällen heraus zum Linksverkehr? Vom Standpunkt nackter Theorie verhält es sich so.

Aber die Wirklichkeit erzählt eine differenziertere Geschichte.[2] Aus ihr wird klar, dass die konkrete Ausprägung eines Standards häufig anthropologisch bedingt ist. So wird die Meinung vertreten, am Anfang der Musterentwicklung habe der Linksverkehr gestanden, weil bewaffnete Rechtshänder ihr Schwert links getragen hätten und an einem entgegenkommenden Menschen links vorbeigegangen wären, um sich im Bedarfsfall mit dem rechten Schwertarm effektiv verteidigen zu können. In die gleiche Kerbe haut die These vom rechtshändigen Ritter, der den linken Fuß in den Steigbügel stellt (mit dem Schwert am linken Bein), um das rechte Bein über das Pferd zu schwingen, weshalb das Pferd am linken Straßenrand postiert wurde. Woraus

---

[2]Vgl. grundsätzlich und vertiefend Kincaid (1986).

sich der Linksverkehr ergab.[3] Eine Überlegung, die sich übrigens auch auf den neuzeitlichen Motorradfahrer überträgt, der beim Auf- und Absteigen im Linksverkehr sicherer unterwegs ist. Hält er im Rechtsverkehr an und steigt ab, steht er auf der Straße, im Falle des Linksverkehrs auf dem Trottoir. Vom Schwertträger über den Ritter ist es zum Kutscher nicht weit. Der rechtshändige Kutscher bediente die Bremse rechts, weshalb er rechts auf dem Kutschbock saß. In diesem Fall verhalf ihm was zur besten Sicht? Natürlich der Linksverkehr. Und schon im alten Rom, das für uns in so vielen Belangen Vorbild gewesen ist, war es so gewesen, wie wir oben aus dem archäologischen Befund gesehen haben.

Alles weist also in dieselbe Richtung. Folgt man diesen Überlegungen, so hätte sich im Laufe der Evolution des Verhaltens im Verkehr weltweit der Linksverkehr durchsetzen müssen. Hat es aber nicht. Aus dem ursprünglich wohl vorherrschenden Linksverkehr wurde bis 1919 eine annähernde Gleichverteilung von Ländern mit Rechts- und Linksverkehr. Inzwischen folgen nur noch knapp 30 % der UN-Staaten dem Linksverkehr, über 70 % dagegen fahren rechts. Wie das?

Die evolutorische Wende für große Teile der Welt kam aus dem revolutionären Frankreich um 1800. Zu diesem Zeitpunkt dominierten dort berittene Gespanne, die von einem Reiter gelenkt wurden, der auf dem Sattel des hintersten linken Pferdes saß, um die anderen mittels der rechtsgeführten Peitsche führen zu können. Dieser Reiter hatte infolgedessen die beste Sicht auf den entgegenkommenden Verkehr, wenn er rechts fuhr. Der Revolutionsführer Robespierre soll deshalb den Rechtsverkehr

---

[3] Eine Ausnahme bildet das mittelalterliche Sport-Event des Ritterturniers. Hier kämpfte man unter den Bedingungen des Rechtsverkehrs. Vom Rechtshänder wurde die Lanze unter dem rechten Arm eingestemmt und der Gegner links bekämpft, weil auf der linken Seite der Abwehrschild gehalten wurde.

dekretiert haben, was der auf ihn folgende Napoleon Bonaparte bestätigte. Ihm ging es um die berittenen Gespanne, mit denen seine Kanonen quer durch Europa hin und her zu den zahlreichen Kriegsschauplätzen bewegt wurden, die er eröffnete. Diese Militär-Gespanne wurden zum „gamechanger". Im Zuge seiner Eroberungen oktroyierte der reformerische Napoleon den Rechtsverkehr in allen kontinentaleuropäischen Ländern, die seinem Einfluss unterlagen. Lediglich Österreich, wohl seinem trotzigen habsburgischen Führungsanspruch und seinem restauratorischen Geist geschuldet, kehrte nach Napoleons Niederlage zum Linksverkehr zurück. Es dauerte bis 1936, bis Österreich in allen Teilen nach und nach zum Rechtsverkehr umgestellt hatte, den das Deutsche Reich in Anbetracht des wachsenden Automobilverkehrs schon 1910 verankert hatte. Die Autos selbst hatten sich schließlich dem herrschenden System anzupassen. Im Rechtsverkehr bedeutet(e) dies Lenkrad links, umgekehrt, umgekehrt.

Folgt man diesen Überlegungen, so hat die wachsende Bedeutung des Gespanns gegenüber der Kutsche das System zum Kippen vom Links- auf den Rechtsverkehr gebracht, massiv gefördert durch einen den Kontinent vorübergehend dominierenden Staat (das napoleonische Frankreich), in dem aus militärischen Gründen dem Gespann bewusst der Vorrang eingeräumt wurde. An die Stelle einer durch das Handeln der Menschen *spontan entstandenen* Regel (Linksverkehr) wurde eine Regel *gesetzt* (Rechtsverkehr). Vorausgesetzt, man hegte die Erwartung, dass die Mehrheit der Verkehrsteilnehmer nun nicht mehr links, sondern rechts fahren würde, war es für jeden rational, sich dem neuen Regime sofort anzupassen. Das gebot schon das Eigeninteresse. Die Umstellung dürfte daher relativ problemlos und schnell vonstatten gegangen sein, wobei sicherlich einschränkend hinzugefügt werden muss, dass bestehende Reflexe umtrainiert werden mussten.

Wie wir schon gesehen haben, sind beide Regeln im Grundsatz äquivalent, nicht zuletzt aus Sicht der heute gängigen Fortbewegungsmittel. Probleme tauchen jedoch an den Schnittstellen beider Systeme und im internationalen Verkehr auf. Dann stellt sich für jeden Anrainerstaat die Frage: Soll man sich anpassen? Wer passt sich wem an? Wer trägt vom Standpunkt moderner Verkehrssysteme die Umstellungskosten in Form der notwendigen Veränderungen bei Fahrzeugen, Verkehrzeichen und Verkehrsführungen?

Im Falle Englands, Australiens und Japans, die alle dem Linksverkehr folgen, handelt es sich um ausgeprägte Inseln. Eine Schnittstellenproblematik wie im Falle der Lotusbrücke zwischen China und Macau besteht also nicht, sieht man von den nach England führenden Fährverbindungen und dem Channel ab. Dagegen kann man beobachten, dass überall dort, wo territoriale Schnittstellen bestanden, wie im z. B. im Falle Schwedens, Österreichs oder der Tschechoslowakei, letztere sich dem europäischen Mehrheitssystem früher oder später angeschlossen und die Umstellungskosten getragen haben, weil der erwartete Nutzen die Investitionskosten weit überwog. Wird der Linksverkehr in Macau Bestand haben? Das ist aus diesen Gründen und der Ein-China-Politik langfristig kaum zu erwarten.

Und was ist mit dem indischen und südafrikanischen Subkontinent, die jeweils im Unterschied zu ihren asiatischen bzw. afrikanischen Nachbarn links fahren? In gewisser Weise handelt es sich faktisch um große „Inseln", bei denen der Binnenverkehr dominant ist und der grenzüberschreitende Straßenverkehr wenig Relevanz besitzt. Pakistan, Indien und Bangladesch sind von Iran, Afghanistan, China und Myanmar umgeben, zu denen die Handelsbeziehungen über Land aus verschiedenen Gründen sehr eingeschränkt sind. Das dem Linksverkehr ebenfalls folgende Konglomerat der englischen Ex-Kolonien in

Südafrika grenzt im Norden an Angola, den Kongo, den Süd-Sudan, Äthiopien und Somalia. Die Aussicht auf Effizienzgewinne durch niedrigere Transaktionskosten im Handel mit diesen Ländern durch Angleichung der Straßenverkehrssysteme reicht offensichtlich nicht aus, um eine Seite zu veranlassen, einseitig ihr System durch das des anderen zu ersetzen. Es herrscht vielmehr ein klassisches *„deadlock"*. Jede Seite möchte der anderen Seite die Kosten der Umstellung aufbürden und eigene Umstellungskosten vermeiden. Und so bleibt erst einmal alles beim Alten.

Die Geschichte des Rechts- oder Linksverkehrs lässt sich so oder ähnlich für viele andere Standardisierungsthemen erzählen. Von den Ausweichregeln in der Schifffahrt oder im Luftverkehr, über den Euro-Stecker und Rechnungslegungsstandards bis hin zu Schrauben- und Papierformaten. So hat das deutsche Papierformat DIN-A4 (als eines der Formate der Deutschen Industrienorm 476),[4] das 1922 vom Deutschen Institut für Normung eingeführt wurde, seinen Siegeszug inzwischen fast durch die ganze Welt angetreten. Allein eine sich als große Insel fühlende Welt, Nordamerika, hält am Standard des „US Letter" fest, der in der Länge 17 mm kürzer ist. Das nervt zwar alle, die geschäftlich im europäisch-amerikanischen Raum unterwegs sind, weil Mappen, Taschen und Ordner nicht kompatibel sind. Aber diese Personen sind viel zu wenige, um eine Anpassung herbeizuführen, deren Nutzen aus inneramerikanischer Sicht im Vergleich zu den Umstellungskosten viel zu gering erscheint. Die Staaten Kontinentaleuropas haben dagegen in den letzten Jahrzehnten auf dem Sektor der Anpassung von Standards erstaunliche Fortschritte erzielt, was nur durch die Zwänge aus den engen

---

[4] Ausgangspunkt bildet das Format A0 mit einer Seitenlänge im Verhältnis von 1: Wurzel aus 2 und einem Flächeninhalt von 1 qm. Die anderen Formate entstehen durch Halbierung der Seitenlängen.

ökonomischen Verflechtungen zu erklären ist. Die Marktmacht Standards-setzender Unternehmen, vor allem aber
die Normenausschüsse der Wirtschaft haben dabei ebenso
geholfen wie die Europäische Union, die hier phasenweise
Pionierarbeit geleistet hat.

Es handelt sich bei diesen Regeln um *sich selbst-
stabilisierende Regeln,* sobald die Mehrheit der Betroffenen
dieselbe Erwartung über die gültige Regel teilt. Denn es ist
dann schlicht nicht vorteilhaft, einseitig von dieser Regel
abzuweichen, also bei herrschendem Rechtsverkehr links zu
fahren oder bei Verbreitung der DIN-Formate Ordner oder
Briefumschläge herzustellen, in die diese Formate nicht
passen. Dem Staat kommt in diesem Szenario allenfalls die
Rolle zu, den zu Beginn potenziell unfall- bzw. kosten-
trächtigen Prozess der Regelbildung durch *Ankündigung*
bzw. *Information* über den herrschenden Standard zu ver-
kürzen. Mehr muss er nicht tun.

Solcherlei Regeln sind also gänzlich anderer Natur als
jene, die zu ihrer Durchsetzung einer Strafbewehrung bedürfen. Wird z. B. auf einer innerörtlichen Hauptverkehrs-
straße, auf der bislang die Höchstgeschwindigkeit 50 km/h
galt, durch Beschluss des Stadtrats eine 30 km/h-Zone eingeführt, so werden sich viele nicht daran halten, wenn sie
nicht mit Strafe rechnen müssen. Auch wenn man der
neuen Regel aus welchen Gründen auch immer zugestimmt
haben mag, so besteht doch die opportunistische Neigung,
zum Beispiel aus Zeitersparnisgründen oder weil man sich
verfolgt fühlt („Laschet-Syndrom"[5]), schneller unterwegs
zu sein. Diese Versuchung kann nur durch die Erwartung
gekontert werden, einer Strafe entgegenzusehen, die diesen
Vorteil mehr als wett macht. Der Staat ist hier also als

---

[5] Benannt nach dem früheren Ministerpräsidenten von Nordrhein-Westfalen,
Armin Laschet, der im Juli 2024 in seiner Heimatstadt Aachen mit 97 km/h statt
den erlaubten 50 km/h geblitzt wurde und angab, er habe sich verfolgt gefühlt.
Vgl. WDR-Meldung vom 30.3.2025.

strafender Wächter gefragt, damit die Regel sich durchsetzt. Er tut dies in Form des Bußgeldkatalogs und der Polizei, die Verkehrsverstöße aufdeckt und entsprechend ahndet. Ich spreche daher in diesem Fall von *wächterbedürftigen Regeln*.

Während der Rechtsverkehr ein Standard ist, der sich von alleine durchsetzt, gibt es auch *Standards, die wächterbedürftig* sind. Dies ist zum Beispiel auch bei Standards der Fall, welche die Inhaltsstoffe eines Produkts definieren, die durch den Transaktionspartner nicht unmittelbar nachvollzogen werden können. Dann hat der Erzeuger einen opportunistischen Anreiz, vorgesehene Ingredienzen gegebenenfalls durch kostengünstigere Inhaltsstoffe zu ersetzen und so seinen Gewinn zu erhöhen, wenn die minderwertigen Bestandteile nicht herausgeschmeckt oder ohne weiteres beobachtet und erkannt werden können.

Die Brauordnungen oder Münzordnungen des Mittelalters sind ein gutes Beispiel hierfür. Sie waren klarerweise wächterbedürftig. Brauer hatten demnach nur Wasser, Gerste, Hopfen und Malz zu verwenden. Der Versuchung, billigere Getreidearten beizumischen, konnte nur durch Kontrollen beigekommen werden.

Auch die Münzvielfalt des deutschen Mittelalters mit unterschiedlichen Edelmetallgehalten rief natürlich nach einem Standard (dem „Münzfuß"), schuf aber bei den Herausgebern der Münzen den Anreiz zur Münzverschlechterung und damit der Geldschöpfung durch die Hintertür (vgl. Kap. 21). Hier haben wir es mit dem besonders unschönen Fall zu tun, dass es der Wächter selbst war, der willentlich betrog. Insbesondere im 17. Jahrhundert gingen manche Landesherren dazu über, den Silbergehalt der von ihnen geprägten Münzen zu verschlechtern, sodass es guthaltige Münzen und minderwertige Münzen gab. Durch Einwechslung und anschließende Einschmelzung der guthaltigen Münzen konnte so die Zahl der Münzen erhöht und Finanzierungsprobleme gelöst werden. Dies funktionierte natürlich nur so lange, wie das dem breiten Publikum verborgen blieb. Als sich das änderte, kam es zur Inflation und schließlich zur erneuten Durchsetzung des ursprünglichen Standards.

Kurzum: Standards sind dann wächterbedürftig, wenn es eine Informationsasymmetrie zwischen demjenigen gibt, der den Standard zu befolgen aufgerufen ist (also z. B. einem Hersteller), und denjenigen, zu deren Nutzen der Standard geschaffen worden ist (z. B. den Konsumenten). Beim Standard des Links- oder Rechtsverkehrs gibt es eine solche Asymmetrie nicht. Hersteller und Konsument sind hier gewissermaßen identisch. Der einzelne Verkehrsteilnehmer passt sich an und trägt zugleich zum Standard bei. Jeder kann unmittelbar beobachten, wie sich jeder verhält. Je komplizierter ein Standard konstruiert ist, um so tendenziell wächterbedürftiger ist er. Ein Beispiel, das unrühmlich in die Geschichte eingegangen ist, ist der VW-Abgasskandal. Die vom Standard verlangten Werte wurden auf einem Fahrstand eingehalten, aber nicht unter realen Verkehrsbedingungen. VW nutzte eine Lücke im Standard aus und wiegte die Käufer im Glauben, sie hätten ein sauberes Auto gekauft.

Als Wächter über wächterbedürftige Regeln fungiert in der Regel der Staat in Form einer *Regulierungsbehörde*. Es kann aber auch ein *Überwachungsverein* sein, der von der Gruppe gebildet wird, die von der Standardsetzung zu profitieren gedenkt. Ein schönes Beispiel für den ersten Fall ist das Eichamt, das sicherstellt, dass Gewichte und Mengenstriche stimmen und nicht heimlich verschlechtert werden. Als Beispiel einer Vereinslösung sei der Immobilienverband Deutschland e. V. (IVD) erwähnt, der die ethischen Grundsätze für den Beruf des Maklers postuliert, die das Maklerunternehmen erfüllen muss, um Mitglied zu werden/bleiben. Über die Einhaltung dieser Maßstäbe wachen Vorstand und Geschäftsführung. Der Staat oder Dritte können einen Verein auch beauftragen, wie es im Fall des TÜV, des Technischen Überwachungsvereins, als einem von mehreren solcher Vereine vorliegt.

Als ein Passant auf der Straße gefragt wurde, was ihm zur deutschen Leitkultur einfallen würde, überlegte er kurz und nannte: die deutsche Wurst! Er muss zuvor wohl viele Jahre im Ausland verbracht haben, um auf diesen Geistesblitz zu kommen, aber er zeigt: Die Wurst ist dem Deutschen sprichwörtlich wichtig. Wenn es um die Wurst geht, dann ist in Deutschland Schluss mit lustig. So schwappte 2024 eine Gefühlswelle der Empörung über die Nation, als die öffentlich-rechtlichen Medien berichteten, in der Geflügelwurst des Fleisch- und Wurstfabrikanten Tönnies sei mit einem neuen Messverfahren nicht-deklariertes Separatorenfleisch nachgewiesen worden. Dieser Brei entsteht dadurch, dass letzte Fleischteile maschinell vom Knochen getrennt werden. Das Ergebnis ist minderwertig und seine Verwendung muss auf der Grundlage der Europäischen Lebensmittel-Informationsverordnung angegeben werden. Tönnies und andere beschuldigte Unternehmen bestreiten den Vorwurf, die Wurst auf diese Weise gepanscht und ihre Marge erhöht zu haben, bis heute vehement. Von ihnen eingeschaltete Gutachter weisen darauf hin, das von der Fachhochschule Bremerhaven entwickelte Nachweisverfahren sei nicht eindeutig und als Beweismittel daher nicht geeignet. Schon 2010 war ein anderer „Fleisch-Skandal" im Sande verlaufen als ein mit der Untersuchung von Schinkenproben beauftragter Experte seinen Vorwurf, es handele sich um „Klebefleisch", zurücknehmen musste. Was auch immer stimmen mag, wir sehen, wie schwierig es in der Praxis ist, die Einhaltung bestimmter Standards zu überwachen.

Höhere Gewissheit ließe sich in Ermangelung eindeutiger Prüfverfahren nur dadurch erreichen, dass öffentliche und gegen Bestechung immunisierte Lebensmittelkontrolleure praktisch täglich die Produktionsprozesse überwachten. Aber wollen die Steuerzahler diese Kosten aufwenden? Die *Informationsasymmetrie zwischen Erzeugern und Verbrauchern* ist hier das grundlegende Problem, und diese Lücke zu schließen ist teuer.

Eine Alternative zur teuren staatlichen Kontrolle ist der Aufbau von Reputation in Form einer Marke. Eines von vielen Beispielen dafür ist die Traditionsfleischwurst von Höll, in der Schweine- und Rindfleisch enthalten sind. Ich will hier keine Werbung machen, aber ein Unternehmen, das wie Höll oder auch Saitenbacher seinen Namen mit seinem Produkt verbindet, exponiert sich in einer Weise, dass der Nachweis von Falsch- oder Fehldeklarierungen große ökonomische Verluste nach sich ziehen würden. Weshalb diese Unternehmen einen Anreiz haben, sich standardkonform zu verhalten. Nicht eine etwaige Sanktion des Staates hält sie dazu an, sondern die Sanktion des Marktes in Form der Abstimmung mit den Füßen durch die Verbraucher, die das Produkt liegen ließen, würden sie das Qualitätsversprechen als gebrochen ansehen, das den Mehrpreis der Marke rechtfertigt. *Marken* brauchen also fürs Erste keinen anderen Wächter als den Markt. Doch braucht der Markt, damit dieser Mechanismus funktioniert, relevante und verlässliche Informationen. Dazu genügen zufällige, stichprobenartige Kontrollen der zuständigen Ämter. Es gibt also Standards, die wächterbedürftig sind und bei denen der Markt durch *Reputationsmechanismen* diese Wächterfunktion übernimmt, sofern der Staat ihn mit den richtigen Informationssignalen versieht.

Oft reicht zur Abschreckung daher schon der kontrollierende und informierende Staat. Aber in schwerwiegenden Fällen muss der strafende Staat hinzutreten.

So dachte auch der 26. amerikanische Präsident Theodore Roosevelt (1858–1919), nachdem er das 1906 erschienene Buch „The Jungle" von Upton Sinclair (1878–1968) gelesen hatte. Nachdem dieser, quasi als eine Art amerikanischer Vorläufer des deutschen Günther Wallraff (*1942), mehrere Wochen investigativ in den Schlachthöfen Chicagos verbracht hatte, geißelte er unter dem Titel „The Jungle" die angetroffenen katastrophalen hygienischen und sonstigen Bedingungen. Roosevelt handelte umgehend und noch im gleichen Jahr wurden der „Meat Inspection Act" und der „Pure Food and Drug Act" erlassen, aus dem 1927 die Food and Drug Administration (FDA) als zuständige Behörde hervorging. Der staatliche Verbraucherschutz war geboren.[6]

Der Staat steht in Fragen des Verbraucherschutzes in einer besonderen Verantwortung. Hat er eine Reputation für Verlässlichkeit, was sein Auftrag ist und seine Ambition sein sollte, und gibt er dem Markt ein entsprechendes Signal, so kann die ausgelöste Marktreaktion ein Unternehmen und seine Werte vernichten und es aus dem Markt werfen. Zurecht, wenn ein Missstand manifest ist oder zu Unrecht, wenn dies zweifelhaft oder gar unzutreffend erscheint.

Diese Frage stand im Zentrum der „Birkel Affäre", die den im Schwäbischen ansässigen seinerzeitigen deutschen Marktführer für Nudeln vor einigen Jahrzehnten heimsuchte. Im August 1985 warnte das Regierungspräsidium Stuttgart öffentlich vor dem Verzehr von Birkel-Nudelprodukten, weil sie „mikrobiell verdorben" seien. Ursächlich sei verunreinigtes Flüssigei, das zu Teigwaren verarbeitet worden war. Die Verbraucher reagierten sofort und die Produkte wurden über Nacht zum Ladenhüter. Die Firma wies den Vorwurf von sich und die Staatsanwaltschaft stellte das Ermittlungsverfahren gegen die Firma 1986 ein, weil kein Nachweis des Verstosses gegen lebensmittelrechtliche Vorschriften geführt werden konnte. Birkel verklagte daraufhin zivilrechtlich das Land Baden-

---

[6]Vgl. im Einzelnen u. a. Swann (2006).

Württemberg, was schließlich in einem Vergleich endete, der Birkel einen Schadensersatz in Höhe von 12,8 Mio. DM für entgangene Gewinne zusprach. Birkel hatte 50 Mio. DM gefordert.

Inzwischen kann als erwiesen gelten, dass dieser Vergleich auf falscher Grundlage geschlossen worden war. Die Firma handelte mutmaßlich unrechtmäßig und die Behörde handelte demnach pflichtgemäß. Denn die Kripo Pirmasens war 1989 durch Zufall und im Rahmen eines gänzlich anderen Verfahrens bei einem Stuttgarter Lebensmittelgutachter auf einen aufschlussreichen Ordner zur Causa Birkel gestoßen. Genau dieser Gutachter hatte bei Birkel unter Vertrag gestanden. In dem 130 Seiten umfassenden Kripo-Bericht heißt es, wie der STERN im März 2008 berichtet, zur Rolle dieses Gutachters[7]:

Er „formulierte Gutachten um, die neuen Werte waren ihm von der Geschäftsleitung der Firma Birkel vorgegeben worden“. Und weiter: „Spätestens seit April 1984 war dem Sachverständigen (...) und den Verantwortlichen der Firma Birkel bekannt, dass die Zulieferfirma van Loon befruchtete und bebrütete Eier zur Herstellung der Ei-Suppe mit verwendete.“ Noch deutlicher: „Obwohl die Untersuchungsergebnisse... den Verantwortlichen bekannt waren, gelangten die Eiprodukte in die Produktion.“ Und schließlich: „Der Beweis, dass die Firma Birkel vor der Pasteurisation verdorbene Eiprodukte zu Teigwaren verarbeitet hatte (insbesondere 7-Hühnchen Eierteigwaren), ist durch die Vielzahl der Gutachten mit Beanstandungscharakter erbracht.“

In den mit Urteil vom 21.3.90 beendeten zivilrechtlichen Prozess flossen diese Erkenntnisse nicht ein, da sie gemäß Auskunft der Landesverwaltung erst im Juni 1990 bei der Staatsanwaltschaft Stuttgart eingingen. In den bis

---

[7] Vgl. STERN vom 21.3.2008 („Es waren Ekel-Eier drin“) sowie die Drucksache des Landtages von Baden-Württemberg 14/2530 vom 20.3.2008 sowie 11/3960 vom 5.5.1994.

Ende 1991 andauernden zivilrechtlichen Vergleichsverhandlungen wurden diese Erkenntnisse vom Land Baden-Württemberg ebenfalls nicht berücksichtigt.[8] Für den STERN, führende Juristen und die frühere Verbraucherschutzministerin Künast (GRÜNE) ein Skandal. Über die Gründe kann man heute nur spekulieren. Die letztlichen Verantwortungsträger Ministerpräsident Lothar Späth (1937–2016), Justizminister Thomas Schäuble (1948–2013) und der Fraktionsvorsitzende der CDU Günther Öttinger (*1953) verwiesen bei der späteren politischen Aufarbeitung entweder auf Unwissenheit, Irrelevanz oder den angeblich zu späten Eingang der Akte. Der maßgebliche Inhaber der Fa. Birkel, Klaus Birkel (1943–2018), verkaufte jedenfalls sein angeschlagenes Unternehmen 1990 an die französische Firma Danone[9] und ließ sich als Rinderzüchter in Texas nieder.

Kurzum: Zunächst war alles richtig gelaufen. Das Regierungspräsidium als Wächter über die Lebensmittelhygiene hatte den Verbrauchern das richtige Signal gegeben. Diese hatten sofort reagiert und das, nach allem, was wir heute wissen, mutmaßlich betrügerische Unternehmen durch Kaufzurückhaltung abgestraft. Dann muss die vorgesetzte Instanz des Regierungspräsidiums, die Stuttgarter Staatskanzlei, kalte Füße bekommen haben angesichts der nun schlingernden Zukunft eines wichtigen baden-württembergischen Unternehmens. Wahrscheinlich hat man um die Arbeitsplätze gefürchtet und alles dafür getan,

---

[8] Das aufgrund dieser Erkenntnisse von der Staatsanwaltschaft Bad Kreuznach eingeleitete Ermittlungsverfahren wurde nach Klärung der örtlichen Zuständigkeit im November 1990 an die Staatsanwaltschaft Stuttgart übergeben und von dieser am 17. Januar 1991 „mangels hinreichender Aufklärbarkeit infolge Zeitablaufs" eingestellt. Siehe Drucksache 11/3960 des Landtages von Baden-Württemberg.

[9] Danone ist längst nicht mehr der Besitzer. Nach einem Management-Buy-out und weiteren Stationen wird die Marke Birkel heute von der Newlat GmbH als Teil einer italienischen Gruppe mit einem Werk in Mannheim benutzt.

damit Birkel mit einem „blauen Auge" davonkommt, nicht ohne dem Inhaber einzuschärfen, dass, wenn man ihm helfe, sich so etwas nie mehr wiederholen dürfe. Der Wächter hatte also zwei widerstreitende Herzen in der Brust: Verbraucherschutz oder Arbeitsplätze – und entschied sich regelwidrig für Letzteres. Herr Birkel, der das Vertrauen in seine Marke mutwillig aufs Spiel gesetzt hatte, hat es den Verantwortlichen nicht gedankt. Nach dem Verkauf wurde das Stammwerk in Weinstadt-Endersbach 1997 von den neuen Eigentümern geschlossen.

Am Anfang des Problems hatte die Informationsasymmetrie zwischen Produzent und Konsumenten gestanden, denn sie öffnete dem Opportunismus Tür und Tor. Der Standard bedurfte eines Wächters, den es zunächst auch gab. Dann wurde die Problemlösung, der Wächter, selbst zum Problem. Opportunismus auf allen Ebenen.

Schauen wir uns im nächsten Kapitel daher den Wächter einmal genauer an (vgl. auch Kap. 16). Im Kern beruht seine wünschenswerte Wirkung darauf, dass er im Besitz des Gewaltmonopols und integer ist.

7

Gewaltmonopol: *Maximilian platzt die Hutschnur*

Irgendwann muss dem römisch-deutschen Kaiser und „letztem Ritter" Maximilian (1459–1519) die Hutschnur geplatzt sein.

Über das gesamte Mittelalter hinweg hatte sich der Kleinadel im Deutschen Reich das Privileg bewahrt, sein Recht mittels der „Fehde" geltend zu machen, also wo und wann immer notwendig, Gewalt zur Durchsetzung dessen anzuwenden, was man als sein Recht empfand. Die Fehde war also prinzipiell nicht unrechtmäßige Gewalt, sondern jahrhundertelang legitimes Mittel zur Rechtsdurchsetzung.

Im wirklichen Leben verschwammen allerdings die Grenzen zwischen legitimierter und illegitimer Gewalt. Indem in opportunistischer Weise fingierte Rechte reklamiert wurden, bereicherte man sich mitunter am Besitz Dritter. Der Begriff des *„Raubritters"* gibt dieses Phänomen anschaulich wieder.

Der berühmteste unter ihnen war unzweifelhaft Götz von Berlichingen (1480–1562), dem kein geringerer als

© Der/die Autor(en), exklusiv lizenziert an Springer Fachmedien Wiesbaden GmbH, ein Teil von Springer Nature 2026
H.-J. Schmidt-Trenz, *Die Ordnung der Welt*,
https://doi.org/10.1007/978-3-658-51053-4_7

Johann Wolfgang von Goethe ein bleibendes Denkmal gesetzt hat. Er führte, wie unzählige Generationen von Raubrittern vor ihm, in seinem Leben unzählige Fehden, obwohl diese seit dem *Ewigen Landfrieden* von 1495 längst verboten waren. Alle Mitglieder des Reichs hatten seither den *Rechtsweg* zu beschreiten, statt sich ihr vermeintliches Recht mit der Waffe in der Hand zu nehmen. Normativ wurde damit das *Gewaltmonopol des Staates* in Deutschland errichtet. Das Gewaltmonopol lag letztlich in der Hand des römisch-deutschen Kaisers.

Diesem Reichsgesetz zum Trotz und getreu der überlieferten Haltung „Der Kaiser kann mich mal …" überfiel Götz im Mai 1512 eine Gruppe von Kaufleuten aus mehreren süddeutschen Städten, die sich unter Bamberger Geleit auf der Rückkehr von der Leipziger Messe befanden. Es war einer der unzähligen Überfälle auf Kaufleute zum Zwecke des Raubs, der Lösegeldzahlung oder der Schutzgelderpressung, die es in den vielen Jahrhunderten zuvor gegeben hatte – Phänomene, die in *mafiotischen Gesellschaften* und Strukturen bis heute anzutreffen sind, aktuelle deutsche Großstädte inbegriffen. Dem ein Ende zu setzen, war Ziel der seit dem 12. und 13. Jahrhundert bestehenden Landfriedensbewegung gewesen, welche mit dem auf dem Wormser Reichstag 1495 verkündeten *Ewigen Landfrieden* einen institutionellen Meilenstein von historischer Bedeutung setzte.

Den Urhebern, der Mehrzahl der Reichsfürsten und Reichsstädte, musste in der Zeit, die aufgrund ihrer zahlreichen Umbrüche für die heutige Geschichtsschreibung die Schwelle zur Neuzeit markiert, inzwischen klar geworden sein, dass eine gedeihliche Entwicklung der Wirtschaft ihrer Territorien nur zu erwarten war, wenn dem Fehdewesen und Raubrittertum Einhalt geboten würde. Wieso?

Unter den Bedingungen des Raubrittertums herrschte keine oder bestenfalls zweifelhafte *Besitzsicherheit,* sobald der Kaufmann die schützenden Mauern seiner Vaterstadt verließ. Ohne Besitzsicherheit ist aber der Anreiz zur Produktion von Waren für eine großräumigere arbeitsteilige Wirtschaft kaum ausgeprägt. Warum sollte ich etwas produzieren, das mir bei nächster Gelegenheit auf dem Transportweg ungestraft geraubt werden kann? Die Kaufleute, die es dennoch taten, konnten nicht alle Ressourcen in ihr eigentliches Geschäft stecken, sondern sahen sich gezwungen, einen Teil davon in ihren Schutz zu investieren, in dem sie Personenschützer (Söldner) anheuerten und sich zu Geleitzügen zusammenschlossen. Diese Ressourcen waren im Grundsatz volkswirtschaftlich verschwendet, denn sie wären besser in der Warenproduktion angelegt gewesen. Es war also volkswirtschaftlich zwingend geboten, Besitzsicherheit zu schaffen, wie es die Landfriedensbewegung mit dem Wormser Hoftag 1495 mit dem unbefristeten Verbot der Fehde, also dem *Landfrieden* und der *Einsetzung des Reichskammergerichts* als oberstem deutschen Gericht zum Abschluss brachte. An die Stelle der Gewalt des Einzelnen hatte der *Rechtsweg* zu treten. Die Gesellschaft – so die Idee – wurde nach Innen entmilitarisiert und das Recht auf Gewaltausübung auf die Zentrale monopolisiert. Damit war die Grundlage des modernen *Rechtsstaates* gelegt. Unsere Altvorderen hatten einen entsprechenden *Sozialvertrag* geschlossen, zumindest der hohe Adel und die Kirchenvertreter, die in dieser Zeit etwas zu sagen hatten. Die Entmilitarisierung (Abrüstung) im Innern und das zunehmende Sicherheitsgefühl im Hinblick auf den eigenen Besitz erlaubte nun die Freisetzung von Ressourcen, die vorher in private Schutzvorkehrungen hatten investiert werden müssen. Diese Ressourcen konnten nun produktiv eingesetzt werden und ein bescheidenes Wachstum hervorbringen.

Niemand hat die Bedeutung von Besitzsicherheit treffender beschrieben als Friedrich der Große in der 1768 überarbeiteten Fassung seines politischen Testaments. Dort heißt es:

> „Die erste Pflicht des Souveräns ist die, das Eigentum und die Sicherheit seiner Untertanen zu schützen. Die Sicherheit des Eigentums ist die Grundlage der Gesellschaft und der Regierung. Ohne diese Sicherheit gäbe es weder Industrie noch Landwirtschaft; denn wer wollte arbeiten, wenn er nicht sicher wäre, den Ertrag seiner Arbeit zu genießen?"[1]

Kurzum: Die Schaffung von *Besitzsicherheit* ist eine elementare Leistung, die jeder Staat, der die Wohlfahrt seiner Bürger fördern will, erbringen muss. Nur so entsteht ein Anreiz zur Produktion. Der Staat muss dazu das *Eigentum* an selbstproduzierten Waren wirksam garantieren und schützen. Das bedeutet: Der Eigentümer hat das ausschließliche Recht zur Nutzung, das Recht der Übertragung und das Recht auf Zerstörung der Sache. Letzteres ist nachgerade der Lackmustest für die Frage, ob Eigentum vorliegt.

Noch erfolgreicher ist ein Staat, der zusätzlich für transaktionale Sicherheit *(Tauschsicherheit)* sorgt. Denn wenn der Staat nicht nur das Eigentum, sondern auch Verträge und Transportwege schützt, kann eine *arbeitsteilige Wirtschaft* aus vormals nebeneinander wirtschaftenden autarken Gebietseinheiten und Produzenten entstehen. Eine arbeitsteilige Wirtschaft, in der sich die Produzenten gemäß ihrer wirtschaftlichen und technologischen Stärken spezialisieren, erzeugt ein ungleich höheres Sozialprodukt als eine an Autarkie ausgerichtete Wirtschaftsstruktur. Ohne Tauschsicherheit verharrt jedes Wirtschaftssystem in der Autarkie,

---

[1] Zitiert nach Volz (1913/14), Band 6, S. 163.

muss also alle zum Überleben notwendigen Waren *selbst* produzieren. Erst wenn ich sicher sein kann, dass ich Teile des von mir gewünschten Warenkorbs eintauschen kann, beginne ich, mich zu spezialisieren wie z. B. der Schmied, der ausschließlich Eisenwaren produziert, aber sein Eisen nicht essen kann. Indem alle in die Lage versetzt werden, sich gemäß ihrer komparativen Kostenvorteile zu spezialisieren und anschließend die anderen Bedarfsgüter einzutauschen, erreichen alle ein weit höheres Wohlfahrtsniveau, als wenn sie sich als Selbstversorger verhalten. Zu diesem Produktivitäts- und Wohlstandsschub kommt es nur auf der Grundlage eines *Eigentums- und Vertragsrechts,* das *Besitz- und Tauschsicherheit* gewährleistet.[2]

Wenn es um die Frage geht, worin die *komparativen* Kostenvorteile bestehen, die offensichtlich über die Ausdifferenzierung der Spezialisierung entscheiden, hatte der amerikanische Ökonom und Nobelpreisträger Paul A. Samuelson (1915–2009) ein wunderbares Beispiel parat.[3] Er behauptete, er könne sowohl besser Bücher als auch besser Schreibmaschine schreiben als seine Sekretärin, sei aber im Bücherschreiben noch viel besser als im Schreibmaschineschreiben. Weshalb es sinnvoll sei, dass er sich aufs Bücherschreiben und seine Sekretärin aufs Tippen spezialisiere. Das maximiere den Output. Diese Form der Spezialisierung prägt die Welt, wie wir sie kennen: Deshalb gibt es Schmiede, Bäcker, Studenten, Kaufleute, Ärzte und so weiter und so fort, während der Selbstversorger ein be-

---

[2] Eine mathematisch-spieltheoretische Ableitung dieses Ergebnisses befindet sich in Schmidt-Trenz (2023), S. 65 ff. Die Begriffe „possessive security" und „transactional security" gehen auf Kronman (1985), S. 7, zurück.

[3] Grundlegend dafür, dass es bei der Spezialisierung auf die *komparativen* Kostenvorteile ankommt, ist Ricardo (1817). Sie übertragen sich in modernen Volkswirtschaften durch flexible Wechselkurse langfristig in entsprechende *absolute,* monetäre Kostenvorteile.

scheidenes Leben führt, weil er alles in einem sein muss und von allem nur ein wenig versteht.

Heutzutage bilden *Eigentums- und Vertragsrecht* zusammen mit dem *staatlichen Gewaltmonopol* die rechtliche Grundlage unseres wirtschaftlichen Wohlstands. Dies macht Produktion und Arbeitsteilung lukrativ und leichtgängig. Das gilt national.

Im Außenhandel, freilich, mit den Unsicherheiten aus der Vielzahl beteiligter, unterschiedlich verfasster Staaten, die keine supranationale Instanz akzeptieren, sieht die Sache nicht so einfach aus. Hier hat die Anarchie wieder die Überhand und die am Außenhandel Beteiligten müssen auf der Hut sein und sich schützen (vgl. Kap. 26). Die Auftraggeber und Eigner der Frachtschiffe am Horn von Afrika und im Persischen Golf können ein Lied davon singen.

Der Landfrieden von 1495 war leider kein Selbstgänger, wie das Verhalten des Götz von Berlichingen pars pro toto zeigt. Es sollten noch Jahrzehnte, wenn nicht mehr, vergehen, bis der Landfriede eine verlässliche Größe war, auf die sich Produzenten und reisende Kaufleute verlassen konnten. Fürwahr, bis heute verschwinden auf hoher See Container und in den Tiefen Asiens und Afrikas ganze LKWs auf nimmer Wiedersehen, aber zum Glück nicht in einem Umfang, der volkswirtschaftlich zu Buche schlagen würde. Das war im Mittelalter noch anders gewesen.

So riss Kaiser Maximilian im Jahr 1512, als er vom neuerlichen Überfall des Götz von Berlichingen hörte, die Hutschnur. Immerhin war der Ewige Landfrieden nun seit 17 Jahren in Kraft! Wie es sein Strafregime vorsah, verhängte er die Reichsacht über Götz und seine Spießgesellen. Damit war er vogelfrei, jedermann konnte ihn töten und seinen Besitz an sich bringen. Es sollte ihn und seine Kumpanen 14.000 Gulden kosten, sich davon loszukaufen.

Die *Reichsacht* ist eine interessante Institution, die der näheren Betrachtung lohnt, denn sie stellte ein sehr kostengünstiges und effizientes Mittel der Bestrafung dar. Statt eine teure, hauptberufliche Polizei zu beschäftigen, die es zu diesem Zeitpunkt noch nicht gab, machte sie jeden Bürger zum Quasi-Polizisten bzw. „Hilfs-Sherriff" und lieferte ihm einen Anreiz dazu, indem er ihn mit dem Eigentum (oder Teilen davon) des von ihm habhaft gemachten Delinquenten belohnte. Die Reichsacht ist so gesehen ein Vorläufer des *Kopfgeldes,* das in den Weiten der amerikanischen Prärie ohne ausgedehnte Präsenz von Ordnungshütern im 19. Jahrhundert ähnlich erfolgreich wirkte.

Die Landfriedensordnung von 1495, der Maximilian in der Praxis zum Durchbruch verhalf, hatte letztlich zwei Komponenten, die bis heute gelten: den *Gewaltverzicht,* den sich die Mitglieder der Gesellschaft gegenseitig versprechen, und die Übertragung des *Gewaltmonopols* an einen dem Recht verpflichteten, sogenannten *schützenden Staat.*

Beides ist mit Herausforderungen verbunden. Ob und inwieweit der Staat mit dieser Macht angemessen umgeht oder nicht, wird in den Kap. 16 und 17 eingehend beleuchtet. Die Menschen zum Gewaltverzicht und zur Rechtstreue anzuhalten, ist gleichfalls keine triviale Angelegenheit. Es erfordert die Androhung und Durchsetzung von *Strafen* für den Fall der Zuwiderhandlung. Womit wir beim nächsten Kapitel sind.

8

Strafen: *Abschreckung kann tödlich sein*

Veit Stoß (1447–1533) war ein begnadeter Bildhauer. Blickt man auf seine unbeschreiblich ausdrucksstarken Schnitzwerke in Nürnberg und anderen Orten, so übermannt den Betrachter unwillkürlich ehrliche Rührung. Auch tiefe Bewunderung für einen Künstler, der derartig grandiose Bildwerke zu erschaffen wusste. Sie stellen ihn in eine Reihe mit seinen ebenso großartigen Zeitgenossen Albrecht Dürer und Tilman Riemenschneider. Und doch war dieser Veit nicht das Idealbild eines Menschen, welches man aus seinen Kunstwerken herauslesen könnte. Denn er besaß ein durchaus zweifelhaftes Verhältnis zum Recht. Er war, wie sollte es anders sein, ein Opportunist. Ein Opportunist, der das Pech hatte, erwischt zu werden.

Seine Geschichte ist in besonderem Maße geeignet, sich mit der Natur von Strafen und deren Ausgestaltung auseinanderzusetzen.

H.-J. Schmidt-Trenz, *Die Ordnung der Welt*, https://doi.org/10.1007/978-3-658-51053-4_8

Was war geschehen?[1]

Seine Kunst hatte Veit bereits im polnischen Krakau zum wohlhabenden Mann gemacht. Im Jahr 1496 erwarb er das Nürnberger Bürgerrecht und legte einen Teil seines Geldes bei dem Nürnberger Kaufmann Jakob Paner an, der ihm eines schönen Tages das geliehene Geld mit Zinseszins erstattete. Paner gab Veit als Tipp zur Wiederanlage, das Geld bei einem gewissen Hans Startzedel arbeiten zu lassen. Dieser war, was Veit nicht wusste, in wirtschaftliche Schwierigkeiten geraten und hatte Schulden bei Paner, sodass Paners Rat an Veit Stoß ganz und gar nicht uneigennützig war. Paner war also, Sie erraten es schon, ebenfalls ein Opportunist. So kam es, wie es kommen musste: Während Paner seine Schulden von Startzedel auf diese Weise zurückgezahlt erhielt, verlor Veit in der Folge sein Geld. Offensichtlich war er betrogen worden und Paner auf den Leim gegangen. Ein offensichtlicher Fall von asymmetrischer Information, die Paner schamlos ausnutzte, und von naiver Leichtgläubigkeit eines Veit Stoß`, der nicht mit dem Opportunismus seines Geschäftspartners gerechnet hatte.

Diesen finanziellen Verlust und die einhergehende Schmach ob der eigenen Naivität wollte Veit Stoß nicht auf sich sitzen lassen. Allzu verständlich, möchte man sagen. Aber wie damit umgehen? Verfluchen? Vergessen? Verdrängen? Verklagen?

Nichts davon. Stoß verfiel in seiner Wut über das Geschehene auf die irrsinnige Idee, den früheren, von Paner ausgestellten und beglichenen Schuldschein zu fälschen und sein Geld von diesem noch einmal zu verlangen. Seiner ersten Dummheit, die noch seiner Naivität geschuldet gewesen war, fügte er damit eine zweite, diesmal opportunistisch motivierte Dummheit hinzu. Paner dachte natürlich

---

[1] Der grds. Sachverhalt ist entnommen aus Wesel (2022), S. 343–345, und fußt auf der Nürnberger Stadtchronik von Heinrich Deichsler.

nicht daran, den gefälschten Schuldstein zu akzeptieren und so kam es zu einem gerichtlichen Streit, der schließlich im Oktober 1503, wohl unter Androhung von Folter, wie man vermuten darf, mit der geständigen und kleinlauten Erklärung von Veit Stoß beendet wurde, er habe das Geld bereits erhalten. Dies war nun doppelt peinlich!

Schlimmer noch: Veit Stoß sah sich jetzt einem Strafverfahren wegen Urkundenfälschung ausgesetzt. Das war keine Kleinigkeit und doch endete der Prozess erstaunlich glimpflich. Während man zu dieser Zeit mit Strafen nicht gerade zimperlich war und man schon wegen leichterer Vergehen mit allen möglichen Todesarten oder Verstümmelungen konfrontiert wurde, so kam unser famoser Veit mit einem Brandzeichen in Form des Nürnberger Adlers auf beiden Wangen davon. Das tat zwar sicherlich weh und hatte wohl nicht die feinen Konturen, zu denen ein Tätowierer auf Sankt Pauli in Hamburg heutzutage fähig ist, doch es war eine für diese Zeit bemerkenswerte Form der Bestrafung.

Wie ist sie zu erklären? Dieser Frage nachzugehen, lohnt sich. Gilt doch das Strafrecht des Mittelalters als „in erstaunlicher Weise blutrünstig und grausam" (Wesel 2022, S. 340). Die Regelbestrafung war die Todesstrafe in ihren Spielarten des Erhängens, des Enthauptens, des Räderns, des Vierteilens, des lebendig Begrabens, des Ertränkens, Verbrennens oder Siedens in Wasser oder Öl. Als milde Bestrafung galt, je nachdem Hände, Finger, Füße, Ohren oder Nase abzuschneiden oder bei Meineid die Zunge herauszureißen. Dies hat in der Rechtsgeschichte die Frage aufgeworfen, warum dieses Strafrecht so grausam war? Der renommierte Rechtshistoriker Wesel (2022: S. 340) sagt: „Niemand hat darauf bisher eine einleuchtende Antwort geben können."

Nun, ich will eine Antwort darauf versuchen, die nicht jedem gefallen wird. Es handelte sich vermutlich um effiziente Strafen.

Ökonomen sind zunächst Anhänger der *Abschreckungstheorie der Strafe,* die schon in der Schöpfungsgeschichte und im Kirchenrecht angelegt ist, wie wir in Kap. 1 sahen. Strafe ist in dieser Logik ein Preis für eine unerlaubte Handlung, wie im vorliegenden Fall z. B. Urkundenfälschung. Je höher die erwartete Strafe und die Wahrscheinlichkeit der Aufdeckung, desto eher werden potenzielle Straftäter von ihrer Straftat abgehalten, weil sie die Strafe scheuen. Die präventive Wirkung der Strafe beruht also auf ihrer glaubwürdigen Androhung, der daraus resultierenden Angst vor Strafe und der entsprechenden Handlungsanpassung des Adressaten. Diese Triple-A-Logik *(Androhung, Angst, Anpassung)* setzt natürlich mehrerlei voraus:

1. Zunächst muss man davon ausgehen, dass der potenzielle Straftäter zu einer *rationalen Abwägung* im Stande ist. Ein Geistesgestörter, der die Folgen seines Tuns nicht vorhersehen kann, wird durch keine Strafe der Welt abgeschreckt. Auch bei einem Triebtäter funktioniert die Abschreckung nicht wirklich. In vielen anderen Fällen aber sehr wohl.
2. Vernunftbegabung vorausgesetzt, wird der potenzielle Straftäter neben der *Höhe der vermutlichen Strafe* die *Wahrscheinlichkeit* in Rechnung stellen, mit der er auffliegt. Wenn diese Wahrscheinlichkeit gering ist, muss die angedrohte Strafe sehr hoch sein, um die erwünschte präventive Wirkung zu erzielen. Diese Wahrscheinlichkeit ist natürlich eine Frage des Ressourcenaufwandes, der durch die Strafverfolgungsbehörden in die Ermittlung des Sachverhaltes gelenkt wird. Das kostet natürlich: Gehälter von Staatsanwälten und Polizisten

und die sonstigen Kosten für die Ermittlungsmethoden. Während man heute die Urkunde, um die es im Falle von Veit Stoß ging, im Labor auf ihre Echtheit untersuchen würde, so wusste man sich im Mittelalter nicht anders als mit dem Mittel der Folter eine Form der Gewissheit über den Sachverhalt zu verschaffen. Veit muss wohl erwartet haben, dass sein Betrug nicht aufgedeckt würde. Auch mit der Folter hat er offenbar nicht gerechtet. Dem war aber nicht so.

3. Damit eine Strafe abschreckend wirkt, muss sie so konzipiert sein, dass sie den Betroffenen tatsächlich *in seinem Wohlbefinden schmälert*. Zehn Peitschenhiebe mögen für einen Masochisten keine Strafe darstellen, sondern eine Wohltat. Dann wirkt diese Strafandrohung nicht. Dies gilt auch für die Androhung von Gefängnis, wenn sie einem Obdachlosen ein Dach über dem Kopf und eine tägliche Mahlzeit beschert. Oder die Geldbuße von 100 € für zu schnelles Fahren, die einem Millionär einkommensunabhängig aufgebrummt wird. Kurzum: Eine Strafe ist nur dann effektiv im Sinne der Abschreckung, wenn sie zu einem hinreichenden *Nutzenentzug* beim Strafadressaten führt. Dies kann und sollte zu durchaus unterschiedlichen Strafarten und Strafmaßen führen, je nachdem, wer der Adressat ist. Aus dieser Sicht ist zunächst eine gewisse *Bandbreite* an angedrohten Strafen für ein und dieselbe Straftat effizient.

4. Strafe ist allerdings auch ein sehr *zweischneidiges* Instrument. Denn: Eine wirksame Strafe belastet häufig nicht nur den Straftäter, sondern im Falle der Notwendigkeit ihrer Ausführung möglicherweise auch die Allgemeinheit (also den Strafgeber). Das ist zunächst ganz offensichtlich bei Gefängnisstrafen, die der Allgemeinheit Kosten für Unterkunft und Logis des Straftäters aufbürden. Die mögen im Mittelalter nicht sehr hoch gewesen

sein, vernachlässigen sollte man sie dennoch nicht. Da konnte die Verstümmelung oder gar Todesstrafe als „billiger" eingeschätzt werden, wenn der Verlust der Arbeitskraft des Delinquenten nicht als volkswirtschaftlicher Verlust betrachtet wurde. In der Regel war der Nutzen aus der Abschreckungswirkung der Strafe gegenüber der Allgemeinheit (die sogenannte „*Generalprävention*") deutlich größer als die Kosten aus der Bestrafung des einzelnen, straffällig Gewordenen. Aber es gab auch Ausnahmen von dieser Regel. Das war dann der Fall, wenn die *Kosten der Bestrafung* drohten, einen übermäßigen Umfang anzunehmen.

Letzteres war bei Veit Stoß offenbar der springende Punkt. Er war prominent. Er war ein erfolgreicher Künstler, der es zu Wohlstand gebracht hatte. Er war, was entscheidend war, ein lukrativer Steuerzahler und „Standort- bzw. Wirtschaftsfaktor", wie man heute sagen würde. Vermutlich waren noch viele Kunstwerke von ihm zu erwarten, die die Menschen in die Stadt, die Kirchen und die Gasthäuser treiben würden. Es ist daher vermutlich nicht Zuviel der Spekulation zu vermuten, dass die Stadtväter all dies und vielleicht noch mehr umgetrieben hat, als über die Frage zu entscheiden war, wie man Veit Stoß bestrafen könnte – in Form der unzweifelhaft notwendigen, die Generalprävention aufrechterhaltenden, abschreckenden Strafe einerseits und einer Strafe andererseits, mit der sich die Strafgeber nicht allzu sehr *selbst* bestraften. Die Todesstrafe war gemäß dieser Logik keine besonders sinnvolle Option. Das Abhacken einer oder beider Hände? Klarerweise auch nicht. Die Blendung? Natürlich ebenso nicht. Darben im nicht auf Langzeitaufenthalte ausgerichteten Kerker mit allen Gesundheitsrisiken? Nicht ernsthaft. Die Richter befanden sich in einem Dilemma.

Was also tun? Tatsächlich fand man eine Möglichkeit, das Dilemma geschickt zu lösen. Man hätte ihm die Zunge herausreißen können. Ja, das wäre abschreckend für andere gewesen und hätte ihn nicht daran gehindert, weitere Kunstwerke zu erschaffen (was übrigens auch der Fall war) und Besucherströme und Geld nach Nürnberg zu bringen. Letztlich entschied man sich für das noch etwas mildere, aber doch sehr effektive Mittel der beiden Brandmale auf den Backen. Formal war er zum Tode verurteilt worden, begnadigt zur Brandmarkung. Die sichtbaren Brandmale auf den Wangen waren, ganz im Sinne der *Generalprävention*, eine Warnung an alle, wenn sie den solchermaßen gezeichneten Veit Stoß sahen, gleichwohl beeinträchtigten ihn diese Brandmale nicht, weiter seiner Kunst zum Wohle aller nachzugehen – ein schönes Beispiel für eine effiziente Strafe. So konnten Strafen mal „milde" oder „grausam" ausfallen, je nach Einzelfall und entsprechender Abwägung einer am Allgemeinwohl der Zeit ausgerichteten Rechtsprechung.

Klar ist damit auch: Hätte der gute Veit keinen volkswirtschaftlichen Nutzen für die Nürnberger verkörpert, hätten sie sich um sein Schicksal nicht solcherlei Gedanken gemacht. Da wäre wahrscheinlich kurzer Prozess gemacht worden. Die „grausamen Strafen" des Mittelalters waren in diesem Fall doppelt effizient: Sie waren so hoch, dass sie selbst bei einer geringen Aufdeckungswahrscheinlichkeit wirkten, was in einer Welt ohne tiefgestaffelte Ermittlungsbehörden wichtig war. Und auf der anderen Seite entstanden keine hohen volkswirtschaftlichen Kosten für Gefängnisse und die Beköstigung von Gefangenen. Strafen in Form einer Verstümmelung oder gar die Todesstrafe waren da viel kostengünstiger, wenn der volkswirtschaftliche Beitrag des Betroffenen als gering eingeschätzt wurde.

Eine weitere Methode, die volkswirtschaftlichen Kosten von Bestrafung zu verringern oder gar in einen Nutzen umzukehren, war und ist es, den zu Bestrafenden zum Nutzen der Allgemeinheit arbeiten zu lassen. Den Kosten für Kost und Logis stehen somit die Erträge aus der Arbeit des Strafgefangenen gegenüber. Sein Anreiz, unter diesen Umständen zu arbeiten, ist natürlich gering – und er bedarf der Kontrolle. Nur wenn er arbeitsfähig ist und kostengünstig mobilisiert und überwacht werden kann, überwiegen die Arbeitserträge die Summe der Kosten für Logis, Nahrung und Kontrolle. Dann ist eine *Arbeitsstrafe* besser als eine *Körperstrafe* und es macht Sinn, erstere aufzuerlegen. So geschah es überall, wo Muskelkraft als einzige zur Verfügung stehende Energieform relevant war, wie zum Beispiel in der Schifffahrt im Zeitalter der Galeeren, das von ca. 1000 vor Christus bis ca. 1600 nach Christus währte. In allen maritimen Ländern und Kommunen war die *Galeerenstrafe* daher ein Mittel der Wahl, wenn der Delinquent in der Lage war, ein Ruder in der Hand zu halten. Die Arbeit war in diesem Fall klar definiert und einfach zu kontrollieren. Gab es ein Problem, so dürfte der Betroffene über Bord geworfen worden sein. Es ist überliefert, dass eine osmanische Standardgaleere 200 bis 300 Ruderer benötigte, was bei einem Geschwader von 40 Schiffen einen Bedarf von ca. 10.000 Ruderern bedeutete. Diese waren freiwillig gegen Lohn kaum in ausreichender Zahl zu bekommen bzw. zu finanzieren. Die Galeerenstrafe, meistens lebenslang auferlegt, wurde vom Osmanischen und Venezianischen Reich mehr oder weniger zeitgleich im 16. und 17. Jahrhundert eingesetzt. Dokumentiert sind Ruderer, die Gewaltverbrechen, Diebstahl, sexuelle Nötigung oder Urkundenfälschung begangen haben – also ein breites Spektrum an Straftaten.

Kurzum: Die Generalprävention fußt auf der Androhung von Strafe für unerlaubte Handlungen. Sie wirkt, wenn sie als abschreckend empfunden wird. Als *effiziente Strafe* erweist sich diejenige, bei der die Summe des allgemeinen gesellschaftlichen Nutzens aus der bewirkten Generalprävention und des spezifischen Nutzens der Strafenden und des Bestraften aus der speziellen Bestrafung des Betroffenen maximiert ist. Der spezifische Nutzen des Bestraften muss, damit die Abschreckung funktioniert, hinreichend negativ sein; der spezifische Nutzen der Strafenden kann positiv sein, wie im Falle von Zwangsarbeit oder „Freude" an Züchtigung, wie dies für manche Zuschauer mittelalterlicher Vollstreckungsspektakel gegolten haben mag. Er wird aber, was heutzutage eher die Regel ist, negativ sein, wenn sich die Strafenden z. B. aus ethischen Gründen nicht wohl bei der Bestrafung fühlen, oder die Art der Bestrafung als wirtschaftlich nachteilig für die Gesellschaft empfunden wird.

Damit kann in hohem Umfang erklärt werden, wieso im Mittelalter häufig eine ganze Bandbreite von aus heutiger Sicht als „grausam" angesehener Strafen zur Anwendung kam. Körperstrafen erwiesen sich als wirksam im Sinne der Generalprävention und vergleichsweise kostengünstig — zum Teil, allen christlichen Werten zum Trotz, sogar als „unterhaltsam". Erst mit der Aufklärung und einer zunehmend arbeitsteiligen und kapitalistischen Wirtschaft erhöhten sich die von der Allgemeinheit empfundenen Wohlfahrtsverluste aus bestimmten Bestrafungsformen, wodurch Gefängnis- (verbunden mit Arbeits-) und Geldstrafen zu effizienten Bestrafungsformen wurden.

Gott sei Dank, möchte man aus heutiger Sicht sagen. Aber auch das ist nicht das Ende der Geschichte. Heutzutage ist die Todesstrafe oder sind sonstige Körperstrafen in vielen Gesellschaften ethisch geächtet. Das schränkt aber die Möglichkeit zu einer Bandbreite anderer möglicher Strafformen nicht ein. Nicht ohne Grund wird daher immer wieder über Strafformen jenseits der Gefängnis- und Geldstrafe diskutiert. Der Führerscheinentzug ist in einer

Gesellschaft, in der individuelle Mobilität einen hohen Stellenwert besitzt, eine weitere Option, die bereits Anwendung findet. Auch die Einschränkung der generellen Bewegungsfreiheit durch elektronische Fußfesseln. Wie wäre es z. B. mit der Verwehrung des Zugangs zum Internet, wenn es denn technisch möglich wäre?

In einer Geldwirtschaft ist natürlich die *Geldstrafe* ein naheliegendes Mittel der Wahl. Sie setzt ein entsprechendes Vermögen und/oder Einkommen des Verurteilten voraus. Sonst wird dieser – erste Möglichkeit – die Geldstrafe gemäß eines Umwandlungssatzes „absitzen" müssen. Oder – zweite Möglichkeit – man gewährt ihm einen Kredit, der abzuzahlen ist mit etwaigen Einkommensströmen, die über die Grundsicherung hinausgehen. Sieht man diese Fragen als geklärt an, so stellt sich die Frage, wie hoch eine Geldstrafe ausfallen sollte, damit sie im Sinne der Generalprävention wirkt?

Geldstrafen differenzieren in Deutschland nach den Einkommensverhältnissen des Betroffenen. Dazu bestimmt das Gericht die Anzahl der Tagessätze und legt für die Tagessätze das tägliche Nettoeinkommen (abzüglich fixer Kosten) zugrunde. Anders im deutschen Bußgeldkatalog. Hier findet eine Flat-Tax Anwendung: Unabhängig vom Einkommen des Betroffenen wird ein einheitliches Bußgeld auferlegt, das in einem Katalog aufgeführt ist. Aber ist das sinnvoll? 300 € Bußgeld für einen Krankenpfleger ohne ererbtes Vermögen treffen diesen ungleich schwerer als einen Multimillionär. Krankenpfleger und vergleichbare Berufe und Bevölkerungsgruppen werden so ungleich stärker abgeschreckt als Multimillionäre. Folgerichtig dürfte man bei Letzteren eine vergleichsweise höhere Risikobereitschaft für Rechtsübertretungen beobachten können. Folgt man dieser Gedankenführung, so kommt man zum Ergebnis, dass

Geldstrafen durchgehend vermögens- und einkommens-abhängig ausdifferenziert werden sollten. Das macht das System aber kompliziert und erzeugt Kosten der richtigen Strafbemessung. Hierzu müssten nämlich die tatsächlichen Vermögensverhältnisse sowie die aktuellen und erwarteten zukünftigen Einkommensströme ermittelt werden. Diese Kosten werden durch die Flat-Tax vermieden.

Wie dem auch sei. Man darf getrost erwarten, dass so, wie Strafen vor 500 Jahren anders geartet waren als heute, auch in 500 Jahren neue und andere Strafformen zu besichtigen sein werden. Was früheren, aktuellen und künftigen Strafformen in jedem Fall gemein sein dürfte, ist die Überlegung: Dienen sie nach den Maßstäben der jeweils gültigen Ethik und Wohlfahrtsvorstellungen der Generalprävention und übertreffen sie die Kosten der Straferhebung? Im Wandel der Zeit setzen sich effiziente Strafen durch, wie auch immer der jeweilige Zeitgeist sie konkret ausgestalten mag.

Kommen wir noch einmal kurz zurück zu Veit Stoß. Er musste für seine Tat, die Urkundenfälschung, geradestehen und die Brandmarkung als Strafe erdulden, was in der Rechtskultur der Zeit eine durchaus effiziente Strafe war. Die Fälschung war sofort aufgedeckt worden und bei Paner war kein Schaden entstanden. Was, wenn doch? Dann hätte Veit voraussichtlich auch haften und Schadenersatz leisten müssen. Mit Haftung und Schadenersatz beschäftigen wir uns im nächsten Kapitel. Auch davon gehen Anreize aus.

9

Haftung: *Schadenersatz ist die Mutter der Porzellankiste*

Wenn ich gefragt werde, warum in unserer modernen Gesellschaft alles so bürokratisch, verklausuliert und schwergängig geworden ist, so gebe ich darauf eine kurze und klare Antwort: Es ist die Angst vor der Haftung. Wenn Planungsprozeduren für Schienenwege, Autobahnen und Brücken Jahrzehnte verschlingen, Baugenehmigungen schier endlos im Behördenlauf kreisen, Manager vor Managemententscheidungen inzwischen regelmäßig Gutachten von Wirtschaftsprüfern einholen, Patienten vor einer Operation belehrt werden, viele Seiten Kleingedrucktes studieren und anschließend gefühlt ihr eigenes Todesurteil unterschreiben sollen, so hat das nur einen Grund: Die Angst vor der Haftung. Beamte haben Angst vor dem Verlust ihrer Pension, Manager vor ihren Aktionären und deren Schadenersatzklagen, Ärzte vor dem Regress bei Kunstfehlern und dem faktischen Berufsverbot. Geld regiert die Welt, aber die Haftung bestimmt zunehmend, wer es am Ende bekommt. Seines durch drohende Haftung zu verlieren, erzeugt Vorsicht, ein Übermaß an Haftung erzeugt *Übervorsicht*.

© Der/die Autor(en), exklusiv lizenziert an Springer Fachmedien   **101**
Wiesbaden GmbH, ein Teil von Springer Nature 2026
H.-J. Schmidt-Trenz, *Die Ordnung der Welt*,
https://doi.org/10.1007/978-3-658-51053-4_9

Haftung ist offensichtlich eine zentrale Regel, die unser Verhalten steuert. Befassen wir uns also genauer damit.

Eine Schnecke in der Flasche Bier zu finden, die man gerade geleert hat, das hat man nicht so gerne. So erging es im Jahr 1932 der Schottin Mrs. Donoghue, die gesundheitliche Schäden davontrug und den Hersteller auf Schadenersatz verklagte. Der Fall (Donoghue versus Stevenson AC 562) ging in die Geschichte ein und begründete die Idee des Schadenersatzes für *Fahrlässigkeit*. Der Hersteller habe eine *Sorgfaltspflicht* gegenüber den Konsumenten, in deren Rahmen er sicherstellen müsse, dass seine Produkte die Konsumenten nicht schädigen. Dagegen habe der Hersteller verstoßen, weshalb er hafte und Schadenersatz leisten müsse.

Schadenersatz ist also eine mögliche Folge von Haftung. Schon der Gesetzeskodex von Hammurabi (ca. 1750 vor Christus), der älteste Kodex, den wir kennen, kannte und regelte die Haftung: „Wenn ein Baumeister ein Haus schlecht baut und es einstürzt, sodass der Besitzer stirbt, wird der Baumeister hingerichtet." Hier stand nicht der Schadenersatz, sondern die Sühne im Vordergrund, wie übrigens auch im alttestamentarischen „Auge um Auge". Hier ging es noch um Abschreckung durch *Strafe*. Gefragt wurde: *Wer ist schuld und sühnt?*

Die römische Lex Aquilia ging dann einen wichtigen Schritt weiter und schrieb im 3. Jahrhundert vor Christus *Schadenersatz* für unerlaubte Handlungen vor. So musste zum Beispiel derjenige, der das Vieh eines Dritten tötete, Schadenersatz in Höhe des maximalen Wertes leisten, den das Tier in den letzten 30 Tagen gehabt hatte. Gefragt wurde also: *Wer haftet und entschädigt?*

Schuld und Haftung bilden zwei Seiten einer Medaille. Und es versteht sich, dass die Androhung von Schadenersatz *(Schadenersatzlösung)* grundsätzlich genauso geeignet ist, abschreckend im Hinblick auf Sach- oder Personenbeschädigungen zu wirken wie die Androhung von Strafen *(Strafrechtslösung)*.[1] In ihrer präventiven Wirkung sind beide Lösungen grundsätzlich gleichwertig. Es ist ja gerade die Generalprävention, um die es ordnungspolitisch gehen muß. Durch die Wahl eines vernünftiges Ordnungssystem soll im Vorhinein sichergestellt werden, dass die Menschen friedlich und gedeihlich zusammenleben, d. h. niemand anderen schädigen. Somit stellt sich die Frage, mit welcher Art von Lösung dem Zweck der Generalprävention am besten gedient ist? Durch elaboriertes Schadensersatzrecht oder durch ausgeklügeltes Strafrecht? Um diese Frage zu beantworten, muss man beide Lösungen genauer betrachten.

Der Unterschied zwischen der Strafrechts- und der Schadensersatzlösung liegt darin, dass im letzteren Fall gewissermaßen „die Strafe" dem Opfer zukommt. Es findet ein Transfer von Geld vom Schädiger auf den Geschädigten statt, also eine pekuniäre *Wiedergutmachung*.

Das lässt die Schadenersatzlösung aus diesem Blickwinkel zunächst als die bessere Alternative erscheinen, doch bürdet sie dem Opfer den *Klageweg* auf, was selbst im Falle eines Kostenersatzes Mühen und Anstrengungen (kurz: „*Transaktionskosten*") bedeutet. Wenn der Geschädigte dieses Kostenrisiko scheut und der Schädiger damit rechnet, dann reicht eine Drohung mit reinem Schadensersatz ggf. nicht aus, den Schädiger hinreichend abzuschrecken. Dann muss aus Gründen der Prävention eine weitere Sanktion hinzutreten. In den USA wird dies dadurch gelöst, dass zum reinen Schadenersatz ein zusätzlicher *Strafschadenersatz* („punitive damages") hinzutritt, dessen Begünstigter oftmals der Geschädigte, in einigen wenigen amerikanischen Bundesstaaten mehrheitlich die Staatskasse ist. Neh-

---

[1] Vgl. auch Schmidtchen (2004), S. 126, und Schmidt-Trenz (2023), S. 109 f. Grundlegend sind Calabresi/Melamed (1972).

men Sie das Beispiel eines Pharmakonzerns, der ein Arzneimittel auf den Markt bringt und ihm bekannte Nebenwirkungen opportunistisch verschweigt. Wenn die Aufdeckungsquote dieser schädlicher Handlungen gering und die Leistungsfähigkeit des Schädigers hoch ist, dann handelt es sich bei der *Drohung mit kombiniertem Schaden- und Strafschadenersatz* um ein sehr leistungsfähiges Instrument, opportunistisches Verhalten abzuschrecken.

Nicht immer aber hat der Schädiger so tiefe Taschen wie der Pharma-Konzern in meinem Beispiel. Was geschieht, wenn die Leistungsfähigkeit des Schadenverursachers nicht ausreicht, angemessenen Schadenersatz zu leisten? Dann gehen sowohl die Abschreckungswirkung als auch die Wiedergutmachungsabsicht ins Leere. Wie will man mit einer Schadenersatzdrohung einen Bettler mit leeren Taschen abschrecken, der das Hausferkel eines anderen schlachten will?

Bei der Strafrechtslösung dagegen ist es der Staat, der den Sachverhalt ermittelt, Anklage erhebt und im Falle der Verurteilung straft. Die Transaktionskosten liegen also weitestgehend bei der Allgemeinheit. Und die Sanktion ist nicht, wie beim Schadenersatz, rein pekuniär, sondern es ist auch eine Strafe in Form von Freiheitsentzug für den/die Verantwortlichen möglich. Zur Abschöpfung von Einkommen bzw. Vermögen (Nutznießer einer Geldstrafe ist in der Regel der Staat) kommt also die Abschöpfung von „Lebensentfaltungszeit", was als Strafe wirken kann, aber eben nicht – wie Geld – übertragbar an Dritte ist. Das Opfer geht leer aus, sieht man davon ab, dass es Befriedigung daraus ziehen mag, dass der Täter/Schädiger eine Strafe zu erleiden hat.

Was ist also vorzuziehen? Es steht zu erwarten, dass vernünftige Menschen, die vor der grundsätzlichen Entscheidung stehen, mittels welchen Reglements sie schädliche

Handlungen abschrecken und verhindern wollen, für eine gewisse *Kombination beider Lösungsansätze* optieren. Dabei kommt dem Strafrecht eine umso größere Bedeutung zu, je größer der erwartete Schaden im Verhältnis zur Leistungsfähigkeit der Masse der Rechtsadressaten steht. Dann bedarf es, über den Schadenersatz hinaus, der abschreckenden Wirkung des Strafrechts, um opportunistische Menschen davon abzuhalten, unerlaubte Handlungen zu begehen. Im Falle eines Mordes an einem „Ernährer" einer Familie ist das besonders offensichtlich. Je nach Einkommen des Ermordeten kann der aus Sicht der Hinterbliebenen angemessene Schadenersatz (im Wesentlichen der entgangene zukünftige Einkommensstrom, den der Ermordete im Überlebensfall noch hätte erwirtschaften können) in die Millionen gehen und die finanzielle Leistungsfähigkeit des Mörders bei weitem sprengen. Dann reichte seine drohende Privatinsolvenz möglicherweise nicht aus, um ihn von einem Mord abzuschrecken. Dann muss die drohende Strafe des Strafrechts (Freiheitsentzug) nachhelfen oder gar die komplette Aufgabe der Abschreckung übernehmen.

Nun liegen die Verhältnisse vergleichsweise klar, wenn eine Schädigung *vorsätzlich* stattgefunden hat. Hier sollte das Strafrecht i. d. R. immer mitspielen. Aber wie war es im Falle des Bieres, das Mrs. Donoghue getrunken hatte? Von einem Vorsatz des Herstellers, Schnecken in den Flaschen zu hinterlegen, um Kunden zu erschrecken oder zu vergiften, kann man schwerlich ausgehen. Er hatte es vielmehr an der nötigen Sorgfalt bei der Reinigung der Flaschen fehlen lassen und so, im Grunde unbeabsichtigt, aber *fahrlässig,* einen Schaden verursacht. Doch stimmt das?

Hätte nicht auch Mrs. Donoghue die Flasche gegen das Licht halten und inspizieren können und wäre so auf die „Einlage" aufmerksam geworden, sodass sie vom Austrinken der Flasche hätte Abstand nehmen können und müssen? Sie hätte also den Schaden ebenso vermeiden können wie der Hersteller, hätte dieser die Flasche vor Abfüllung inspiziert.

Anders gewendet: Darf man von dem Hersteller erwarten, dass *er* die Flasche inspiziert oder darf man der Konsumentin zumuten, dass *sie* dies tut?

Im hypothetischen Falle des eingeschalteten Backofens und einer nervenden Katze, die von ihrem Besitzer dort eingeschlossen wird, erscheint diese Gegenfrage sicherlich nicht übertrieben. Ist der Ofenhersteller haftbar zu machen, wenn die Katze im Ofen verbrennt, oder ist eine Haftung des Herstellers zu verneinen, weil der Käufer des Ofens diesen in meinem Beispiel „offensichtlich" unsachgemäß benutzt hat, und wahrscheinlich obendrein wegen Tierquälerei belangt werden sollte?

Aus ökonomischer Sicht sind diese Fragen grundsätzlich wie folgt zu beantworten: Die Haftung sollte auf der Seite dessen liegen, der den Schaden zu den geringstmöglichen Kosten vermeiden kann. Wieso soll ein Ofenhersteller, bitteschön, Vorkehrungen dafür treffen, dass lebendige Tiere nicht in Backöfen gehalten werden und für ihren etwaigen Tod haften? Auch wenn zukünftig vielleicht eine Sensorik denkbar sein sollte, die in einem solchen Falle die Ofenfunktion blockiert, erscheint dies abwegig, denn es entspricht nicht dem bestimmungsgemäßen und allgemein üblichen Gebrauch eines Ofens. Eine Haftung des Herstellers ist daher üblicherweise ausgeschlossen. Auch weil es der Konsument zu vertretbaren Kosten in der Hand hat, seine Katze tiergemäß und außerhalb seines Ofens zu halten.

Und im Falle des Bierherstellers? In einem industriellen Pfandflaschensystem kann es dem Hersteller zugemutet werden, dass er die von ihm benutzten Pfandflaschen vor Befüllung inspiziert. Bei undurchsichtigen oder gefärbten Flaschen gilt dies umso mehr, weil hier der Konsument kaum eine vernünftige Möglichkeit besitzt, sich von der Güte des Inhalts durch bloße Betrachtung zu überzeugen.

Wäre die Flasche dagegen vollkommen transparent gewesen, was ich nicht weiß, so hätte man argumentieren können, dass sowohl der Hersteller als auch die Konsumentin fahrlässig gehandelt haben.

Solcherlei Fragen stellen sich immer und überall. Ist ein rechtsabbiegender LKW-Fahrer haftbar zu machen bzw. zu bestrafen, wenn er einen rechts von hinten heranfahrenden und sich neben ihn stellenden Fahrradfahrer beim Abbiegemanöver schwer verletzt oder gar tötet? Zumal, wenn es sich um den Ernährer einer ganzen Familie handelt? Hätte der Unfall vermieden werden können? In dem der LKW-Fahrer langsamer fährt oder weiter ausholt? Oder eine spezielle Seitenkamera besessen und benutzt hätte, die den im toten Winkel befindlichen Fahrradfahrer anzeigt? Oder hätte sich der Fahrradfahrer angesichts der grundsätzlich gefahrgeneigten Konstellation nicht rechts neben den LKW stellen dürfen, sondern hinter ihm bleiben müssen? Hätte er vielleicht, die Gefahr für sich erkennend, noch absteigen und sich auf den Bürgersteig flüchten können und sollen? Sind nicht vielleicht auch die Verkehrsplaner schuld, die seit einiger Zeit, entgegen dem Expertenrat, Fahrradwege vom Hochbord auf die Fahrbahn verlegen?

Aus Sicht des Normgebers kommt es darauf an, durch richtige Incentivierung der Rechtsadressaten dafür zu sorgen, dass Schäden ökonomisch sinnvoll vermieden werden. Dazu sollte er vernünftigerweise bei denjenigen ansetzen, die Schäden auslösen bzw. vermeiden können. Er sollte die Menschen bei schadengeneigten Aktivitäten dazu incentivieren, eine generelle Vorsicht walten zu lassen, mit der sie potenziellen Schäden aus dem Weg gehen bzw. diese im Rahmen ihrer Möglichkeiten so klein wie möglich halten. Deshalb ist das Institut der Fahrlässigkeit so wichtig. Wer grob fahrlässig handelt, der haftet stets (mit). *Grobe Fahrlässigkeit* wird daher in der Regel auch nicht versichert. Was „grob" im Einzelfall heißt, darüber befinden im Zweifel die

Gerichte. Grobe Fahrlässigkeit liegt gemäß dem gängigen Verständnis dann vor, wenn die *gebotene Sorgfalt* in besonders schwerem Maße verletzt wird und offensichtliche Risiken ignoriert werden. Der Rotlichtsünder, der einen Unfall verursacht, ist ein Beispiel hierfür.

Doch wie findet man heraus, was ist die „gebotene Sorgfalt" ist? Schauen wir uns an, was die Rechtsgeschichte dazu sagt: 1944 durchtrennte der Schlepper Carroll bei einem Manöver im Hafen von New York das Tau des Lastkahns Anna C, auf dem sich Mehl im Eigentum der Vereinigten Staaten befand. Der Kahn trieb ab und sank. Die Vereinigten Staaten verklagten daraufhin die Carroll Towing Co. auf Schadenersatz (United States versus Carroll Towing Co. 159 F.2d 169). In der Berufung landete der Fall vor dem US-Richter Learned Hand, der keine Entscheidung in der Sache traf, jedoch feststellte, dass es an einem Maßstab zur Feststellung von *Fahrlässigkeit* (negligence) mangele. Und er lieferte einen: Die sogenannte „*Learned Hand Formel*", eine Art mathematischer Richtwert zur Bestimmung von „Fahrlässigkeit", war geboren. Demnach liegt Fahrlässigkeit vor, wenn die Kosten der Vorwegnahme etwaiger Vorsichtsmaßnahmen zur Verhinderung eines Schadens geringer waren als der Erwartungswert des drohenden Schadens (Eintrittswahrscheinlichkeit x Schadenhöhe). Mit dieser Maßgabe verwies er den Fall zur Neuverhandlung zurück an das Gericht erster Instanz, das wie folgt urteilte: Als fahrlässig erwies sich demnach nicht das Verhalten der Schlepperfirma. Fahrlässig handelte vielmehr der Eigentümer des Lastkahns, der sich mittels eines Wachmanns auf dem Schiff gegen den in einem Hafen immer wieder auftretenden Fall hätte wappnen müssen, dass die Vertauung versagt. So hätte die Havarie vermieden werden können.

Was die *gebotene* Sorgfalt ist, Ökonomen sprechen lieber von *optimaler* Sorgfalt, lässt sich vor diesem Hintergrund mit der folgenden *goldenen Regel* ermitteln. Von den Beteiligten sollte erwartet werden, dass sie soviel Aufwand zum Zwecke der Schadenvermeidung leisten, dass die marginalen *Schadenvermeidungskosten* der Beteiligten einander gleich sind und dem marginal vermiedenen Schaden entsprechen.[2] Tun sie etwas *weniger,* könnte man das als „fahrlässig" bezeichnen; tun sie deutlich weniger oder sogar *nichts,* wo Vermeidungsanstrengungen offensichtlich von Nutzen gewesen wären, so ist das in der Regel auf jeden Fall „grob fahrlässig".

Wie können nun die Beteiligten – aus institutioneller Sicht – zu insgesamt optimalen Vorsichtsmaßnahmen angehalten werden? Das Recht hat hierzu drei Varianten entwickelt[3]:

Die *Gefährdungshaftung* verpflichtet den Schädiger zum Schadensersatz unabhängig von seinem Verhalten. Dieser Haftung unterliegt zum Beispiel, wer ein Auto betreibt. Er muss für Schäden aufkommen, die Dritten entstehen, selbst wenn er alles richtig gemacht hat. Wie im Falle eines zugelassenen Autoreifens, der trotz regelmäßiger Wartung auf der Autobahn platzt und einem Dritten einen Unfallschaden zufügt.

Derjenige, der einer Gefährdungshaftung unterliegt, wird seine Vorsichtsmaßnahmen so lange ausdehnen, bis seine Grenzkosten an Vorsichtsmaßnahmen dem dadurch vermiedenen, erwarteten marginalen Schaden entsprechen, den er zu tragen hätte. In diesem Szenario hat der potenziell Geschädigte im Prinzip keinerlei Veranlassung, in Vorsichtsmaßnahmen zu investieren, denn er bekommt seinen Schaden stets vollkommen ersetzt. Die Gefährdungshaftung ist vor diesem Hintergrund nur dann ökonomisch

---

[2] Es ist die moderne und korrekte (marginalisierte) Form der Learned Hand-Formel.

[3] Vgl. Schäfer/Ott (2020), S. 201 ff sowie Koboldt/Leder/Schmidtchen (1992), S. 334 ff.

geboten, wenn der potenzielle Schädiger den Schadeneintritt am kostengünstigsten vermeiden kann und der potenziell Geschädigte kaum Möglichkeiten hat, die Eintrittswahrscheinlichkeit zu beeinflussen. Das ist in dem von mir genannten Beispiel offensichtlich.

Die Gefährdungshaftung liegt der verschuldensunabhängigen *Produkthaftung* zugrunde, wie sie in Produkthaftungsgesetzen verschiedener Länder niedergelegt ist. Nach dem deutschen Produkthaftungsgesetz würde also der oben genannte Getränke-Hersteller auf jeden Fall für Schäden haften müssen, die auf eine die Verbraucher schädigende Verunreinigung seiner Flaschen zurückzuführen sind.

Die *Verschuldenshaftung* ist ein Haftungsregime, das dann greift, wenn ein als erforderlich betrachtetes *Maß an Sorgfalt* durch den Schädiger unterschritten wird. Dieser wird in diesem Fall Vermeidungskosten in dem Umfang aufwenden bis dieses Maß erreicht wird. Vermeidet er weniger, so handelt er fahrlässig und haftet. Wie der Fahrradfahrer, der bei Rot über eine Ampel fährt und einen Fußgänger auf dem Zebrastreifen verletzt.

Bei der Verschuldenshaftung hängt alles davon ab, ob das postulierte „Maß" an Sorgfalt volkswirtschaftlich angemessen definiert und so gesetzt ist, wie es die Learned Hand-Formel erfordert. Ist dieses Maß niedriger angesetzt als volkswirtschaftlich geboten, so entstehen mehr Schäden als es sinnvoll wäre. Das wäre eigentlich „unverantwortlich". Ist es zu hoch angesetzt, so nimmt die Vorsicht überhand und das Haftungsregime wirkt lähmend. Denn Schäden lassen sich ja in der Regel nicht vollständig, immer und überall vermeiden. Das wäre viel zu teuer. Das Gefühl, dass dieses Maß überschritten sein könnte, beschleicht mich immer dann, wenn ein Entscheider in einer Unternehmung oder auch Behörde aus Angst vor seiner Haftung gar nicht mehr handelt. Dann liegt vermutlich ein wirtschafts- und innovationsfeindlicher Overkill der Haftungsregelungen vor. Es kommt also auf das „richtige" Maß gemäß der oben genannten goldenen Regel an.

Kommt eine Verschuldenshaftung im Falle unseres Beispiels der Schnecke in der Bierflasche in Betracht? In der Tat kann hier darüber diskutiert werden, ob die gebotene Sorgfalt durch den Hersteller unterschritten wurde, sodass Fahrlässigkeit vorliegt. Dann würde neben der Produkthaftung auch eine (deliktische) Verschuldenshaftung nach § 823 BGB greifen. Eine doppelte Entschädigung folgt daraus im deutschen Recht nicht. Hier herrscht der Grundsatz des Schadenausgleichs. Niemand kann mehr als seinen Schaden ersetzt bekommen.

Nun ja. Diese beiden Lösungen können im vorliegenden Fall nicht wirklich vollständig überzeugen, denn sie gehen allein zu Lasten des Herstellers. Ist das vernünftig? Hätte nicht Mrs. Donoghue die Flasche zur Hand nehmen und wahrscheinlich durch bloße Betrachtung feststellen können, dass sich in ihr ein Fremdkörper (eine Schnecke) befindet? Ist also nicht Mrs. Donoghue diejenige, die hier fahrlässig gehandelt hat, weil sie es an der gebotenen Vorsicht hat mangeln lassen?

Vieles spricht im vorliegenden Beispiel dafür, dass sowohl der Hersteller als auch Mrs. Donoghue vertretbare Möglichkeiten hatten, den Schaden zu vermeiden, wenn sie eine gewisse Sorgfalt hätten walten lassen. Also sollte eine zielführende Haftungsregel auch bei Beiden ansetzen: dem Hersteller *und* dem Verbraucher!

In allen Fällen, wo beide Seiten Schadenereignisse durch Vorsichtsmaßnahmen mehr oder weniger zu vergleichbarem Aufwand beeinflussen können, erscheint daher ein drittes Haftungsregime – die *Verschuldenshaftung mit der Einrede des Mitverschuldens* – als das Mittel der Wahl. Wenn ein Mitverschulden des Geschädigten möglich ist und zur

Berücksichtigung bei der Betrachtung der Schadensersatzpflicht durch den Schädiger gelangen kann (vgl. 254 BGB), müssen *beide* Seiten Sorgfalt walten lassen, wenn sie eine (Mit-) Haftung vermeiden wollen. Und das ist in vielen Fällen auch vernünftig. Wie auch zum Beispiel im Falle eines Lagerarbeiters, der mit seinem Stapler ein Regal anfährt und zum Umkippen bringt, wobei sich herausstellt, dass dieses unfachmännisch befestigt und dies vom Arbeitgeber nicht kontrolliert worden war.

Bleibt noch das Thema der *Versicherung*. Heutzutage haben viele der Beteiligten die Möglichkeit, und nehmen sie auch wahr, sich gegen die Inanspruchnahme aus ihrer Haftung zu versichern. Sofern auch die Versicherung bei ihrer Prämienfestlegung und Auszahlungspolitik auf das erforderliche und vernünftige Maß an Sorgfalt durch ihren Versicherungsnehmer abhebt, ist das kompatibel mit den Anreizwirkungen eines effizient ausgerichteten Zivilrechts. Sieht die Versicherung dagegen von einer individuellen Risikobewertung des Versicherungsnehmers ab und benutzt einen Einheitstarif, so haben besonders risikogeneigte Versicherungsnehmer kaum einen Anreiz zu besonderen Vorsichtsmaßnahmen. Die notwendige Sorgfalt bleibt dann auf der Strecke und die Schäden nehmen ein überoptimales Ausmaß an. Die weitere Folge: Die Prämien steigen für alle. Nur prinzipiell unvorsichtige Menschen („schlechte Risiken" aus Versicherungssicht) bleiben dann in der Versicherung. Während prinzipiell vorsichtige Menschen („gute Risiken" aus Versicherungssicht) die Versicherung im Endeffekt kündigen, weil es für sie günstiger ist, das Risiko selbst zu tragen. Solcherlei Einheitsversicherungen sind daher nicht sinnvoll. Besser ist es, sie nach Risiken zu differenzieren und Vorsichtsmaßnahmen zu incentivieren. Die Einteilung der Versicherten in Risikoklassen mit entsprechender

Prämienstaffelung (ex ante Bewertung) und Schadenfreiheitsrabatte oder auch Prämienzuschläge (ex post Betrachtung) sind der in der Praxis zu beobachtende Ansatz, Vorsichtsmaßnahmen aufseiten der Versicherten (bei einem vertretbaren Verwaltungsaufwand aufseiten der Versicherungen) anzuregen.

Inzwischen haben wir gesehen, das kooperatives Verhalten, also das Einhalten wechselseitiger Versprechen bzw. Rechts- und Vertragstreue einerseits durch Strafen, andererseits aber auch durch Haftung und Schadenersatz gewährleistet werden kann. Im folgenden Kapitel werden wir eine weitere Methode kennenlernen: die Gestellung von „Sicherheiten“. Die klassische Form der Sicherheit ist: die Geisel.

10

Geiseln: *Aus Hermann wird Arminius und wieder Hermann*

Als „Hermann der Cherusker" ging er in die deutsche Nationalgeschichte ein. Mit dem vernichtenden Sieg über die drei römischen Legionen des Quinctilius Varus im Jahr 9 nach Christus schrieb er Weltgeschichte. Denn er stoppte die Expansion des römischen Reiches ins germanische Zentraleuropa. Die Römer ließen von der beabsichtigten Elbgrenze endgültig ab und zogen sich auf die Höhe des Rheins und des Limes zurück.

Viel ist geschrieben worden über die Schwierigkeiten des Hermann, die germanischen Völkerschaften hinter sich zu einigen, die sich als alles andere als eine Nation empfanden.[1] Die verschiedenen germanischen Stämme taten sich sehr schwer, außer in Krisenzeiten, einen einzigen Anführer anzuerkennen, und dies musste auch Hermann nach der gewonnenen Schlacht schmerzlich erfahren. Nachdem er seinen Zweck als Urheber des Sieges über die Römer erfüllt hatte, konnte er sich zwar noch einige Jahre als Anführer

---

[1] Vgl. u. a. Bleckmann (2009), S. 114 ff.

H.-J. Schmidt-Trenz, *Die Ordnung der Welt*, https://doi.org/10.1007/978-3-658-51053-4_10

verschiedener Stämme halten, fiel aber dann einer Intrige zum Opfer. Diese häufig erzählte Geschichte ist eine über Treue und Gefolgschaft, Verrat und Mord.

Dies ist im hier verfolgten Kontext allerdings weniger wichtig, auch wenn es wieder viel über den ubiquitären Opportunismus verrät. Aus Sicht dieses Kapitels ist dagegen ein Rückblick auf die Jugend des Hermann viel interessanter. Sie fällt in die Zeit, in der sich das imperiale Rom anschickte, über Gallien hinaus Einfluss auf das germanische Gebiet rechts des Rheins zu nehmen, das von zahlreichen verschiedenen germanischen Stämmen bevölkert war. Rom hatte zu diesem Zeitpunkt bereits große Bereiche Europas unter seine Kontrolle gebracht und war dabei sehr klug vorgegangen. Schlachten wurden nur in den Fällen geschlagen, wo sie unvermeidlich waren. Oft genügte die bloße Zurschaustellung der militärischen Macht und genialen Militär-Taktik, kleinere Städte und Völkerschaften für eine freiwillige Unterwerfung oder einen Vertrag zu gewinnen, der den römischen Einfluss sicherstellte.

Dies war auch die Strategie Roms im Verhältnis zu den germanischen Stämmen, die durchaus die Vorteile guter Beziehungen mit dem römischen Imperium zu schätzen wussten. Gegenseitige Handelsbeziehungen sind sehr früh belegt und hatten ein beträchtliches Ausmaß. Natürlich waren die Römer, weit von ihrem eigentlichen Machtzentrum entfernt, in diesen Gebieten in der Unterzahl, sodass sie ein besonderes Bedürfnis nach Absicherung verspürten. Dies erklärt, wieso sie zur *Gewährleistung vertraglicher Beziehungen* und der Sicherheit römischer Kaufleute, die sich jenseits des Limes bewegten, auf der Gestellung von *Geiseln* bestanden. Es handelte sich hierbei vornehmlich um Kinder von Stammesfürsten, die nach Rom verbracht wurden und die mit ihrem Leben für die Vertragstreue und Loyalität des Stammes ihrer Herkunft bürgten. So war es auch mit Hermann geschehen, welcher der Sohn eines Cheruskerfürsten war. In Rom wurde aus Hermann *Arminius* (ca. 17 v. Chr. bis ca. 21 n. Chr.), sein einziger wirklich belegter Name.[2] Die Elite Roms „integrierte" die jungen Menschen aus Germanien auf vorbildliche Weise. Sie erlernten die römische Sprache, Religion, Kultur und Lebensart und machten zum Teil, wie Arminius, eine beachtliche militärische Karriere im Legionärswesen und konnten hohe Offiziersränge erreichen.

Geiselgestellung oder Geiselaustausch sind eine grundsätzliche Möglichkeit zur Absicherung von Verträgen, für die es keine allseits akzeptierte und wirksame Durchsetzungsinstanz gibt. Im vorliegenden Fall stellten germanische Stämme Geiseln, umgekehrt taten die Römer dies nicht.

Vom Standpunkt des Tauschdilemmas, welches wir im Kap. 5 kennengelernt haben (vgl. auch Kap. 25), gingen die Römer gewissermaßen in Vorleistung, in dem ihre Kaufleute mit römischen Waren auf germanisches Gebiet gingen, um Handelsbeziehungen aufzunehmen. Um deren Leben und die mitgebrachten Waren und damit die eigentliche (Haupt-)Transaktion zu schützen, hatten die Römer Geiseln (Nebentransaktion) verlangt. Diese *Nebentransaktion* sicherte also die *Haupttransaktion*. Deshalb durfte es sich nicht um irgendwelche Geiseln handeln. Sie mussten einen Wert aus Sicht des Geiselgebers besitzen, um diesen im Falle einer Leistungsstörung bei der Haupttransaktion unter Druck setzen und auf die Einhaltung von Zusagen pochen zu können. Deshalb legten die Römer Wert darauf, Söhne der Stammesfürsten und nicht irgendwelche Kinder gestellt zu bekommen. Der fürstliche Vater einer Geisel sollte so motiviert werden, alles in seiner Macht stehende zu

---

[2] Der Name *Hermann* ist der Versuch der Eindeutschung („Heer-Mann") des Namens *Arminius* durch Martin Luther im Jahr 1530.

tun, damit die Haupttransaktion friedlich vonstatten ging. Der Wert der Geisel für den Geiselnehmer besteht in diesem Fall in dem Leid, welches er dem Geiselgeber für den Fall seines Fehlverhaltens durch Folter oder Tötung der Geisel zufügen kann. Letztlich ging es darum, durch Nutzung von Geiseln die Notwendigkeit teurer römischer Strafexpeditionen auf ein Minimum zu reduzieren. Im Vergleich dazu war die Androhung, eine ranghohe Geisel zu töten, bei weitem kostengünstiger, damit glaubwürdiger und daher wohl auch recht effektiv.

Aus Sicht der Germanen war die einseitige Geiselgabe nicht ohne Risiko. Sie wurden dadurch erpressbar. Leicht hätten die Römer geschlossene Verträge jederzeit zu ihren Gunsten nachverhandeln können, denn sie hatten ja als Faustpfand die Geisel. Umgekehrt hätte ein germanischer Stamm aber auch jederzeit einen namhaften römischen Kaufmann, der sich auf ihrem Gebiet bewegte, als Geisel gefangen nehmen und festhalten können. Dann wären die Verhältnisse wieder einigermaßen pari gewesen.

Wie sich zeigen lässt, erfüllen Geiseln ihre Funktion zur Absicherung einer Haupttransaktion dann besonders gut, wenn sie für den Geiselgeber einen Wert besitzen, aber nicht für den Geiselnehmer. Dies ist von Williamson (1983, S. 524) auf die anschauliche, wenngleich nicht gendergerechte Formel gebracht worden, ein König, um eine Geiselgestellung gebeten, solle seine *hässliche* Tochter übergeben. Hier liegt die empfohlene Konstellation vor: Sie hat einen Wert für ihren Vater (den Geiselgeber), aber nicht für den Empfänger (den Geiselnehmer). Denn würde der Vater die hübsche Tochter übergeben, so liefe der Geiselgeber Gefahr, dass der Geiselnehmer die Geisel einfach behält, selbst um den Preis einer gescheiterten Haupttransaktion. Im obigen Beispiel hätte ein der hübschen Geisel verfallener römischer Prokurator schlicht das Leben seiner römischen Geschäftsleute im fernen Germanien abgeschrieben - der Liebe wegen.

Hochrangige Geiselaustausche sind durch die gesamte Geschichte hinweg bezeugt. Meistens zwischen Fürsten und Königen, die ihr jeweiliges Machtzentrum besaßen und an guten Beziehungen, insbesondere dem Handelsaustausch, interessiert waren. Mittels des beschriebenen Geiselaustausches konnte vertragstreues Verhalten weitgehend sichergestellt werden, obwohl es keine übergeordnete Rechtsdurchsetzungsinstanz gab.

Auf den ersten Blick möchte man meinen, dass es diese Form des Geiselaustausches in späterer Zeit nicht mehr gab. Dies trifft allerdings nicht zu. Auch im Zeitalter des Kolonialismus wurden Söhne und Töchter der Fürsten und Häuptlinge unterworfener Länder und Stämme in die Hauptstädte der Kolonialherrn eingeladen, um dort zu studieren und Bildung zu erlangen. Bei Lichte betrachtet eine andere Beschreibung für das, was wir als Geisel kennengelernt haben. Es ging nicht vorrangig um Menschenfreundlichkeit, sondern um Faustpfänder.

Außenhändler, die mit dem Export einer Ware in Vorleistung gehen, die sie den Risiken des Tausch-Dilemmas aussetzt, erwarten vom Importeur, der erst nach Lieferung zahlt, vorab eine *Bankgarantie,* um sich gegen das Risiko des „Nicht-zahlen-wollens" oder „Nicht-zahlen-könnens" abzusichern. Die Bankgarantie des Schuldners bei einer Bank im Land des Gläubigers ist nichts anderes als eine Geisel im beschriebenen Sinn. Sie kann gezogen werden, wenn es zum Zahlungsausfall kommt. Tritt Letzteres nicht ein, erlischt sie schlicht und einfach.

Wenn Sie schon einmal einen größeren Kredit aufgenommen haben, dann haben sogar Sie, werter Leser, schon einmal eine Geisel gestellt. Weil die Bank eine sogenannte „Sicherheit" verlangt hat, das heißt einen persönlich haftenden Sicherungsgeber in Form eines *Bürgen* oder ein *dingliches Pfand* in Form des KFZ-Briefs oder einer

Grundschuld auf Ihre Immobilie. Damit wird klar: Kreditbanken sind nichts anderes als professionelle Geiselnehmer und machen ihre Kunden im Bedarfsfall zu Geiselgebern. Alles um die Haupttransaktion, den Kreditvertrag, abzusichern.

Die Absicherung von Transaktionen durch die Gestellung von Geiseln ist allerdings nicht ohne Risiko. Wie ich schon gesagt habe, sollte die Geisel einen Wert aus Sicht des Geiselgebers, aber nicht des Geiselnehmers besitzen, wenn sie ihre segensreiche Wirkung auf die Vertragstreue hinsichtlich der Haupttransaktion entfalten soll. Das ist bei der Konstruktion einer Bankgarantie, einer Bürgschaft oder einer Grundschuld zweifellos der Fall, sofern die Bank seriös ist und sich an Recht und Gesetz hält. Diese Instrumente können durch die Bank nur in Anspruch genommen werden, wenn der Geiselgeber säumig ist.

Auch Hermann war zweifellos von Wert für seinen Vater und so hätte auch im Weiteren für den Frieden zwischen den Römern und den Cheruskern alles zum Besten bestellt sein können. Aber statt die Geisel einfach unter Todesdrohung für den Fall einer Leistungsstörung bei den Haupttransaktionen zu *verwahren,* hatten die Römer die Dummheit begangen, Hermann zu integrieren und zum Römer umerziehen zu wollen. Sie *investierten* in ihn, und so wurde er als *Arminius* wertvoll für sie.

Das war ein kardinaler Fehler der Römer! Damit maßen ihm nun auch die Römer selbst, also die Geiselnehmer, einen Wert bei, der völlig unabhängig vom Status der Haupttransaktion war! Sie hatten Hermann gewissermaßen zum „hübschen Prinz" (s. o.) *entwickelt.* Sie sahen in ihm inzwischen einen geschulten Römer, erwarteten seine Dankbarkeit, spekulierten auf einen Nutzen aus seinen Fähigkeiten und Kenntnissen und vertrauten ihm *als einem der ihren.* Damit verlor ihre Drohung, ihn im Falle eines

Fehlverhaltens der Cherusker zu töten, an Glaubwürdigkeit und zog nicht mehr.

Schlimmer noch für die Römer: Ihre Umerziehung von Hermann zu Arminius war im Kern, ohne dass sie es bemerkt hatten, fehlgeschlagen. Als er als römischer Offizier mit seinem Chef Varus in den germanischen Wäldern unterwegs war, lockte er ihn und dessen drei Legionen in die Falle, lief über und führte die Germanen zum vernichtenden Sieg gegen die Römer.

Der über zwei Jahrzehnte zurückliegende Geiselaustausch hatte seine friedenstiftende Funktion nicht erfüllt, weil die Römer eine Grundregel des Geiselaustauschs missachtet hatten.

Auch im nächsten Kapitel bleiben wir bei den Römern. Der einfachste Weg, Problemen mit anderen aus dem Weg zu gehen und sich Gedanken über Strafen (Kap. 8), Haftung (Kap. 9) und Geiseln (Kap. 10) zu ersparen, ist, eine *Grenze* zu ihnen zu ziehen und sicherzustellen, daß niemand sie überschreitet.

11

Grenzen: *Romulus und Terminus*

Dass die Menschen von Natur aus und per se friedlich und harmonisch zusammenleben, davon gingen schon die Altvorderen nicht aus. Soweit wir denken können, wirft die Anarchie (vgl. Kap. 4) ihren kalten Schatten durch die sagenhafte Geschichte der Menschheit. Selbst in der Schöpfungsgeschichte der Bibel vergehen nicht viele Seiten, bis Kain seinen Bruder Abel tötet.

Auch die Gründungsgeschichte Roms beginnt mit einem Brudermord. Diese vom römischen Autor Plutarch überlieferte Geschichte ist in mehrerlei Hinsicht bemerkenswert.[1]

An ihrem Anfang steht der trojanische Held Aeneas, den seine Flucht nach dem Fall Trojas an die Gestade Mittelitaliens spült und der dort eine langlebige Dynastie gründet. Bis sich zwei Brüder um die Thronfolge streiten. Der erstgeborene Numitor wird von seinem Bruder Aumulius ausgebotet. Numitors Tochter *Rhea Silvia* wird zur Priesterin befördert und muss Keuschheit geloben, womit Aumulius

---

[1] Vgl. Bendlin (2001), Sp. 1130–1133.

H.-J. Schmidt-Trenz, *Die Ordnung der Welt*,
https://doi.org/10.1007/978-3-658-51053-4_11

glaubt, die Linie des Numitors abgeschnitten zu haben. Doch die Götter wollen es anders. Kriegsgott Mars verführt Rhea Silvia, die prompt den Zwillingsbrüdern *Romulus* und *Remus* das Leben schenkt. Es versteht sich, dass dies nicht nach dem Geschmack des Aumulius ist, der die Säuglinge auf Nimmer wiedersehen dem Tiber anvertraut. Die biblische Geschichte des dem Nil überlassenen Moses in Ägypten lässt grüßen. Hier wie dort werden die todgeweihten Babys allerdings an Land gespült. An dem Ort, aus dem später Rom hervorgehen wird, werden die Zwillinge von einer Wölfin gefunden und gesäugt. Sie wachsen heran und landen schließlich vor den Augen ihres Großvaters Numitor, der sie als seine Enkel erkennt, woraufhin diese ihm helfen, seinen Thronanspruch durchzusetzen.

Er revanchiert sich und erlaubt Romulus und Remus, eine neue Stadt am besagten Ort zu gründen. Doch wo zwei Brüder, da zwei Meinungen über das genaue Wo und Wie. Romulus deutet die Zeichen der Götter zu seinen Gunsten und zieht eine *Furche* um das Areal der neuen Stadt seiner Vorstellung. Als Remus ihn daraufhin verhöhnt und diese Grenze überschreitet, kommt es zum Äußersten: Romulus tötet Remus. Am Ende wird Romulus zum Namensgeber der neuen Stadt: Rom.

In dieser Geschichte spielt eine willkürlich im Raum gezogene *Grenze* eine bedeutende Rolle, deren Missachtung den Tod des Übergriffigen zur Folge hat. Und die Geschichte geht weiter: Der Nachfolger des Romulus, Numa Pompilius, geht in die Geschichte als derjenige römische König ein, der den Kult des Gottes *Terminus* begründet, des Gottes der Grenzsteine. Numa hatte zuvor das römische Land in verschiedene Abschnitte eingeteilt, die durch Grenzsteine markiert worden waren.

Grenzen erschienen vor diesem Hintergrund als *heilig* und wer sie missachtete galt als Frevler. Terminus wurde folgerichtig zu einer wichtigen römischen Gottheit entwickelt – mit eigenem Feiertag und einem Standbild auf dem Kapitol,[2] dessen Unverrückbarkeit zum Sinnbild für die Rechtssicherheit wurde, mit der die territoriale Abgrenzung von Landbesitz im alten Rom geschützt war.

Die *Setzung eines Grenzsteins* war somit nicht nur ein rechtlicher Akt. Indem dieser Vorgang zugleich zu einem *kultisch-religiösen Akt* stilisiert wurde, wurde die Wirkung überhöht und die potenzielle Sanktion auf Betrug und Missbrauch durch die Angst vor göttlicher Ungnade verschärft. Ein schönes Beispiel dafür, wie Religion und Institutionenbildung zusammenspielen (vgl. Kap. 13). Und ein genialer Trick des Numa, um die Beachtung der von ihm geschaffenen Eigentumsrechte an Land sicherzustellen. Die Geltung des Rechts wurde also durch seine Vergöttlichung befördert, was in einer gläubigen Gesellschaft eine vergleichsweise kostengünstige Methode der Rechtsdurchsetzung ist. Die religiöse Überhöhung von Grenzsteinen sparte schlicht Transaktionskosten bei der Durchsetzung von Eigentumsrechten an Land. Dem Übergriffigen drohte das Strafgericht der Götter. Bei diesen Aussichten war eine steuerfinanzierte irdische Kontrollinstanz weitgehend entbehrlich.

Das funktionierte die gesamte römische Geschichte hindurch und bis heute erscheint es so, dass Grenz- und Vermessungssteinen eine besondere Aura anhaftet. Wer je wagen sollte, Hand an sie zu legen, dem wird es nicht gut ergehen … Jeder meiner Leser, der Eigentümer einer Scholle ist, weiß davon zu berichten.

Auch wenn der Name des Terminus längst vergessen ist, wirkt seine Tradition offenbar nach. Auch im Flughafen*terminal* und im Container*terminal* lebt er fort und bezeichnet die Grenzen moderner Personen- und Warenströme.

---

[2] Siehe Phillips (2002), Sp. 160.

Wer aus dem All auf den Planeten Erde schaut, sieht keine Grenzen. Die kennt der Mensch nur vom Globus in seinem Wohnzimmer. Grenzen sind Konstrukte des Menschen, die *institutionelle Signale* aussenden. Grenzen machen den *Unterschied*. Den Unterschied zwischen Ordnungs- und Rechtssystemen, wenn es um ganze Staaten geht (vgl. Kap. 14, 25 und 26). Den Unterschied zwischen Nutzungsberechtigten, wenn es um ein Territorium, mein Haus und meinen Garten geht. Den Unterschied zwischen Krieg und Frieden, wenn sie unerlaubt überschritten werden.

So geschah es, als Caesar am 10. Januar 49 vor Christus mit seinen Legionen den norditalienischen Fluss Rubicon überschritt, der die Grenze zwischen der römischen Provinz Gallien und Italien darstellte. Der römische Senat hatte zuvor die Niederlegung seiner Befehlsgewalt und sein Erscheinen in Rom angeordnet, wenn er wieder als Konsul kandidieren wollte. Das tat er nicht, sondern eröffnete mit seinem Handeln den Bürgerkrieg. Mit der bewaffneten Grenzüberquerung waren „die Würfel gefallen", so sein berühmt gewordener Ausspruch.

Heute spricht man auch von „roten Linien". Nicht ein Gott, sondern augenscheinlich die Farbe soll der Grenze Nachdruck verleihen und eine massive Reaktion für den Fall einer Grenzverletzung ankündigen. Die NATO, die der Verteidigung des Bündnisgebiets ihrer Mitglieder dienen soll, lässt jedenfalls kaum einen Gipfel vergehen, in dem nicht betont wird, dass „jeder Quadratzentimeter" des Bündnisgebiets, falls notwendig, verteidigt werden wird. Der amerikanische Präsident Biden ging am 22. Februar 2023 in einem BBC-Interview sogar so weit zu sagen, dass die Verpflichtung, „every inch" des NATO-Territoriums zu verteidigen, „sacred" sei. Was den langen Schatten von Terminus zeigt.

Wie im Großen, so im Kleinen: Bei Sandburgen und Schrebergärten soll es mitunter zu ähnlichen Deklarationen kommen. Wer eine geographische Grenze zieht, signalisiert: Bis hierhin und nicht weiter, es sei denn zu meinen Bedingungen, sonst herrscht Krieg, also der Rückfall in die Anarchie (vgl. Kap. 4). Das kann natürlich auch für inhaltliche Positionen in Verhandlungen gelten.

Wer seine Drohung in einem solchen Fall nicht umsetzt, ist im Unterschied zu Romulus ein klassischer Papiertiger. Dann ist die Ordnung, die durch die Grenze markiert wird, in einem Höchstmaß gefährdet.

Nun ist Zeit für das nächste Hauptkapitel: Prägung. Wahrscheinlich noch wirkmächtiger als die Grenzen, die der Mensch im Gelände zieht, sind die Grenzen, die zwischen unterschiedlichen Sprachen, Kulturen und Religionen verlaufen. Sie prägen die Entwicklung von Regeln und Institutionen über Generationen und erklären die Unterschiede, die wir, bei aller Ähnlichkeit der grundlegenden Muster, in der realen Welt beobachten.

Teil III

Prägung

12

Rechtskultur: *Die Stufenpyramide des Rechts*

Die um 2650 vor Christus errichtete Stufenpyramide von Sakkara ist das älteste erhaltene Monumentalgebäude der Menschheit. Geschaffen vom ägyptischen Architekten Imhotep, diente sie als Grablege für den Pharao Djoser und bildete das Vorbild für alle folgenden Pyramiden. Nie zuvor war etwas Vergleichbares erbaut worden. Einstöckige Mastabas, rechteckige Gebäude mit schrägen Mauern, bildeten bis dahin den Standard der ägyptischen Grabmonumente. Nichts anderes als gemauerte Grabhügel über unterirdischen Gräbern. Und so entsprach es auch der ursprünglichen Absicht Imhoteps. Doch nach Umplanungen entstand schließlich aus der einstufigen Mastaba in mehreren Bauabschnitten eine 6-stufige Pyramide von 62 m Höhe mit einer Basis von 121 × 109 m Kantenlänge.

Ein solches Bauwerk zu errichten, war zweifellos ein Meilenstein in der Menschheitsgeschichte, und bis heute übt es durch Größe und Alter eine ungeheure Faszination aus. Sinnbildlich stehen die Stufen dieser Pyramide für die stufenweise Entwicklung der Zivilisation. Dieses Bild

H.-J. Schmidt-Trenz, *Die Ordnung der Welt*, https://doi.org/10.1007/978-3-658-51053-4_12

möchte ich auf die Entwicklung des Rechts und den Aufbau der Rechtsordnung anwenden.

Um unser heutiges Leben zu verstehen, müssen wir uns gedanklich auf die Plattform begeben, die sich über die oberste Stufe der Stufenpyramide erstreckt. Denn unser Leben findet auf einem mehrstufigen Fundament statt, das durch aufeinander aufbauende Stufen des Rechts gekennzeichnet ist. Davon geprägt und incentiviert, läuft unser tägliches Handeln auf deren Oberfläche ab, und zwar musterhaft. Eine Fülle von Institutionen und Regeln steuert unser Handeln, entweder bewusst oder unbewusst, weil eintrainiert, anerzogen oder strafbewehrt. Was wir sehen, sind Handlungen und Ergebnisse. Sie beruhen auf der unsichtbaren Architektur einer Stufenpyramide des Rechts.

Nehmen wir als Beispiel unseren familiären Alltag. Schon hier bewegen wir uns in einem alles andere als rechtsfreien Raum. Es gibt ein Ehe- und Familienrecht, in dem Rechte und Pflichten der Ehegatten ebenso normiert sind wie grundlegende Fragen von Erziehung und Aufsicht von Kindern. Gräbt man tiefer, so erkennt man, dass Ehe und Familie in Deutschland unter dem besonderen Schutz unserer Verfassung stehen, worauf der Gesetzgeber zu achten hat. Dieser Rahmen ist Ergebnis eines historischen Evolutionsprozesses und enthält heute u. a. das Postulat der Gleichberechtigung wie auch den Schutz vor häuslicher Gewalt, was aus Sicht der Geschichte alles keine Selbstverständlichkeiten sind. Spätestens im Alter von 7 Jahren mischt sich der Staat aktiv in die Kindeserziehung ein, weil dann die Schulpflicht beginnt. Auch das war nicht immer so, auch wenn es uns heute selbstverständlich erscheint. Haben wir die Kinder zur Schule gebracht, streben wir gemeinhin zu unserem Arbeitsplatz. Auch da läuft alles geregelt ab, normiert durch den Arbeitsvertrag, Betriebsvereinbarungen, das Kündigungs- und Unternehmensrecht sowie die Verträge, aus denen mein Arbeitgeber hervorgegangen ist und die Verträge, die er mit Dritten geschlossen hat bzw. noch zu schließen beabsichtigt. Früher oder später geht es an einem solchen Tag wieder nach Hause. Aber was ist zuhause? Neben dem Gefühl der Geborgenheit im Kreise der Familie besteht auch hier ein relevanter rechtlicher Rahmen. Konkret geht es um den rechtlich geschützten Bereich der Privatsphäre und der Unverletzlichkeit der Wohnung, womit wir in den Rechtsgebieten des Verhältnisses zwischen Staat und Individuum, des Verhältnisses zwischen Vermieter und Mieter oder auch der Eigentümer zu den Miteigentümern oder Nachbarn landen. Wo man auch hinschaut: Alles, unser ganzer Tag und seine Lebensumstände, ist regelbehaftet, strukturiert, geordnet. Unter allem liegt das Fundament, wirken die Werte unserer Verfassung, in Deutschland „Grundgesetz" genannt.

Es ist natürlich jedem von Herzen zu wünschen, sich mit keinem dieser einzelnen Rechtsgebiete jemals genauer und explizit beschäftigen zu müssen, wenngleich dies im Laufe eines längeren Lebens eher unwahrscheinlich ist. In jedem Fall wird niemand bestreiten können, dass unser tägliches Verhalten grundsätzlich im Schatten und damit geprägt von diesen Normierungen stattfindet. Ich bezeichne diese Regelungen und Institutionen in Gebrauch eines Begriffes von Lachmann (1963: S. 67) als *innere Institutionen.* Sie bilden die beiden obersten Ebenen einer dreistufigen *Stufenordnung des Rechts.*

Innere Institutionen sind Gesetze und Verordnungen (Stufe 2) und Organisationen und Verträge (Stufe 3), die auf der Basis dieser Gesetze und Verordnungen geschaffen bzw. geschlossen werden und unser Handeln vergleichsweise unmittelbar steuern.

Sie werden es schon geahnt haben. Wo es innere Institutionen gibt, da gibt es vermutlich auch *äußere Institutionen.* Es handelt sich um die *Basis der Rechtsordnung,* also Stufe 1, auf der alle anderen Stufen ruhen und aufbauen. Denn das, was ich hier als innere Institutionen beschrieben habe, setzt einen äußeren Rahmen voraus: eine staatliche Verfasstheit, die regelt, wie wir zu solcherlei Gesetzen und Verordnungen kommen und welche Verträge grundsätzlich erlaubt sind und welche nicht. Alle Regelungen, die die staatliche Verfasstheit betreffen, zähle ich zu den *äußeren Institutionen* und sie stehen gedanklich und in der *Normenhierarchie vor* den inneren Institutionen.

Die prototypische äußere Institution ist der Staat und seine *Verfassung* (in Deutschland das Grundgesetz), aus der sich alle anderen Institutionen (daher die „inneren" genannt) ableiten. Ohne Verfassung, die entsprechende Spielräume für weitere Rechtsschöpfung durch Gesetzgeber und Private eröffnet (das Stichwort für Letztere lautet: Vertragsfreiheit), gibt es keine inneren Institutionen. Die Verfassung der DDR zum Beispiel eröffnete nicht die Möglichkeit für Private, größere Unternehmen zu gründen oder Export- oder Importverträge zu schließen. Volkseigentum ersetzte das Privateigentum. Der Umfang an inneren Institutionen war und ist unter einem solchen Verfassungsregime natürlich viel geringer als unter einer stärker freiheitlich orientierten Verfassungsform.

Da die Verfassung alle weiteren Gesetze und Rechtsnormen prägt, die aus ihr hervorgehen, steht sie in der Normenhierarchie an höchster Stelle. Aus Sicht einer Stufenpyramide bildet sie die Basis (also Stufe 1). Und da sie derart prägenden Charakter mit Langfristwirkung hat, ist ihr Zustandekommen bzw. ihre Änderung in der Regel an qualifizierte Mehrheiten gebunden. Aufgrund ihrer im wahrsten Sinne fundamentalen Bedeutung haben viele Nationen der Erde ihren Bürgern nach einer verfassungsgebenden Nationalversammlung die entworfene Verfassung zur Abstimmung vorgelegt, um ihre Legitimität (vgl. Kap. 15) zu begründen. Fiel diese Abstimmung positiv und mit hoher Zustimmungsrate aus, so konnte und kann man im besten Sinne des Wortes davon sprechen, dass ein *Sozialvertrag* geschlossen worden ist und *Legitimität* vorliegt.

Der genaue Beobachter weiß, dass es im Falle des deutschen Grundgesetzes (das wir seit der Wiedervereinigung 1990 als gesamtdeutsche Verfassung ansehen) eine solche Volksabstimmung weder 1948 noch nach der Wiedervereinigung gegeben hat, auch wenn die westdeutschen Väter des Grundgesetzes 1948 für den damals in einer ungewissen Zukunft liegenden Zeitpunkt einer etwaigen deutschen Wiedervereinigung etwas anderes in Aussicht gestellt hatten. Wie dem auch sei: Eine Verfassung ist nur dann Wirklichkeit, wenn sie gelebt wird, also auf der expliziten (was prinzipiell am besten ist) oder zumindest impliziten Zustimmung ihrer Bürger beruht. Da nicht kontinuierlich explizit über die Verfassung abgestimmt wird bzw. werden kann, kommt es letztlich auf die *implizite Zustimmung* an. Sie manifestiert sich im mehrheitlichen Vertrauen der Bürger in ihre staatlichen Institutionen. Geht dieses verloren, bricht die staatliche Ordnung zwangsläufig ob kurz oder lang zusammen.

Eine Verfassung umfasst im Wesentlichen zwei Komponenten: Regelungen über den protektiven und den produktiven Staat.[1]

* Der *protektive,* zu deutsch der *schützende Staat* ist derjenige, der seine Bürger nach innen und außen und ihre (zulässigen) Verträge untereinander schützt (vgl. Kap. 7 und 14). Da es um den *Schutz von Leben, Eigentum* und *vertraglichen Rechten* geht, sind Kompromisse im Grundsatz nicht vorgesehen, auch wenn Kosten dem konsequenten Handeln des protektiven Staates eine gewisse Grenze setzen. Solcherlei Sozialverträge sehen vor, dass die Bürger sich im Wesentlichen entwaffnen und das Ge-

---

[1] Diese Einteilung geht auf Buchanan (1975) zurück.

waltmonopol an den Staat übertragen (vgl. Kap. 7), der den *inneren Frieden* mittels der Polizei und Justiz und den *äußeren Schutz* mittels des Militärs organisiert. In diesen essentiellen Fragen sind in der Regel *qualifizierte Mehrheiten* (d. h. Quoren von über 50 %, d. h. i. d. R. Zustimmungsquoren von 2/3 oder ¾ der Abstimmungsberechtigten) für Regeländerungen notwendig. Wir bewegen uns hier im Bereich des Verfassungsrechts. Da es um viel geht, ist ein gewisser Aufwand an Verhandlungskosten, um zu einem tragfähigen Ergebnis zu gelangen, gerechtfertigt und geboten.[2] Möglichst alle sollen und sollten „mitgenommen" werden.

- Der *produktive Staat* ist derjenige, der alle *anderen* öffentlichen Aufgaben wahrnimmt, welche der Sozialvertrag dem Staat überträgt, wie z. B. im Wirtschafts- und Sozialrecht. Als Beispiele mögen öffentliche Unternehmen der Daseinsvorsorge (z. B. öffentliche Verkehrsbetriebe und Stadtwerke) und die gesetzliche Arbeitslosen- und Rentenversicherung dienen. Der produktive Staat kann zu diesem Zweck auch in die durch die Verfassung ggf. eröffnete Vertragsfreiheit der Privaten eingreifen. Der Entscheidungsmechanismus des produktiven Staates, wie wir ihn in westlichen Staaten heutzutage kennen, ist ebenfalls die Demokratie. Wobei mit *einfacher Mehrheit* entschieden wird, denn die zu entscheidenden Fragen sind letztlich weniger elementar als die des protektiven Staates. Mal sieht der einzelne Bürger im demokratisch erzielten Ergebnis seine besonderen Interessen berücksichtigt, mal weniger oder gar nicht. Mal findet er sich bei Abstimmungen auf der Gewinner-, mal auf der Verliererseite. Das ist tragfähig und wird akzep-

---

[2] Grundlegend für diesen Gedanken sind Buchanan und Tullock (1965). In Buchanan (1975) wird für das Zustandekommen von Verfassungen idealiter sogar Einstimmigkeit postuliert, was in *großen* Gruppen wegen der damit verbundenen Verhandlungskosten ineffizient ist.

tiert, wenn sich das für die Masse der Einzelnen auf längere Frist einigermaßen die Waage hält. Dann bleibt der soziale Frieden erhalten.

Damit erhebt sich nun eine dreistufige Pyramide des Rechts vor unserem geistigen Auge: mit dem Verfassungsrecht als Basis und unterster Stufe, dem Gesetzesrecht als der zweiten Stufe, und den die verbleibenden Spielräume ausfüllenden Bestimmungen privater Verträge als dritter Stufe. Darauf beruht dann die konkrete *Ordnung des Handelns* der Menschen. Die Summe dieser drei Stufen steuert also das Handeln, wie wir es täglich beobachten. Als Beispiel: Die Verfassung (1. Stufe) postuliert das Recht auf freie wirtschaftliche Betätigung der Staatsbürger (siehe Art. 12 in Verb. mit Art. 14 GG). Der Gesetzgeber regelt auf dieser Grundlage mit dem Bürgerlichen Gesetzbuch (2. Stufe) z. B. die Einzelheiten des Kaufs (siehe §§ 433 ff BGB). Zwei Unternehmen schließen auf dieser Grundlage einen konkreten Kaufvertrag über Waren (3. Stufe) und handeln im Folgenden entsprechend.

Nun haben bereits die alten Ägypter gelernt, dass jede Pyramide, die Bestand haben will, unter sorgfältiger Berücksichtigung des Untergrunds errichtet werden muss. Sonst verwindet sich das Bauwerk, bröckelt oder bricht, im schlimmsten Fall, in sich zusammen. So verhält es sich auch mit der Stufenpyramide des Rechts. Sie steht nicht in einem beliebigen Gelände.

Denn kein Staat der Erde ist vom Himmel gefallen. Jeder Staat, jede verfassungsmäßige Ordnung findet in der Geschichte Vorläuferorganisationen und hat *historische und kulturelle Bedingtheiten*. Frankreich nennt sich heute die 5. Republik. In Österreich wird im Lichte der Wahlerfolge der FPÖ über die 3. Republik fabuliert. Deutschland lebt in der 2. Republik seiner Geschichte und hat als eines von wenigen Ländern wohl alle Staatsformen durchgespielt, die möglich sind: verschiedenste Formen der Monarchie, demokratische Republik, faschistische und kommunistische Diktatur. Diese historischen Erfahrungen prägen unseren politischen Diskurs und unsere Institutionen. Das *Recht entwickelt sich*, immer weiter.

So ist das deutsche Grundgesetz des Jahres 1948 geprägt von Inhalten und Vorerfahrungen der Weimarer Verfassung von 1919, der Reichsverfassung von 1871, der Verfassung des Norddeutschen Bundes von 1867 und der Paulskirchenverfassung von 1849, der im Hinblick auf den Grundrechtekatalog, Rechtsstaatlichkeit, Parlamentarismus und Gewaltenteilung grundlegende Bedeutung für die deutsche Verfassungsevolution zukommt. Diese nie in Kraft getretene Verfassung von 1849 orientierte sich wiederum maßgeblich an der amerikanischen Verfassung (1787) und den Ideen der französischen Aufklärung und Revolution (1789). Der durch das Grundgesetz schwach ausgeprägte Bundespräsident wäre ohne die Entartung des Reichspräsidentenamtes im sogenannten Dritten Reich nicht denkbar gewesen. Der bundesdeutsche Föderalismus ist tief in einer über tausendjährigen Geschichte der deutschen Landsmannschaften und des Wunsches ihrer Fürsten nach Selbstbestimmung begründet, die ihnen schon die deutschen Könige und Kaiser gewähren mussten (vgl. Kap. 19). Auch das 1898 erlassene Bürgerliche Gesetzbuch beruht weithin auf älteren Gesetzen, die bei Abfassung des BGB zusammengeführt und teilweise renoviert worden sind. Und auch die drei Säulen unseres Sozialstaats – Kranken-, Renten- und Arbeitslosenversicherung – lassen sich auf Vorläufer, nämlich die Bismarck'schen Sozialreformen des ausgehenden 19. Jahrhunderts, zurückführen.

Auch *Sprache und Geografie* sollen nicht unerwähnt bleiben.

Das Recht ist eine abstrakte Konstruktion und beruht auf Begriffen, ist also ohne Sprache undenkbar.

Auch die Geografie kann das Recht prägen. Ein Inselstaat mag ungestört sein eigenes Rechtssystem entwickeln, während Binnenstaaten in ihrer Geschichte zahlreichen verschiedenen Rechtseinflüssen der Anrainer unterliegen (siehe auch Kap. 6). Die Notwendigkeit, landwirtschaftliche Flächen aus Flusssystemen zu bewässern, erfordert einen entsprechenden Organisationsrahmen und hat zur Herausbildung der ersten größeren Staatsgebilde in Ägypten (Nil-Wirtschaft) und im Zweistromland von Euphrat und Tigris geführt.

Was diese Beispiele zeigen sollen, ist, dass sowohl die äußeren als auch die inneren Institutionen ihrerseits vorgeprägt sind durch die geographischen, kulturellen und historischen Erfahrungen des relevanten Staatsvolks und seiner früheren Generationen. Jede reale Verfassung ist damit Ausdruck der ererbten Kultur, weshalb es keine zwei Verfassungen auf der Erde gibt und geben wird, die sich 1:1 entsprechen.

Die Besonderheiten von Geografie, Geschichte und Kultur eines Volkes bilden also die Grundlage, den *Boden* seiner Stufenpyramide des Rechts. Zu den kulturellen Bestimmungsfaktoren gehört zweifellos auch die *Religion* (vgl. das anschließende Kap. 13). Um an die prägende Kraft der Religion zu glauben, muss man kein gläubiger Christ, Mohammedaner oder Buddhist sein. Gott wurde und wird weithin als Quelle des grundlegenden Rechts und der Moral angesehen. Die zehn Gebote und ihre Langzeitwirkung legen davon Zeugnis ab. Unbestreitbar haben sich Herrscher über Jahrtausende als Bindeglied zwischen den Menschen und den jeweiligen Göttern betrachtet. Leiteten ihre Legitimität, Rechtsetzungs- und Rechtsprechungskompetenz daraus ab. Teilweise inszenierten sie sich selbst als Götter oder wurden als solche erachtet. Bis in das

Deutschland des 19. Jahrhunderts wurde noch um das Gottesgnadentum des preußischen Königshauses gerungen. Die Salbung von König Charles III. von Großbritannien im Jahr 2023 zeigt, dass wir hierbei nicht die letzten waren.

Alle alten Rechtskodifizierungen stellen einen Bezug zu den jeweiligen Göttern her. Das Kirchenrecht hat das weltliche Recht tief beeinflusst. Jurisprudenz und Theologie waren im Mittelalter eng verbunden und bildeten die beiden Fakultäten der ersten europäischen Universitäten. Unsere Vorstellungen vom Individuum, vom Gewaltverzicht, von der Hilfe in Notlagen, von Ehe und Familie sind vom Standpunkt ihrer Genese tief religiös begründet, ob wir heutzutage einer Kirche angehören oder nicht, gläubig sind oder nicht.

Dieser kulturelle Boden, auf dem die in Stufen aufgefächerte Rechtsordnung beruht, ist vermutlich auch das, was manche mit dem Begriff der *„Leitkultur"* zu umschreiben versuchen. Die USA sind ohne Kenntnis ihrer Geschichte als Zufluchtsort von Millionen Religionsflüchtlingen nicht zu verstehen; England ebenso wenig ohne den Ursprung und die Geschichte der anglikanischen Kirche; Russland ebenso wenig ohne Wissen um das Selbstbild Moskaus als das dritte Rom. Und Deutschland nicht ohne die Geschichte des Wahlkönigtums, des Föderalismus, des Protestantismus, der Kleinstaaterei und des dritten Reichs.

Kurzum: So sehr man sich mit der Vorstellung anfreunden mag, man könne ideale Institutionen und Ordnungssysteme frei erfinden, so muss und sollte man doch anerkennen, dass jeder Erfinder auch Ergebnis der Geschichte und der Kultur der sozialen Gruppe ist, in der er sich von Kindesbeinen an bewegt hat und bewegt. Folglich sind seine Entwürfe entsprechend geprägt. Das muss nicht schlecht sein, im Gegenteil, wenn an Bewährtes angeknüpft und dies fortentwickelt wird, was nach Prüfung auch einschneidende Änderungen beinhalten mag. Es steht zu vermuten, dass solche Ordnungssysteme eher die implizite Zustimmung der Rechtsadressaten finden werden als solche, die den kulturellen Kontext bewusst ignorieren zu können meinen. Wer von draußen kommt und so vermessen ist, eine Pyramide bauen zu wollen, ohne vorher den Boden sondiert zu haben, dem kann vorhergesagt werden, dass seine Pyramide die Zeit nicht überdauern wird.

Wie alle Vergleiche stößt auch der Vergleich des Rechts mit einer Stufenpyramide an seine Grenze. Wobei der Vergleich hilft, sich die Natur der Angelegenheit zu verdeutlichen. Denn bei genauer Betrachtung zeigt sich, dass die Stufenpyramide des Rechts wie auf dem Kopf stehend erscheint. Denn die unterste Stufe ist, geht man von der Menge an Regeln aus, die schmalste, muss aber die solideste sein. Gutes Verfassungsrecht ist allgemein gehalten und regelt Grundsätze, nicht Einzelheiten. Gute Verfassungen sind daher eher *kurz*. So besteht die amerikanische Verfassung einschließlich aller Amendments aus ca. 7500 Worten, während der 2004 verabschiedete Entwurf einer EU-Verfassung je nach Sprachversion bis zu 80.000 Worte umfasste. Wohl einer der Gründe, weshalb sie bei den Volksabstimmungen in Frankreich und den Niederlanden durchfiel und folglich nie in Kraft trat. Das deutsche Grundgesetz umfasst etwa 20.000 Worte.

Das Gesetzesrecht, das im staatlichen Leben aus dem Verfassungsrecht hervorgeht, und die zweite Stufe des Rechts bildet, ist im Vergleich dazu naturgemäß viel umfangreicher. An einer Wortzählung hat sich noch keiner versucht. Es soll sich am Beispiel Deutschlands laut Legal Tribune Online, Stand Februar 2022, um 1773 Bundesgesetze mit 50.738 Paragraphen handeln. Hinzukommen 2795 Bundesrechtsverordnungen mit insgesamt 42.590 Paragrafen; Verordnungen der Länder und Kommunen und anderer öffentlich-rechtlicher Körperschaften sind hier noch nicht mitgezählt.

Noch umfangreicher sind die Regelungen der dritten Ebene. Es handelt sich um die Inhalte der Hunderttausenden und Millionen an Kauf-, Miet-, Leasing-, Kredit- und Gesellschaftsverträgen, die auf der Grundlage der Gesetze durch die Privaten und Körperschaften geschlossen werden. Jede obere Stufe ist also deutlich größer als die darunterliegende – und in einem freiheitlichen System soll und muss das auch so sein.

Dieses Gesamtgebilde lebt und entwickelt sich in der Zeit dynamisch weiter, stetig oder auch mit Brüchen. Es dürfte auf der Hand liegen, dass *freiheitliche Rechtsordnungen* dadurch gekennzeichnet sind, dass sie aufgrund der grundlegenden Regel der Vertragsfreiheit mehrere Stufen des Rechts aufweisen, womit sie sehr komplexe Handelnsordnungen erzeugen. Kontrastiert man dies mit dem Prototyp einer *Zentralverwaltungswirtschaft,* so mache man sich klar, dass diese de facto auf einer *Befehlsordnung* beruht, was im Grunde einer *einstufigen Rechtsordnung* entspricht. Die Grenzen zwischen Verfassung, Gesetzgebung und täglichen Handlungsanweisungen zerfließen hier zu einem Brei (einer Mastaba, um im Bild zu bleiben). Da ein solches System so gut wie keine Freiheitsspielräume für weitere Rechtsbildung durch die Privaten hinterlässt, wird es die Komplexität und das Wohlfahrtsniveau einer freiheitlichen Rechtsordnung nie erreichen können. Und hat es in der Geschichte auch nicht, wie der Untergang der kommunistischen Zentralverwaltungswirtschaften am Ende des 20. Jahrhunderts beweist.

Die Komplexität bzw. Vielfalt freiheitlicher Rechtsordnungen entsteht vornehmlich auf der dritten Stufe, nämlich durch die Verträge, die die Privaten untereinander schließen. Für deren Ausformung ist die Steuerung über Preise maßgeblich, die Kauf-, Verkaufs- oder Investitionsentscheide auslösen. Es gibt bis heute keine Institution, die sich zur effizienten Allokation von Ressourcen gegenüber dem Preissystem als überlegen erwiesen hätte. Vielen erscheint es als offene Frage, ob die künstliche Intelligenz in einer fernen Zukunft einen Weg bereithält, den optimalen Einsatz von Ressourcen in besserer (d. h. kostengünstigerer) Weise zu organisieren. Kap. 2 hat allerdings gezeigt, dass das auf sehr lange Sicht nicht zu erwarten ist.

Kehren wir zurück zum Bild der Stufenpyramide. Irgendetwas muss bei Djoser und Imhotep den plötzlichen Willen und dann die technische Möglichkeit eröffnet haben, weitere Stufen auf der ursprünglich geplanten und bis dahin üblichen einstufigen Mastaba aufzubringen. Eine Operation, die kein leichtes Unterfangen war, wie es die diesbezüglichen archäologischen Untersuchungen zeigen. Im Falle des Rechts wissen wir es genauer: Es war das in der französischen Revolution durchgesetzte und im *Code Civil* (1804 verabschiedet) beispielgebend kodifizierte Institut der *Vertragsfreiheit*, welches die Herausbildung eines komplexen, mehrstufigen Rechtssystems ermöglichte, wie man es bis dahin nicht gekannt hatte. Art. 1103 bestimmt (in freier Übersetzung): „Verträge, die gesetzlich zustande gekommen sind, gelten wie ein Gesetz für die Vertragsparteien.“

Die Vertragsfreiheit ist, aus meiner bescheidenen Sicht, ein epochales Postulat. Erstmals wurde in der Weltgeschichte ein rechtlicher Freiheitsraum der *Regelschöpfung* für jedermann eröffnet. Und die Menschen nutzen diese Freiheit seither intensiv! Bis dahin waren sie nur mit Regeln sozialisiert worden vom Typus: Du sollst nicht! Du darfst nicht! Wie es in religiösen Traditionen, z. B. den 10 Geboten, angelegt war. Es ist nun Zeit, sich mit der Religion als prägender Kraft unserer Institutionen zu beschäftigen.

13

Religion: *Miles and More*

Wenn man ein Buch über die irdische Ordnung schreibt, dann kommt man an der Religion nicht vorbei. Es wäre, als würde man über die Entwicklung des Lebens sinnieren, ohne die Bedeutung des Wassers zu erwähnen. So wie das Leben aus dem Wasser stammt und wir im ganzen All danach suchen, so wachsen Institutionen aus einem kulturellen Humus, der stets auch stark durch religiöse Traditionen und Ordnungsvorstellungen geprägt ist (vgl. Kap. 12).

Es handelt sich um einen umfassenden, voneinander in wechselseitiger Abhängigkeit befindlichen, evolutionären Kontext. Nichts macht das deutlicher als die von Konrad Zweigcrt (1961) entwickelte Lehre von den „*Rechtskreisen*": Das islamische Recht, das Recht der Hindu-Religionen und das abendländische Recht, um nur diese zu nennen, sind eng verbunden mit den religiösen Moralvorstellungen ihrer jeweiligen Kultur. Sie mögen manches Trennende aufweisen, haben aber auch viele Gemeinsamkeiten. Wenn eine Ordnung sich nicht mehr näher begründen ließ oder begründet werden sollte, so lehrt die Geschichte, wurde sie als

H.-J. Schmidt-Trenz, *Die Ordnung der Welt*, https://doi.org/10.1007/978-3-658-51053-4_13

„gottgewollt" bezeichnet. So jedenfalls die ultimative Begründung derer, die von der Ordnung profitierten und sie damit gezielt heiligten: Am deutlichsten wird das am Beispiel des Geburtsrechts der Monarchen oder der Unfehlbarkeit des Papstes oder der Mullahs.

Aus der hier vertretenen Sichtweise funktionieren sämtliche Regeln bzw. Institutionen über die *Anreize,* die sie setzen. Das sind Strafen oder Belohnungen, was das Äquivalent mit umgekehrtem Vorzeichen ist. Insofern ist die Religion eine ordnungsstiftende Institution par excellence, denn sie funktioniert *genau so.* Sie belohnt, bei gottgefälligem Verhalten, mit dem Einzug in das Himmelreich (Paradies) oder bestraft, im Falle des Gegenteils, mit der verschlossenen Himmelspforte oder, schlimmer noch: mit einem Fegefeuer oder Vergleichbarem. Die Belohnung ist nicht Geld, sondern *Heil.* Die Strafe ist nicht Freiheitsentzug im irdischen, sondern im jenseitigen Leben.

Dieses grundsätzliche Muster ist allen bedeutenden Weltreligionen gemein. Die daraus entstehende Ordnung hat viel Gutes, wenn der Religionsstifter und seine institutionalisierten Nachfolger die körperliche Unversehrtheit ihrer Anhänger, die Achtung von Familie und Mitmenschen und den sozialen Frieden, praktizierte Nächstenliebe und Barmherzigkeit im Fokus haben bzw. hatten. Insofern haben fast alle Religionen viel Positives bewirkt und tun es bis heute. Ich stelle das voran. Damit hier kein Missverständnis entsteht.

Religion ist also durchaus nützlich. Wie wir am Beispiel des Gottes Terminus in Kap. 11 gesehen haben, hilft der Glaube, Eigentumsrechte an Land kostengünstig durchzusetzen. Wie wir an der Göttin Juno Moneta in Kap. 21 sehen werden, half der Glaube an sie, an die Wertbeständigkeit des Geldes zu glauben. Nicht umsonst ist auf jedem Dollar-Schein der Satz gedruckt: *In God we trust.* Vertrauen wir also. Genauso hat der Glaube an Jahwe oder Allah bis heute manchen Mord und Diebstahl verhindert. Und das

Vorbild von Jesus Christus hat sicherlich auch die Almosenbereitschaft der Menschen erhöht, die sich davon ein gutes Gewissen und mehr „*Miles-and-more*"-Punkte auf der Leiter gen Himmel versprechen.

Religion erwies sich in der Menschheitsgeschichte für zwei Gruppen von Menschen als besonders attraktiv:

- Mehr oder weniger spirituelle Menschen, die ihre Existenzgrundlage darauf aufbauten, über eine besondere Beziehung zu den Göttern zu verfügen, und sich als Mittler zwischen diesen und den Menschen in Szene setzten und entsprechende Rituale entwickelten. Nennen wir sie *Priester.*

- Menschen, die sich zu Führern ihrer Gruppe/ihres Stammes entwickelt hatten, weil sie wahrscheinlich bevorzugte Fähigkeiten aufwiesen und die ein Interesse daran hatten, die von ihnen geprägte Ordnung mit vertretbarem Aufwand aufrechtzuerhalten und sich hierzu der Referenz an die Götter bedienten. Nennen wir sie *Fürsten.*

Es liegt nahe, dass diese beiden Gruppen eng interagierten und sich ein *modus vivendi* entwickelte, der sehr unterschiedlich ausfallen konnte.

Sie konnten eine *Schwurgemeinschaft,* gewissermaßen ein Kartell der Macht bilden, so wie dies Papst und Kaiser im Heiligen Römischen Reich seit Karl dem Großen (747–814) und Otto dem Großen (912–973) vortrefflich gelungen war. Bis Papst Gregor VII. (ca. 1025–1085) den Primat des Kaisers Heinrich IV. (1050–1106) infragestellte und diesen mit dem Gang nach Canossa im Jahr 1077 vor aller Welt demütigte. Im Büßerhemd bei klirrender Kälte musste Heinrich vor der päpstlichen Burg ausharren und einstweilen akzeptieren, dass nun der Papst die erste Geige spielte. Vorübergehend.

Oberstes geistliches und weltliches Amt konnten durch „Übernahme" aber auch *in ein und derselben Person vereinigt* sein (Caesaropapismus), was den Koordinationsaufwand zwischen der weltlichen und geistlichen Führungsmacht beträchtlich verringerte und den Menschen eine „einheitliche Führung" versprach. Der englische König Heinrich VIII. (1491–1547) ist ein gutes Beispiel hierfür. Er hatte ja eigentlich vorgehabt, Zeit seines Lebens treuer Katholik zu sein, da es ihm wie seinen Vorgängern wohl hinreichend herrschaftsstabilisierend erschienen sein muss. Wenn da nicht seine vielen Frauen gewesen wären, sein Wunsch nach Scheidung und Wiederverheiratung mit dem Ziel, endlich einen legitimen Erben zu zeugen. Der Papst zögerte und zickte, was er besser nicht getan hätte, denn es war schlechtes Timing. In Deutschland war gerade die Reformation ausgebrochen, die Großwetterlage änderte sich. War es da für Heinrich VIII. nicht die Lösung schlechthin, den Papst Papst sein zu lassen und sich selbst zum unabhängigen Oberhirten im eigenen Waltbereich zu erklären, wie es einige deutsche Fürsten wie der Kurfürst von Sachsen auf dem Kontinent soeben erfolgreich vorgemacht hatten? Ging es Letzteren vor allem um die Unabhängigkeit von Kaiser und Papst, so ging es Heinrich um seinen persönlichen Lebensstil.

Oberster Priester und Fürst konnten auch längere Zeit *in Konflikt miteinander* stehen, wie es das bereits erwähnte Beispiel Heinrichs IV. und Gregors VII im 11. Jahrhundert zeigte. Am Ende waren sie beide Verlierer und hatten beide Institutionen – Kaisertum und Papsttum – geschwächt.

Auch durch Gemeinsamkeit konnten Kaiser und Papst schließlich die Reformation, die beider Macht einschränkte, im 16. Jahrhundert weder verhindern noch zurückdrehen.

Während das 1806 aufgelöste Heilige Römische Reich Deutscher Nation seit 1438 ununterbrochen von den katholischen Habsburger-Kaisern geprägt gewesen war, wurde das zweite deutsche Kaiserreich ab 1871 von den protestantischen Hohenzollern des den Bundesstaat dominierenden Preußen angeführt. Zwanzig der zweiundzwanzig regierenden Fürstenfamilien des Bundesstaates waren protestantisch, obwohl es große katholische Bevölkerungsgruppen in Süddeutschland, Westfalen, im Rheinland, in Pommern und Schlesien gab. Dass die Katholiken des Reichs äußerem Einfluß unterlagen und dem römischen Papst Pius IX. „hinter den Bergen" gehorchten *(Ultramontanismus)*, der 1870 die Unfehlbarkeit für Entscheidungen in seinem Amt reklamiert hatte *(Infallibilitätsdogma)*, erschien der preußischen Führungsmacht als nicht akzeptabel. Reichskanzler Otto von Bismarck (1815–1898), dessen Ziel vor allem in einer stärkeren Assimilierung der katholischen, polnischen Untertanen bestand, trieb diesen Konflikt im Rahmen des sogenannten *Kulturkampfes* auf die Spitze. Zu seinen Hochzeiten befanden sich die katholischen Bischöfe von Posen und Trier und ca. 1800 katholische Geistliche aufgrund einer neuen strafrechtlichen Bestimmung in Haft, weil sie mit ihren Predigten den „öffentlichen Frieden" gefährdet hatten. Es sollte Jahre dauern, bis das Verhältnis von Staat und katholischer Kirche zufriedenstellend geregelt war (1886/1887). Ein gewisses Einlenken der staatlichen Seite auf eine moderatere Linie war letztlich nur deshalb erfolgt, um schädliche Rückwirkungen auf das protestantische Landeskirchenwesen zu vermeiden, das für die zumeist protestantischen Fürsten des Reiches von staatstragender Bedeutung war und blieb.

Das Zurückdrängen des Einflusses der katholischen Kirche als Folge der Aufklärung, das im Postulat der französischen Revolution der Trennung von Kirche und Staat gipfelte, war ein Leitmotiv der liberalen Kräfte des 19. Jahrhunderts in vielen Ländern Europas. Der Staat reklamierte nun u. a. die Schulaufsicht und die öffentliche Fürsorge als seine Aufgabe und verwies die Kirche auf den 2. Platz. Die

Einführung der Zivilehe, die im revolutionären Frankreich 1792 ihren Ausgang nahm und in fast allen europäischen Ländern im Laufe des 19. Jahrhunderts (Deutsches Reich 1875) verankert wurde, war wohl das sichtbarste äußere Zeichen dieser Entwicklung. Heute ist der Vorrang der Politik vor den Vertretern der Religion allgemein anerkannt und durchgesetzt. Das gilt nahezu weltweit, sieht man im wesentlichen von Afghanistan und vor allem dem Iran ab, in dem der "geistliche Führer" mit Hilfe seiner Revolutionsgarde den Spielraum des gewählten Präsidenten und seiner Regierung definiert. Man fragt sich: Wie lange noch?

Die Gruppe der Priester dürfte von Anbeginn der Menschheitsgeschichte ihre eigene Dynamik besessen haben. Sieht man von den Kulten des Schamanismus einmal ab, die keine institutionellen Suprastrukturen hervorgebracht haben und bis heute dezentral und individuell praktiziert werden, entwickelten sich aus Altären über Kultstätten, Tempel, Kirchen und Moscheen im Laufe der geschichtlichen Entwicklung hierarchische Organisationen, die über den jeweils als „recht" befundenen Glauben wachten, und im Rahmen einer gewissen Arbeitsteilung von der normalen Bevölkerung ernährt werden mussten. Die Verbreitung von Religion wurde zum Broterwerb, teilweise auch recht lukrativ.

Das soll die Verdienste eines Benedikt (480–547), Ansgar (801–865) oder Franz von Assisi (ca. 1181–1226) nicht schmälern, die über jeden Verdacht der Bereicherungsabsicht erhaben sind. Aber es gibt leider auch Gegenbeispiele. Der blanke *Kauf bzw. Verkauf von kirchlichen Ämtern* und „Pfründen" war im Hochmittelalter die Regel (Simonie). Die geistlichen Kurfürsten und Fürstbischöfe, die kirchliche und weltliche Macht in einer Hand vereinigten, lebten in großartigen Schlössern, die bis heute Bewunderung auslösen. Pars pro toto steht die Würzburger Residenz der Fürstbischöfe von Schönborn und ihrer Nachfolger. Das

Luxus-Leben des Borgia-Papstes Alexander VI. (1492–1503) und seine Korruption zugunsten seiner Verwandtschaft sind legendär. Das alles ist real gewesen.

Weil Bischofsämter und die entsprechende Lebenshaltung teuer waren, kam der aufgrund dessen bei den Fuggern verschuldete Erzbischof von Mainz, Albrecht von Brandenburg (1490–1545), schließlich auf eine geniale „Geschäftsidee": Mit dem Kauf eines Ablasszettels konnte man sich einen himmlischen Strafnachlass für bestimmte Sünden bescheinigen lassen. Vom Eintreiber Johannes Tetzel (1465–1519) ist der Werbespruch überliefert: „Sobald der Gülden im Becken klingt, im huy die Seel im Himmel springt." Der Erzbischof teilte sich den Erlös mit dem Papst, der den neuen Petersdom finanzieren wollte (Baubeginn 1506). By the way triggerten beide mit dieser Ökonomisierung des lieben Gottes die Reformation Martin Luthers (1483–1546), der seine 95 reformatorischen Thesen am 31. Oktober an das Portal der Schloßkirche zu Wittenberg schlug. Ab These 21 widmeten sie sich vorrangig einer vernichtenden Kritik des Ablasshandels.

Mit dem *Ablasshandel* wurde gewissermaßen ein Punktekonto eingeführt, das der Gläubige überziehen und auch ausgleichen konnte. Jede Sünde erzeugte *Minuspunkte*, die man durch Kauf eines Ablasszettels wieder auf null bringen konnte. Barmherzige Spenden und gute Taten, um die höheren Mächte gnädig zu stimmen, wiesen in die umgekehrte Richtung. Hier versuchte man, sich ein Konto an *Pluspunkten* aufzubauen, von denen man hoffte, im Falle eines Falles zehren zu können. Der Gläubige war also ein Punktesammler, der sich einen schönen Platz im Paradies erarbeiten und erkaufen konnte. Durch unkompensierte Punktabzüge konnte er es aber auch verbaseln.

Dieser grundsätzliche Straf-/Belohnungs-Mechanismus von Religion, der im Ablasshandel exemplarisch auf die Spitze getrieben wurde, hat die Ordnung der Menschheit über große Zeiträume geprägt und gestützt. Es war ein außerordentlich kostengünstiges Verfahren zur Rechtsdurchsetzung, sofern die Rechtsadressaten gläubig waren. Ihr Glaube sparte Transaktionskosten, wie die schlichte institutionenökonomische Formulierung lauten würde. Weltliche Ordnungen mussten jedoch hinzukommen, wenn den Beteiligten die Vorteilserzielung in der Gegenwart mehr interessierte als die Vorsorge für einen letztlich doch ungewissen Platz im Paradies, von dem noch keiner zur Berichterstattung zurückgekehrt war. Da war also einiges abzudiskontieren. *Religion dürfte zu keinem Zeitpunkt in der Lage gewesen sein, den menschlichen Opportunismus vollständig zu unterdrücken.* Weshalb es zur Aufrechterhaltung von Ordnung zu Institutionenbildungen in Form staatlicher Strafsysteme kam, die notwendigerweise über religiöse Normen und Belohnungssysteme hinausgingen.

Die führenden Reformatoren Martin Luther (1483–1546) und Johannes Calvin (1509–1564) traten der erwähnten Art von Tauschgeschäften mit Gott und der Kirche entschieden entgegen, wenn sie behaupteten, das Heil könne nicht „verdient" werden, sondern sei „vorherbestimmt". Während Luther *alle* Menschen der göttlichen Gnade ausgesetzt sah, war diese für Calvin dagegen nur Auserwählten vorbehalten („doppelte Prädestinationslehre"). Dies rief unter den Gläubigen logischerweise Ungewissheit darüber hervor, ob man dazugehörte. Und so entwickelte sich — spontan und ohne dass Calvin dies postuliert hätte — der Gedanke, dass wirtschaftlicher Erfolg im Leben wohl auf die Gnade Gottes schließen, während das Gegenteil wohl eher die Verdammnis erwarten lasse. Die daraus entstehende ökonomische Erfolgsorientierung machte Max Weber (1904) zum Anknüpfungspunkt seiner Religionssoziologie unter der Überschrift *„Die Ethik des Protestantismus und der Geist des Kapitalismus".* Um zu wissen, ob man auf der Himmelsleiter ganz oben war, musste man sie erklimmen. Ziel

der Karriereleiter war nicht Luxus, sondern der Ausweis der
Auserwähltheit als Selbstvergewisserung, weshalb der ökonomische Erfolg mit persönlicher Askese einherzugehen
hatte, sozusagen „Kapitalismus pur".[1]

Als Anhänger der These Webers erwies sich Robert
K. Merton (1938), der vor dem Hintergrund einer selekti-
ven Evidenz darauf hinwies, dass viele der technologischen
Fortschritte im17. und 18. Jahrhundert von Puritanern
und Pietisten erzielt worden seien, die in der calvinistischen
Tradition standen. Ich habe nachgeschaut: Von den 13 In-
novatoren der industriellen Revolution, die ich in Kap. 24
(Innovation und Patent) aufzählen werde, waren 10 mit
Gewissheit Protestanten, darunter 1 Calvinist (Papin), 2
Quäker (Darby, Briggs), 1 Baptist (Newcomen), 1 Presby-
terianer (Watt), 1 Methodist (Longstreet) und 3 Anglikaner
(Arkwright, Trevithick, Stevenson und Cartwright), wobei
letzter sogar Geistlicher war. Von den übrigen Dreien (Savery, Hargreaves, Roberts) wissen wir die Religionszugehö-
rigkeit nicht genau, sie dürften jedoch ihrer Herkunft nach
ebenfalls Protestanten gewesen sein. Wie bei Watt dürfte
die Religion allerdings keine große Rolle im Leben dieser
drei gespielt haben. Sonst wüssten wir vermutlich mehr
darüber.

Davide Cantoni, der 2009 insgesamt 272 Städte des
Heiligen Römischen Reichs Deutscher Nation gemäß ihrer
religiösen Orientierung und wirtschaftlichen Entwicklung
empirisch untersuchte, konnte *nicht* bestätigen, der Protestantismus habe besonders wirtschaftsfördernd gewirkt.

---

[1] In den Worten Webers (1904), S. 44, geht es bei dieser Ethik um den „Erwerb
von Geld und immer mehr Geld, unter strengster Vermeidung alles un-
befangenen Genießens, so gänzlich aller eudämonistischen oder gar hedonisti-
schen Gesichtspunkten entkleidet, so rein als Selbstzweck gedacht, dass es als
etwas gegenüber dem ‚Glück' oder dem ‚Nutzen' des einzelnen Individuums
jedenfalls gänzlich Transzendentes und schlechthin Irrationales erscheint." In
Band 21 des Archivs aus dem Jahr 1905 befindet sich ein weiterer Teil der Ab-
handlung, der der „Berufsethik des asketischen Protestantismus" gewidmet ist.

Weber liefert also eine *religionssoziologische* Antwort auf das, was die industrielle Revolution im 18. Jahrhundert in England ausgelöst haben könnte. Acemoglu/Robinson (2014) machen die Glorreiche Revolution 1688 in England und ihre Auswirkungen auf die bürgerlichen Freiheiten verantwortlich und argumentieren damit eher *politökonomisch*. Ich wiederum vertrete einen ausgeprägt *institutionenökonomischen* Standpunkt, in dem ich die beginnende Bekämpfung von Monopolen und die Einführung des Patentschutzes für die plötzliche Dynamik in England verantwortlich mache (dazu mehr in Kap. 24). Ich halte den letzten Punkt für den entscheidenden, was nicht gegen eine Melange aller drei Phänomene spricht. So viel wird man sagen können: Innovation, soweit sie zur Entfesselung der technologischen Möglichkeiten der Menschheit führte, war zu Beginn protestantisch und vor allem patentgetrieben. Letzteres, das ist mein Punkt, war entscheidend und gilt bis heute.

Die *Verknüpfung von Herrschaft und Religion* dürfte in den meisten Fällen für diejenigen, die Autorität über eine Gruppe erlangt hatten, besonders attraktiv gewesen sein. Es sparte immense interne Kosten der Durchsetzung von Herrschaft und Ordnung, wenn man ein göttliches Belohnungs- oder Bestrafungssystem ins Feld führen konnte, das die gläubigen Beherrschten zum Wohlverhalten, Gehorsam gegenüber der Obrigkeit und zur Arbeit anhielt. Die Furcht vor dem göttlichen Strafegericht reichte hierzu oftmals schon aus. Nur gelegentlich musste sie durch die Furcht vor irdischen Zwangsmaßnahmen ergänzt werden.

Religion konnte und kann also ungemein *herrschaftsstabilisierend* wirken. In vielen Kulturen lässt sich daher beobachten, dass Herrscher *gottgleich* (siehe das alte Ägypten; in Japan bis 1946, aufgehoben durch die „Meschlichkeitserklärung" des Kaisers) oder *oberste Priester* waren (im Römischen Reich war der Kaiser *Pontifex Maximus*) oder die

Verbindung zwischen den Menschen und den Göttern symbolisierten (siehe z. B. die Kaiser von China). Dies war sogar noch jüngst bei der Krönung von Charles II. von Großbritannien zu beobachten, der zugleich Pontifex Maximus der anglikanischen Kirche ist. Die von den Fernsehzuschauern abgeschirmte und mystisch verpackte Salbung, auf die er nicht verzichten wollte, steht für das transzendentale und Herrschaft legitimierende Element. Heinrich VIII. grüßte von oben.

Eine der vornehmsten Aufgaben des chinesischen Kaisers war es über Jahrhunderte, die Götter um eine gute Ernte zu bitten. Eine Aufgabe, die nur er, wie gut für seine Position (!), wahrnehmen konnte. Wenngleich nicht ganz ohne Risiko. Erwies sich sein Flehen fortgesetzt als erfolglos, so konnten Gegner argumentieren, die Götter hätten ihm ihre Gunst entzogen, was einen Umsturz vortrefflich legitimierte.

Religion diente also nicht nur der Erklärung des Unerklärlichen, sondern sie *stiftete und stabilisierte* häufig auch *Ordnung*. Sie half, den inneren Frieden einer Gesellschaft zu sichern und tut dies bis heute, soweit religiöse Überzeugungen geteilt werden und noch wirkmächtig sind. Nachhaltig erfolgreiche Herrscher haben in der Geschichte stets den Glauben mit ihren Untertanen geteilt, oder, wenn sie Ausländer und/oder ursprünglich andersgläubig waren, den Glauben ihrer Untertanen angenommen bzw. annehmen *müssen*.

Um seinen Thronanspruch im mehrheitlich katholischen Frankreich durchzusetzen, konvertierte der aus Navarra stammende spätere französische König Heinrich IV. (1553–1610) vom Protestantismus zum Katholizismus und garnierte diesen Schritt mit dem berühmten Ausspruch: „Paris ist eine Messe wert." Selten wurde opportunistisches Verhalten derart unverblümt beim Namen genannt.

Nicht anders tat es der den Göttern Walhalls verbundene Wikinger Knut der Große (ca. 995–1035) Anfang des 11. Jahrhunderts, als er König von England und zu diesem Zweck Katholik wurde.

Vom Katholiken zum Verteidiger des Protestantismus wandelte sich schließlich Napoleons Ex-Marschall Jean-Baptiste Bernadotte (1763–1844), nachdem er unter dieser Bedingung 1810 zum schwedischen Thronfolger gewählt worden war.

Umgekehrt verfuhr 1697 der evangelische August der Starke (1670–1733), Kurfürst von Sachsen, der einstigen Schutzmacht Martin Luthers. Er wurde 1697 katholisch, um die Voraussetzungen für die Wahl zum König des katholischen Polens zu erfüllen, was ihm dank einiger Bestechungsgelder an Mitglieder des polnischen Adels dann auch gelang. Seine sächsischen Untertanen durften freilich Protestanten bleiben und hätten sonst wohl auch aufbegehrt. August spielte ihnen gegenüber seine Konversion als „Personalwerk"[2] herunter und übertrug seine landeskirchlichen Befugnisse einem Vetter. Sein Opportunismus war also vom gleichen Schlag wie der des französischen Königs Heinrich IV. ziemlich genau 100 Jahre zuvor. Der Augsburger Religionsfrieden hatte sich 1555 auf die (später so genannte) Formel verständigt: *„Cuius regio, eius religio"* – so viel heißend wie: Der Landesfürst bestimmt die Religion der Untertanen. Manchmal war es halt auch umgekehrt. Und zwar immer dann, wenn es wie im Fall der polnischen Königskrone viele Bewerber um ein Fürstenamt gab. Ökonomen nennen das einen „Verkäufermarkt".

Religion und Staat waren in all diesen Fällen, so die offizielle Lesart, durch eine *„Staatsräson"* verbunden.

Statt stabilisierend zu wirken, konnte Religion aber auch zum Anknüpfungspunkt für innere Auseinandersetzungen,

---

[2] Siehe Rexheuser (2005) S. 142.

Bürgerkriege und auch äußere Kriege werden. Sie beförderte dann die *Veränderung von Ordnungssystemen*.

Eines der ersten belegten Beispiele der Weltgeschichte hierfür ist die Entscheidung des ägyptischen Pharaos Echnaton im 14. vorchristlichen Jahrhundert, die bisherige, von vielfältigen Gottheiten geprägte ägyptische Götterwelt auf einen einzigen Gott, den Sonnengott Aton, zu kaprizieren. Es ist müßig, darüber zu fabulieren, ob irgendeine „Erscheinung" ihn dazu veranlasst hat. Das will ich nicht weiter bewerten. Aus institutionenökonomischer Betrachtungsweise wird dieser Schritt, der mit der Entmachtung großer Teile der Priesterkaste verbunden war, wahrscheinlich dazu gedient haben, Kosten zu sparen. Und zwar zum einen *Kosten der Entscheidungsfindung*, weil zur gottgefälligen Lenkung des Staatsschiffs zuvor wohl eine Vielzahl von Priestern um ihre Meinung zu fragen gewesen war, die sie natürlich als diejenige ihres jeweiligen Gottes ausgaben, für den sie zuständig waren. Und Echnaton wollte zum anderen wohl auch *Versorgungskosten* sparen, weil die Priesterkaste unproduktiv war, vergleichsweise komfortabel lebte und alimentiert werden musste. In beiden Kostenkategorien war die dramatische Reduzierung der Priesterschaft auf die Priester des Aton das Mittel der Wahl. Dass Echnaton so die Priesterschaft gegen sich aufbrachte, damit muss er sicherlich, weil erwartbar, gerechnet haben. Dass ihm die Aufrechterhaltung seiner neuen Ordnung über sein Lebensende hinaus nicht gelang, lag daran und etwas weiterem. Den Menschen war über Jahrhunderte das polytheistische System „verkauft" und ihr Glaube daran war zum Zwecke der Herrschaftsstabilisierung gestärkt worden und kulturell tief eingebrannt. Die Gegenreformation hatte also leichtes Spiel. Echnaton erlag vermutlich einem Anschlag und fiel der damnatio memoriae (der Tilgung des Gedenkens) anheim. Insbesondere die Büste seiner Frau Nofretete und die Goldmaske seines Sohnes Tutanchamuns haben diese Absicht seiner Zeitgenossen ganz und gar vereitelt.

Eine andere bedeutende Herrscherfigur, der ein vergleichbares Erweckungserlebnis nachgesagt wird, war Konstantin der Große (ca. 280–337), mit dem das Römische Reich eine letzte große Blüte erlebte. Konstantin war wie ein Großteil seiner Mitbürger in der Tradition der römischen Götterwelt aufgewachsen, auch wenn seine Mutter Helena schon Christin geworden war. In der berühmten Schlacht an der Milvischen Brücke 312 vor Rom, die über das einstweilige Überleben seiner Herrschaft entschied, soll ihm am Himmel das Kreuz Jesu Christi erschienen sein mit der Ankündigung, dass er in diesem Zeichen siegen werden (*„in hoc signo vinces"*). So tat er es dann auch, siegte, beendete effektiv die Christenverfolgungen, gewährte Religionsfreiheit (313) und förderte das Christentum massiv. Wer an diese Erscheinung glaubt, bitteschön. Müssen wir wahrscheinlich nicht doch viel eher fragen, was ihn *wirklich* zum Anhänger Christi gemacht hat? Welchen Nutzen hat er sich davon versprochen?

Das Römische Reich taumelte im 3. Jahrhundert unter den sogenannten, aus einer unendlich anmutenden Reihe von Militärputschen hervorgegangenen „Soldatenkaisern" seit Jahrzehnten von einer Krise in die nächste. Der Druck auf die äußeren Grenzen nahm ebenso zu wie die Konfliktherde im Innern durch Autoritätsverfall der Imperatoren und das Aufkommen des Christentums, das sich mit seinem neuartigen Heilsversprechen für jedermann in allen Teilen des Reichs verbreitete und die alte Ordnung infrage stellte, was zu Konflikten und Pogromen führte. Ist es also nicht viel wahrscheinlicher, dass Konstantin seine und Roms Rettung darin sah, die sterbende polytheistische Ordnung über Bord zu werfen und den Umstieg auf die dynamisch in allen Reichsteilen wachsende, neue und monotheistische Lehre des Christentums zu bewerkstelligen und so dem Reich eine neue, zukunftsorientierte Geschäftsgrundlage und Vision zu verschaffen?

In einer Zeit ohne Druckerpresse und Social Media bedurfte es hierfür eines starken Narrativs, das sich rasch verbreitete und als Zeichen verstanden werden konnte. So setzte Konstantin alles auf eine Karte, als er die Schilder seiner Truppen vor der Schlacht an der milvischen Brücke mit dem Kreuzzeichen (genauer einem Staurogramm[3]) versehen ließ (wie Lactantius um 317 berichtet) und auf den Sieg gegen seinen Rivalen Maxentius (278–312) hoffte, der dann auch eintrat und so die Wende zur Etablierung des Christentums als Religion des Abendlandes beschleunigte. Das Römische Reich konnte dadurch für weitere 150 Jahre einigermaßen stabilisiert werden und lebte schließlich im Heiligen Römischen Reich Deutscher Nation bis 1806 fort. Konstantin hatte etwas geschafft, was Echnaton rund 1600 Jahre vorher nicht gelungen war. Weil die Zeit dafür reif war.

Waren die vorgenannten Veränderungen unter Echnaton und Konstantin wohl vergleichsweise glimpflich verlaufen, haben religiöse Strukturbrüche auch immer wieder *Bürgerkriege* ausgelöst, die mit einem hohen Blutzoll verbunden waren. Das gilt z. B. für die 8 Hugenottenkriege in Frankreich in der zweiten Hälfte des 16. Jahrhunderts (die französischen Protestanten wurden „Hugenotten" genannt), wobei sich dahinter machtpolitische Motive in der Auseinandersetzung zwischen dem hohen, teilweise protestantischen Adel und dem französischen König verbargen. In Deutschland war der Schmalkaldische Krieg (1546–1547) zwischen dem katholischen Kaiser Karl V. (1500–1558) und den beiden protestantischen Reichsfürsten von Sachsen und Hessen vorausgegangen, in dem Katholiken und Protestanten bewaffnet aufeinander los gingen, es aber letztlich

---

[3] Es besteht aus einem übereinander angeordneten P und T, woraus ein „Buchstaben-Kreuz" entsteht.

um die Stärkung der kaiserlichen Macht gegenüber den Reichsständen ging, die nach Ansicht des Kaisers der protestantischen „Irrlehre" folgten.

Der auf deutschem Boden ausgetragene Dreißigjährige Krieg (1618–1648) schließlich war der Kulminationspunkt der kriegerisch ausgetragenen Glaubensspaltung in Europa. Kaiser und *Katholische Liga* (d. h. die geistlich geführten Territorien) traten gegen die *Protestantische Union* (ein Zusammenschluss der protestantischen Reichsfürsten und Städte) an. Spanien mischte sich auf katholischer Seite, das protestantische Schweden auf evangelischer Seite ein. Und das katholische Frankreich? Es unterstützte opportunistisch die andersgläubigen deutschen Protestanten, weil es den habsburgischen Kaiser, einen Glaubensgenossen (!), schwächen wollte. Nach allgemeiner Erschöpfung akzeptierte man schließlich die Koexistenz der Glaubensgemeinschaften und -bekenntnisse und regelte die einhergehenden Territorialfragen im Heiligen Römischen Reich. Die Verwüstungen waren erheblich. Deutschland verlor mehr als ein Drittel seiner Bevölkerung.

Der zwischen Katholiken und Protestanten in Europa einst hart ausgetragene Religionskonflikt, in dem die Religion bei Lichte betrachtet als Stellvertreter für andere Interessen herhalten musste, erlebt heute zeitversetzt seine islamische Variante in Form des Ringens zwischen Sunniten und Schiiten um die Vorherrschaft im Mittleren Osten, teils offen, wie in Syrien und im Irak (Stichwort „Islamischer Staat" (IS)), teils latent, wie zwischen dem sunnitischen Saudi-Arabien und dem schiitischen Iran.

Nicht zuletzt wurden im Namen des Glaubens auch imperialistische Eroberungszüge durchgeführt, und das ist bis heute so. Die Christen mit ihren *Kreuzzügen* im 12. und 13. Jahrhundert zur Eroberung Palästinas sind hier keine Unschuldslämmer. Wie einige Krieger Allahs, die bis heute ihren Kampf gegen die aus ihrer Sicht „Ungläubigen" führen.

In Summe kann festgestellt werden, dass die große Mehrheit der „hohen Priesterschaft" bzw. der religionstragenden Institutionen während des weit überwältigenden Teils der Geschichte autokratische oder oligarchische Herrschaftsformen unterstützt haben und umgekehrt, weil sie sich wechselseitig nützlich waren. Das gilt für die polytheistischen Religionen und das Christentum genauso wie für den Islam.

Alles andere bleiben Episoden. Dazu gehört der zum Umsturz der geltenden Ordnung aufrufende, aus der Reformation hervorgegangene Sozialrevolutionär Thomas Münzer (1489–1525) im deutschen Bauernkrieg 1525, von dem sich Luther alsbald distanzierte und Respekt vor der Obrigkeit einforderte. Dazu gehören auch die Widerstandskämpfer beider Kirchen in der Zeit des 3. Reiches in Deutschland, allen voran Dietrich Bonhoeffer (1906–1945), sowie die Anhänger der Theologie der Befreiung in Lateinamerika im Gefolge Dom Helder Camaras (1909–1999), die während der Bischofskonferenz in Medellin 1968 einen „dritten Weg" jenseits der zu dieser Zeit in Lateinamerika vorherrschenden Militärdiktaturen und kommunistischen Regimes forderten.

Im Polen der 1980er-Jahre geschah genau das, wovor Bismarck 100 Jahre vorher Angst gehabt hatte: der Einfluss des Papstes von außen auf die inneren Angelegenheiten eines Landes, in diesem Fall Polens und des atheistischen Ostblocks. Der aus Polen stammende Papst Johannes Paul II. (1920–2005), in dem er sich 1980 an die Seite der streikenden Werftarbeiter von Danzig stellte, triggerte als charismatische Führungsfigur einen beispiellosen Zusammenbruch der kommunistischen Diktaturen Osteuropas und deren Hinwendung zu freiheitlichen Demokratien, in denen die freie Religionsausübung wieder möglich wurde. Das war das Interesse der Kirche. Es dürfte auf absehbare Zeit das letzte Mal gewesen sein, dass die katholische Kirche einen politischen Einfluss von weltgeschichtlicher Bedeutung ausgeübt hat.

Denn die Rolle der Religion und der sie vertretenden Institutionen schwindet, auch wenn die Anwesenheit religiöser Würdenträger bei verschiedensten Staatsakten etwas anderes zu signalisieren scheint. Mit Ausnahme des Irans, Afghanistans und vielleicht Saudi-Arabiens hat die staatliche Gewalt längst die eindeutige Vorherrschaft vor der religiösen Ordnung angetreten, die in vielen Ländern zersplittert und auch abstinent ist. Aber selbst wenn sich die Mehrheit einer Bevölkerung nicht (mehr) zu einer Religion bekennt, heißt das nicht, dass die über Generationen ererbten Normen und Gewohnheiten nicht doch hervorschimmern und prägen. Das wird besonders deutlich an Feiertagen wie dem Weihnachtsfest, das auch von Leuten gefeiert wird, die keine Ahnung davon haben, was sich an diesem Tag ereignet hat. Unsere Leitkultur hat eben Wurzeln, die man zwar nicht sehen mag, die aber trotzdem da sind und Ordnung stiften.

Religion prägt Kultur, Kultur prägt institutionelle Struktur (vgl. auch Kap. 12). Wenn Religion, wie gezeigt wurde, über große Teile der Geschichte ordnungsstabilisierend wirkte, ihre Anhängerschaft aber und mit ihr diese Eigenschaft zunehmend schwindet, so stellt sich die Frage: Was bedeutet das für die Zukunft? Um es kurz zu sagen: Es wird teurer, die Ordnung aufrecht zu erhalten.

Da die verbreitete Anhängerschaft zu religiös begründeten Normen, die die herrschende Gesellschaftsordnung stützen, *intrinsische* Rechtstreue zu einer Rechts- und Gesellschaftsordnung erzeugt, kommt der Staat mit vergleichsweise geringeren *extrinsischen* Anreizen zur Durchsetzung dieser Ordnung aus (vgl. Kap. 11 und 14). Es ist dann nicht erforderlich, an jeder Straßenecke einen Polizisten, bei jeder Transaktion einen Wirtschaftskriminalisten oder Steuerfahnder zu postieren und hohe Strafen anzudrohen. Die Bürger verhalten sich aus innerem Antrieb mehr oder weniger rechtskonform. Nimmt die intrinsische Rechtstreue dagegen ab, weil geübte ethische Überzeugungen schwinden oder nicht mehr gemeinsam geteilt werden, so muss unter sonst gleichen Bedingungen der Aufwand an extrinsischer Rechtsdurchsetzung steigen. Dass wir in Deutschland mit dieser Situation konfrontiert sind, signalisiert die zunehmende Überlastung von Polizei und Staatsanwaltschaften seit langem, auch wenn ich hier nicht in die Untiefen der Kriminalstatistik der letzten Jahre einsteigen möchte. Wollen wir unsere Ordnung aufrechterhalten, werden wir also, daran kann kein Zweifel bestehen, mehr Aufwand treiben müssen, wenn uns nicht technologische Innovationen bei der Rechtsdurchsetzung helfen. Und für ein Einwanderungsland wird es sich als kostendämpfend erweisen, seine neuen Bürger auf die Werte des Aufnahmelandes zu verpflichten (im Falle Deutschlands: den Grundrechtskatalog des Grundgesetzes). Für seine Gäste sollte das für die Dauer ihres Aufenthalts ebenfalls gelten. Sonst gehören sie nach kurzer Zeit angemessener Gastfreundschaft mit einem „Lebe wohl" verabschiedet.

Bleibt als letzte Frage, ob es etwas anderes gibt, was an die Stelle der Religion treten kann. Viele Ideologien mit ihren spezifischen Heilsversprechen und deren Propheten haben dies versucht:

Die Ideologie des *Faschismus* mit ihren völkischen Rassevorstellungen, die dazu konstruiert waren und sind, eine bestimmte Ordnungsstruktur der Gesellschaft zu begründen und durchzusetzen (Herrschaft der Herrenmenschen, Führerprinzip).

Die Ideologie des *Kommunismus*, die gleichfalls spezifische institutionelle Strukturen hervorgebracht hat (Gemeineigentum, Diktatur des Proletariats), die mittels der Philosophie des Marxismus-Leninismus untermauert wurden, die in der DDR verpflichtendes Schul- und Studienfach war.

Wie die Religionen haben auch diese Ideologien Spuren hinterlassen, die bis heute wirken. Die höhere Erwerbstätigkeit von Frauen in Ostdeutschland und die dort anzutreffende vorbildliche Betreuung von Kleinkindern sind ein (positives) Beispiel. Unsere Institutionen sind und bleiben kulturell bedingt und sind Ausformung der Mélange an Ideen, die unsere Vergangenheit geprägt haben.

Die Ideengeschichte wird sich natürlich auch in Zukunft fortsetzen. Es würde den Rahmen dieses Buches sprengen, hier alle aktuellen Ideen und damit verbundenen Ordnungsvorstellungen angemessen zu würdigen. Ich will es bei einigen Stichworten belassen und möchte vor allem vor Übertreibungen warnen.

Da sind libertäre Ideen *(Anarchokapitalismus),*[4] deren Anhänger in Anbetracht ausufernder Staatstätigkeit über das Ziel hinausschießen, wenn sie propagieren, weitgehend ohne Staat auszukommen.

Da ist der *Technokapitalismus* eines Elon Musk, der - bei aller Hochachtung vor seinen Erfolgen - mit teilweise kindlich anmutendem Optimismus die top-down Planbarkeit der Zukunft der Menschheit mittels moderner Technik postuliert und zu wenig die grundlegende Unvorhersehbarkeit der Zukunft in Rechnung stellt, die nur durch partipizatives, lernendes und regelgeleitetes Vorgehen im Rahmen eines Prozesses von Versuch und Irrtum bewältigt werden kann (vgl. Kap. 2).

Da ist der *Ökofundamentalismus,* der nicht den Menschen und seine natürlichen Lebensgrundlagen zum Ausgangspunkt seiner Betrachtung wählt, sondern gefühlt oder tatsächlich einen Vorrang der natürlichen Ökosysteme über den Menschen propagiert und damit eine übersteigerte Form des Dirigismus zu rechtfertigen versucht.[5]

---

[4] Prominentester Vertreter ist Rothbard (1978).

[5] Prototypischer Vertreter ist Linkola (2009), der eine Ökodiktatur fordert, bei der sich der Mensch dem Ökosystem unterzuordnen hat.

Eines kann man sicher sagen: Alle politischen Utopien, bei denen bislang der Versuch gemacht worden ist, sie *unmittelbar und brachial* in die Wirklichkeit zu transferieren, sind letztlich gescheitert. Das gilt insbesondere für Gottesstaaten, faschistische und kommunistische Staaten gleichermaßen. Weil sie extrem in dem Sinne waren, dass sie *andere* Faktoren der institutionellen und kulturellen Bedingtheit ihrer Gesellschaft negiert haben und Maßnahmen zur „Umerziehung" der Menschen letztlich vergeblich waren.

Man denke an das Wiedererwachen der orthodoxen Kirche in Russland, deren Gedankengut nie verschwunden und Antipode zum vormaligen Kommunismus war.

Gottesstaaten wie derjenige des Reformators Johannes Calvin im 16. Jahrhundert in Genf sind letztlich an ihrer von der Obrigkeit sorgsam kontrollierten Sittenstrenge gescheitert, die im Widerspruch zum Freiheitstrieb und der Natur der Menschen stand. Das wird im Iran nicht anders enden.

Faschistische Staaten haben ihre Führer nie überlebt (Deutschland, Italien, Spanien) und brachen wie ein Kartenhaus in sich zusammen, nachdem der Größenwahn sie ruiniert hatte.

Immer wenn ein „ismus" im Spiel ist und Ersatzreligionen im Anflug sind, ist Vorsicht und kritischer Abstand geboten. Das *Band einer gemeinsamen Idee* ist zwar unentbehrlich, um eine tragfähige Ordnung einer Gesellschaft zu unterstützen, doch darf dieses Band nicht fesseln oder ein Gängelband sein. Es muss, damit eine höherwertige Ordnung entsteht, vielmehr *wie ein integrierendes Netz wirken, das Freiheit ermöglicht und Innovation fördert.*

In den vergangenen 13 Kapiteln haben wir uns mit den grundsätzlichen Fragen von Regeln und Institutionen beschäftigt. Aus welchem *Verhalten* sie entstehen, welche *Anreize* sie setzen und wovon sie *geprägt* sind. Jetzt ist Zeit, sich mit dem für unser Leben vermutlich wichtigsten Regelset zu beschäftigen und seine Elemente näher zu analysieren: dem Regelset des Staates. Wieso hat er ein Territorium? Wozu Gewaltenteilung? Wie funktioniert Demokratie?

Teil IV

Staat

14

Territorialstaat: *Nicht die Malteser*

Im Innersten ihres Herzens wissen sie es, die reiselustigen Deutschen. Ihr Reisepass ist nämlich einer der *besten* der Welt. Seinen geschätzt 29 Mio. Inhabern gewährt er visumfreien Zugang zu 194 Staaten der Erde.[1] Vergleichbares können nur die Bürger Singapurs, Japans, Frankreichs, Italiens, Spaniens, Finnlands und Dänemarks von sich sagen. So weit, so gut.

Aber wussten Sie schon, wer den *seltensten* Reisepass besitzt? Nur ca. 500 von diesen Pässen sind im Umlauf, und ihre Träger sind etwas ganz Besonderes: Sie sind Ritter des „souveränen Ritter- und Hospitalordens vom Heiligen Johannes zu Jerusalem von Rhodos und von Malta", kurz: des *Malteserordens*. Ausweislich seiner Homepage erhalten solche Reisepässe die Mitglieder des „Souveränen Rates". Dabei handelt es sich um die Regierung des Ordens. Außerdem die Leiter und Mitglieder der diplomatischen Missionen und deren Familienangehörige sowie hochrangige

---

[1] Siehe DIE WELT vom 8.7.2024.

Persönlichkeiten, die für spezielle Missionen innerhalb des Ordens verantwortlich sind.

Der Malteserorden ist ein katholischer Orden und fungiert als humanitäre Hilfsorganisation. Das alles ist die Bundesrepublik Deutschland sicherlich nicht. Und doch haben beide eine wichtige Gemeinsamkeit, die im Hinblick auf den Malteser-Orden verwundern mag: Vor dem Völkerrecht bilden sie *souveräne* Einheiten. Das bedeutet, dass sie grundsätzlich unabhängig und rechtlich selbstbestimmt sind, also keinerlei Staatsgewalt über sich unterliegen, vielmehr die jeweilige *Quelle von Staatsgewalt* sind.

Deutschland ist ein Land mit eigenem Territorium und einer Grenze, die mehr oder weniger überwacht wird. Die besagten Ritter des Malteserordens dagegen haben längst *kein* eigenes Territorium mehr: Sie sind seit Napoleons Zeiten über die ganze Welt verstreut. Auf Malta zeugen nur noch alte Prachtbauten von ihrer einstigen Herrschaft. Ihr Großmeister residiert heute in Rom.[2] Ein souveräner und anerkannter *Staat ohne Territorium*, der einen ständigen

---

[2] Als Gründungsdatum gilt das Jahr 1048, in dem Kaufleute aus Amalfi die Genehmigung des ägyptischen Kalifen erhielten, in Jerusalem ein Kloster und ein Krankenhaus zu errichten. Diese Gruppierung erkannte Papst Paschalis II im Jahr 1113 als Johanniterorden an. Nach dem Fall von Akkon im Jahr 1291 verlegte der Ritterorden seinen Sitz nach Zypern und wechselte schließlich 1310 nach Rhodos. Nachdem diese Insel 1523 von den Türken erobert worden war, überließen Kaiser Karl V. und Papst Clemens VII. im Jahr 1530 dem Orden die Insel Malta. Die maltesischen Seestreitkräfte spielten eine wichtige Rolle bei der Abwehr der Expansion der Türken. Im Zuge des frz. Ägyptenfeldzugs zwang Napoleon Bonaparte die Ordensritter 1798, die Insel zu verlassen. Seines Territoriums beraubt, residierte der Großmeister des Ordens in der Folge zunächst in St. Petersburg (als Großmeister fungierte der nicht-katholische russ. Zar Paul I.), seit 1803 dann unter italienischen Großmeistern in Messina, dann Catania, dann Ferrara und schließlich Rom, wo er seit 1834 bis heute beheimatet ist. Seit der 2. Hälfte des 19. Jahrhunderts bildeten sich „Nationale Assoziationen" heraus: 1859 Deutschland, 1875 Großbritannien, 1877 Italien. Statt der früheren militärischen Bedeutung rückte nunmehr die medizinische und soziale Fürsorge in den Vordergrund. Sitz des Großmeisters ist der Magistral-Palast in der Via Condotti in Rom, dem von der italienischen Regierung seit 1869 Extraterritorialität gewährt wird.

Vertreter bei den Vereinten Nationen besitzt[3] und Botschafter oder ständige Vertreter in nahezu 120 Länder entsendet und über eine eigene Gerichtsbarkeit, eine eigene Währung (den Scudo) und eigene Briefmarken verfügt.

Das mag den einen oder anderen überraschen. Denn heute sind wir es eigentlich gewohnt, dass jeder Staat ein Territorium besitzt; es definiert ihn aus landläufiger Sicht nahezu. Und der souveräne Malteserorden? Dieses Völkerrechtssubjekt schlägt vollkommen aus der Art, möchte man sagen. Wenn es sich nicht, wie wir es eigentlich gewohnt sind, um einen *Territorialstaat* handelt – um was handelt es sich dann?

Nun, faktisch ist dieses Völkerrechtssubjekt das letzte Relikt einer ansonsten ausgestorbenen Spezies. Diese Art Staat nennt man *Personenverbandsstaat*.[4] Seine Staatsidee knüpft nicht an ein Territorium an, sondern ausschließlich an die Personen, die ihm angehören. Da das Institut der Staatsbürgerschaft personenbezogen ist, dürfte klar sein, dass der Personenverbandsstaat quasi eine Art Urform der Staatlichkeit darstellt. Insbesondere dann, wenn man sich den Staat vorstellt als aus einem *Sozialvertrag* hervorgegangen (vgl. Kap. 7), den eine Gruppe von Menschen explizit oder implizit geschlossen hat, um Ordnung in ihr soziales Miteinander zu bringen.

Schaut man sich in der überlieferten Geschichte um, so begegnen uns staatliche Frühformen in Form von Personenverbands- und Territorialstaaten gleichermaßen.

In die Richtung von Territorialstaaten neigen zweifellos die *Stadtstaaten* im Zweistromland oder in Griechenland, die zweifellos ein Territorium besaßen, das meist durch ihre

---

[3] Dieser (Paul Beresford-Hill) ergriff am 27.7.2023 das Wort im Sicherheitsrat der Vereinten Nationen im Rahmen einer Debatte über die Situation im Nahen Osten. Siehe die Pressemeldung auf Orderofmalta.int. vom 1.8.2023.

[4] Der Begriff geht zurück auf Mayer (1935). Eine neuere Auseinandersetzung mit der Materie bietet Althoff (1990).

Stadtmauern definiert war. Das ist ein besonders eindrückliches Beispiel von einer «Grenze» im Sinne von Kap. 11. Sicherlich umfassten diese Stadtstaaten in einem weiteren Verständnis auch bewirtschaftete Ländereien vor den Stadtmauern, wenngleich sich die Idee der Territorialität verdünnt haben dürfte, je weiter man sich von der Stadt entfernte und man auf Bewohner anderer Städte traf.

Wir beobachten historisch frühe Territorialstaaten auch dort, wo aufgrund der ungleich verteilten Wasservorkommen komplexe Bewässerungssysteme für die landwirtschaftliche Nutzung erforderlich waren, was die entsprechenden Völker nicht nur zu hierarchischen Organisationsstrukturen zwang, die Dämme und Kanäle in die Tat umsetzten, sondern sie auch an das bewässerte und bewirtschaftete Territorium fesselte. Wittfogel (1931) spricht von „hydraulischen Gesellschaften" und hat das Niltal, das Zweistromland und China im Blick.

Doch es gibt auch Völker, die eher dem Prinzip des Personenverbandsstaats folgten bzw. sehr lange daran festhielten. Dazu zählen zuvorderst *Nomadenvölker*, die mit ihren Herden auf der mehr oder weniger steten Suche nach frischem Weideland umherzogen und sich allenfalls temporär niederließen, also nicht an der Idee eines eigenen, von ihnen permanent besetzten Territoriums hingen. Dazu gehören auch Völkerschaften, die sich insbes. durch Raub und Aneignung ernährten wie z. B. das mongolische Reitervolk Dschingis Khans (1155–1227), der im 13. Jahrhundert ein weite Teile Asiens umfassendes und bis nach Europa ausgreifendes Weltreich schuf, das nicht durch Grenzen, sondern durch familiäre, auf Loyalitäten ausgerichtete Clanstrukturen definiert war. Oft zog man sich aus eroberten Gebieten wieder zurück, weil nicht die Sesshaftigkeit das Ziel war, sondern die Beute und die Tributleistung.[5]

---

[5] Zu Geschichte und Natur des Mongolenreichs siehe Menzel (2024), S. 107 ff.

Auch der germanischen Tradition ist die Idee eines fixen Territoriums im Wesentlichen fremd. Dies erscheint am offensichtlichsten in der Völkerwanderungszeit, in der die Goten, die Franken, die Vandalen und viele andere germanische Stammesgesellschaften häufig ihre Siedlungsgebiete wechselten und teilweise quer durch Europa bis nach Nordafrika zogen. Aber auch der (zuvor und später wieder) *sesshafte* Germane fühlte sich wohl eher als Mitglied eines Stammes, der weniger durch territoriale Demarkationen als durch Clanstrukturen definiert war.

Entsprechend war der *Feudalstaat* des europäischen Mittelalters im Kern ein Personenverbandsstaat, dessen Mitglieder durch gegenseitige Treue-, Dienst- und Schutzversprechen aneinandergebunden waren, häufig unabhängig vom Standort, den Sie wählten, wenn man von den Unfreien absieht, die an ihre Scholle gefesselt waren. Der Mensch des Mittelalters nahm die sich aus diesen Verhältnissen hervorgehenden Rechte und Pflichten mit, völlig unabhängig von seinem Aufenthaltsort und damit auch dann, wenn er den Menschen eines anderen Sozialverbandes begegnete, die in einem ganz anderen Geflecht von Rechten und Pflichten verwoben waren. Sicherlich gab es Berge und Flüsse, bei deren Überquerung man davon ausgehen konnte, dass der Schutz, den der eigene Sozialverband bot, notleidend wurde, weil „die anderen" nun in der Mehrheit waren. Aber eine säuberliche „Grenze", wie sie noch vom römischen Limes oder dem Hadrianswall quer durchs Land gezogen worden war und mit wie auch immer gearteten Hoheitszeichen und Schlagbäumen versehen wurde, das war den Germanen eher fremd[6] und ist eine Erfindung anderer Zivilisationen wie z. B. den Römern (vgl. Kap. 11). Für sie fanden sich diesseits der Grenze die *Rechts-*

---

[6] Siehe auch Wilson (2016), S. 249: „ Hierarchy mattered more politically than geographical boundaries."

ordnungsgenossen, wie ich sie nenne. Jenseits der Grenze lebten die *Rechtsordnungsfremden*. Die Römer nannten sie wie die Griechen schlicht «Barbaren», was soviel wie Stammler oder Stotterer bedeutete. Wer kein Latein oder Griechisch sprach, war unverständlich und fremd.

Von der Idee des Personenverbandsstaates ist heute nicht mehr viel übrig. Blicken wir auf einen im Handel erhältlichen Globus, so sehen wir überall Grenzen, die verschiedenfarbige Flächen für verschiedene Länder abtrennen. Der Territorialstaat, der die Geltung des Rechts mit dem Aufenthalt auf einem bestimmten Territorium verknüpft, hat den Personenverbandsstaat längst verdrängt – bis auf den erwähnten Malteserorden als letztes Rauchzeichen der erloschenen Idee des Personenverbandsstaates. So gesehen sind die Malteser die letzten Mohikaner des Personenverbandsstaats und muten ob ihrer Verfasstheit etwas sonderlich an.

Heute haben sich Territorialstaaten durchgesetzt und die Welt fein säuberlich unter sich aufgeteilt, sieht man von einigen noch nicht ganz geklärten Fragen einmal ab (z. B. Taiwan, Palästina, Kaschmir, einige kleine Inseln im chinesischen Meer, die Arktis und Antarktis, die Ozeane). Unter den Grenzen, die im 19. und beginnenden 20. Jahrhundert auf den Kanzlei-Schreibtischen in London, Paris, Moskau, Washington und Berlin gezogen wurden, leiden Teile der Menschheit bis heute. Grenzziehungen wurden häufig am Zeichenbrett ohne Rücksicht auf kulturelle Identitäten und ethnische Zugehörigkeiten vorgenommen, was die Kosten des Zusammenlebens in diesen oktroyierten Gebilden bis heute spezifisch erhöht und sie zu bürgerkriegsgefährdeten und labilen Einheiten macht. Der Nahe oder auch Mittlere Osten und Teile Afrikas sind ein schlimmes Beispiel hierfür.

Dass ein Völkerrechtssubjekt wie der souveräne, nichtterritoriale Malteserorden, der quer zu all dem steht, noch existiert, ist wohl nur der Tatsache zuzuschreiben, dass nur die wenigsten Außenminister davon wissen dürften. Und wenn doch, erscheint dieses Objekt wohl als zu unbedeutend, als sich in der Kürze einer gewöhnlichen Amtszeit daran abzuarbeiten.

Die spannende institutionelle Frage ist: Wie konnte der Territorialstaat den Personenverbandsstaat verdrängen?

Um es kurz zu sagen: Dahinter stehen ökonomische Kräfte. Der Staat, versteht man ihn als eine aus einem impliziten Gesellschaftsvertrag hervorgegangene Dienstleistungsorganisation für seine Bürger, hat als Gegenleistung für die Steuern, die er dafür erhält, vorrangig für den Schutz seiner Bürger unter ihresgleichen (Rechtsordnungsgenossen) und gegenüber Außenstehenden (Rechtsordnungsfremden), also für den *inneren* und *äußeren Frieden* zu sorgen. Diese staatliche Kernaufgabe wird vom schützenden, dem sogenannten *protektiven Staat*[7] wahrgenommen, der aus Militär, Polizei und Justiz besteht (vgl. Kap. 7 und 12). Er ist im Kern eine *Schutzorganisation*, mit der seine per Gesellschaftlsvertrag verbundenen Bürger einen Dienstleistungsvertrag geschlossen haben: Er bietet regelbasierten Schutz im Tausch gegen Steuern, mit denen dieser «Staat» finanziert wird. Dabei lässt sich zeigen, dass der Territorial- im Vergleich zum Personenverbandsstaat das kostengünstigere Verfahren darstellt, ein entwickeltes Rechtssystem durchzusetzen.

Warum das so ist, lässt sich leicht zeigen: Würde die Menschheit in Form verschiedener Personenverbandsstaaten sozusagen „durcheinander" leben, so müsste in jedem Begegnungsfall festgestellt werden: Handelt es sich um einen Rechtsordnungsgenossen oder -fremden? Welches Recht gilt im Fall einer Begegnung mit einem Rechtsordnungsfremden? Seines? Meines? All dies zu klären wäre erforderlich, um zutreffende Erwartungen über das mutmaßliche Verhalten des Dritten anstellen zu können. Das wäre sehr aufwendig, und der gegebenenfalls notwendig werdende Schutz durch die eigene Schutzorganisation wäre in diesem Umfeld schwierig durchzusetzen. Denn im

---

[7] Siehe Buchanan (1975), S. 68 f. u. 85 ff.

Zweifel bekäme sie es mit der Schutzorganisation des Rechtsordnungsfremden zu tun, wenn diese ein anderes Rechtsverständnis aufwiese. Häufige Gerangel zwischen den verschiedenen Schutzorganisationen wären die Folge. Will man dies bei der Fülle denkbarer Begegnungen, wenn die Klienten verschiedener Schutzorganisationen nicht getrennt, sondern durcheinanderleben, riskieren?

Im Verhältnis dazu ist es ungleich kostengünstiger, wenn sich die Menschen, die ein und derselben Schutzorganisation angehören, territorial clustern und um das Cluster eine *Grenze* ziehen, die überwacht wird (vgl. Kap. 11). Womit ein Territorium und ein Territorialstaat entstehen. Im Territorialstaat erfolgt die Durchsetzung des Rechts durch die *Kontrolle von Territorium*. Für alle, die innerhalb seiner Grenze leben, ist im Idealfall klar, dass Begegnungen ausschließlich mit Personen des eigenen Gesellschaftsvertrags *(Rechtsordnungsgenossen)* stattfinden. Überschreitet man dagegen die Grenze, so ist ebenso eindeutig, dass nun Kontakte zu *Rechtsordnungsfremden* stattfinden.[8] Die Grenze gibt in beide Richtungen ein Signal, das die Kosten spart, die im Personenverbandsstaat damit verbunden sind, in jedem Einzelfall zu ermitteln, mit wem man es zu tun hat und welchen rechtlichen Gepflogenheiten und Gewohnheiten er sich unterworfen hat und welches Verhalten man infolgedessen von ihm erwarten kann und welches nicht. Es handelt sich um *Identifikationskosten*. Sie sind in einer Welt von Territorialstaaten deutlich geringer als in einem Kosmos von Personenverbandsstaaten. Im «reinen» Territorialstaat sind sie Null, auch wenn dieser nicht vollständig erstrebenswert ist, wie wir später sehen werden.

Auch für die Schutzorganisation, die für den Schutz der Rechtsordnungsgenossen verantwortlich zeichnet, vereinfacht die Grenze die Dinge immens.

---

[8]Vgl. Schmidt-Trenz (1990), S. 235 sowie Schmidt-Trenz (2023), S. 137.

Nach innen ist sie Monopolist und wendet *Interne Rechts-durchsetzungskosten* auf, wie sie gemeinhin mit den Kosten für Polizei und Justiz assoziiert werden. Auf «ihrem» Territorium unterliegt die Schutzorganisation nicht der Gefahr, auf protektive Organisationen von Drittstaaten zu treffen und sich mit ihnen abstimmen zu müssen. Jenseits der Grenze ist das anders. Sie zu überschreiten, um das Recht eines eigenen Bürgers gegenüber einem Rechtsordnungsfremden zu verteidigen, wird sie sich sorgfältig überlegen, denn sie kommt ggf. mit einer konkurrierenden protektiven Instanz in Konflikt. In diesem Fall spreche ich von *Äußeren Rechtsdurchsetzungskosten*, die gemeinhin mit Militärausgaben gleichzusetzen sind. Sämtliche dieser Durchsetzungskosten sind selbstverständlich durch die Bürger (die Mitglieder des Gesellschaftsvertrages) in Form von Steuern zu finanzieren.

Die Durchsetzungskosten eines Rechtssystems sind aus den genannten Gründen im Territorialstaat geringer als im Personenverbandsstaat.[9] Es lässt sich mittels eines geometrischen Modells sogar eine Größenordnung angeben, um wieviel der Territorialstaat – bei gleicher Zahl an Bürgern – im Vergleich zum Personenverbandsstaat kostengünstiger ist. Der Kostenvorteil ist beträchtlich und kann, wie das mathematische Beispiel im **Anhang** zeigt, in der Größenordnung von ca. 40% liegen!

Deshalb ist es effizient, dem Recht durch Kontrolle eines Territoriums Geltung zu verschaffen *(Territorialitätsprinzip)*. Hierzu müssen die Rechtsordnungsgenossen also buchstäblich in einem „*Rechtsraum*"[10] leben. Es spart Aufwand und somit Steuern, so zu verfahren.

---

[9] Vgl. ausführlich Schmidt-Trenz (1990), S. 201 ff, sowie Schmidt-Trenz (2023), S. 79 ff.

[10] Siehe die Theorie des optimalen Rechtsraums von Schmidtchen/Schmidt-Trenz (1994) und Schmidt-Trenz/Schmidtchen (2002).

Dabei haben sich die Kostenunterschiede zwischen dem Personenverbandsstaat und dem Territorialstaat erst im Laufe der Geschichte zunehmend so entwickelt, dass die Vorteile des territorialen Ansatzes schließlich deutlich überwogen. Sind die Rechtssysteme vergleichsweise einfach und verwandt, so kann eine Vielzahl von koexistierenden, mehr oder weniger durchmischten Personenverbandsstaaten von einiger Dauer sein. Das ohne scharfe Grenzen bestehende Miteinander verschiedener germanischer Stämme kann als Beispiel hierfür gelten, ebenso die mongolischen Clans im 13. und 14. Jahrhundert sowie die bis heute existierenden Nomadenstämme in der Mongolei.

Erst wenn sich Rechtssysteme ausdifferenzieren und sich deutliche Unterschiede zwischen Rechtsordnungsgenossen und Rechtsordnungsfremden mit entsprechendem Konfliktpotenzial entwickeln, trägt der Übergang zum Territorialstaat Früchte. Das hoch entwickelte römische Recht hat daher die Voraussetzungen für das erste Großreich der Geschichte geschaffen, das in weiten Teilen über klar demarkierte Grenzen verfügte, wie das chinesische Reich in Teilen seiner Geschichte ebenso. Die Blütezeit des Territorialstaats in Europa beginnt schließlich im 17. Jahrhundert, in der Rechts- und Verwaltungssysteme im Zuge des absolutistischen Herrschaftssystems einen Entwicklungssprung machen, immer komplexer und unterschiedlicher werden, wodurch sich das *Territorialitätsprinzip* endgültig als überlegene Technologie zur Organisation staatlicher Ordnung durchsetzt, was im 19. Jahrhundert nach dem Wiener Kongress 1815 zu weiterer Vollendung gebracht wird.

Treiber dieser Entwicklung waren einerseits der zunehmende Abstand zwischen den vergleichsweise höheren äußeren und den vergleichsweise niedrigeren internen Durchsetzungskosten auf der einen Seite sowie andererseits sinkende Grenzsicherungskosten durch *technologische Sprünge* bei Waffen- und Kommunikationstechnik und Skaleneffekte. All dies erzeugte eine Tendenz zu territorial organisierten Verbünden, die zugleich immer größer wurden.

Nach dem heutigen Stand der Forschung entwickelten sich nach dem Beginn des Agrarzeitalters um ca. 11.500 vor Christus die ersten kleineren dörflichen (ab ca. 8500 v. Chr.) und städtischen (ab ca. 4000 v. Chr.) Gemeinschaften.[11] Statt sich als Jäger und Sammler zu betätigen, implizierte das Bewirtschaften einer Fläche große Risiken: Risiken aus Ernteausfällen durch das Wetter, Ungeziefer und Wildtiere oder Raub der Fläche oder Ernte durch andere Gruppen, während Wildbeuter im Falle des Konflikts mit anderen Gruppen ausweichen konnten. Untersuchungen haben gezeigt, dass in Gruppen, die nicht über dörfliche Gemeinschaften hinauskamen, 25% der männlichen Bevölkerung eines gewaltsamen Todes starben. Erst die Bildung größerer Gemeinschaften konnte diese Gewalt eindämmen.[12]

Der durchschnittliche sumerische Staat hatte bereits ca. 17.000 Einwohner. Mit der Entwicklung von Pfeil und Bogen, der Armbrust und schließlich Schusswaffen reduzierten sich die externen wie internen Durchsetzungskosten in den folgenden Jahrtausenden immer weiter, sodass größere Einheiten möglich und sinnvoll wurden, wie die *Theorie des optimalen Rechtsraums* gezeigt hat.[13]

---

[11] Die Bedeutung dieses Übergangs und seine Implikationen werden ausführlich beleuchtet in Harari (2013), S. 101 ff, sowie Graeber/Weingrow: (2021). Es wäre ein Kurzschluss zu glauben, dass nur der Übergang zur Agrarwirtschaft bereits dem Territorialitätsprinzip zum Durchbruch verhilft. Letztere schreiben auf S. 251 zusammenfassend: „In short, there is simply no reason to assume that the adoption of agriculture in more remote periods also meant the inception of private land ownership, territoriality, or an irreversible departure from forager egalitarianism." Es lassen sich vielmehr über lange Zeit „open-field principles" mit Perioden periodischer Land-Redistribution nachweisen.

[12] Siehe Harari (2013), S. 107.

[13] Vgl. Schmidt-Trenz (1990) und Schmidt-Trenz (2023), S. 79 ff.

Nun führt – im Idealfall – ein funktionierender protekti-ver Staat im Innern nicht nur die weitgehende Abwesenheit von Gewalt und Übergriffen herbei. In dem er dies tut, er-zeugt er viel mehr! Er legt, wie wir in Kap. 7 gesehen haben, in diesem Zuge die Grundlagen für Besitz- und Tausch-sicherheit und schafft damit die Voraussetzungen für eine arbeitsteilige Wirtschaft. Ohne diese Sicherheiten verbleibt ein System in der Subsistenzwirtschaft bzw. Autarkie. Erst der innere Friede aus Besitz- und Tauschsicherheit schafft Anreize zur Produktion und Spezialisierung und damit der Freisetzung erheblicher Produktivitätsvorteile, die mit ei-nem erheblichen Schub an Wohlstand einhergehen. Das gilt insbesondere für die Besitzsicherheit an Grund und Boden, die im Territorialstaat viel leichter durchzusetzen ist als in einer Mischung von Personenverbandsstaaten.

Wenn man der hier vertretenen Ansicht folgt, dass das Wesen der Regeln des Rechts darin liegt, ein friedliches, menschenwürdiges Zusammenleben der Menschen und ihre gedeihliche Zusammenarbeit in einer arbeitsteiligen Wirtschaft zu sichern, dann umfasst der optimale Rechts-raum letztlich den erwünschten *Wirtschaftsraum* der Men-schen. Dieser Raum ist prinzipiell nicht beliebig groß, da einerseits der Nutzenzuwachs aus einer forcierten Arbeits-teilung mit zunehmender Zahl an Staatsbürgern allmählich abnimmt (Gesetz des abnehmenden Ertragszuwachses) und zugleich die steuerfinanzierten Kosten des Managements eines zunehmend komplexer werdenden Staates steigen. Aus diesen Nutzen-/Kostenüberlegungen ergibt sich, ge-messen an der Zahl der Insider (Rechtsordnungsgenossen), eine optimale Betriebsgröße des protektiven Staates: ein *op-timaler Rechts- und Wirtschaftsraum.* Der ideale Territorial-staat ist also grundsätzlich *exklusiv.* Wobei diese Grenze durch administrative und technologische Innovationen nach oben verrückt werden kann.

Wird dieser grundsätzliche Zusammenhang missachtet und findet eine *Überdehnung* statt, so zerfällt das zu groß gewordene Gebilde schließlich wieder in kleinere, effektiver zu beherrschende Teile, wie die Beispiele des Reiches Alexanders des Großen, das Reich Dschingis Khans, des Osmanischen Reichs oder der Sowjetunion zeigen.

Es kann natürlich eintreten, dass der eigene Rechtsraum nicht bis zur Größe des erwünschten Wirtschaftsraums anwachsen kann, was dann der Fall ist, wenn das aus wirtschaftlichen Gründen gewünschte Mehr an Territorium bereits durch einen anderen Staat besetzt ist und mit diesem ein *Machtgleichgewicht* besteht, wie dies z. B. zwischen Deutschland und Frankreich über viele Jahrhunderte zu beobachten war. Trotz zahlreicher Kriege konnte keiner den anderen nachhaltig und vollständig besiegen und ihm sein System überstülpen.

***

Was passiert, wenn kein Machtgleichgewicht zwischen den Beteiligten vorliegt?

Solange es ein signifikantes Machtgefälle gibt, wird der stärkere Staat den Schwächeren im Wege der Vormachtstellung *(Hegemonie)* zur Anpassung anhalten oder ihn vollständig in sein *Imperium* einverleiben.[14] Welche der beiden

---

[14] Die Lesart beider Vorgehensweisen ist bei Menzel (2024), S. 45, unter Rückgriff auf in der Volkswirtschaftslehre geläufige Güterkategorien, anders. Für ihn stellt der Imperialist *Clubgüter* zur Verfügung, für die die Beherrschten Kostenbeiträge zu entrichten haben, wenn sie nicht ausgeschlossen werden wollen. Der Hegemon stellt dagegen *öffentliche Güter* bereit, selbst um die Gefahr, dass andere Länder sich als Trittbrettfahrer verhalten. Als öffentliches Gut betrachtet er die Bereitstellung einer „internationalen Ordnung" (S. 36). Der Rückgriff auf diese beiden Güterkategorien erscheint mir aus ökonomischer Sicht nicht stringent. Aus meiner Sicht geht es um das Gut „Sicherheit", die Kernaufgabe eines jeden Staatswesens, als Voraussetzung für Arbeitsteilung und Wohlstand. Die Hegemoniallösung, die den Dominierten eine begrenzte Autonomie beläßt, sorgt für „äußere" Sicherheit der Beteiligten. In der Imperiallösung wird daraus, durch die Einverleibung der Territorien, „innere" Sicherheit. In beiden Fällen gibt es Finanzierungsbeiträge der solchermaßen Gesicherten: Im ersten Fall Gewinne aus der Einflusszone zugunsten des Hegemons, im zweiten Fall Steuern der neuen Mitbürger des Imperiums.

Lösungen – *Hegemonial- oder Imperiallösung* – gewählt wird, darüber entscheiden Nutzen-Kosten-Überlegungen des Stärkeren. Der Hegemon *droht*, der Imperialist *erobert*. Der Hegemon denkt an *Einflusszonen*, der Imperialist an *Territorialgewinn*. Beiden geht es um die Ausdehnung ihres Wirtschaftsraums und dazu, soweit möglich, ihres Rechtsraums. Der Hegemon *exportiert* sein Recht, der Imperialist *oktroyiert* es. Der Hegemon schafft einen *Club von ihm protegierter Staaten*, der Imperialist ein *Großreich von ihm protegierter Bürger*.

Solange Herodes König Judäas war (für die Römer ein „rex socius et amicus"), war Judäa ein Klientelkönigreich, tributpflichtig an Rom als Hegemon. Das war für die Römer ein kostengünstiges Verfahren der Beherrschung und Gewinnerzielung. Erst als sich Herodes` Nachfolger als unfähig erwies, wurde Judäa zu einer römischen Provinz mit römischer Besatzung und Verwaltungsstrukturen. Dies war zwar teuer, aber zur Beherrschung und Ausbeutung Judäas inzwischen alternativlos geworden.

Auch die britische Herrschaft über das viel größere Indien muss man sich in Teilen hegemonial vorstellen. Man beließ Hunderte von Maharadschas und andere lokale Fürsten mit begrenzter Autonomie im Amt. Sie waren den Briten tributpflichtig und hatten Gefolgschaft zu leisten. Andere Teile Indiens wurden direkt von den Briten verwaltet. Es war diese Mischung, die eine Kolonialherrschaft über den riesigen Subkontinent zu vertretbaren Kosten ermöglichte.

Die USA sind als zentrale Macht verschiedener Bündnisse (z. B. NATO, TIAR,[15] Five Eyes,[16] bilaterale Verteidigungsbündnisse mit Japan, Südkorea und den Philippinen) das bedeutendste Beispiel für eine Hegemonialmacht. So implizierte beispielsweise ihr Einfluß über das westliche Nachkriegs-Europa einen gewissen Rechtsexport in das besiegte Deutschland, dessen Rechtsdogmatik im Bereich des Zivil-, Straf- und Verwaltungsrechts zwar unangetastet blieb. Doch gab es zahlreiche Einflüsse im Bereich der Presse- und Medienordnung, im Kartellrecht, in der Verfassungsgerichtsbarkeit und in der Corporative Governance.

Die Sowjetunion (1922–1991) kann im Unterschied dazu zweifellos als Prototyp eines Imperiums betrachtet werden. Sie war eine Schein-Föderation aus 15 Sowjetrepubliken. Maßgeblich war das praktisch alle Lebensbereiche umfassende Unionsrecht, gesteuert vom Politbüro und Zentralkomitee der KPdSU in Moskau. Nach dem Zerfall der Sowjetunion ist das heutige Russland erkennbar bestrebt, die Republiken, die 1991 ihre Unabhängigkeit erlangten, zumindest als Hegemon zu dirigieren. Der Angriff auf die Ukraine war sogar auf Einverleibung angelegt. In jedem Fall dient dieser Krieg allen anderen Nachfolgestaaten der Sowjetunion als warnendes Beispiel. Er schafft die notwendige *Droh*kulisse, um hegemonialen Einfluss über die Nachfolgestaaten der Sowjetunion ausüben zu können.

Imperiale Lösungen sind in jedem Fall auf vollständige Einverleibung (Annexion) aus. Da das betreffende Gebiet besetzt und verwaltet werden muss, ist diese Lösung deut-

---

[15] Interamerikanischer Vertrag über gegenseitige Unterstützung (Rio-Pakt von 1947, „Tratado Interamericano de Assistencia Reciproca"), der als kollektives Verteidigungsbündnis eine Beistandsklausel enthält, die dem Artikel 5 des NATO-Vertrags ähnelt.

[16] Nachrichtendienstliches Bündnis zwischen USA, UK, Kanada, Australien und Neuseeland.

lich teurer als die Hegemoniallösung. Die Imperiallösung wird nur gewählt, wenn der Netto-Nutzen aus der dauerhaften Besetzung den denkbaren Nutzen der Hegemonial-Lösung deutlich überwiegt. Das kann im Verhältnis eines deutlich größeren Staates zu einem Kleineren durchaus der Fall sein.

Der *Kolonialismus,* für den unzweifelhaft wirtschaftliche Gründe maßgeblich zeichneten und der deshalb mit dem Oktroi des eigenen, i. d. R. als überlegen empfundenen Rechtssystems verbunden war, ist sicherlich weithin das hervorstechendste Beispiel für die Imperiallösung. So praktiziert in Form des gewalttätigen Imperialismus Englands, Frankreichs, Belgiens, Deutschlands, Russlands und Japans im 19. und 20. Jahrhundert, die der Welt ihre jeweilige „Ordnung" aufzwingen wollten, um die Ausbeutung von Ressourcen zu bewerkstelligen. Diesen imperialen Lösungen war eine überschaubare Lebenszeit gegeben. Sie waren nicht nachhaltig. Keines dieser Imperien hat die Zeit überdauert. Sie sind an Überdehnung gescheitert. Überdehnung heißt nichts anderes, als dass die Kosten des Managements dieser komplexen Reiche schon bald in keinem Verhältnis mehr zu dem erzielbaren Nutzen standen. Aus ökonomischer Sicht spricht Vieles dafür, dass der hegemoniale Ansatz für starke Player kostengünstiger ist, wenn es darum geht, wirtschaftlichen Einfluss über größere Gebiete zu gewinnen und dazu die eigenen Spielregeln und Institutionen auf einen größeren Wirtschaftsraum zu übertragen.

***

Wechseln wir nun zur Betrachtung der Situation, in der ein Machtgleichgewicht der Beteiligten vorliegt.

In diesem Fall besteht für die Staaten nur die Möglichkeit, die im Vergleich zum gewünschten Wirtschaftsraum zu eng gewordenen Grenzen des Rechtsraums durch freiwilligen *Vertrag* (mit dem Unterfall des *Kaufs*) oder *Föderation* bis hin zur freiwilligen *Fusion* zu überwinden.

Paradefall der *Vertragslösung* sind die Römischen Verträge aus dem Jahr 1957, die schließlich zur Europäischen Union (Vertrag von Maastricht 1992) geführt und einen europäischen Rechtsraum und Binnenmarkt geschaffen haben, der die bestehenden innereuropäischen Grenzen überwindet. Auch das historisch spannungsgeladene Verhältnis von Deutschland und Frankreich konnte so zu einem harmonischen Miteinander entwickelt werden.

Weltbank (gegr. 1944), Internationaler Währungsfonds (gegr. 1944), OECD (gegr. 1961) und die World Trade Organization (gegr. 1995) sind weitere Beispiele *funktionaler, internationaler Verträge* mit dem Ziel, einen friedlichen und fördernden Rahmen für internationale Wirtschaftsbeziehungen zu legen.

Der *Deutsche Zollverein* von 1834 schuf – vergleichbar zur EU – einen Binnenmarkt, der eine Vielzahl souveräne deutscher Staaten umfasste. Berühmt ist die vorangegangene Analyse von Friedrich Liszt, der die Diskrepanz zwischen Rechts- und Wirtschaftsraum in Zentraleuropa wie folgt auf den Punkt brachte[17]:

„Achtunddreißig Zoll- und Mautlinien in Deutschland lähmen den Verkehr im Innern und bringen ungefähr dieselbe Wirkung hervor, wie wenn jedes Glied des menschlichen Körpers unterbunden wird, damit das Blut ja nicht in ein anderes überfließe. Um von Hamburg nach Österreich, von Berlin in die Schweiz zu handeln, hat man zehn Staaten zu durchschneiden, zehn Zoll- und Mautordnungen zu studieren, zehnmal Durchgangszoll zu bezahlen. Wer aber das Unglück hat, auf einer Grenze zu wohnen, wo drei oder vier Staaten zusammenstoßen, der verlebt sein ganzes Leben mitten unter feindlich gesinnten Zöllnern und Mautnern, der hat kein Vaterland."

---

[17] Zitiert nach Görtemaker (1994), S. 166.

Eine Vertragslösung kann auch auf den schlichten *Kauf* eines Territoriums hinauslaufen, wie geschehen in Form des Kaufs Alaskas durch die USA von Russland (1867) sowie den Erwerb Louisianas durch die USA von Frankreich (1803), das als „größtes Grundstücksgeschäft der Geschichte" Berühmtheit erlangte und mit dem die Vereinigten Staaten ihr damaliges Staatsgebiet verdoppelten. Die überschaubare Zahl an Bürgern wurde ohne weiteres Aufheben schlicht mitverkauft. Die Kaufpreise wurden nicht an sie, sondern an die jeweiligen Kolonialherrn entrichtet. Unterstellt man ein Selbstbestimmungsrecht eines Volkes, ganz im Sinne der Theorie des Sozialvertrages, so kommt es natürlich nicht nur auf die Zustimmung der beteiligten Regierungen, sondern vor allem auf die des betroffenen Volkes an. Nur unter diesen Bedingungen erscheint, auch in heutigen Zeiten, der Verkauf eines Territoriums, wie z. B. Grönlands durch seinen Eigentümer Dänemark an die USA, denkbar. Bis jetzt erteilen die ca. 56.000 Grönländer dem eine Absage. Den Ökonomen reizt natürlich zu wissen, ab welchem individuellem Überweisungsbetrag sie schwach werden würden...

Als Beispiel für eine erfolgreiche *Föderation* möge die Bildung des *Deutschen Kaiserreichs* 1871 herangezogen werden, dessen wesentliche Strukturen auf dem Norddeutschen Bund (1867) und dem schon erwähnten Zollverein (1834) fußten. Diese Föderation umfasste 25 Bundesstaaten: 4 Königreiche, 6 Großherzogtümer, 5 Herzogtümer, 7 Fürstentümer, 3 freie republikanische Städte und (nicht mitgezählt) das Reichsland Elsass-Lothringen. Natürlich muss hier der dominante Einfluss Preußens konzediert werden sowie die Grundlagen, die durch den Deutschen Krieg 1866 sowie den Deutsch-Französischen Krieg 1871 gelegt worden waren.

Der Vertrag der Unionsstaaten zur Schaffung der Vereinigten Staaten von Amerika im Jahr 1776 darf natürlich an dieser Stelle nicht fehlen. Die Schaffung der Vereinigten Arabischen Emirate im Jahr 1971 ist ein weiteres, bedeutendes Beispiel jüngeren Datums.

Auch Beispiele für *Fusionen* sind in der Geschichte reichlich zu finden. Häufig wurden Territorien durch *Heiratspolitik* mittelalterlicher Dynastien zusammengeführt. Eines der bekanntesten Beispiele ist sicherlich die Vereinigung der beiden Königreiche Aragon und Kastilien durch die Heirat von Isabella I. von Kastilien und Ferdinand II. von Aragón Ende des 15. Jahrhunderts. Auch wenn es sich zunächst nur um eine Personalunion formell weiterhin getrennter Königreiche handelte, so wurde durch diesen Akt die Grundlage für die Entstehung des modernen Spaniens im Zuge der Erbschaft beider Königreiche durch den Habsburger Karl V. im Jahr 1516 gelegt (einem Enkel der beiden „katholischen Könige", als spanischer König Carlos I). Die Habsburger erwiesen sich überhaupt als Experten dieser Art von Expansion, die ihnen auch Böhmen, die Niederlande, Ungarn und Teile Norditaliens einbrachte. Entsprechend wurde seit dem 17. Jahrhundert das Motto kolportiert: „Andere mögen Kriege führen, Du, glückliches Österreich, heirate" („Bella gerant alii, tu felix Austria nube").

Andere Beispiele bilden die Union von Kalmar zwischen Dänemark, Norwegen und Schweden, die zwischen 1397 und 1523 bestand. Bis heute existent ist das Vereinigte Königreich Großbritannien, das aus dem Act of Union der Königreiche England und Schottland im Jahr 1707 hervorging. Im Jahr 1980 kam es zu einem lybisch-syrischen Unionsprojekt, welches jedoch innerhalb eines Jahres an unterschiedlichen Auffassungen über die Ausgestaltung des geplanten Einheitsstaats scheiterte.

***

Auch wenn es für uns heutzutage selbstverständlich erscheint, den Staat als Territorialstaat zu verstehen, so sollte man sich klar machen, dass das hier aus Gründen der Verständlichkeit der Darstellung vorgestellte Konstrukt des „reinen" Territorialstaates oder Rechtsraums natürlich als idealtypisches Konstrukt daherkommt. Das gilt für die Vorstellung vollkommen gemischter Personenverbandsstaaten übrigens auch. Die Wirklichkeit bewegt sich irgendwo dazwischen. Denn im real existierenden „Inland" europäischer Prägung hat man es ja keineswegs nur mit Rechtsordnungsgenossen zu tun. Und das ist auch gut so: Aus verschiedensten Gründen können und sollten sich im Inland auch Rechtsordnungsfremde aufhalten und Schutz genießen. Weil sie als Händler und Kaufleute oder auch als Fachkräfte willkommen sind (der optimale Wirtschaftsraum kann, wie dargestellt, größer als der Rechtsraum sein),[18] oder auch als Flüchtlinge, denen vor unrechtmäßiger Verfolgung im Herkunftsland aus humanitären Gründen Asyl gewährt wird.

Passen sich jedoch einige dieser Rechtsordnungsfremden der Rechtskultur des Gastlandes nicht an, so entstehen wieder dieselben Probleme, wie wenn wir in einer Welt durchmischter Personenverbandsstaaten lebten, gewissermaßen eine rechtliche Form des *Multikulti*. Wenn unter diesen Gästen Menschen sind, die fremden moralischen Maßstäben und Menschenbildern folgen, oder deren Gewaltschwelle reduziert ist, weil in deren Kulturkreis das Tragen und Einsetzen von Stichwaffen vergleichsweise gebräuchlich ist,[19] so wird die Durchsetzung des im Gastland ererbten und eingeübten Rechtssystems teurer als in einem Staat ohne solche Gäste, soll der bestehende Sicherheitsstandard aufrechterhalten werden. Die Umstände erfordern

---

[18] Näheres hierzu bei Schmidt-Trenz (2023), S. 147 ff.
[19] Vgl. die Beispiele in Fn. 3 des Kap. 4 (Anarchie).

dann – bei gleichem Sicherheitsstandard – einen höheren Polizei- und Justizaufwand, was nur durch höhere Steuern oder Ausgabenumschichtungen zu finanzieren ist. Die territorial organisierten Rechtsordnungsgenossen werden sich in diesem Fall unter Nutzen-/Kostengesichtspunkten fragen, wer willkommen ist und wer nicht. Sie werden genaue Regeln aufstellen darüber, wer als Gast erwünscht ist, wer sogar das Angebot der Einbürgerung erhält oder wer nur vorübergehend aufgenommen, geduldet oder gar abgewiesen und abgeschoben wird.

Es versteht sich von selbst, dass vernunftbegabte Mitglieder eines staatsbegründenden Gesellschaftsvertrags einer *Einbürgerung* neuer Mitglieder nur zustimmen werden, wenn diese dem aufnehmenden Staat in längerfristiger Perspektive mehr nützen als kosten. Von diesem Gedanken ist die Immigrationspolitik der führenden Einwanderungsstaaten der Welt (USA, Kanada, Australien) geprägt. Es ist für diese Staaten zu einem ökonomischen Erfolgsmodell geworden und empfiehlt sich zur Nachahmung. Bei der Einbürgerung sollten aufnehmende Staaten auf der Akzeptanz geteilter Grundwerte bestehen, wie sie im Falle Deutschlands im Grundrechtskatalog des Grundgesetztes zum Ausdruck kommen, weil dies die intrinsische Rechtstreue fördert und somit staatliche Rechtsdurchsetzungskosten spart (vgl. Kap. 13).

Von den Gründen und Modalitäten einer Einbürgerung grundsätzlich zu unterscheiden ist ein *Recht auf Asyl*. Es zu gewähren kann sinnvoll sein, wenn man aus langfristiger Perspektive eines gewährenden Staates davon ausgeht, selbst in eine Notlage geraten zu können, die die eigenen Staatsbürger vorübergehend zu hilfsbedürftigen Flüchtlingen andernorts machen könnte. Insofern kann durchaus erwartet werden, dass ein grundlegender Sozialvertrag (Verfassungsvertrag) unter Umständen aus wohlverstandenem längerfristigen Eigeninteresse Aussagen über die Bedingungen für die Gewährung von Asyl enthält, wenn Nachbarstaaten es gleichtun. Vieles spricht dafür, dass in diesem Kontext sichergestellt wird, dass sich der gewährende Staat dabei nicht überfordert. Denn er ist primär seinen Bürgern und ihrem Wohl verantwortlich und nur sekundär, wenn überhaupt, im Rahmen seiner Leistungsfähigkeit der Linderung der Not in der Welt. Unser Bundespräsident Joachim Gauck (*1940) brachte es während der Flüchtlingskrise 2015 auf die prägnante Formel: „Unser Herz ist weit, doch unsere Möglichkeiten sind endlich."

Ist in diesem Zusammenhang die Unterscheidung von Personenverbandsstaat und Territorialstaat relevant? Im Grundsatz zunächst nein, im Konkreten schon. Auch der Personenverbandsstaat kann Einwanderungs- und Asylregeln aufstellen. Sie sind, und das ist der Unterschied, allerdings nicht territorial zu verstehen.

Statt *Einwanderungsregeln in ein Territorium* wie beim Territorialstaat, stellt der Personenverbandsstaat *Aufnahmeregeln in einen Sozialverband* auf. Dieser Art sind die Bedingungen zur Aufnahme in den souveränen Malteser-Orden.

Ähnlich verhält es sich beim *Recht auf Asyl*. Der Territorialstaat gewährt Asyl auf seinem Territorium, der Personenverbandsstaat dagegen gibt ggf. ein abstraktes Schutzversprechen, für dessen Umsetzung er ggf. einen Ort wählen wird, der ihm in der Durchführung günstig erscheint.

Der Malteser-Orden, um auf diesen letzten real existierenden Personenverbandsstaat zurückzukommen, gewährt in Ermangelung eines Territoriums also kein klassisches Asyl wie es vielfach verstanden wird, unternimmt aber durch seine humanitäre Arbeit in Krisengebieten Aktivitäten (z. B. medizinische Versorgung, Nahrungsmittelversorgung und Unterkunft), die in vielerlei Hinsicht mit der Gewährung von Asyl äquivalent sind. Asyl muss also vor diesem Hintergrund nicht zwingend bedeuten, dass ein Betroffener quer durch Europa in den Asyl gewährenden Territorialstaat verbracht werden muss, wenn der Effekt, der mit dem Asylrecht erzielt werden soll, auch herkunftsnäher und ggf. günstiger bewerkstelligt werden kann. Dass die Bundesrepublik Deutschland in der Vergangenheit geholfen hat, Flüchtlingslager für Syrer *in der Türkei* zu finanzieren, ist vor diesem Hintergrund sinnvoll und legitim.

Blicken wir zum Schluss dieses Kapitels nach vorne. Wie steht es um die Zukunft des Territorialstaats? Sein durch den technologischen Fortschritt bedingter, Jahrtausende alter Drang nach Vergrößerung, um größere Wirtschaftsräume zu umfassen, wird fortwähren und erfährt durch die Möglichkeiten der Digitalisierung und der Künstlichen Intelligenz weitere Dynamik. Denn beides erhöht, konsequent eingesetzt, die Produktivität von Polizei (Beispiel: Gesichtserkennung) und Militär (Beispiel: ferngelenkte Drohnen) und senkt daher die internen und externen Durchsetzungskosten eines Rechtssystems. Atomwaffen und die Möglichkeit der globalen Überwachung per Satellit wirken in dieselbe Richtung. Der somit ausgelöste Drang nach weiter wachsenden Rechts- und Wirtschaftsräumen wird erhebliche Spannungen erzeugen, wenn diese nicht durch internationale Verträge aufgefangen werden, da es bis auf die Pole und Ozeane keine „leeren" Räume auf der Erde mehr gibt. Diese waren bis zum Ende des 19. Jahrhunderts endgültig verteilt, sodass sich bereits die Mächte des 20. Jahrhunderts im Wesentlichen an der territorialen Umverteilung versuchten.

Diese Kräfte brechen sich heutzutage weiterhin Bahn im Kampf um Einflusszonen (s. o.). Beispiele sind das Gerangel um die Frage, ob die Ukraine oder Georgien nach Europa gehören oder zum russisch dominierten Bereich. Dass Donald Trump Kanada subjektiv als eine Art 51.

Bundesstaat der USA betrachtet und dessen Premierminister als „Governor" bezeichnet hat, ist ein weiteres Beispiel. Und Chinas „Seidenstraßen-Initiative" ist natürlich ebenso nichts anderes als der Versuch, eine Einflusszone um sich herum zu errichten. Die Schwächeren werden hierbei das Nachsehen und die Anpassungskosten zu tragen haben.

Klar ist auch, dass die Territorialstaaten, deren Grenzen im engeren Sinne zunehmend hinter ihren erwünschten Wirtschaftsräumen zurückbleiben, eine Strategie im Umgang mit Nachbarländern und Ausländern entwickeln müssen, wenn sie vom Nutzen der internationalen Arbeitsteilung profitieren möchten. Dazu müssen sie „durchlässig" sein und Ausländer im Inland effektiv schützen, so wie es bereits die Könige der Antike und des Mittelalters mit den ausländischen Kaufleuten machten, die ihnen Profit brachten. Die Europäische Union hat es auf ihrem Kontinent vorbildlich vermocht, zu eng gewordene Grenzen auf friedlichem Weg zu sprengen und einen großen Wirtschaftsraum zu schaffen, der die Territorialstaaten überwindet.

Was früher der Hansekaufmann in London war, ist heute der spanische Tourist in Berlin, der indische IT-Experte in München, der saudische Außenhändler in Hamburg oder der polnische Altenpfleger oder Handwerker in Lüneburg. Es gibt Tage, da begegnet man an den Hot Spots Berlins inzwischen mehr Ausländern als Inländern – und das ist selbstverständlich gut so, wenn sie sich an die hierzulande geltenden Regeln halten. Ähnlich verhält es sich auf dem spanischen Mallorca, wo an bestimmten Orten die Mallorquiner zeitweise gegenüber den Deutschen die Minderheit bilden.

Dieser *durchlässige Territorialstaat*, der von einem hohen Maß an ökonomisch gewollter internationaler Freizügigkeit gekennzeichnet ist, weil der Wirtschaftsraum längst über den Rechtsraum hinausgewachsen ist, führt im Ergebnis dazu, dass In- und Ausländer „gemischt" zusammenleben – ein Bild, das – drôle d'histoire – durchaus dem System einer Vielzahl von Personenverbandsstaaten ähnelt. Die offenen Grenzen innerhalb des Schengenraums und die Niederlassungsfreiheit für EU-Bürger sind im Kern nichts anderes als die Idee, dass die Deutschen, die Franzosen, die Niederländer etc. jeweils einen Personenverband darstellen, dessen Mitglieder sich im Vertragsraum überall bewegen und dauerhaft aufhalten können, und zwar völlig unabhängig von ihrer Staatsbürgerschaft. Man stelle sich vor, alle Deutschen siedeln nach Italien um. Rechtlich ist das gemäß den EU-Verträgen möglich! Insofern werden wir den Rittern des Malteserordens immer ähnlicher, auch wenn der in der Toskana, auf Mallorca oder in Zürich lebende Deutsche im Unterschied zum Mitglied des souveränen Malteser-Ordens immer noch ein Heimatterritorium besitzt.

In diesem Kapitel haben wir uns mit der staatlichen Kernaufgabe der Herstellung des inneren und äußeren Friedens beschäftigt und warum sich moderne Staaten dazu grundsätzlich territorial organisieren. Dieser schützende Staat erweist sich als ein Gesellschaftsvertrag der Bürger untereinander und mit der von ihnen beauftragten Schutzorganisation. Ein konkreter Staat wird nur überdauern, wenn er diese Kernaufgabe zu vertretbaren Kosten bewerkstelligt und sich das Vertrauen seiner Bürger erhält. Woran das scheitern kann und was dann passiert, ist Gegenstand des nächsten Kapitels.

15

Legitimität: *Wie vermeidet man eine Revolution?*

Sein ganzes Geld hatte dem sagenhaft reichen Kroisos (ca. 590–ca. 541 v. Chr.) am Ende nichts genutzt. Besiegt vom persischen König Kyros II. (ca. 585–530 v. Chr.) landete er im Jahre 541 vor Christus auf einem Scheiterhaufen. Dort soll er den Namen des Solon gerufen haben. Was Kyros so erstaunte, dass er Kroisos verschonte, um mehr über diesen Solon zu erfahren.[1] Kroisos verriet ihm, dass Solon die Lebensweisheit geäußert hatte, dass erst am Ende des Lebens abgerechnet werde und sich herausstelle, ob man Glück gehabt habe. Wie wahr. Tun wir es dem Kyros gleich und beschäftigen wir uns mit Solon von Athen.

Solon (ca. 640–560 v. Chr.) war am Ende seines Lebens nicht nur ein erfahrener, alter, weiser Mann. Er hatte auch politisches Gespür. Seine historische Rolle ist nämlich keine geringere als die des Wegbereiters der athenischen Demokratie, worüber der Autokrat Kyros sicherlich nichts

---

[1] Siehe Herodot (o. J.), S. 85–91.

hören wollte. Er hätte Kroisos wohl gleich wieder dem Scheiterhaufen übergeben.

Wie dem auch sei, aus heutiger Sicht sind es vor allem seine grundlegenden Gedanken und Beiträge zur Demokratie, die uns veranlassen zu hören, was Solon zu sagen hat. Für uns ragt Solon deshalb aus der Geschichte heraus, weil er, aus einer Krise heraus, die Grundlagen für eine *auf schriftlicher Gesetzgebung beruhende Bürgergesellschaft* schuf, die sich später zu dem entwickelte, was wir „die Demokratie" nennen (vgl. auch Kap. 18). Das ist keine kleine, sondern eine epochale Tat in der Geschichte der Regeln und Institutionen.

Am Anfang stand eine sich im Jahr 594 vor Christus zuspitzende Krise, die die Gefahr eines *Bürgerkrieges* in Athen heraufbeschwor, wenn er nicht schon in Teilen herrschte. Genauer gesagt handelte es sich um eine Schuldenkrise der privaten Schuldner. War ein solcher nicht in der Lage, seine Schulden zu begleichen, so verlor er im Athen dieser Zeit sein individuelles Selbstbestimmungsrecht an den Gläubiger. Das bedeutete: Er musste für diesen arbeiten und konnte sogar von diesem verkauft werden. Aus einem vormals freien Bürger wurde also ein Sklave; eine als *„Schuldknechtschaft"* bezeichnete Institution. Sie schloss große Teile der Bevölkerung von der politischen Willensbildung aus und verursachte, dass sich der Besitz von Land zunehmend in der Hand einiger weniger befand und die allgemeine Ungleichheit zunahm.

Angesichts einer großen Zahl von de facto rechtlos gemachten Schuldknechten kann es niemanden verwundern, dass diese schließlich die Rechnung anstellten, ob sie nicht aus einem Umsturz des herrschenden Systems mehr zu gewinnen als zu verlieren hätten.

Wenn ich von *„Umsturz"* oder *„Revolution"* spreche, so bedeutet dies, das herrschende *System in den Zustand der Anarchie zu versetzen* (vgl. Kap. 4) und auf Grundlage der so entstehenden minderwertigen Ordnung, die von Drohungen und ggf. Gewaltanwendung geprägt ist, durch erzwungene

Neuverhandlung eine neue, höherwertige Ordnung zu erzeugen, die für alle (überlebenden) Mitglieder der Gesellschaft eine Verbesserung darstellt, was eine notwendige Bedingung für die Stabilität der neuen Ordnung darstellt.

Die Französische Revolution von 1789, die das Ancien Régime des Absolutismus beendete und aus der das aufgeklärte napoleonische Frankreich hervorging, passt in dieses Muster. Viel Blut floss bei diesem Übergang, und die Zwischenphase der Anarchie bzw. des Terrors war eine längere, bis sich das neue Staatsmodell abzuzeichnen begann.

Andere Umstürze verliefen schneller und friedlicher, weil sich alle Beteiligten die Phase der realen Anarchie ersparten und schon die bloße *Aussicht auf* und die *Drohung mit* der Anarchie genügte, eine Anpassung der gesellschaftlichen Verhältnisse herbeizuführen. Das galt zum Beispiel für die *glorreiche Revolution* in England im Jahre 1688 oder für die *friedliche Revolution* in der DDR in den Jahren 1989/1990, die den Zusammenbruch des kommunistischen Regimes in Ostdeutschland herbeiführte und den Weg für die deutsche Wiedervereinigung eröffnete.

Die potenzielle Gewaltordnung der Anarchie wirft also einen *Schatten* auf die herrschende Gesellschaftsordnung. Eine Gesellschaftsordnung erweist sich unter realpolitischen Bedingungen als stabil und zugleich als *legitim,* wenn ihre *Kräfteverhältnisse* mit denen unter Anarchiebedingungen *korrelieren.* Dann lässt sich durch Rückfall in die Anarchie und Neuverhandlung nichts gewinnen. Liegt dagegen keine Korrelation vor, ist das anders. Dann treten Spannungen auf und ist der *soziale Frieden* gefährdet.

Ändert sich das potenzielle, unterliegende anarchische Kräfteverhältnis im Zeitverlauf, z. B. aus demografischen oder technologischen Gründen, so entsteht Veränderungsdruck im Hinblick auf die aktuelle Gesellschaftsordnung, die ja das anarchische Kräfteverhältnis zum Zeitpunkt des Sozialvertragsschlusses reflektiert. Diejenigen gesellschaftlichen Kräfte, deren relative Stärke zunimmt, können dann mit dem tatsächlichen *Umweg über die Anarchie* drohen, um eine Änderung der gesellschaftlichen Verhältnisse zu ihren Gunsten herbeizuführen. Je glaubwürdiger diese Drohung ist, um so eher werden sich die übrigen Mitglieder der Gesellschaft auf eine friedliche Anpassung der bestehenden Gesellschaftsordnung einlassen.

Dieser Umweg über die Anarchie, der die Substanz aller Revolutionen der Weltgeschichte ausmacht, findet sich – by the way – schon in der christlichen Schöpfungsgeschichte. Sie beruht auf der Idee, dass Gott zu Beginn aus dem Chaos *Ordnung* schuf. Und als ihm die bestehende Ordnung nicht mehr gefiel, brachte er über die Epoche Noahs die Sintflut und über Ägypten 7 Plagen, um wieder Chaos zu verbreiten und eine *neue, gottgefälligere* Ordnung zu erzeugen. Gott selbst fungiert in diesen biblischen Geschichten als Revolutionär.

Man kann sich und den anderen den *faktischen* Umweg über die Anarchie und die damit verbundenen Kosten der Revolution auch ersparen und es bei einem *hypothetischen* Umweg belassen. Dazu führt man sich gemeinschaftlich das anarchische Kräftegleichgewicht als *gedankliche Trockenübung* vor Augen und leitet daraus die erforderlichen Änderungen der Rechtsordnung ab, die den Rechtsfrieden wiederherstellen. Ich bezeichne dies als den *Umwegtest*.

Aus dieser Sicht ist *legitim,* was den Umwegtest besteht. Ist das nicht der Fall, erweist sich ein Ordnungsvorschlag als nicht akzeptabel bzw. wird die bestehende Ordnung als illegitim betrachtet und ist umsturzbedroht.[2]

Eine stabile Gesellschaftsordnung reflektiert also langfristig die *relativen Drohpunkte,* die die Mitglieder der Gesell-

---

[2] Der hier verwandte Legitimitätsbegriff orientiert sich also an den *faktischen* Kräfteverhältnissen, nicht an *künstlich veredelten* Kräfteverhältnissen wie bei Rawls (1975), der in seiner Theorie der Gerechtigkeit die Menschen hinter einen „Schleier des Nichtwissens" über ihre persönlichen Eigenschaften versetzt, aus dem heraus sie zu ihren Ordnungsvorschlägen gelangen.

schaft einnehmen bzw. einnehmen können.[3] Ändern sich die relativen Drohpunkte in einem Ausmaß, dass sich eine relevante Gruppe nicht mehr hinreichend berücksichtigt fühlt, so kommt es zum gewaltsamen Umsturz, es sei denn, die übrigen Mitglieder der Gesellschaft sehen das voraus und stimmen einer friedlichen Anpassung zu, was allen die spezifischen Kosten eines Umsturzes erspart. So geschah es im Zuge der friedlichen Revolution in der DDR 1989/1990. Auf den Kontrollverlust der SED und ihres Staatssicherheitsdienstes (Fall der Mauer am 9. November 1989) und die Bildung einer Übergangsregierung (13. November 1989) folgten die ersten freien Wahlen zur ostdeutschen Volkskammer am 13. März 1990, die am 3. Oktober 1990 den Beitritt zur Bundesrepublik Deutschland und damit dem Geltungsbereich des westdeutschen Grundgesetzes beschloss.

Womit wir wieder bei Solon wären, der auf dem Höhepunkt der athenischen Staatskrise 594 zum Archon (höchster Staatsbeamter) mit außerordentlichen Befugnissen gewählt worden war. Folgt man den einschlägigen Quellen, so war es sein Trachten, einen Bürgerkrieg zu vermeiden und die Beteiligten davon zu überzeugen, Veränderungen auf friedlichem Wege zuzustimmen. Und so geschah es. Solon erwies sich als erfolgreicher Moderator einer Neuordnung der Verhältnisse. Diese sah die Streichung von mit der eigenen Person besicherten Schulden vor, die Rückführung verkaufter Athener und generell die Abschaffung der Schuldknechtschaft, eine Grundvoraussetzung für eine große Gesellschaft aus selbstbestimmten Bürgern. Außerdem verschriftlichte er das bislang vorwiegend mündlich überlieferte Recht auf vier öffentlich sichtbaren Holztafeln, womit er die Kenntnis der Gesetze förderte, zu denen sich alle Bürger zu bekennen hatten. Den Besitzenden, die nun auf die Schuldknechte verzichten mussten, kam er dadurch entgegen, dass er politische

---

[3] Grundlegend für diese auf einem Drohgleichgewicht beruhenden verfassungsökonomischen Überlegungen ist Schmidt-Trenz (1989). Vgl. auch Holcombe (1994), S. 63 u. 235 sowie Schmidt-Trenz (2023), S. 71–75.

Strukturen schuf, in denen sich der Umfang der Vertretung und des Einflusses am Umfang des Besitzes orientierte, faktisch also ein Mehrklassenwahlrecht („Timokratie"), eine Vorstufe der Demokratie. Damit war ein Kompromiss geboren, der den sonst unausweichlichen Bürgerkrieg verhinderte und eine neue, einstweilen stabile Ordnung schuf.

Kurzum: Staatliche Ordnungen, die von Bestand sind, reflektieren das unterliegende anarchische Kräfteverhältnis und entwickeln sich parallel zu ihm. Solche Ordnungen unterziehen sich also einem regelmäßigen, freiwilligem Reset. Wird dies durch die herrschenden, am Status quo interessierten Kräfte verhindert, führt dies bei den übrigen gesellschaftlichen Kräften zunächst zu *Widerspruch,* bei weiterem Unterlassen zu *Widerstand,* was schließlich, bei anhaltender Verweigerung einer *Anpassung,* zum *Umsturz, in der IT-Sprache zum Absturz und unfreiwilligem Reset* führt.[4]

In dieser Logik ist die Weltgeschichte eine Abfolge von Umstürzen und vermiedenen Umstürzen dazwischen.

Ist sich der Inhaber des Gewaltmonopols dieser Gesetzmäßigkeit bewusst, schaut dem Volk aufs Maul und passt sich den unvermeidlichen neuen Gegebenheiten an, so kann seine Rolle von Dauer sein. Ist dieser *Wächter* dagegen ignorant und/oder unfähig zu Veränderung, dann wackelt der Thron. Bei Friedrich dem Großen im Preußen des 18. Jahrhunderts wackelte er aus solcherlei Gründen jedenfalls nie, denn er bewies diese Fähigkeiten. Dieser preußische König erweist sich in besonderer Weise geeignet für das Studium der Wächterfunktion. Womit wir beim nächsten Kapitel sind.

---

[4] A. O. Hirschmann (1974) verweist als Alternative zu Widerspruch und Anpassung noch auf die Möglichkeit der „Abwanderung". Nur wenn diese ebenfalls, wie zuvor die Anpassung, verwehrt wird, kommt es bei ihm zum Umsturz. Flucht oder Auswanderung ist in der Regel teuer und im Übrigen auch keine flächendeckende Lösung des eigentlichen gesellschaftlichen Problems, weil im Extremfall der Staat ohne Volk dastünde. Im Falle der DDR drohte diese Situation allerdings durchaus, wie die Massenflucht vor dem Mauerbau und nach der Öffnung der Westgrenze Ungarns im Sommer 1989 beweist, weil ein alternatives und aufnahmefähiges und -williges Deutschland in Form der westdeutschen Bundesrepublik bereitstand. Geteilte Nationen stellen insofern einen Spezialfall dar.

16

Wächter: *Der König passt auf*

Das staatliche Gewaltmonopol, das unser friedliches Zusammenleben sicherstellen und schützen soll, ist zweifellos eine große soziale Errungenschaft (vgl. Kap. 7). Inhaber des Gewaltmonopols ist der schützende Staat, der über uns und die Einhaltung der Gesetze wacht. Doch tut er dies im besten Sinne derer, die ihm durch explizite oder implizite Zustimmung diese Gewalt anvertrauen? Oder haben seine Vertreter nichts anderes als ihren eigenen Vorteil im Sinn, der sich mittels des Gewaltmonopols umso leichter verfolgen lässt?

Zunächst die gute Nachricht: Es gibt ihn tatsächlich, den *guten Wächter,* und er trat zum Beispiel im Jahr 1779 auf den Plan in Gestalt des preußischen Königs Friedrich II., des „alten Fritz" (1712–1786), auch Friedrich der Große genannt. Es ging, wie so oft in der Geschichte und wohl auch in Zukunft, um einen Streit um Rechte an Wasser.[1]

---

[1] Vgl. zum Sachverhalt Wesel (2022), S. 414 f, Kunisch (2005), S. 293 ff und Diesselhorst (1984).

Der Wassermühle des bei Pommerzig (heute poln. Pomorsko) in der Neumark ansässigen Müllers Christian Arnold (1723–1795) ging das Wasser aus, da am Oberlauf des Mühlenbachs im Jahr 1770 ein Karpfenteich angelegt worden war, und zwar durch keinen geringeren als den örtlichen Landrat Georg Samuel Baron von Gersdorff (1744–1810). Die Erträge des Müllers gingen zurück, die Mühle wurde unwirtschaftlich und Arnold stellte die Zahlung des Erbpachtzinses ein. Hiergegen erwirkte sein Grundherr Gottfried Heinrich Leopold Graf von Schmettau (1732–1812) im Jahr 1773 ein Urteil am Patrimonialgericht, dessen Gerichtsherr er selbst war. Müller Arnold legte Berufung vor dem Landgericht Küstrin ein, aber sie wurde abgewiesen. Er kam in Zahlungsrückstand und als er seine aufgelaufenen Schulden nicht beglich, ließ Graf Schmettau die Erbpacht schließlich 1778 versteigern. Und siehe da: Als Käufer entpuppte sich letztlich die Familie derer zu Gersdorff, die einst den Karpfenteich angelegt hatte! Landrat Gersdorff hatte wohlweislich einen Strohmann dazwischengeschaltet.

Dem Christian Arnold war nach seinem Geschmack übelst mitgespielt geworden und er nagelte schließlich, als er sich nicht mehr anders zu helfen wusste, eine Bittschrift an die Bittschriftenlinde in Potsdam, heute vergleichbar mit einer Petition an den Deutschen Bundestag. Friedrich II. wurde darauf aufmerksam und sorgte nun dafür, dass ein Schadenersatzprozess zugunsten des armen Müllers eröffnet wurde. Aber das Landgericht Küstrin wies auch diese Klage ab. Friedrich II. drängte auf eine schnelle Berufung. Aber auch das Kammergericht in Berlin lehnte die Klage ab. Man sah es nicht als bewiesen an, dass die Wasserentnahme der Gersdorffs die Leistungsfähigkeit der Mühle des Arnolds beeinträchtige.

Der mit den Schriften der Aufklärung wohlvertraute König, aus dessen Hand das staatsphilosophische Werk des

„Antimachiavell" hervorgegangen war, hatte bis hierher säuberlich den Rechtsweg beachtet und geschützt. Aber nun rastete er aus, wie man heute sagen würde. Er entließ den Chef des preußischen Justizwesens, Großkanzler Freiherr von Fürst und Kupferberg (1717–1790), mit dem er ohnehin unzufrieden war, zitierte die beteiligten Richter des Kammergerichts ins Schloss und ließ sie kurzerhand verhaften, wie auch die Küstriner Richter. Er gab am 11. Dezember 1779 über diesen Vorgang eigenhändig zu Protokoll, er wolle

„ein nachdrückliches Exempel statuiren, damit sämmtliche Justiz-Collegia in allen dero Provinzien sich daran spiegeln, und keine dergleichen grobe Ungerechtigkeiten begehen mögen. Denn sie müssen nur wissen, dass der geringste Bauer, ja, was noch mehr ist, der Bettler, eben sowohl ein Mensch ist, wie Seine Majestät sind, und dem alle Justiz muss wiederfahren werden, in dem vor der Justiz alle Leute gleich sind, es mag sein, ein Prinz, der wider einen Bauer klagt, oder auch umgekehrt, so ist der Prinz vor der Justiz, den Bauer gleich; und bei solchen Gelegenheiten muss pur nach der Gerechtigkeit verfahren werden, ohne Ansehen der Person. Darnach mögen sich die Justiz-Collegia ja in allen Provinzien nur zu richten haben, und wo sie nicht mit der Justiz ohne alles Ansehen der Person und es Standes gerade durch gehen, sondern die natürliche Billigkeit bei Seite setzen, so sollen sie es mit Sr. K. M. zu thun kriegen. Denn ein Justiz-Collegium, das Ungerechtigkeiten ausübt, ist gefährlicher und schlimmer, wie eine Diebesbande, vor die kann man sich schützen, aber vor Schelme, die den Mantel der Justiz gebrauchen, um ihre üble Passiones auszuführen, vor die kann sich kein Mensch hüten. Die sind ärger, wie die größten Spitzbuben, die in der Welt sind, und meritieren eine doppelte Bestrafung."[2]

---

[2] Zitiert nach Wesel (2022), S. 414 f.

Was für ein Statement! Der König, durchaus immer noch auf die Gerichte setzend, erwartete, dass das Kammergericht seine Kollegen wegen Rechtsbeugung verurteilen würde. Der Kriminalsenat des Kammergerichts unter Freiherr Karl Abraham von Zedlitz (1731–1793) entsprach allerdings nicht diesem Wunsch, ein bemerkenswerter Vorgang. Jetzt war die Geduld Friedrichs II. endgültig zu Ende. Er sprach am 1. Januar 1780 selbst Recht und verurteilte einige der Richter zu Festungshaft und Schadensersatz gegenüber dem Müller.[3] Zugleich ordnete er an, dass seine Entscheidung der Öffentlichkeit und in den Gerichtsbehörden publik gemacht werde. Damit war der Justizskandal perfekt, die *Müller-Arnold-Affäre* geboren.

Wie ist der Fall zu beurteilen? Hatten hier Richter für ihre Unabhängigkeit gekämpft und als Helden der Rechtsgeschichte dem König mutig die Stirn geboten?

Hatte ein König sein despotisches Gesicht offenbart und das Recht und den Rechtsweg als Farce entlarvt, dem nur gefolgt wird, wenn es seinem Willen genügt?

Oder hatte hier schlicht durch den König eine wirksame *Kontrolle der Justiz* stattgefunden, die das Recht zugunsten eines verschworenen Adelsclubs gebeugt hatte?

Aus unserem heutigen Wissen kann man sagen, dass Friedrich II. in der Sache wahrscheinlich richtig lag! Das geltende Recht sah vor, dass wer am Oberlauf ein Übermaß an Wasser entnahm, sich gegenüber Nutzern am Unterlauf schadensersatzpflichtig machte. Diese Regelung war sinnvoll, denn sie genügt den Vorgaben der volkswirtschaftlichen Effizienz und führt zur optimalen Nutzung des Wassers entlang des Bachs. Wer am Oberlauf rücksichtslos Wasser entnimmt, ohne sich über die (aus seiner Sicht *externen*)

---

[3] Die Richter wurden vom Nachfolger Friedrichs II. rehabilitiert. Er argumentierte, sein Vorgänger sei durch den Müller getäuscht worden und einem Irrtum aufgesessen.

Kosten Gedanken zu machen, die etwaigen Nutzern am Unterlauf entstehen, der entnimmt *zuviel* an Wasser. Seine Entscheidung fiele zurückhaltender aus, wenn er diese Kosten berücksichtigen (*internalisieren*, wie der Volkswirt sagt) würde, was durch eine Schadensersatzregelung ausgelöst wird. Bei Durchsetzung des Schadensersatzanspruchs hätte Gersdorff den Nutzen und die Kosten der Fischteichnutzung im Vergleich zur Mühlennutzung gegeneinander abgewogen und eine angemessene Wasserentnahmeentscheidung getroffen. Das wäre volkswirtschaftlich optimal gewesen. Im konkreten Fall hätte Gersdorff also Schadensersatz in Höhe der auftretenden Ertragsminderung an Müller Arnold leisten müssen. Dann hätte Arnold auch die Pacht an Schmettau weiter tragen können.[4]

Der Umstand, dass die Familie von Gersdorff, die den Karpfenteich angelegt hatte, am Ende der Geschichte die Mühle im Wege der Zwangsversteigerung erwarb, führte letztlich *ebenfalls* zu einer optimalen Wasserallokation zwischen diesen beiden Nutzungen des Wassers. Denn bei einem einheitlichen Eigentümer, der sämtliche Wassernutzungen in einer Hand vereint, stimmen betriebs- und volkswirtschaftliches Kalkül überein. Alle Kosten sind dann *intern*.

Das Problem, das den Müller-Arnold-Skandal ausmacht, war und ist letztlich nicht allokativer, sondern distributiver Natur, weil Müller Arnold rechtswidrig *keine* Kompensation für den Verlust seiner bisherigen Einkommensposition erhielt.

Dass die Richter über all dies mutmaßlich wissentlich hinweggingen, weil sie sich den adligen Grundherrn wahrscheinlich mehr als dem Müller verbunden fühlten, hat sie

---

[4]Alternativ hätte Gersdorff den Schadensersatz auch gegenüber dem Pachtherrn Schmettau leisten können, der diesen dann per Pachtminderung an Arnold hätte weiterreichen müssen.

ins Unrecht gesetzt. Das wird insbesondere sichtbar an den ungenügenden Aktivitäten zur Beweisaufnahme.

Und Friedrich II.? Er erwies sich als guter Wächter, als „der erste Diener seines Staates", wie er von sich selbst in seinem politischen Testament schrieb. Aber dazu musste er auf dem Recht insistieren, *Letztinstanz* zu sein. Urteile ergingen in seinem Namen und noch gab es keine Norm, die ihm eine Intervention verboten hätte. Dabei war sich Friedrich durchaus der Zweischneidigkeit von Interventionen bewusst, denn er kannte das Plädoyer des französischen Philosophen Baron de Montesquieu (1689–1755) für eine *Gewaltenteilung*, wie er sie in seinem Werk „Vom Geist der Gesetze" (1748) propagiert hatte (vgl. Kap. 17).

Friedrich war zu dieser Zeit zweifellos noch oberster Gerichtsherr, was in Preußen erst mit der neuen preußischen Verfassung von 1850 geändert wurde (vgl. §§ 86 ff). Das Ringen des Monarchen um die Gewaltenteilung wird in seinem in jeder Hinsicht lesenswerten Politischen Testament aus dem Jahr 1752 offenkundig:[5]

> „Ich habe mich entschlossen, niemals in den Gang des gerichtlichen Verfahrens einzugreifen; denn in den Gerichtshöfen sollen die Gesetze sprechen und der Herrscher soll schweigen. Aber dieses Stillschweigen hat mich doch nicht daran gehindert, die Augen offen zu halten und über die Aufführung der Richter zu wachen."

Natürlich darf man fragen, wieso Friedrich so außerordentlich viel Energie in diesen Fall eines entfernten Müllers am Oderbruch setzte. Eigentlich hatte er Wichtigeres zu tun. Er hätte die Entscheidung ja grummelnd hinnehmen und zur Tagesordnung übergehen können. Er tat es nicht. Er

---

[5] Siehe Volz (1913/14), Band 6, S. 127. Das Politische Testament Friedrichs II. aus dem Jahr 1752 (ebd. S. 119 ff) war ausschließlich der Lektüre seines Nachfolgers vorbehalten.

engagierte sich und setzte seine Zeit, Nerven und Arbeitskraft ein. Warum? Für Ökonomen ist diese Frage ein Muss. Sie fragen: Wem nützt es? Weil in ihrer Theorie Handlungen deshalb stattfinden, weil sie ihrem Urheber mehr nützen als Kosten aufbürden. Welchen überragenden Nutzen also hatte Friedrich, dass er sich so nachhaltig für den Müller Arnold einsetzte und in Kauf nahm, das Berliner Establishment und die adlige Beamtenschaft, wie es auch geschah, gegen sich aufzubringen?

Die Frage lässt sich beantworten, zunächst und ganz schlicht mit Friedrichs Ansehenssteigerung im Volk, in dem das Urteil Furore machte. War das der Plan? Zum Teil bestimmt. Bei näherer Betrachtung steckte aber noch mehr dahinter. Dazu muss man keine tiefenpsychologische Analyse der bekanntermaßen schwierigen Kindheit und Jugend des Königs vornehmen, der als Kronprinz der vom Vater durchgesetzten Exekution seines besten Freundes hatte zusehen müssen. Im vorliegenden Fall liegen die Dinge etwas einfacher. Jede bemerkenswerte Geschichte hat eine Vorgeschichte, in diesem Fall sogar zwei.

Schauen wir uns die *erste Vorgeschichte* an: Friedrich hatte, ohne sich zunächst um seine Nachbarn zu sorgen, sein großartiges Schloss Sanssouci in Potsdam in den Jahren 1745–1747 neben einer ca. 1738 errichteten Bockwindmühle gebaut, die, wie andere Mühlen auch, die Landschaft Brandenburgs prägte. Doch so, wie der Karpfenteich des Barons von Gersdorff der Wassermühle des Müllers Arnold im Jahr 1770 das Wasser abgrub, so hatten die Mauern von Sanssouci und die Bäume des Schlossparks die Bockwindmühle des Müllers Graevenitz zweieinhalb Jahrzehnte vorher plötzlich vom Wind abgeschnitten. Die Windmühle drehte sich nicht mehr wie sie sollte, die Erträge gingen zurück und Unwirtschaftlichkeit war die Folge. Es spricht für das gesunde Rechtsempfinden des Königs, dass er dem Müller Graevenitz die Pacht erließ und wie selbstverständlich Schadensersatz durch Bau einer neuen Mühle in Babelsberg leistete.[6]

Kurzum: Der Fall des Müllers Arnold war für den König also ein Déjà-vu. Er selbst hatte den Präzedenzfall geschaffen, und für ihn wird es keinen ersichtlichen Grund gegeben haben, wieso das Tandem Baron Gersdorff/Graf Schmettau gegenüber Arnold nicht, wie seinerzeit er selbst, der König gegenüber Graevenitz, die Pacht erlassen bzw. Schadensersatz leisten sollte.

Dann kam eine *zweite Vorgeschichte* als weiterer königlicher Ansporn hinzu. Auf den Namen derer zu Schmettau, die Arnold die Pacht partout nicht erlassen hatten, war Friedrich nicht gut zu sprechen. Er hatte einer von seinem jüngsten Bruder Prinz August Ferdinand (1730–1813) mehrfach propagierten Beförderung seines Adjudanten Friedrich Wilhelm Karl Graf von Schmettau (1743–1806) wegen einer lange zurückliegenden Schlägerei unter Studenten widersprochen.[7] Dieser Schmettau war ein entfernter Cousin des in Pommerzig ansässigen, mit Müller Arnold im Streit befindlichen Gottfried Heinrich Leopold Graf von Schmettau. Auch auf dessen Großcousin, Karl Christoph Graf von Schmettau (1696–1775) war Friedrich II. nicht gut zu sprechen. Er war im Siebenjährigen Krieg (1756–1763) preußischer Gouverneur der von Preußen besetzten sächsischen Hauptstadt Dresden gewesen und hatte diese dem Feind im Jahr 1759 per Kapitulation übergeben, was Friedrich überhaupt nicht gefallen hatte. Kurz danach erfolgte seine Entlassung aus dem Militärdienst.[8] Man darf also annehmen, dass es dem König eine gewisse Genugtuung verschaffte, die per saldo bei ihm in unrühmlicher Erinnerung verbliebene Familie derer von Schmettau für das

---

[6] Vgl. Otto (2003).

[7] Vgl. Schmettau (1961), S. 173 ff.

[8] Vgl. Poten (1890), S. 642 ff.

Fehlverhalten im Fall des Müllers Arnold an den Pranger zu stellen.

Was lehren uns diese beiden Vorgeschichten? Nun, Urteile sind eine Funktion des Rechts und des Ermessens der Richter, das von ihren Spielräumen, ihrer Interpretation des Rechts, ihren Werten und Erfahrungen („*Vorurteilen*") bestimmt wird. Das gilt für Richter aller Ebenen, und deshalb fragen erfahrene wie unerfahrene Parteien vor Gericht für gewöhnlich ihren Anwalt: Wie ist der Richter einzuschätzen? Nicht anders verhält es sich mit Staatsanwaltschaften. Ob und wieviel Energie in Ermittlungsverfahren gesetzt wird, ist natürlich eine Funktion des Rechts und der zur Verfügung stehenden Ermittlungsressourcen, aber eben auch der Spielräume, der Werte und der individuellen Vorerfahrungen der Staatsanwälte.

Wie auch immer man die Fälle der beiden Müller im Einzelnen bewerten mag, im Endeffekt hat das, was wir heute als Rechtsstaat bezeichnen, funktioniert. Friedrich hat durch sein am gesunden Menschenverstand orientiertes Handeln, auch wenn er als Landesherr und zugleich oberster Richter noch keine Gewaltenteilung praktizierte, einen Meilenstein auf dem Weg dorthin gelegt.[9] Friedrich II. nahm gewissermaßen in Preußen die Rolle ein, die heutzutage in Deutschland das Bundesverfassungsgericht oder der Europäische Gerichtshof für Menschenrechte einnehmen.

Doch er hätte auch anders handeln können. Er hätte schon den Müller Graevenitz einkerkern und verschwinden lassen können, kein Hahn hätte vermutlich nach ihm gekräht. Und er hätte auch im Falle des Müllers Arnold einen Haken an das Urteil des Kammergerichts machen und so

---

[9] Dies gilt wenigstens nach innen. Außenpolitisch hat Friedrich dagegen das Völkerrecht durch seine ohne Kriegserklärung erfolgten Überfälle auf Sachsen und Schlesien mehrfach gebrochen.

seinen Standesgenossen signalisieren können, dass er sie nach Gutdünken gewähren lässt, natürlich nicht ohne eine Gegenleistung in Sachen Treue und Gefolgschaft zu erwarten.

Damit sind wir beim Handlungsmuster von *Despoten,* die das Gewaltmonopol nicht primär zur Befriedung und Wohlstandsentwicklung der Gesellschaft einsetzen, sondern zu deren Ausbeutung zwecks *eigener Bereicherung* und der ihres Clans und seiner Unterstützer. Das Gewaltmonopol wird dann gegen diejenigen gewendet, zu deren Wohlstandsmehrung es eigentlich gedacht ist. Dazu werden Militär, Polizei und insbesondere die Gerichte korrumpiert und instrumentalisiert. Die Geschichte ist voll von solcherlei Beispielen. Erinnert sei u. a. an den ugandischen Diktator Milton Obote (1925–2005), seinen Nachfolger Idi Amin (vermutl. 1928–2003), den selbsternannten Kaiser der zentralafrikanischen Republik Jean-Bédel Bokassa (1921–1996), den Präsidenten Haitis Francois Duval („Papa Doc", 1907–1971) oder den russischen Präsidenten Vladimir Putin (*1952). Sie alle haben samt und sonders Reichtümer aufgehäuft, die nicht aus ihrem Amtsgehalt oder ihrem Vorvermögen stammen können, wozu sie die Gewaltenteilung faktisch beseitigt und Widersacher eingeschüchtert, weggesperrt oder getötet haben. Auch in Deutschland hat es das gegeben. Wobei der Vorwurf der übermäßigen Bereicherung wahrscheinlich der einzige ist, den man Adolf Hitler (1889–1945) im Großen und Ganzen nicht machen kann. Das übernahm ein anderer für ihn: sein beutesüchtiger „Reichsmarschall" Hermann Göring (1893–1946). Hitlers Antrieb war nicht Reichtum, sondern Rassenwahn. Er war nicht Wächter, sondern Schlächter. Und niemand hielt ihn auf. Weil die Gewaltenteilung aufgehoben war.

17

Gewaltenteilung: *Viele passen auf*

In den 35 Jahren zwischen dem königlichen Urteil Friedrichs II. von Preußen zugunsten des Müllers Arnold (vgl. Kap. 16) und dem Sieg über Napoleon in der Schlacht von Waterloo im Jahr 1815 war viel geschehen. Die Französische Revolution 1789, während der der Dritte Stand in Frankreich Tabula rasa machte, hatte auch im übrigen Europa den Ideen der Aufklärung die Bahn gebrochen. Sie hatte dem liberalen, um Mitbestimmung und politische Teilhabe bemühten Bürgertum in ganz Europa Auftrieb gegeben und dem ums Überleben kämpfenden Adel Zugeständnisse abgenötigt. Dazu zählte auch das nach dem hart erkämpften Sieg über Napoleon von König Friedrich Wilhelm III. (Großneffe Friedrichs II.) abgegebene Versprechen, Preußen eine Verfassung zu geben. Nach dem Wiener Kongress 1815, in dem die etablierten Dynastien um die Wiederherstellung der vornapoleonischen Ordnung bemüht waren, war es ihm dann allerdings nicht mehr so eilig damit gewesen. Er löste sein Versprechen zeitlebens nicht

H.-J. Schmidt-Trenz, *Die Ordnung der Welt*,
https://doi.org/10.1007/978-3-658-51053-4_17

ein. So kam es, dass sein Nachfolger König Friedrich Wilhelm IV. (1795–1861) nach seiner Thronbesteigung 1842 mit einer *Denkschrift des Königsberger Arztes Johann Jacoby* (1805–1877) konfrontiert wurde, die sich als Stimme des Bürgertums verstand und auf Einlösung des 1815 gegebenen Versprechens pochte. Ihr Titel: „Vier Fragen beantwortet von einem Ostpreußen". Ihr Inhalt[1]:

„Was wünschen die Stände?
Die Teilnahme der Bürger an den Angelegenheiten des Staates.
Was berechtigt sie?
Das Bewusstsein eigener Mündigkeit und das Versprechen von 1815.
Welcher Bescheid wurde ihnen gegeben?
Anerkennung ihrer treuen Gesinnung und Vertröstung auf unbestimmte Zeit.
Was bleibt der Ständeversammlung zu tun übrig?
Das was sie bisher als Gunst erbeten, nunmehr als erwiesenes Recht in
Anspruch zu nehmen."

Trotz sofortigen Verbots gerät die Schrift in Umlauf und gewinnt die Zustimmung breiter Kreise. Der König ist „not amused" und Jacoby sieht sich einer Anklage wegen Hochverrats ausgesetzt. Das Königsberger Oberlandesgericht hält die Anklage für berechtigt und verweist daher auf die Zuständigkeit des Kammergerichts in Berlin. Das sieht den Fall allerdings anders und verweist zurück nach Königsberg. Um diese Schaukel zu stoppen, landet der Fall schließlich vor dem König, der die Zuständigkeitsfrage salomonisch dem Angeklagten überlässt. Jacoby, der ein Verfahren erwartet und seine Formulierungen klug überlegt hatte, entscheidet sich für das Kammergericht. Dieses spricht ihn

---

[1] Vgl. Engelmann (1987).

vom Vorwurf des Hochverrats frei, verurteilt ihn aber gemäß allgemeinen Landrechts wegen „Erregung von Missvergnügen gegen die Regierung" zu zweieinhalb Jahren Festungshaft.

Das erschien dem König zu milde und er war empört.

Und Johann Jacoby? Er legte Berufung beim Kammergericht ein, dessen Strafsenat ihn gerade verurteilt hatte. Majestätsbeleidigung konnte sich nur gegen den amtierenden Monarchen richten, seine Schrift kritisierte dagegen den verstorbenen Vorgänger Friedrich Wilhelm III. Seine Schrift war außerdem nicht, wie im Gesetz tatbestandlich erforderlich, „frech", „unehrbietig" oder „verspottend", sondern vielmehr in sachlichem Ton abgefasst.

Und es geschah ein Wunder. Der im Kammergericht für die Berufung zuständige Oberappellationssenat tat nicht, was eigentlich von ihm erwartet worden war, nämlich das Urteil zu verschärfen. Er tat das Gegenteil! Es entschied unter seinem Vorsitzenden Wilhelm Heinrich von Grolmann (1781–1856) einstimmig auf Freispruch! Es war der 19. Januar 1843. Der König tobte, aber er änderte, anders als sein Ahn Friedrich II. (der Große) im Fall des Müllers Arnold, das Urteil nicht ab. Die Zeiten hatten sich geändert, aber auch der Gegenstand war ein vollkommen anderer. Kammergerichtspräsident Grolman (seit 1831 im Amt), der sich im Staatsrat und bei Hofe nicht gerade beliebt gemacht hatte, nahm nicht viel später 1845 unter Verleihung des Roten Adlerordens seinen Abschied, hatte aber den entscheidenden Meilenstein für eine *unabhängige Justiz* in Preußen gelegt.[2]

Natürlich waren die Vorzeichen der beiden Fälle in jeder Hinsicht umgekehrt. Im Falle des Müllers Arnold (siehe Kap. 16) stellte sich ein aufgeklärter, dem Recht verpflichteter Monarch (Friedrich II.) an die Seite des Bürgers,

---

[2] Vgl. die Darstellung in Wesel (2022), S. 473 f.

dem bei Gericht Unrecht widerfahren war, und intervenierte. Im Falle Jacobys war es das Gericht, das dem Bürger zu seinem Recht verhalf, obgleich es dem König (Friedrich Wilhelm IV.) nicht gefiel, der sich aber fügte.

Es ist die letztgenannte Konstellation, die unsere aktuelle Idealvorstellung prägt: Ein Bundesverfassungsgericht, das die Bundesregierung oder untergeordnete Rechtsprechung bei Bedarf korrigiert, auch wenn es diesen nicht gefällt.

Wer aber korrigiert das Bundesverfassungsgericht? In Ermangelung des alten Fritz lautet die Antwort wohl: Eigentlich niemand. Und das ist wahrscheinlich auch gut so. Solange es kompetent und unparteiisch besetzt ist.

Wie zentral diese Frage ist, hat zuletzt in der Bundesrepublik Deutschland hohe Bedeutung erlangt, seit sich die Parteienlandschaft von links nach rechts ausdifferenziert hat. Fußte die Arbeit des Bundesverfassungsgerichts bislang maßgeblich auf dem *Bundesverfassungsgerichtsgesetz,* das mit einfacher Mehrheit im Bundestag geändert werden kann, sind im Jahr 2024 einige seiner Vorschriften ins Grundgesetz überführt worden, sodass ihre Änderung nur noch mit einer Zweidrittel-Mehrheit erfolgen kann. Das betrifft die Zahl der Senate und Richter, deren Amtszeit und Altersgrenze, die Geschäftsordnungsautonomie sowie die Einführung eines Ersatzwahlmechanismus, wenn es bei einer Richterwahl durch Bundestag und Bundesrat zu einer Blockade kommen sollte. Ziel ist die Sicherstellung der Arbeitsfähigkeit und der *Unabhängigkeit* des Gerichts.

Warum ist diese Unabhängigkeit so wichtig? Unter Gewaltenteilung versteht man seit dem bahnbrechenden Werk von Baron de Montesquieu „Vom Geist der Gesetze" aus dem Jahr 1748 die *Trennung* von *Legislative* (gesetzgebende Gewalt), *Exekutive* (ausführende Gewalt) *und Judikative* (rechtsprechende Gewalt), die in der absolutistischen Monarchie wie in jeder Form der modernen Autokratie *in einer*

Hand vereinigt sind. Die Trennung soll, so die Idee, eine gegenseitige Kontrolle der staatlichen Funktionen und damit Macht-Missbrauch durch eine Teilgewalt verhindern. Die amerikanische Literatur spricht daher im Nachgang zum Sprachgebrauch von James Madison (1751–1836) von *checks and balances*. In Kap. 21 werde ich darlegen, dass es m. E. spätestens seit der Erfindung des Papiergeldes einer vierten unabhängigen Gewalt bedarf: der *Monetative* (geldschaffende Gewalt). Ihre Ausprägung geschieht in Form einer von Weisungen der Exekutive unabhängigen Zentralbank. Nur so kann Geldwertstabilität, wenn überhaupt, sichergestellt und eine Selbstbedienung der Regierenden an der Notenpresse verhindert werden.

Die Gewaltenteilung dort, wo sie einst existierte und heute noch existiert, wurde in der Regel hart erkämpft. Durch Umstürze wie im alten Rom, durch Unabhängigkeitskriege wie im Fall der USA, durch Revolutionen wie in Frankreich 1789 und Deutschland 1918 oder den Zusammenbruch der alten Ordnung nach einem verlorenen Krieg, wie ebenfalls in Deutschland, dieses Mal 1945 (Kapitulation) bzw. 1949 (Erlass des Grundgesetzes).

Leichter als sie zu errichten, ist die Gewaltenteilung abzuschaffen. Sie ist ein fragiles Gut, das auf der gegenseitigen Achtung und dem Respekt der Gewalten untereinander beruht, zumal deshalb, weil lediglich die Exekutive Umsetzungsorgan des Gewaltmonopols ist.

Im seit 509 v. Chr. republikanischen Rom war es eine Konstellation von drei einflussreichen Senatoren gewesen, die sich gegen die Republik verschworen und deren checks and balances sie durch geschickte Ämterbesetzungen und Druck von der Straße zu Fall brachten. Es war das Triumvirat (lateinisch für „drei Männer", auch „Dreimännerherrschaft") von Caesar, Pompeius und Crassus 60 v. Chr. Die Republik und ihre Institutionen waren am Ende lediglich eine Marionette in ihren Händen. Sie bahnten den späteren römischen Imperatoren den Weg, die dies als Alleinherrscher genauso handhabten.

In Deutschland entartete die 1919 von Demokraten errichtete Weimarer Republik in nicht mal zwei Jahren (1933/1934) zur Autokratie, obwohl ihre auf Gewaltenteilung beruhende Verfassung formal in Kraft blieb. Faktisch wurde sie in kürzester Zeit ausgehöhlt. Angesichts von Massenarbeitslosigkeit (6 Mio. Arbeitslose) und gewaltsamen Straßenkämpfen vollzieht sich das entsprechende Drehbuch wie folgt: Adolf Hitler (1889–1945) wird am 20. Januar 1933 als Chef einer Koalitionsregierung zum Reichskanzler ernannt. Am 27. Februar brennt der Reichstag aus bis heute ungeklärten Umständen nieder. Die Regierung legt ihn den Kommunisten zur Last, die eine Revolution hätten anzetteln wollen. Einen Tag später wird der Ausnahmezustand erklärt, die Meinungs-, Presse und Versammlungsfreiheit wird durch Notverordnung des Reichspräsidenten Paul von Hindenburg (1847–1934) aufgehoben. Gegengezeichnet wird diese die Grundrechte außer Kraft setzende „Reichstagsbrandverordnung" durch den *Reichskanzler* Adolph Hitler, *Reichsinnenminister* Wilhelm Frick (1877–1946) und *Reichsjustizminister* Franz Gürtner (1881–1941), allesamt stramme Nationalsozialisten. Der altersschwache Reichspräsident spielt mit. Mit seinem Ableben 1934 vereinigt Hitler die beiden höchsten Ämter des Deutschen Reiches kurzerhand in seiner Person und nennt sich fortan „Führer und Reichskanzler".

Wie im alten Rom sind es wieder *drei Männer in Schlüsselpositionen*, die sich gegen den Staat verschworen haben und die unter Berücksichtigung der besonderen Umstände von Ort und Zeit genügen, die alte Ordnung, eine Demokratie, zu Fall zu bringen. Zählen wir den greisen Reichspräsidenten dazu, sind es vier. Mehr brauchte es dazu nicht.

Die *Reichstagsbrandverordnung* vom 28. Februar 1933 bildete zusammen mit dem *Ermächtigungsgesetz* vom 24. März 1933 die Grundlage der nationalsozialistischen Diktatur.

Mit dem Ermächtigungsgesetz überträgt der in Teilen genötigte Reichstag die gesetzgebende Gewalt auf die Reichsregierung unter Adolf Hitler und hebt die *horizontale Gewaltenteilung* auf. Der macht sogleich davon Gebrauch: Am 6. März wird die Kommunistische Partei Deutschlands, am 22. Juni die Sozialdemokratische Partei verboten; die bürgerlichen Parteien lösen sich unter Druck wenige Tage später „freiwillig" auf. Am 14. Juli wird die Neubildung von Parteien verboten und die NSDAP zur einzigen legalen Partei in Deutschland erklärt. Es folgt die „Gleichschaltung". Die föderale Ordnung (und damit die *vertikale Gewaltenteilung*) wird am 30. Januar 1934 abgeschafft. Alle politischen Institutionen und Organisationen werden innerhalb kürzester Zeit auf Linie der Nationalsozialisten gebracht.

Wie konnte das so rasch bewerkstelligt werden?

Sicher, es gab Millionen glühender Nazis. Aber eine Mehrheit hatte die Nationalsozialistische Partei in keiner der freien Wahlen vor 1933 errungen, die der Machtergreifung vorausgingen. Sie war nur durch Bündnispartner aus dem bürgerlichen Lager möglich geworden. Die Frage, wie schnell die Nationalsozialisten das öffentliche Leben umfassend dominieren konnten, hat viele Zeitgenossen und die nachfolgenden Generationen beschäftigt. War die Weimarer Republik eine „Demokratie ohne Demokraten", wie es Theodor Eschenburg (1963, S. 12f) formuliert hat? Da ist viel Wahres dran, wenn man die Vorgeschichte von 1933 betrachtet.

Was die heiße Phase der Transformation der Demokratie in eine Diktatur betrifft, also die Jahre 1933–1934, so ist es aus Sicht des vorliegenden Buchs wieder einmal der *menschliche Opportunismus,* der auch hier den Gang der Dinge entschied. Das Mittel der Wahl war die Einschüchterung unliebsamer Abgeordneter und Amtsträger, die zum Mitläufertum oder aus ihren Ämtern gedrängt wurden. Sonst mussten sie mit Gerichtsverfahren oder Repressalien für sich und ihre Familien rechnen oder mit dem Besuch von Schlägertrupps der Nazis. Dass Hitler in einer Sommernacht 1934 mehrere Dutzend innerparteilicher Konkurrenten ermorden ließ,[3] führte den Letzten vor Augen, dass er auch vor dem Äußersten nicht zurückschreckte. Die Folge war eine weitverbreitete, stillschweigende, opportunistische *Anpassung* der Verantwortungsträger in den Institutionen an die neuen Verhältnisse. Nennen wir es: *vorauseilender Gehorsam.*[4] Entweder aus Angst oder aus Gefallsucht, der eigenen Karriere wegen. Die Justiz verlor ihre Unabhängigkeit endgültig, in dem im April 1934 der „Volksgerichtshof" errichtet wurde, der als Instrument der politischen Führung diente, um Gegner im Wege von Schauprozessen als Verräter des Vaterlandes abzuurteilen. Bis 1945 fällte er ca. 5200 Todesurteile. Ein Rechtsstaat sieht anders aus. Eine Herrschaft des Terrors war geboren.

Die Geschichte zeigt: Demokratien können in Autokratien umgeformt werden, in dem sie im Wege des Marschs ihrer Gegner durch die Institutionen von oben ausgehöhlt werden. Dazu bedarf es nur, wenn die Zeit reif ist, des koordinierten Vorgehens einiger weniger, wichtiger Amtsträger in Schlüsselpositionen wie Inneres (Polizei), Militär und Justiz und des vorauseilenden Gehorsams der Apparate.

Was wir am Beispiel des alten Rom und der Weimarer Republik gesehen haben, erleben wir seit einiger Zeit

---

[3] Gemeint sind die von Hitler in Auftrag gegebenen Morde v. a. an der Führung der Sturmabteilung (SA), dem paramilitärischen Arm der NSDAP in der Nacht vom 30. Juni zum 1. Juli 1934. Ermordet wurden u. a. SA-Chef Ernst Röhm sowie Hitlers Amtsvorgänger als Reichskanzler Kurt von Schleicher und Gregor Strasser, von denen Hitler annahm, dass sie ihm gefährlich werden könnten.

[4] Snyder (2017) spricht von „anticipatory obedience".

z. B. in Russland, Weißrussland und der Türkei. Sie alle hatten eine ernstzunehmende, durch Gewaltenteilung gekennzeichnete demokratische Phase: Russland ca. 1991–2000; Weißrussland 1991–1994; die Türkei: 1983–2017. Diese Phasen fanden ihr Ende, als sich ein opportunistischer Träger der Staatsgewalt fand (in Russland W. Putin, in Weißrussland A. Lukaschenko, in der Türkei R. Erdogan), der sich die anderen Gewalten unterordnete, und zwar durch ein mehr oder weniger großes Arsenal an Maßnahmen und Pressionen, wie wir sie oben gesehen und geschildert haben. Die genannten Länder sind heute bestenfalls *Scheindemokratien*. Ungarn unter Viktor Orbán (*1963) galt als gefährdet, was für die Slowakei unter Robert Fico (*1964) aktuell noch immer gilt.

Wie können sich Demokratien gegen solche Entwicklungen schützen? Gemeinhin wird auf die Notwendigkeit einer *starken Zivilgesellschaft* verwiesen. Ebenso notwendig erscheint mir, dass sich Demokratien den artikulierten Problemen der Mehrheitsgesellschaft annehmen, um deren *Vertrauen in die Lösungskompetenz des Staates* zu erhalten. Das ist sicher richtig und hilfreich. Aber auch das reicht nicht. Es braucht eine ausbalancierte und *effektive Gewaltenteilung*. Sie ist eine Form der Versicherung der Bürger gegen Missbrauch durch die Träger der Gewalten, nachdem die Bürger in ihren Gewaltverzicht eingewilligt und das Gewaltmonopol an den Staat übertragen haben. Aber wie bei jeder Versicherung gilt: Sie ist keine Garantie gegen den Eintritt des „Schadenfalls".

Denn konkrete Gefahr droht vom menschlichen Opportunismus: von gewählten Amtsträgern, die ihrer verfassungsmäßigen Rolle, des eigenen Vorteils willen, nicht nachkommen und sich mit anderen Amtsträgern, die genauso motiviert sind, zusammentun, um sich den Staat zur Beute zu machen. Indem sie das Recht ändern, außer Kraft setzen oder beugen. So wie wir es in den genannten

Beispielen gesehen haben. Statt sich in Schach zu halten, wie es die Gewaltenteilung vorsieht, droht das größte Ungemach dann, wenn sich die Gewalten gegen die Bürger verabreden oder eine Gewalt die anderen einschüchtert oder korrumpiert.

Das führt zur Frage: Wie kann die wechselseitige *Unabhängigkeit* und *Auftragstreue* der Teilgewalten sichergestellt werden? Dazu muss man einen Blick auf deren *relative Stärke untereinander* werfen.

Schauen wir auf das Beispiel der Bundesrepublik Deutschland. Lediglich das Parlament (der Bundestag) wird direkt vom Volk gewählt – mit dem Schönheitsfehler, dass seit der Wahlrechtsreform des 20. Deutschen Bundestags der Gewinn eines Wahlkreises nicht mehr automatisch zum Einzug des Gewinners ins Parlament führt. Und was ist die Quelle der Legitimation der anderen Gewalten? Sie werden nicht vom Volk direkt, sondern von Vertretern der Legislative gewählt. Anders als in anderen Staaten, wo auch der Chef der Exekutive direkt vom Volk gewählt wird (siehe z. B. den amerikanischen und den französischen Präsidenten). Einige Bundesstaaten der USA kennen auch die Direktwahl von Richtern, Staatsanwälten und Polizeichefs durch die Bevölkerung der jeweiligen Gebietseinheit.

Blickt man auf die entscheidende Frage, wer die Mittel des Gewaltmonopols in seiner Hand hält, so gilt auch hier wieder für Deutschland: das Parlament. Die Legislative hat also eine sehr dominante Stellung im bundesdeutschen System. Das ist zweifelsohne Ergebnis der geschilderten historischen Bedingtheiten und Erfahrungen, die hierzulande mit verschiedenen Regierungsformen und Verfassungen in der Vergangenheit gemacht worden sind. Das deutsche Grundgesetz ist, nicht ohne Grund, im Lichte der Vorgeschichte der Machtergreifung im Jahre 1933, von der *Angst vor einer zu starken Exekutive* geprägt. Man hat dabei nur übersehen, dass ein Staatswesen möglicherweise auch Opfer einer zu starken Legislative werden kann.

Die im Jahr 2024 vorgenommenen Veränderungen am Bundesverfassungsgerichtsgesetz zeigen, dass die Gewaltenteilung einer Entwicklung unterworfen ist, die Veränderungen in der Gesellschaft widerspiegelt. Der Bundestag hat sich mit diesem Gesetz bewusst selbst geschwächt und die Judikative gestärkt. Damit hat eine gewisse *Neujustierung der Gewichte* der Gewalten stattgefunden – aus Angst der *bestehenden* Mehrheit vor sich verändernden, *künftigen* parlamentarischen Mehrheiten und deren Ordnungsvorstellungen.

Die Nachhaltigkeit dieser Maßnahme kann nur im Lichte der Neuverhandlungserwartungen (des „Umwegtests") im Sinne von Kap. 15 beurteilt werden. Eine Verfassung und die in ihr angelegte Gewaltenteilung wird sich im Endeffekt die *ex- oder implizite Zustimmung des Souveräns,* das heißt des überwältigenden Teils der Bevölkerung erhalten müssen, um im Wandel der Zeit von Bestand zu sein. Sonst droht der disruptive Umsturz oder eine Transformation der bestehenden Ordnung durch die neuen Mehrheiten und ihre Repräsentanten. Aber auch einer neuen Ordnung, das sollte klar geworden sein, steht eine Gewaltenteilung gut zu Gesicht. Dazu müssen die Bürger, in deren Interesse sie ist, aktiv für sie eintreten.

Damit sind wir beim Bürger und den Möglichkeiten seiner Einflussnahme. Sie geschieht in der Demokratie durch die Teilnahme an Wahlen. Die folgen allerdings ihren eigenen Gesetzmäßigkeiten, wie wir im folgenden Kapitel sehen werden.

18

Demokratie: *Die ewige Suche nach der Mitte*

Der spätere Bundeskanzler Gerhard Schröder (*1944) stellte seinen von Erfolg gekrönten Wahlkampf 1998 unter die Überschrift „Die neue Mitte". Als der prognostizierte Bundeskanzler Friedrich Merz (*1955) im Februar 2025 für seine Vorschläge zur Eindämmung illegaler Migration Zustimmung vonseiten der AfD im Bundestag erhielt, wurde ihm seitens der SPD vorgeworfen: „Herr Merz, Sie verlassen die politische Mitte". Und die SPD-Homepage postulierte: „Die Mitte sind wir." Die SPD gab im Wahlkampf sogar eine „Mitte-Garantie" ab und sprach von „Lösungen aus der Mitte für die Mitte".[1] Ein Kommunikationsexperte forderte Friedrich März eindringlich dazu auf, er müsse die Mitte gewinnen![2] Das ließ er sich nicht zweimal

---

[1] Beschlossen auf dem Berliner Parteitag der SPD im Dezember 2003 sowie erneut durch das SPD-Präsidium am 10. Februar 2025 (siehe Instagram und Bericht von ntv vom gleichen Tag) sowie die Meldung des SPD-Unterbezirksvorsitzenden Johannes Waldmann vom 11.2.25.

[2] Johannes Hillje, Politik- und Kommunikationsberater, im SWR-Interview am 18.9.24.

© Der/die Autor(en), exklusiv lizenziert an Springer Fachmedien Wiesbaden GmbH, ein Teil von Springer Nature 2026
H.-J. Schmidt-Trenz, *Die Ordnung der Welt*,
https://doi.org/10.1007/978-3-658-51053-4_18

sagen. Natürlich erhob er unverdrossen Anspruch auf die Mitte, die Union aus CDU und CSU sei schließlich eine „Union der Mitte".[3]

Kurzum: Die Mitte ist ein begehrter und offenbar vielversprechender Ort! Bei so viel Rangelei um die Frage, wem die Mitte gehöre, kam es, wie es kommen musste. Die im 2. Quartal 2025 in der Bundesrepublik Deutschland geschmiedete Koalition von Union und SPD schloss, na Sie ahnen es schon, einen Koalitionsvertrag „Verantwortung für Deutschland", mit dem die „politische Mitte unseres Landes" ihre Fähigkeit zur Lösung der anstehenden Probleme zeige.[4]

Warum ist die Mitte so heiß umkämpft? Die Antwort lautet: Weil unterstellt wird, dass der, der sie besetzt, in einer Demokratie die Wahlen und damit die Macht gewinnt. Doch ist das wirklich so? Wenn ja, welche Bedingungen müssen dafür vorliegen? Was ist denn eigentlich „die Mitte"?

Schauen wir uns dies also einmal näher an. Aussagen über die anzustrebende „Mitte" sind typisch für demokratische Herrschaftssysteme, in denen die Ausübung von Macht dann legitim ist, wenn sie im Rahmen des politischen Wettbewerbs um Wählerstimmen eine Mehrheit der Wählerstimmen erringt. Dafür sind üblicherweise 50 % und 1 Stimme erforderlich bzw. eine entsprechende Mehrheit an Sitzen und Stimmen im Parlament. Was uns heute als selbstverständlich erscheint, ist es natürlich bei weitem nicht. Wer darf wählen? Welches Stimmengewicht soll der Einzelne haben? Wieso akzeptieren wir gemeinhin die Ergebnisse eines Mehrheits-Verfahrens, auch wenn wir zu den Verlierern gehören?

Schon diese einfachen Fragen wurden im Laufe der Geschichte höchst unterschiedlich beantwortet. Die Demokratie (die Herrschaft des Volkes) ist eine Erfindung

---

[3] Vgl. DIE ZEIT vom 3.2.2025.

[4] So Friedrich Merz bei der Präsentation des Koalitionsvertrages am 9.4.2025; zitiert gem. CDU.de.

Griechenlands (vgl. Kap. 15), das unter „Volk" vor zweiein-halbtausend Jahren lediglich die freien Männer verstand. Das Frauenwahlrecht zum Beispiel ist demgegenüber eine außerordentlich junge Erfindung. Der US-amerikanische Bundesstaat Wyoming war der erste, der es einführte (1869). Weiterer Pionier war Neuseeland 1893, Deutschland folgte 1918, Frankreich und Italien erst nach dem 2. Weltkrieg, der Schweizer Kanton Appenzell 1990. Und Saudi-Arabien hat das Kommunalrecht für Frauen erst 2015 eingeführt. Neben dem Geschlecht gab und gibt es weitere Einschränkungen: ein Mindestalter für Wahlberechtigte (heute i. d. R. zwischen 16 und 18 Jahren). In Preußen herrschte bis 1918 das Dreiklassenwahlrecht, bei dem die Zahl der Stimmen eines Wahlberechtigten nach seinem Steueraufkommen bemessen wurden. Das war nichts Ungewöhnliches. Vergleichbares galt im Vereinigten Königreich. Letztere Herangehensweisen wurden inzwischen durch das Prinzip „one man, one vote" abgelöst.

Wie man daran sieht, ist es für eine funktionierende Demokratie zunächst einmal essentiell, dass ein allgemeiner Konsens darüber besteht, was Wahlberechtigung im Einzelnen heißt.

Sodann muss ein Konsens über die herrschende Mehrheitsregel gestiftet werden, der gleichfalls alles andere als selbstverständlich ist. Angesichts der vorherrschenden *50 % + 1 Stimme*-Regel kann durchaus die Frage gestellt werden: Wieso folgen 49 % der Bevölkerung in der Regel widerstandslos und ohne zu den Waffen zu greifen einer Mehrheit von 51 %, die einen völlig anderen Weg als den der ersteren einschlagen möchten? Man möge als Beispiele Fragen wie die Wiederbewaffnung nach dem Zweiten Weltkrieg, die Abschaffung der D-Mark, den Nato-Doppelbeschluss zur Nachrüstung, das Verbrennerverbot oder die Abschaltung der Atomkraftwerke heranziehen – alles höchst kontroverse Themen, die in Deutschland durch Parlamentsmehrheiten der Volksvertreter entschieden worden sind. Sieht man von einigen Demonstrationen, die durchaus Größenordnungen entwickelten und zu gewalttätigen Auseinandersetzungen mit der Polizei führten, einmal ab, so führte keine dieser Kontroversen zum Bürgerkrieg, sondern die unterlegene Minderheit fügte sich letztlich, auch wenn sie groß war. Die Minderheit wartete stattdessen friedlich auf die nächsten Wahlen. Wieso tat und tut sie das?

Weil es der Mehrheit der Einzelnen nicht wert war, den Staat aufzukündigen, der ihnen – über alles gerechnet – Vorteile verschaffte, die der Einzelne letztlich nicht missen wollte.

Weil es ein Dilemmaproblem gibt (vgl. Kap. 3) und der Einzelne sich fragt, warum *er* die Last der Organisation des Widerstands auf sich nehmen sollte, wo dies doch, für ihn kostengünstiger, ein anderer übernehmen und *er* den Trittbrettfahrer spielen könnte?

Weil man mal auf der Verliererseite stehen kann, auf lange Sicht aber bei anderen Entscheidungen auch mal auf der Gewinnerseite landet. Niemand weiß das so genau. Der Einzelne wird für sich die Rechnung aufmachen, dass er auf lange Frist häufiger auf der Gewinner- als auf der Verliererseite stehen möchte. Besteht diese Hoffnung, so werden sich Menschen einer ihren Interessen entgegenstehenden Mehrheitsentscheidung tendenziell staatsloyal fügen, weil sie davon ausgehen, bei anderen Entscheidungen, die ihnen einen Vorteil verschaffen, selbst einmal auf die Loyalität der Minderheit angewiesen zu sein. Zerrinnt diese grundsätzliche Hoffnung jedoch oder ist eine einzelne Entscheidung fundamental den eigenen Interessen entgegengesetzt, so verabschiedet man sich von diesem Staat, sei es durch Auswanderung, inneren Rückzug oder (gewalttätigen) Widerstand, wenn man sich davon eine Veränderung der Verhältnisse zu seinen Gunsten erhofft (vgl. Kap. 15).

Diese Fragen würden freilich nicht auftauchen, würde der Staat Entscheidungen grundsätzlich einstimmig fassen. Das Quorum betrüge dann 100 %. Dann würde so lange verhandelt werden müssen, bis der Letzte zustimmt, womit sichergestellt würde, dass nach einer Entscheidung niemand schlechter gestellt würde als vorher. Doch das wäre sehr langwierig. Jeder Einzelne hätte de facto ein Vetorecht, das er einsetzen könnte, um erpresserisch unverhältnismäßige Vorteile zu beanspruchen. Kurzum: Eine Einstimmigkeitsregel hätte hohe *Verhandlungskosten* zur Folge, um zu Entscheidungen zu gelangen. Diese Verhandlungskosten, die in Aufwand, Kompromissen und zeitlicher Verzögerung bestehen, müssen abgewogen werden mit dem Nutzen aus einer Entscheidung. Dann kann es *vor* einer Entscheidung sinnvoll sein, einer *Entscheidungsregel* zuzustimmen, die unterhalb von Einstimmigkeit funktioniert (Quorum <100 %). Zur Vermeidung übermäßiger Verhandlungskosten ist man also bereit, Abstriche beim erforderlichen Quorum zu machen. So etwa erklären James Buchanan und Gordon Tullock (1965) die Sinnhaftigkeit von Mehrheitsregeln. Je fundamentaler und in die Zukunft weitreichender eine Entscheidung, desto höher sollte das *Quorum* nach dieser Logik sein. Ein höherer Verhandlungsaufwand lohnt sich hier, weil Abstriche an den eigenen Wünschen besonders teuer wiegen. Während sich für einfache Gesetze die 50 % + 1 Stimme-Regel durchgesetzt hat, ist daher für die Änderung oder Schaffung von *grundlegenden Regeln* wie Verfassungsregeln (Meta-Regeln) eine größere Mehrheit erforderlich (vgl. Kap. 12). Im Falle des deutschen Grundgesetzes z. B. eine Zweidrittel-Mehrheit der Parlamentarier, im Falle der Änderung des grundlegenden Gesellschaftsvertrags einer deutschen Aktiengesellschaft eine Dreiviertel-Mehrheit der Aktionäre.

Aber kommen wir zurück zur „Mitte". Die Mitte ist ein Kind der Mehrheitsregel von 50 % + 1 Stimme. Inzwischen wissen wir, dass es unter gewissen Umständen, wie zuvor beschrieben, sinnvoll sein kann, nach dieser Mehrheitsregel zu verfahren. Kennen wir die Wünsche der Menschen, so lassen sich unter bestimmten Bedingungen nun Vorhersagen über den Wahlausgang treffen. Was für Politiker, die die Macht gewinnen wollen, natürlich sehr interessant ist.

Nehmen wir einmal an, das deutsche Volk wäre zur Abstimmung darüber aufgerufen, wie hoch sich das Land verschulden sollte. Konkret stehen in meinem hypothetischen Beispiel eine Begrenzung des Schuldenstands bei 50 %, 70 % oder 90 % des Bruttoinlandsprodukts zur Diskussion. Hinfort spreche ich vom Schuldengrad 50, 70 oder 90. Der aktuelle Schuldengrad betrage in meinem Zahlenbeispiel 50. (Tatsächlich hatte er in Deutschland im Jahr 2025 den Wert 63). Nehmen wir der Einfachheit halber weiter an, jeder Wahlberechtigte habe eine klare Wunschvorstellung über eine dieser 3 Alternativen und alle links oder rechts davon befindlichen seien aus seiner Sicht umso schlechter, je weiter sie sich von seiner Wunschvorstellung entfernen. Nehmen wir unter dieser Maßgabe weiter an, 25 % der Bevölkerung bevorzugten den Schuldengrad 50, 30 % der Bevölkerung den Schuldengrad 70 und 45 % den Schuldengrad 90. Die Säulen in Abb. 18.1 geben diese Wählerverteilung wieder.

Lässt man unter diesen Gegebenheiten sämtliche Alternativen paarweise gegeneinander antreten, so vereinigt letztlich diejenige Alternative die Mehrheit der Stimmen auf sich, die der der sogenannte Medianwähler bevorzugt. Der *Medianwähler* ist derjenige Wähler, der das fünfzigste Perzentil der Wählerverteilung über die metrisch aneinandergereihten Entscheidungsalternativen besetzt. Im vorliegenden Fall entspricht das fünfzigste Perzentil, egal ob

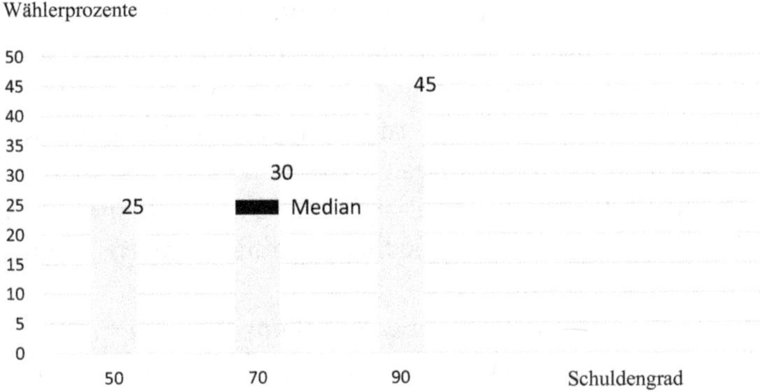

Abb. 18.1   Prozentsätze an Wählern, die für einen bestimmten Schuldengrad eintreten

man von links oder rechts rechnet, dem schwarzen Balken, der in der Säule derer liegt, die offensichtlich die Alternative eines Schuldengrads von 70 bevorzugen.

Bei der Entscheidungsalternative, die der Medianwähler bevorzugt, liegt ein *Abstimmungsgleichgewicht* vor, wie man sich leicht klar machen kann. Ließe man einen Schuldengrad von 90 gegen den von 70 antreten, so würde erstere Alternative nur 45 % der Stimmen auf sich vereinigen, während 55 % für den Wert 70 stimmten. Ließe man Alternative 70 gegen die Alternative 50 antreten, so erhielte letztere lediglich 25 % der Stimmen und würde also gleichfalls unterliegen. Der Schuldengrad von 70 bekommt also eine Mehrheit, die durch keine andere Alternative in Wahlen geschlagen werden kann. Es handelt sich um die Alternative, die den Wünschen des Medianwählers entspricht.

Kurzum: *Der kluge Politiker muss also schauen, was der Medianwähler will, sich dessen Position zu eigen machen, und schon hat er die Mehrheit hinter sich.* Die Mitte ist dort zu finden, wo der Medianwähler zuhause ist. Man kann nicht umhin als anzuerkennen, welch große Wirkung das Medianwählermodell von Anthony Downs (1965) in den Köpfen der Politiker ausgelöst hat.

Nun ist das Modell etwas unterkomplexer als die Wirklichkeit. Es unterstellt, dass die Alternativen metrisch aufgereiht werden können. Das ist z. B. beim Schuldenstand oder, um andere Beispiel zu nennen, dem Umfang des Schienen- und Autobahnbaus, was jeweils in Kilometern gemessen werden kann, prinzipiell möglich. Bei einer Entscheidung über unterschiedliche Krankenkassensysteme wird es schon schwieriger.

Das Modell unterstellt aber vor allem auch eine *„offene" Abstimmungsagenda,* bei der so oft über alle Alternativen abgestimmt wird, bis die Alternative gefunden ist, die von keiner anderen mehr geschlagen wird. Was aber, wenn Sie als Politiker eine ganz andere persönliche Präferenz haben als der Median und trotzdem die Wahlen gewinnen wollen? Leider ist das möglich. Nehmen wir an, Sie seien Politiker und Ihre persönliche Präferenz laute auf einen Verschuldungsgrad von 90, weil Sie Freude am Ausgeben von Steuergeld haben und dies schwierige haushalterische Umschichtungsmaßnahmen und Kürzungsmaßnahmen vermeidet. Dann wäre eine mehrfache offene Abstimmung mit dem Ergebnis von 70 nicht wirklich Ihr Ding.

Jetzt frage ich Sie: Haben Sie jemals eine offene Abstimmung erlebt, bei der so lange abgestimmt wurde, bis die unschlagbare Alternative herausgefunden worden war? Ich nicht. In der Regel gibt es nur *eine* Abstimmung (eine *„geschlossene" Abstimmungsagenda*). Es handelt sich in der Regel um einen Vorschlag (einer „klugen" Kommission, eines Vorstands, eines Staatssekretärs oder eines Kabinetts), der angenommen oder abgelehnt werden kann.

Diese *eine* Abstimmung wird in der Regel taktisch so angelegt, daß sie mehrheitsfähig ist, aber diejenige ist, die unter allen mehrheitsfähigen den Interessen des Urhebers der Vorlage (dem „Agenda-Setter") am nächsten kommt.

Was stellt unser ausgabefreudiger Politiker bei dieser Ausgangslage zur Abstimmung? Stellt er den Schuldengrad von 70 gegen alle denkbaren Alternativen zur Abstimmung?

Nein, auch wenn das in meinem Zahlenbeispiel der Wunsch des Medians und damit der wirklich großen Mehrheit der Bevölkerung (der „Mitte") wäre. 75 % der Bevölkerung hielten dies für besser als den Status quo, also einen Schuldengrad von 50.

So wird der in Rede stehende Politiker aber nicht abstimmen lassen. Er will Geld ausgeben und stellt daher – aus seiner Sicht taktisch klug – einen Schuldengrad von 90 zur Abstimmung und nichts weiter. Und siehe da: Bei geschlossener Agenda gewinnt dieser Vorschlag eine Mehrheit von 60 % im Vergleich zum Status quo. Der Wert von 60% errechnet sich aus den 45 % der Anhängerschaft eines Schuldengrads von 90 + die Hälfte der Anhängerschaft eines Schuldengrads von 70, die zwischen den Alternativen 50 und 90 ambivalent ist und daher würfelt, ob sie den Vorschlag ablehnt oder nicht. And that's it! Der Politiker, der die Möglichkeiten einer geschlossenen Agenda geschickt genutzt hat, wird sich und die Bevölkerung feiern: Die Mehrheit hat gesprochen!

Was lernen wir daraus: Eine Mehrheitsregel zur friedensbewahrenden politischen Entscheidungsfindung zu befolgen ist ein beachtlicher Fortschritt der menschlichen Zivilisation und ist unter ökonomischen Nutzen/Kosten-Aspekten sinnvoll. Ihre Anwendung beinhaltet jedoch Tücken. Alles ist fein, wenn wir den Medianwähler suchen, finden und seinem Willen zum Durchbruch verhelfen. Das wird oft behauptet, aber nicht immer getan. In der Praxis beobachten wir nicht offene Agenden, sondern geschlossene Agenden! Durch kluge Formulierung und Präsentation einer einzigen Vorlage, die ins Verhältnis zum Status quo gesetzt wird, können Vorlagen durchgesetzt werden, die nicht dem Willen des Medians (der „Mitte") entsprechen, gleichwohl aber eine parlamentarische oder Volksgesetzgebungs-Mehrheit finden. Das ist eine Versuchung für Politiker und Bürokraten mit einem Eigeninteresse, ihre Macht bei der Formulierung und Auswahl der Entscheidungsvorlage in ihrem ureigenen Interesse zu missbrauchen. Neudeutsch spricht man von *Agenda-Setting*. Dann geschehen Abweichungen von den Wünschen des Medians (der „Mitte"); es kommt also zu *politischer oder bürokratischer Drift*.[5] Demokratie wird in diesen Fällen nur vorgegaukelt, aber nicht wirklich praktiziert. Aber machen wir uns in Deutschland keine Sorgen: Es gibt ja die „Mitte-Garantie" der SPD (s. o.). Wenn es so einfach wäre....

Meine Beispiele waren bis hierher Beispiele konkreter, eindimensionaler politischer Vorlagen. Während in der Schweiz und in einigen Bundesländern durchaus Volksentscheidungen über konkrete Sachverhalte im Wege der direkten Demokratie stattfinden, hat der Bundesbürger zu solcher Form der politischen Einflussnahme auf Bundesebene in der Regel keine Gelegenheit. Im Rahmen der repräsentativen Demokratie ist er hierzulande lediglich alle 4 Jahre dazu aufgerufen, im wesentlichen Parteien zu wählen,[6] deren Abgeordnete die notwendigen Entscheidungen für ihn treffen. In dieser Parteien-Demokratie bieten die Parteien multidimensionale Sach- und Personalbündel unterschiedlicher Zusammensetzung an, und der Wähler entscheidet sich für das Bündel, das seinen Vorstellungen am nächsten kommt. Wo ist hier die „Mitte"?

Vom Standpunkt des Medianwähler-Modells stellt sich die Frage, ob die Bündel der Parteien in einer Art metrischer Logik sortiert werden können? Die politische Links-Rechts-Systematik (Links für staatsgläubig/umverteilungsfreundlich; Rechts für staatsreduzierend/steuerentlastend) bietet hierfür – zugegebenermaßen bei grober Vereinfachung – durchaus einen Ansatzpunkt. Dies umso mehr als dass Deutschland sich inzwischen von einem 3 zu einem mindestens 5-Parteiensystem entwickelt hat, im Rahmen

---

[5] Der Drift-Begriff geht zurück auf Shepsle (1992).

[6] Das gilt seit der Wahlrechtsreform von 2023 a fortiori, weil ein direkt gewählter Abgeordneter nicht mehr automatisch in den Bundestag einzieht, sondern nur dann, wenn seiner Partei nach dem Verhältniswahlrecht ausreichende Sitze zur Verfügung stehen.

dessen sich das Links-Rechts-Spektrum weiter ausdifferenziert hat. Betrachtet man die fünf seit April 2025 im Bundestag vertretenen Parteien und Programme und reiht sie gemäß dieses Links-Rechts-Schemas von links nach rechts mit ihrer Sitzverteilung auf (Die Linke: 64 Sitze/Grüne: 85 Sitze/SPD: 120 Sitze/Union: 208 Sitze/AfD: 152 Sitze), so haben Die Linke 10 % der Sitze, die Grünen 14 % der Sitze, die SPD 19 % der Sitze, die Union 33 % der Sitze und die AfD 24 % der Sitze. Abb. 18.2 gibt diese Verteilung wieder.

In dieser Reihung befindet sich das 50. Perzentil (sozusagen der Median-„Abgeordnete") bei der CDU (nämlich 10 + 14 + 19 = 43; womit das 50. Perzentil in der Unions-Säule bei 7 liegt). Hier also ist im 21. Bundestag (2025) die „Mitte".

In der politischen Diskussion dieser Tage gibt es allerdings Kräfte, die die AfD aus dem Politikbetrieb ausgrenzen möchten. Wenn natürlich die Stimmen einer Partei des politischen Randes aus der Betrachtung ausgeblendet werden, dann verschiebt sich die Mitte entsprechend. So bedeutete

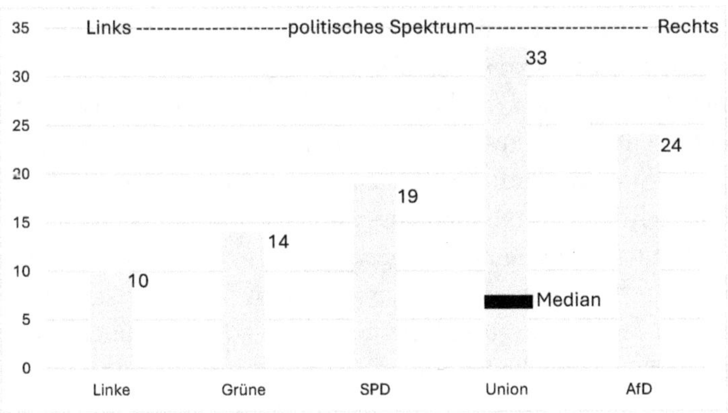

Abb. 18.2 Prozentanteile der Parteien an den Sitzen des 21. Deutschen Bundestag

zum Beispiel ein Verbot der AfD eine *Verschiebung der parlamentarischen Mitte nach links,* weshalb die Parteien des linken Spektrums ein Interesse an einem Verbotsverfahren und diese Diskussion im Mai 2025 eröffnet haben, nachdem der bundesdeutsche Verfassungsschutz die AfD als „gesichert rechtsextrem" kategorisierte. Nach einer Klage der AfD wurde dem Verfassungsschutz im Wege des Eilrechtsschutzes die Kommunikation dieser Einstufung vorläufig untersagt bis eine Entscheidung in der Hauptsache vorliegt, was zum Zeitpunkt des Erscheinens dieses Buches noch nicht der Fall war. Wie auch immer dieses Verfahren ausgehen mag: Bei Durchsetzung eines Verbots würde die neue parlamentarische Mitte angesichts des Umfangs der Wählerstimmen, den die AfD inzwischen auf sich vereinigt, nicht unerheblich (nach links) abweichen von der Mitte, wie sie den tatsächlichen Präferenzen der Bürger entspricht. Eine solche Drift nach links würde Legitimationsprobleme der aktuellen politischen Ordnung mit großen politischen Risiken erzeugen, wie wir sie in Kap. 15 kennengelernt haben.

Ein Letztes: Die Abhaltung von Wahlen zum Herausfiltern eines Mehrheitsgleichgewichts ist nicht zwingend notwendig, um die Position des Medianwählers zu ermitteln, der die politische Entscheidung prägen sollte. Dies kann durchaus auch mittels *repräsentativer Umfragen* geschehen. Es stellt sich hier lediglich die Frage, in welches Entdeckungssystem der Wähler größeres Vertrauen hat: Wahlen oder Umfragen. Beide Systeme sind, wie die Erfahrung in verschiedenen Ländern lehrt, nicht missbrauchs- und fälschungssicher.

Mit tendenziösen Umfrageergebnissen, die von interessierter Seite beauftragt werden, lassen sich insbesondere anschließende Wahlen beeinflussen. So lassen sich vor einer Wahl Anhänger einer bestimmten Richtung durch Übertreibung der ihr gewährten Zustimmung motivieren oder auch durch deren Untertreibung entmutigen. In Deutschland sind vor einer Wahl veröffentlichte Umfrageergebnisse, ob eine Partei sicher über der 5 %-Hürde liegt oder ob es „wackelig" aussieht, erfahrungsgemäß geeignet, den Wahlausgang zu beeinflussen. Denn im letzteren Fall würde man seine Stimme verschenken, was viele Wähler vermeiden wollen.

Ein Beispiel für *Missbrauch im Rahmen von Umfragen* ist eine im Jahr 2000 in South Carolina durchgeführte Umfrage,[7] in der Wähler gefragt wurden: „Würden Sie Ihre Meinung über John McCain ändern, wenn Sie wüssten, dass er ein uneheliches Kind mit einer schwarzen Frau hat?" Das war eine unbewiesene Unterstellung, die dazu herhalten sollte, den Ruf des demokratischen Präsidentschaftsbewerbers zu beschädigen. Wer sich an Umfragen orientiert, sollte also die Reputation und die Unabhängigkeit des die Umfrage herausgebenden Instituts hinterfragen und wer ggf. der Auftraggeber war.

Auch die Geschichte von Wahlen ist von Missbrauch in Form von *Wahlfälschungen* durchsiebt. In der Sowjetunion oder der DDR wurden regelmäßig Wahlen durchgeführt, die eine Zustimmung von 99 % für die regierende kommunistische Partei auswiesen. Man kann getrost davon ausgehen, dass diese Ergebnisse gefälscht waren. In vielen Ländern, unter denen sich z. B. Zimbabwe in der Regierungszeit Robert Mugabes (1924–2019) besonders hervortat, werden Anhänger bestimmter Parteien eingeschüchtert, werden Wahllokale willkürlich geschlossen oder verschwinden Urnen. Auch im heutigen Russland sind Wahlmanipulationen dokumentiert. In Weißrussland gewann Präsident Lukaschenko die Wahl im Jahr 2020 mit angeblich 80 %, was durch unabhängige Wahlbeobachter bestritten wurde. In etwa zur gleichen Zeit behauptete Donald Trump (*1946), die Wahl sei ihm vom Biden-Lager „gestohlen" worden.

Wahlen bergen also wie Umfragen gewisse Tücken. Besonders vertrauenserweckend sind die genannten Beispiele alle nicht. Sind unabhängige Wahlbeobachter die Lösung?

---

[7] Vgl. abcnews.go.com vom 11.2.2016.

In der Tat können sie eine wichtige Rolle spielen, in dem sie Vertrauen in ein Wahlergebnis injizieren. Aber wer garantiert für die Ehrlichkeit der Wahlbeobachter? Bei der Präsidentschaftswahl in Aserbeidschan im Jahre 2013 stellte sich heraus, dass westliche Wahlbeobachter, darunter Parlamentarier, faktisch dafür bezahlt worden waren (mit Geldleistungen oder exklusiven Unterkünften), positive Bewertungen abzugeben, obwohl Hinweise auf Wahlbetrug vorlagen.[8] Das war und ist beileibe kein Einzelfall. Regierungsfreundliche „Nichtregierungsorganisationen", die gleichwohl ganz oder teilweise von der Regierung finanziert werden, werden in Autokratien vorzugsweise als „unabhängige" Wahlbeobachter eingesetzt. Wahlbeobachtung hat vor diesem Hintergrund etwas von einem Geschäftsmodell.

Kein Wunder, dass viele Wähler auch dem Instrument der elektronischen Wahl skeptisch gegenüberstehen. Wer garantiert dafür, dass die Software richtig zählt und nicht manipuliert ist?

Kurzum: Die Durchführung fairer und freier Wahlen ist alles andere als trivial, wenn die Herrschenden der Situation gegenüberstehen, auf diese Weise womöglich ihre Macht, Posten und Existenzgrundlage zu verlieren. Der friedliche Übergang der Macht ist und bleibt in jedem politischen System ein prekärer Moment.

---

[8] Vgl. den ESI (European Stability Initiative)-Bericht „Disgraced: Azerbaijan and the end of election monitoring as we know it" (https://www.esiweb.org/publications/digracd-azerbaijan-and-end-election-monitoring-we-know-it, abgerufen am 6.12.2025) sowie The Guardian v. 29.10.2013 „Free and fair elections are not just about polling day". Die Europäische Stabilitätsinitiative spricht von „Kaviar-Diplomatie", bei der u. a. durch Einladungen in Luxus-Hotels und Zuwendungen wohlwollende politische Einflußnahme und Kommentierung eingekauft wird. Siehe in Bezug auf die Wahlen in Ungarn im April 2022 auch vice.com v. 21.6.2022 („Fake-Wahlbeobachter: Wie deutsche Politiker autokratischen Regimen helfen"). https://www.vice.com/de/article/fake-wahlbeobachter-wie-deutsche-politiker-autokratischen-regimen-helfen/ (abgerufen am 6.12.2025).

Klar ist auch, dass ein politisches System, das sich durch die Unart des opportunistischen Agenda-Settings auszeichnet und Themen in den Vordergrund schiebt (z. B. kreditfinanzierte Rentenstabilisierung statt eine grundlegende Reform der Rentenversicherung), die an den mutmaßlichen Wünschen des Median-Wählers vorbeigehen, nicht nachhaltig ist und zu Korrekturen führt. Sei es durch Veränderungen im Parteienspektrum mit neuen Parteien und neuen Programmen, sei es durch Programmänderung etablierter Parteien, oder, wenn nichts davon fruchtet, als teuerste Alternative, durch Umsturz des Systems und seinen Neuaufbau mit der Hoffnung auf Besserung (vgl. Kap. 15).

Mittels des Medianwähler-Modells können sogar autokratische Herrschaftssysteme funktionieren, wenn sie die Position des Medianwählers ermitteln und beherzigen. Der *„aufgeklärte" Autokrat* kann hierfür Wahlen zu Sachthemen ansetzen oder schlicht Meinungsforschungsinstitute beauftragen. Er ist allerdings im politischen Alltag denselben Versuchungen hinsichtlich der politischen Drift ausgesetzt wie die Regierungsparteien in einer Parteiendemokratie. Der Vorteil der letzteren liegt im Kern darin, dass für die Bürger Korrekturen aufgrund des Wettbewerbs der Parteien um ihre Wählerstimmen vergleichsweise kostengünstig durchzusetzen sind, während im autokratischen Fall häufig einzig und allein der Ausweg des Umsturzes bleibt, dessen Initiierung ein Dilemmaproblem beinhaltet und dessen Kosten unkalkulierbar sind.

Das folgende Kapitel knüpft an dem Umstand an, dass jeder moderne Staat, ob demokratisch oder autokratisch, für die Vorbereitung und Umsetzung seiner Entscheidungen auf nachgeordnete Ebenen und eine Bürokratie angewiesen ist, die das dazu erforderliche Wissen aktivieren, verarbeiten und entsprechende Maßnahmen ergreifen sollte. Die Beachtung des Subsidiaritätsprinzips ist hierfür essentiell.

19

Subsidiarität: *Die Nutzung des verteilten Wissens*

Am 11. Februar 2025 unterzeichnete der erneut zum amerikanischen Präsidenten gewählte Donald Trump (*1946) ein Dekret zur massiven Reduzierung der Belegschaft der Bundesbehörden. Er erläuterte: „Wir entlassen alle unnötigen, inkompetenten und korrupten Bürokraten aus der Bundesbelegschaft. Das ist es, was wir tun."

Volkswirtschaftlich betrachtet durchaus ein sinnvolles Ziel, oder?

Doch wie setzt man bei 2,3 Mio. Bundesbediensteten eine solche Herkulesaufgabe um? Zumal dann, wenn zugleich Eile dekretiert wird. Trump wörtlich: „Erinnert Euch, wir müssen ein Land retten." Darum sei eine „aggressive" Herangehensweise angezeigt.

Er beauftragte mit der kurzfristigen Umsetzung dieser komplexen Aufgabe keinen geringeren als den reichsten Mann der Welt, Elon Musk (*1971), der die Dinge als Teamleiter des *Department of Government Efficiency (DOGE)* umgehend in die Hand nahm. Mitarbeitern wurden per Massen-E-mail zunächst Abfindungsangebote gemacht,

© Der/die Autor(en), exklusiv lizenziert an Springer Fachmedien Wiesbaden GmbH, ein Teil von Springer Nature 2026
H.-J. Schmidt-Trenz, *Die Ordnung der Welt*,
https://doi.org/10.1007/978-3-658-51053-4_19

dann wurden sie online aufgefordert, in Form einer E-mail ihren in der letzten Woche erbrachten Mehrwert zu erläutern; Schweigen würde als Kündigung gewertet werden. Die Personaldateien wurden mittels KI (Programm-Name Auto-RIF: Automated Reduction in Force) nach Anknüpfungspunkten für Kündigungen durchforstet. Tausenden von Mitarbeitern wurde daraufhin gekündigt, ganze Behörden geschlossen, darunter auch die Entwicklungshilfeagentur US-Aid. Ein klassischer Fall von *Disruption*.

Es versteht sich von selbst, dass bei dieser Handhabung und Einstellung des *Rasenmähers* unbeabsichtigt auch Blumenfelder geköpft wurden. So geschehen im Falle der Kündigung der 300 Mitarbeiter der Atomsicherheitsbehörde NSAA, die für die Wartung, die Sicherheit und die Produktion der amerikanischen Nuklearwaffen verantwortlich ist. Flugs wollte man die Kündigungen widerrufen, doch hatte man bereits eine Vielzahl von Mitarbeiterdateien gelöscht, sodass die Betroffenen mangels Kontaktdaten nicht mehr erreichbar waren. Ups. Fortan wurde die DOGE kolportiert als „Destruction Of Government by Elon".

Man ist geneigt zu sagen: Wo gehobelt wird, da fallen Späne. In diesem Fall war es wohl eine ganze Ecke, die dem Hobel zum Opfer gefallen war, obwohl sie noch gebraucht wurde. Wie konnte das passieren?

Das grundlegende Problem dieses Vorgangs besteht darin, dass kein Einzelner über all das Wissen über Aufgaben und Personen verfügen konnte, das erforderlich gewesen wäre, um eine effiziente Umsetzung der Zielstellung in kurzer Zeit sicherzustellen. Selbst das Hirn des unbestreitbaren Genies Elon Musk war mit der Menge der Umstände, die zu berücksichtigen gewesen wären, naturgemäß überfordert. Und so übersah er, bei allem, was er sicherlich auch richtig eingeschätzt hat, die überragende Bedeutung der NSAA für die nationale Sicherheit oder verwechselte sie mit der NSA oder Ähnliches. Wir wissen es nicht. Keine organisatorische oder sonstige Sicherheitsvorkehrung griff, als der Knopf gedrückt wurde, der die Kündigungswelle gegen die NSAA-Mitarbeiter auslöste.

Wäre dieser Irrtum vermeidbar gewesen? Durchaus. Man hätte Sparvorgaben an die nachgeordneten Behörden machen und es diesen überlassen können, wie sie diese umsetzen. So wäre das Wissen der Behördenleiter und der leitenden Mitarbeiter aktiviert worden, an den richtigen Stellen zu sparen, wo Verschwendung, Inkompetenz oder gar die Neigung zu Korruption zu verorten gewesen wären. Auch den ein oder anderen als unzuverlässig einzuschätzenden Behördenleiter hätte man austauschen können; doch hätte man dann immer noch das Know-how seines Vertreters anzapfen können und müssen. Auf all das hat man verzichtet. Stattdessen wurden Entlassungen flächendeckend und gemäß pauschaler Algorithmen von oben dekretiert. Das Ziel des Personalabbaus wurde erreicht, ja, aber traf man die Richtigen? Das darf in vielen Fällen bezweifelt werden.

Bei der Bewältigung komplexer Aufgaben geht es, um mit dem Ökonomie-Nobelpreisträger Hayek (1952, S. 104) zu sprechen, um die „Verwertung von Wissen, das niemandem Einzelnen in seiner Gänze zur Verfügung steht." Wie kann dieses Wissen gehoben und verarbeitet werden, sodass effiziente Entscheidungen möglich werden? Dafür gibt es Regeln und Institutionen (vgl. Kap. 2). Elon Musk freilich würde sagen: Dafür gibt es Computer.

In der *Marktwirtschaft* ist es das *Preissystem,* das Signale an Anbieter und Nachfrager gibt, wie sie sich sinnvollerweise am Markt verhalten. Steigende Preise führen zum Markteintritt weiterer Anbieter, bis deren Grenzkosten dem Marktpreis entsprechen. Nachfrager schränken sich ein, wenn sie Preise als zu hoch empfinden. Umgekehrt, umgekehrt. Mittels der Signale des Preissystems erzeugen moderne Volkswirtschaften durch die ausgelösten millionenfachen Entscheidungen von Produzenten und Konsumenten eine derartige Vielzahl an Produkten und Versorgungsniveaus, wie es sich kein Planer einer zentralen Wirtschaftsverwaltungsbehörde auch nur im Traume ausdenken könnte. Auch keine Künstliche Intelligenz, da deren Rechenkapazität dafür bei weitem nicht ausreicht (siehe Kap. 2).

Innerhalb von *Großorganisationen* wie Konzernen und der staatlichen Verwaltung gibt es eine vergleichbar wirkende Regel/Institution, die die Aktivierung des Wissens sicherstellt, das unentbehrlich ist, um zu effizienten Entscheidungen und Ergebnissen zu gelangen. Es handelt sich um das *Subsidiaritätsprinzip*. Dieses Prinzip besagt, dass eine Entscheidung dort getroffen werden sollte, wo das Wissen um den Sachverhalt am größten ist und wo, der Natur der Sache nach, sämtliche Kosten und Nutzen der Entscheidung berücksichtigt werden können. Man kann daher auch vom *Prinzip der größten Sachnähe* sprechen.

Es handelt sich um ein Führungsprinzip, das bei Schrumpfkuren genauso hilfreiche Dienste leistet wie bei der Verfolgung von Wachstumsprogrammen oder bei alltäglicher Behördenarbeit. Und es genießt in Deutschland eine besondere Tradition, um die uns viele Länder beneiden.

Dazu muss man etwas weiter zurückgehen und landet in Preußen Anfang des 19. Jahrhunderts. Das im 18. Jahrhundert zu Bedeutung und Fortschritt gelangte Preußen Friedrichs des Großen (1712–1786) war unter seinen beiden eher verschlafenen Nachfolgern – seinem Neffen Friedrich Wilhelm II. (1744–1797) und dessen Sohn Friedrich Wilhelm III. (1770–1840) – ins Hintertreffen geraten. Wirtschaftlich gegenüber England, in dem die Industrialisierung in vollem Gange war, und militärisch und administrativ gegenüber Frankreich, in dem Napoleon Bonaparte

(1769–1821) die Kräfte der französischen Revolution zu bahnbrechenden Reformen in vielen Lebensbereichen kanalisierte. Mit dem modernen Volkskrieg überrannte er die an Kabinettskriege gewöhnten Monarchien Zentraleuropas, ersetzte sie mit seinen Schützlingen oder machte sie zu seinen Vasallen. Nach der verlorenen Doppelschlacht von Jena und Auerstedt im Jahr 1806 schienen auch die Tage Preußens gezählt; Berlin besetzt, das Königspaar geflüchtet nach Memel, dem östlichsten Zipfel des Königreichs. Alt und morsch erschien dieses Preußen gegenüber einem im Aufbruch stehenden Frankreich und einem dynamischen, in der Industrialisierung befindlichen England.

Nun hatte der preußische König Friedrich Wilhelm III. keine eigene Ahnung davon, wie der technologische Rückstand Preußens gegenüber England aufzuholen und wie die Kräfte einer ganzen Volkswirtschaft zu Zwecken des Krieges oder der Prosperität zu mobilisieren seien. Aber ihm und nicht zuletzt seiner Königin (Luise, 1776–1810) gebührt immerhin das Verdienst, einen Mann ans Ruder gelassen zu haben, dem sie dies zutrauten: Karl Freiherr vom Stein (1757–1831). Mit ihm betrat in dieser beispiellosen Krisensituation ein Mann die politische Bühne Preußens, der als deutscher *Disruptor* in eine Reihe mit Napoleon Bonaparte und Donald Trump gestellt werden kann.

Wie Donald Trump anno 2025 für die US-Administration hatte Karl vom Stein 1806 in der preußischen Verwaltung einen „Miethlingsgeist" diagnostiziert. Er schreibt in einer Denkschrift:[1]

---

[1] Zitiert aus der „Neuen" Stein-Ausgabe (1957–1974) Band 2.1. In Internet-Portal „Westfälische Geschichte". Siehe https://www.lwl.org/westfaelische-geschichte/portal/Internet/finde/langDatensatz.php?urlID=509&url_tabelle=tab_websegmente (abgerufen am 1.12.2025).

„In die bloos aus besoldeten Beamten bestehenden Behörden, vorzüglich in die untern, drängt sich leicht und häufig ein Miethlingsgeist ein. Es ergiebt sich bey solchen ein Leben in bloosen Formen, eine Unkunde des zu verwaltenden Bezirks, eine Gleichgültigkeit und oft lächerliche Abneigung gegen denselben und eine Furcht vor Veränderungen und Neuerungen, die die Arbeit vermehren, womit die besten Mitglieder überladen sind und der die geringhaltigeren sich entziehen. Die Verwaltungskosten erhöhen sich unverhältnismässig, da jede Dienstleistung mit Geld aufgewogen und wieder controllirt, diese Art der Dienstleistung aber gleichfalls bezahlt werden muss. Auf die Nation wirkt solches gleich schädlich."

Sein Therapievorschlag bestand nun allerdings nicht in einer Zerschlagung der Verwaltung, sondern in einer Veränderung ihrer Organisation und einer zielführenden Incentivierung. Und zwar durch die *Beteiligung der Betroffenen an der Verwaltung ihrer eigenen Angelegenheiten*. Stein spricht von der „Theilhabe der Nation" an der Verwaltung. Er schreibt in einem Brief an den preußischen Ministerpräsidenten Graf von Hardenberg am 8. Dez. 1807:[2]

„Je crois qu'il importe de briser les entraves que la bureaucratie met à l'essort de l'activité de l'homme et à détruire cet esprit de stupidité, d'intérêt sordide, cet attachement au méchanisme que préside à cette forme de gouvernement. Il faut habituer la nation à gérer ses propres affaires et à sortir de cet état d'enfance dans lequel un gouvernement toujours inquiet, toujours officieux veut tenir les hommes."

Da Stein in den Eigentümern von Grund und Boden die staatstragenden Bürger des Staates sah, bildeten sie den Ausgangspunkt seiner Überlegungen zur Modernisierung

---

[2] Dito.

des preußischen Staates. Ihr Wissen und ihr Engagement galt es, zugunsten der allgemeinen Wohlfahrt zu aktivieren:[3]

> „Ist der Eigenthümer von aller Theilnahme an der Provinzial Verwaltung ausgeschlossen, so bleibt das Band, das ihn an sein Vaterland bindet, unbenutzt; die Kenntnisse, welche ihm seine Verhältnisse zu seinen Gütern und Mitbürgern verschaffen, unfruchtbar; seine Wünsche um Verbesserungen, die er einsieht, um Abstellung von Missbräuchen, die ihn drücken, verhallen oder werden unterdrückt, und seine Musse und Kräfte, die er dem Staat unter gewissen Bestimmungen gern widmen würde, werden auf Genüsse aller Art verwandt oder in Müssiggang aufgerieben. Es ist würklich ungereimt zu sehen, dass der Besitzer eines Grund Eigenthums oder anderen Eigenthums von mehreren Tonnen Geldes eines Einflusses auf die Angelegenheiten seiner Provinz beraubt ist, den ein fremder, des Landes unkundiger, durch nichts mit ihm in Verbindung stehender Beamter ohnbenutzt besitzt.“

Er schreibt begleitend, dass durch die Beteiligung der Bürger an der Geschäftsführung des Staates nicht nur die Effizienz der Verwaltung erhöht, sondern auch die „negativen Eigenschaften des Regenten weniger nachtheilig würkend gemacht werden“ könnten.

Noch prägnanter formuliert er schließlich in seiner Nassauer Denkschrift:[4] Es geht um

> „… die Belebung des Gemeingeistes und Bürgersinns, die Benutzung der schlafenden oder falsch geleiteten Kräfte und der zerstreut liegenden Kenntnisse …“

---

[3] Dito.

[4] Dito.

Auf dieser Grundlage wird schließlich die kommunale *Selbstverwaltung* eingeführt[5] und die Selbstverwaltung der Universitäten. Die Behörden erhalten *Deputationen,* in deren Rahmen Bürger über Verwaltungsangelegenheiten mitbestimmen können. Schließlich wird 1818 in Barmen die erste preußische Industrie- und Handelskammer als Selbstverwaltungseinrichtung geschaffen.

Vom Stein hatte maßgeblich von der Unterstützung seines Mitarbeiters Johann Gottfried Frey (1762–1831) profitiert, der vom Grundsatz ausging: „Zutrauen veredelt den Menschen, ewige Vormundschaft hemmt sein Reifen."[6] Dabei hatte er sich an Immanuel Kant (1724–1804) angelehnt, der 1784 im Essay „Was ist Aufklärung?" formuliert hatte: „Aufklärung ist der Ausgang des Menschen aus seiner selbstverschuldeten Unmündigkeit." Und weiter: „Habe den Mut dich deines eigenen Verstandes zu bedienen." Das Subsidiaritätsprinzip fußt damit unmittelbar auf der Aufklärung, deren Geist in Frankreich durch *Revolution von unten*, in Preußen durch *Reform von oben* eingeführt wurde. Damit wird auch deutlich, dass das in der angelsächsischen Literatur vorherrschende Vorurteil, Preußen sei ein Hort des Despotismus gewesen,[7] in dieser apodiktischen Weise keinesfalls aufrechterhalten werden kann. Sicher hatten dort, wie andernorts auch, Autokraten im 17. und 18. Jahrhundert regiert. Aber gerade die Stein/Hardenberg'schen Reformen sind Beleg und Quelle eines gesellschaftlichen und wirtschaftlichen Aufbruchs in Preußen, der sich dort nicht nur als machbar erwies, sondern Preußen zudem bei allen Rückschlägen im Laufe des 19. Jahr-

---

[5] In Form der Städteordnung von 1808, welche dieser als Mitarbeiter vom Steins maßgeblich formulierte.

[6] Zitiert nach Kaehler (1961), S. 461.

[7] Vgl. jüngst Acemoglu und Robinson (2019), S. 58, 377 ff, 385.

hunderts rasch zur führenden Macht in Deutschland und Kontinentaleuropa werden ließ.

Im Übrigen sei an dieser Stelle erwähnt, dass der Vorwurf eines ausgeprägten preußischen Despotismus auch mit Blick auf das 18. Jahrhundert nicht wirklich trägt. Hexenprozesse wurden in Preußen 1712 durch Friedrich Wilhelm I. (1688–1740) einundzwanzig Jahre früher als in England abgeschafft (Witchcraft Act 1734). Sein Nachfolger Friedrich der Große beseitigte zu seinem Amtsantritt 1740 die Folter – deutlich früher als alle anderen deutschen Ländern und z. B. Frankreich (1788). Seine in weiten Teilen konstruktive Auseinandersetzung mit den Protagonisten der Aufklärung schuf eine Basis (vgl. Kap. 16), auf der die Staatsreformer vom Stein und von Hardenberg aufsatteln konnten.

Überhaupt lässt sich sagen, dass Subsidiarität in Deutschland eine lange Tradition besitzt, auch ohne dass dieser Begriff bereits erfunden war. Die Organisation des römisch-deutschen Reiches aus seiner Vielzahl fürstlicher, städtischer und kirchlicher Territorien, die durch die Klammer des erwählten Königs und Kaisers zusammengehalten wurde, war und ist der Wegbreiter einer bundesstaatlichen Verfassung, die sich über eine Vielzahl von Mutationen vom alten Reich, dem Norddeutschen Bund, dem zweiten Kaiserreich, über die Weimarer Republik bis zur heutigen Bundesrepublik Deutschland entwickelt hat (vgl. Kap. 20).

Bundesstaaten sind Gebilde, die per se auf dem Subsidiaritätsprinzip beruhen, weil sie auf einer Aufgabenteilung zwischen den Gliedstaaten und dem Bundesstaat beruhen, wobei die kommunale Ebene noch hinzukommt. Dabei werden die Aufgaben (inklusive Entscheidungs- und Finanzierungskompetenz) im Idealfall dort verortet, wo sie am besten wahrgenommen werden können. Das ist dort, wo die größte Sachnähe vorliegt und sämtliche relevante Nutzen und Kosten aus einer Entscheidung überblickt werden können.

Diesem auf Subsidiarität beruhenden System steht der Prototyp des *Zentralstaats* gegenüber. Er funktioniert im Wesentlichen so, dass die zentralen Ministerien Repräsentanzen (Antennen) in den Regionen unterhalten, die sich bei jeder Maßnahme mit der Zentrale abstimmen, die im Besitz des Letztentscheidungsrechts verbleibt. Ein gutes Beispiel hierfür ist der Aufbau der französischen Staatsverwaltung. Dort haben die Präfekturen der 101 regionalen Départements die Funktion solcher Antennen, die sich mit den Spiegelreferaten in den Ministerien in Paris (vorwiegend dem Innenministerium) abzustimmen haben. Die Präfekten setzen die Weisungen der Zentrale in der Region um.

Der Zentralstaat und seine Bürokratie stehen typischerweise für die „Anmaßung von Wissen", zu dem Hayek (1996) schon bemerkt hat, dass es „niemandem in seiner Gesamtheit zur Verfügung steht". Die Fähigkeiten eines zentralistischen Staates, relevante Informationen aufzunehmen und zu verarbeiten, sind naturgemäß beschränkt. Die Ministerien in der Hauptstadt werden zum „Bottleneck" der Entwicklung. Demgegenüber kann der Bundesstaat durch seine verschiedenen Ebenen ungleich mehr Informationen sammeln, verarbeiten und zur Entscheidung bringen und so eine weit größere Komplexität bewältigen und Vielfalt erzeugen.

Als die rein westdeutsche Bundesrepublik Deutschland noch bestand, hat Frankreich regelmäßig Debatten darüber geführt, wieso – bei zu dieser Zeit vergleichbarer Größenordnung Frankreichs und Deutschlands – letzteres wirtschaftlich weit erfolgreicher war. Viele Beobachter führten dies auf die Vorteile des (deutschen) Bundesstaats gegenüber dem (französischen) Zentralstaat und damit auf das Subsidiaritätsprinzip zurück. Die Debatte hatte immerhin zur Folge, dass die Regionen in Frankreich mehr Freiheiten zugestanden erhielten, doch wurde dieser Ansatz nie konsequent zu Ende geführt. Mutmaßlich, weil er in der französischen Staatsphilosophie und Geschichte seit Ludwig XIV. nicht wirklich zuhause ist. Ein weiterer Beweis für die historisch-kulturelle Bedingtheit von Institutionen und deren Nachhaltigkeit (vgl. Kap. 12).

Immerhin hat es das Subsidiaritätsprinzip in die Ideenwelt geschafft, die der Europäischen Union als Staatenbund zugrunde liegt. Subsidiarität gilt dabei in beide Richtungen, je nachdem, wo die größere Sachnähe zu verorten ist.

Ob im Vergleich zu den USA, Russland und China die Staaten der EU 27 Armeen unterhalten sollten, statt sich auf eine gemeinsame Europäische Armee zu einigen, wird inzwischen zunehmend hinterfragt. Denn äußere Sicherheit in Europa gibt es nur gemeinsam. Eine Übertragung dieser Aufgabe von den Mitgliedsstaaten auf die übergeordnete Ebene erscheint beim heutigen Stand der Militärtechnik und -doktrin also durchaus sinnvoll. Was natürlich auch für die Klimapolitik gilt, denn das Klima nimmt keine Rücksicht auf Landesgrenzen.

In der Theorie sollen Entscheidungen bürgernah getroffen und die EU nur tätig werden, wenn die Ziele auf lokaler, regionaler oder nationaler Ebene nicht ausreichend erreicht werden können. Gesundheit, Bildung, Kultur und Innere Sicherheit sind typische Politikbereiche, die aufgrund von unterschiedlichen Präferenzen dem Schwerpunkt nach eher national als europäisch geregelt gehören, was europäische Regelungen zur Zusammenarbeit und Interoperabilität bis hin zu Mindeststandards nicht ausschließt. Als Schutzinstrument gegen eine übergriffige EU steht den nationalen Parlamenten daher, aus gutem Grund, wie wir gesehen haben, die *Subsidiaritätsklage* beim Europäischen Gerichtshof zur Verfügung.

Föderalismus ist ein Beispiel für gelebte Subsidiarität. Auch hierbei war Deutschland Vorreiter. Womit wir beim nächsten Kapitel sind.

20

Föderalismus: *Viele mischen mit*

Das „Staunen der Welt" (stupor mundi) wurde er genannt.[1] Er war vielsprachig, interkulturell, an den Wissenschaften interessiert. Seinen Zeitgenossen war er ein faszinierendes Rätsel, das die Geschichtsschreibung bis heute beschäftigt: der Staufer Friedrich II. (1194–1250), Kaiser des Heiligen Römischen Reiches, der in der ersten Hälfte des 13. Jahrhunderts ein Reich regierte, das sich vom norddeutschen Hamburg bis zum sizilianischen Palermo erstreckte. Mit 16 Jahren war er von den Granden des Reichs in Frankfurt zum „römischen" König gewählt worden. Dabei half, dass er ein Enkel Kaiser Barbarossas (Friedrich I., 1122–1190) war.

Dem Heiligen Römischen Reich, das erst im 16. Jahrhundert den Zusatz „von Deutscher Nation" erhalten sollte, lag gedanklich das Fränkische Reich Karls des Großen zugrunde, der mit seiner Kaiserkrönung zu Weihnachten

---

[1] So die Charakterisierung durch den englischen Mönch Matthew Paris (1200–1259), Geschichtsschreiber im Benediktinerstift St. Albans in der Nähe von London. Siehe Weiler (2008), S. 73.

H.-J. Schmidt-Trenz, *Die Ordnung der Welt*, https://doi.org/10.1007/978-3-658-51053-4_20

800 in Rom an die Tradition des antiken römischen Kaiserreiches angeknüpft hatte. Man nannte diesen Übergang die *Translatio Imperii*, obwohl es immer noch einen oströmischen Kaiser in Konstantinopel gab (bis 1453), welcher sich gleichfalls in der Kontinuität des römischen Caesarentums sah. Das Kaisertum Karls erneuerte Otto der Große im Jahr 961, womit das Recht, diesen Titel zu tragen, fortan und auf Dauer dem König des ostfränkischen Reiches zukam, das aus der Dreiteilung des Reichs Karls des Großen im Jahre 843 entstanden war. So entstand schlussendlich aus dem ostfränkischen Reich das mittelalterliche *Heilige Römische Reich Deutscher Nation*.

Dieses Reich umfasste eine Vielzahl germanischer Stämme, darüber hinaus Böhmen, Burgund, die Lombardei, weitere norditalienische Städte und Gebiete und war – in gewisser Weise – ein Vielvölkerstaat, auch wenn er kulturelle, religiöse und in seinem geografisch-zentralen Teil auch sprachliche Gemeinsamkeiten hatte. Letzteres nur bedingt, denn er umfasste neben den deutschsprachigen Landen eben auch französische, italienische und slawische Sprachgebiete (Burgund, Lombardei, Böhmen).

Die wahre Klammer dieses Reiches blieb der Kaiser. Er war zuvorderst erwählter römisch-deutscher König, ging also aus einem Wahlakt der führenden deutschen Fürsten hervor, und als solcher hatte er Anspruch auf die Kaiserkrönung in Rom. Dieses *Wahlkönigtum* war Ausdruck einer germanischen Tradition. Die Germanen kannten ursprünglich keine Könige. Im Bedarfsfall wählten sie Anführer, die das Heer zu führen hatten (vgl. Kap. 10). War die Aufgabe erledigt, so stellte man die eher egalitäre Ausgangslage zwischen den angesehenen Familien wieder her. Der Kaiser, der gewissermaßen als „König der Könige" anzusehen war, war also aufgrund der Bindung dieses Titels an den erwählten römischen König, kein Erbmonarch wie die Könige in England und Frankreich beispielsweise. Es handelt es sich vielmehr um eine Wahlmonarchie, wenngleich nicht übersehen werden darf, dass die Königswürde im Deutschen Reich innerhalb gewisser Familien (v. a. Ottonen, Salier, Staufer, Welfen, Luxemburger, Wittelsbacher, Habsburger) gehandelt wurde, und es auch hier eine gewisse Regelmäßigkeit gab, dass der amtierende Kaiser seinen Sohn (falls vorhanden) als römisch deutschen König empfahl und dies häufig auch durchsetzen konnte. Doch das hatte aufgrund der Natur des Wahlkönigtums seinen Preis.

Dass das Heilige Römische Reich formal ein Wahlkönigtum blieb und die Wahl zum deutschen König wiederum die Voraussetzung für die Kaiserkrönung durch den Papst bildete, versetzte den Aspiranten in einen doppelten Zugzwang. Zum einen musste er sich die Gunst der Granden des Reiches versichern, was auf *Gegengeschäfte* hinauslief. In der Regel war der Aspirant genötigt, einen Preis für seine Wahl zu entrichten. Dieser konnte in Geld, in Form von Land oder in Form rechtlicher Konzessionen geleistet werden, und so geschah es auch.

Ähnlich verhielt es sich mit dem Papst. Auch dieser hatte einen Hebel, da er dem gewählten König die Kaiserkrone aufzusetzen hatte, oder auch nicht, falls er in ihm, so die Vorgabe, keinen anständigen Christenmenschen sah. So hatte der Papst für gewöhnlich einige Wünsche an den Aspiranten, auf deren Erfüllung er trachtete, bevor er zu dessen Kaiserkrönung schritt.

Beide Tauschgeschäfte – Königskrone gegen Konzessionen, Kaiserkrone gegen Konzessionen – waren natürlich geeignet, die Rolle des Kaisers zu schwächen und zu schmälern, insbesondere im Zeitverlauf aufeinanderfolgender Generationen, weil sich die Konzessionen über die Zeit kumulierten und Geld und Land aus dem Stammland des Kaisers abflossen. Das ging schließlich so weit, dass sich Karl V. (1500–1558) im 16. Jahrhundert bei Jakob Fugger

(1459–1525), dem reichsten Kaufmann seiner Zeit, verschulden musste, um die notwendigen Bestechungsgelder zu finanzieren, um seine Wahl zum römischen König und erwählten Kaiser im Jahr 1519 erfolgreich über die Bühne zu kriegen.

Diese schwierige Situation, die bei seinen Vorgängern vergleichbar gewesen war, drängte natürlich nach einer grundsätzlichen Regelung. Der König hatte ein Interesse, die Zahl seiner Wähler gering zu halten, damit sich die Summe der Bestechungsmaßnahmen in Grenzen hielt. Und auch die Wähler hatten ein Interesse, ihre Zahl gering zu halten: Umso größer war der Wert ihrer Stimme und der erzielbare Preis für ihren Verkauf.

Das Reich hat nie eine ganzheitliche geschriebene Verfassung besessen. Aber die *Goldene Bulle* von 1356, in der die Wahl des deutschen Königs und Kaisers durch die „Kurfürsten" grundlegend und abschließend geregelt wurde, war ein wichtiges Versatzstück einer solchen. Sieben *Kurfürsten* waren es nun, nicht mehr, die den römischen König zu wählen berechtigt waren.

Schon vorher hatte es zwei wichtige Grundgesetze der Reichsverfassung gegeben.

Zuerst das *Wormser Konkordat* 1122. Mit ihm wurde die spannungsreiche Beziehung zwischen Kaiser und Papst auf eine geregelte Grundlage gestellt. Es war um die Frage gegangen: Wer setzt die Bischöfe ein? Die naheliegende Antwort war natürlich der Papst, gemäß der Kirchenhierarchie. Doch dem stand eine institutionelle Erfindung der Könige entgegen. Diese hatten erleben müssen, dass Vasallen, die einst Lehen erhalten hatten, diese erblich weitergaben und durch kluge Heiratspolitik Machtpositionen aufbauten, die dem König gefährlich werden konnten. So reifte die Idee, Bischöfe zu Landesherrn zu machen. Sie boten den Vorteil, keine legitimen Erben zu haben. So fiel das Lehen mit jedem Todesfall an den König zurück, und er konnte es erneut vergeben und sich so die Gefolgschaft des Nutznießers sichern.

Dieser schönen Idee stand nur der Papst im Weg. Dieser fühlte sich nicht nur als Herr der Bischöfe, sondern, zum Zeitpunkt des Kulminationspunkt dieses Konflikts unter Papst Gregor VII. und König Heinrich IV. (vgl. Kap. 13), quasi als des Königs von Gott eingesetzten „Vorgesetzten". Diese Beziehung wurde nach vielem Hin und Her im Wormser Konkordat in Form eines klaren „Unentschieden" geregelt. Als Inhaber der weltlichen Macht versah der König nun die Bischöfe mit ihren Lehen, als Träger der geistlichen Macht übergab ihnen der Papst den Bischofsstab – ein klassischer modus vivendi, der den beiden Drohpunkten entsprochen haben dürfte (vgl. Kap. 15). Der Papst hatte Heinrich IV. nicht nur mit der Exkommunikation gedroht, nein, er hatte sie zuvor auch vollzogen. Und Heinrich war, ein genialer Schachzug, mit Frau und Kind in klirrender Kälte im Büßergewand vor die päpstliche Burg in Canossa gepilgert, woraufhin der Druck auf Gregor so groß wurde, dass er sich barmherzig und kompromissbereit zeigen musste, wollte er nicht die gesamte abendländische Ordnung ins Wanken bringen.

In diesem Kapitel, das dem Föderalismus gewidmet ist, steht ein drittes Versatzstück der „Verfassung" des Reiches im Vordergrund: die sogenannte „*Vereinbarung mit den geistlichen Reichsfürsten*" (Confoederatio cum principibus ecclesiasticis), die der eingangs charakterisierte Friedrich II. im Jahr 1220 schloss, um die Zustimmung der geistlichen Fürsten zur Krönung seines minderjährigen Sohnes Heinrich (1211–1242) zum römischen König (als Heinrich VII.) im selben Jahr zu erreichen. Durch diese Vereinbarung konnten die Fürsten ihre landesherrschaftlichen

Hoheitsrechte und ihre eigene Gerichtsbarkeit entscheidend sichern und ausbauen.[2]

Damit wurde, als vorläufiger Schlusspunkt einer vorangegangen faktischen Entwicklung, explizit Macht vom Zentrum auf die nächste Ebene delegiert und das Prinzip der fürstlichen Territorialhoheit im Kontext der Reichsverfassung anerkannt. Kurz gesagt ist dies die Gründung des Föderalismus auf deutschem Boden. Man kann auch von der „Magna Charta des Föderalismus" sprechen, will man den Begriff der nur 5 Jahre zuvor erlassenen Magna Charta in England bemühen, in der es zwar nicht um die Regionalisierung der Gesetzgebungsgewalt, wohl aber auch um die Stärkung der Rolle des Adels in England gegangen war.

Von dieser *Magna Charta des Föderalismus* verläuft eine ununterbrochene Linie, die das komplette alte Reich durchzieht und ihren Höhepunkt nach dem westfälischen Frieden 1648 in Form von nicht weniger als 367 Teilstaaten innerhalb des alten Reiches findet. Sie findet nach der Reichsauflösung 1806 ihre Fortsetzung im Deutschen Zollverein (1834–1871), im Norddeutschen Bund (1867–1871), dann im Bismarck'schen Kaiserreich (1871–1918), dann in der Weimarer Republik (1919–1933) und schließlich in der bundesstaatlichen Ordnung der Bundesrepublik Deutschland (seit 1948). Auch die bundesstaatliche Organisation der Schweiz und Österreichs beruht auf dieser, aus dem alten Reich stammenden Tradition.

Natürlich handelt es sich bei der Erfindung des Föderalismus um das Resultat einer bestimmten Machtverteilung und von Interessen der Zeit. Friedrich II. war in jungen Jahren Kaiser geworden und befand sich in Abhängigkeit der Reichsfürsten, um seine Macht zu behaupten. Mit der

---

[2] Ein gutes Jahrzehnt später wurden auch die weltlichen Territorialfürsten mit den vergleichbaren Rechten ausgestattet. Das *Statutum in favorem principum* wurde 1231 durch einen geschwächten König Heinrich VII. erlassen und 1232 durch seinen Vater, Kaiser Friedrich II, bestätigt.

Annahme der sizilianischen Königskrone spannte sich sein Reich so weit auf, dass die physische Präsenz in seinem Großreich zu einer Herausforderung wurde. Diese war notwendig, weil es in der polyzentrischen Struktur des Reiches erforderlich war, dass sich der Kaiser immer wieder seinen Untertanen zeigte und Nähe dokumentierte, um Wirkung zu entfalten.

Mit seiner beginnenden Vorliebe für Aufenthalte im südlichen Italien und auf Sizilien, was nicht nur aus heutiger Sicht nur allzu verständlich erscheint, erwuchs daraus das Problem eines wachsenden Machtvakuums in Zentraleuropa. Die Gunst der Stunde erfassend, nutzten die Reichsfürsten diese Situation, dem Kaiser die besagte Vereinbarung als Preis für die Unterstützung seines Sohnes als Nachfolger abzutrotzen.

Diese Vereinbarung ist vielfach als Rückschritt und Beginn einer gewissen Schwäche des Reiches gewertet worden. Auch als nachteilig gegenüber den werdenden Zentralstaaten Frankreich und England. Das kann man so sehen, muss es aber nicht, wie das vorangegangene Kapitel über das *Subsidiaritätsprinzip* (Kap. 19) gezeigt hat.

Ja, man kann so weit gehen, in dieser Vereinbarung sogar den Beginn einer gewissen Stärke des Reichs und des späteren Deutschlands zu erkennen, wenngleich sich diese Stärke erst über Jahrhunderte entwickeln musste. Ist es so verkehrt, die Gesetzgebung dorthin zu verlagern, wo die größere Sachnähe vorhanden ist? Ist es so verkehrt, die Gesetzgebung statt einem Einzelnen einem Gremium (Hof- und Reichstagen) zu übertragen?

Betrachtet man Zentraleuropa als Ansammlung verschiedener Landsmannschaften, so war es von jeher eine Herausforderung gewesen, ein friedliches Zusammenleben und Zusammenwirken dieser Völkerschaften herbeizuführen. So wie dies bereits die Römer in ihrem noch ungleich größeren Reich durch Achtung der lokalen Gesetze,

Sitten und Gebräuche der unterworfenen Völker vollbrachten, so war es auch Ausweis einer gewissen Klugheit, die Komplexität innerhalb des Heiligen Römischen Reiches durch eine am Subsidiaritätsprinzip ausgerichtete Verfassung zu bewältigen. Ein Gedanke, der später durch Freiherr vom Stein für den preußischen Staatsaufbau wieder geboren wurde: Jede Ebene soll das regeln, was sie am besten kann (vgl. Kap. 19).

So gesehen, war die Vereinbarung mit den Reichsfürsten ein Instrument, die Komplexität des Reiches zu beherrschen. Und sie ist sicherlich eine der Gründe für die zähe, wenn auch behäbige Langlebigkeit des Reiches, welches ungefähr ein Jahrtausend ununterbrochen gewährt hat – in der Menschheitsgeschichte eine beeindruckende Leistung, die nur durch den Sturm des revolutionären Frankreich und die napoleonischen Kriege ihr Ende fand, aber gleichwohl nach der Niederlage Napoleons in Form des Norddeutschen Bundes wieder auflebte und für die Gründung des zweiten deutschen Kaiserreiches unter Führung der Hohenzollern 1871 den Boden bereitete.

Herrschaft im Mittelalter auszuüben, bedeutete hohe *Transaktionskosten*. Betrachtet man Herrschaftsausübung als einen Prozess, in dem zunächst Informationen gesammelt und dann verarbeitet werden müssen, um im Weiteren in Handlungsdirektiven zu münden, die schließlich der Durchsetzung bedürfen, so vollzog sich dieser Prozess im Spätmittelalter wie folgt: Der Kaiser reiste durch das Land und hielt an wechselnden Orten Hoftage ab. Während dieser Hoftage, zu denen die wichtigsten Personen der Region geladen wurden, erhielt er relevante Informationen – letztlich ein Puzzle an Informationen, dessen Gesamtbild über das Reich sich nur ihm selbst und seinem unmittelbaren Gefolge erschloss. Das Bild, das er gewann, war abhängig von den Personen, die er empfing und vom Weg, den er nahm (dem sogenannten „Itinerar"). Diese Informationen wog er alleine oder mithilfe seines Gefolges ab und dokumentierte seine Entscheidungen in Form von Urkunden, die die Vertreter der Rechtsadressaten erhielten. Diese Vertreter konnten sie bei Bedarf den Adressaten vorzeigen und damit der Entscheidung des Kaisers Geltung verschaffen. In einer Welt ohne Internet, Tageszeitung und Tagesschau die einzige Methode, dies zu tun. Natürlich gab es auch in dieser Zeit schon *„fake news"* – in Gestalt *gefälschter Urkunden*. Der Opportunismus lässt grüßen (siehe Kap. 1).

Dies alles war natürlich ein sehr zeitaufwendiger und mühsamer Prozess. Solche Transaktionskosten fressen einen zentralisierten Großstaat am Ende auf, weshalb zentralisierte Großstaaten (Imperien) wie die Reiche Alexanders oder der Mongolen keine lange Lebensdauer hatten. Anders das römische Reich, das über 700 Jahre eine beträchtliche Größe aufrechterhalten konnte. Das war allerdings nur möglich, weil man die Kulturen und Strukturen der unterworfenen Völker weitgehend achtete und nur einen Rahmen oktroyierte, der zu befolgen war. Dabei war die Tributzahlung das Wichtigste. Dieses System wird am Prozess gegen Jesus Christus besonders deutlich. Die Römer sahen seinen Fall als innerjüdische Angelegenheit an, die also von den Juden nach ihren eigenen Gesetzen zu entscheiden war. Dass man diesen Fall dem römischen Statthalter vortrug, konnte und wollte dieser gar nicht nachvollziehen; er sah es nicht als seine Sache an und folgerichtig „wusch er seine Hände in Unschuld."

Diese Einstellung war nichts anderes als Ausdruck des auch von den Römern schon praktizierten Subsidiaritätsprinzips, auch wenn sie diesen Begriff nicht benutzten: Jede staatliche Ebene hat ihren Bereich, für den sie zuständig ist, weil sie die größte Sachnähe dazu aufweist. Es tut nicht gut, alles zentral zu entscheiden. Die Delegation von Entscheidungen auf die Ebene, die die größere Sachnähe besitzt, führt zu besseren Entscheidungen, weil mehr und bessere Informationen in die Entscheidung einfließen können, womit die Rechtsadressaten besser zufriedengestellt werden können als wenn weit entfernte Stellen eine Angelegenheit entscheiden. Nach diesem Schema konnten auch große Gebiete über weite Entfernungen beherrscht werden.

So wussten die Römer die Eigenheiten der verschiedenen Völker zu achten und lieferten einen römischen Überbau, der aufgrund seiner friedensstiftenden Ordnung letztlich auch diesen Völkern nutzte, ohne dass sie auf eingelebte Sitten und Gebräuche zu ihrem Nachteil verzichten mussten. Mit der Reichsreform Diokletians (Schaffung zweier Ober- und Unterkaiser für die verschiedenen Reichsteile) hat diese dezentrale Struktur Ende des 3. Jahrhunderts ihren formalistischen Höhepunkt erfahren, auch wenn dies längerfristig den Niedergang des römischen Reichs aufgrund des starken Drucks der Völker im Norden des Reiches nicht mehr aufhalten konnte.

Folgt man dieser Lesart, so ist dem Heiligen Römischen Reich Deutscher Nation eine derart lange Dauer nur deshalb beschieden gewesen, weil es eine ausgeprägte dezentrale Struktur im Verlauf der Geschichte immer weiter zu einer vertikalen Gewaltenteilung verfestigte, die dem Subsidiaritätsprinzip zum Durchbruch verholfen hat. Es erwies sich als erfolgreiches Führungsprinzip zum *Management komplexer Systeme*. Dies gilt unvermindert.

***

Wenn heute hier und da in Deutschland *Kritik am Föderalismus* laut wird, dann deshalb, weil dem Subsidiaritätsprinzip nicht immer konsequent gefolgt wird und die Zuteilung bestimmter Aufgaben und Kompetenzen inzwischen unsachgemäß erscheint. So gibt es im Zeitalter eines bundesweiten und gar darüber hinaus reichenden Arbeitsmarktes gute Argumente dafür, der Bundesebene mehr Regelungskompetenzen im Bildungsbereich zu geben, die z. B. die Durchsetzung einheitlicher Mindeststandards beschleunigen. Gleiches gilt für die Beseitigung von Schnittstellenproblemen zwischen den Landesverwaltungen, die immer noch mit unterschiedlichen, weil durch die einzelnen Länder beschafften IT-Programmen operieren. Das erschwert die länderübergreifende Zusammenarbeit der Behörden bei der Bekämpfung von Kriminalität und Sozialbetrug beträchtlich und verhindert im Übrigen Skaleneffekte bei der IT-Beschaffung.

Weitaus nachteiliger noch wirkt die Tatsache, dass die deutschen Bundesländer, sieht man im Wesentlichen von der Grunderwerbssteuer sowie der Spielbankabgabe einmal ab, über *keine nennenswerte eigene Steuerhoheit* verfügen. Tatsächlich finanzieren sie sich weitestgehend über kompliziert ermittelte Anteile an der *auf Bundesebene* festgesetzten Einkommens- und Mehrwertsteuer sowie über die Erbschaftssteuer, die den Ländern zwar vollständig zufließt, deren Höhe aber ebenfalls der Bund festlegt! Damit wird der *Konnex zwischen Aufgabenkompetenz und Finanzverantwortung* vollkommen verunklart. In vielen Fällen benötigen die Länder darüber hinaus Zuschüsse des Bundes, um ihre Aufgaben wahrzunehmen, sodass dem Wähler alles in allem die Beantwortung der Frage dramatisch erschwert wird, welcher Politiker auf Bundes- oder Landesebene für welche Sach- und Steuerentscheidung in die politische Haftung zu nehmen ist.

Der zur Förderung gleicher Lebensbedingungen im Bundesgebiet gedachte *Länderfinanzausgleich*, der über Ausgleichszahlungen an die „armen" Nehmerländer diesen den Anreiz nimmt, in ihre eigene Steuerkraft zu investieren und die „reichen" Geberländer, die dies tun, am Ende bestraft, setzt diesem ineffizienten und wachstumsfeindlichen staatlichen Finanzierungssystem die unrühmliche Krone auf. Seit der Reform im Jahr 2020 laufen die Zahlungen zwar nicht mehr zwischen den Bundesländern *(horizontal)*, sondern über den Bund (also *vertikal)*, und zwar durch eine modifizierte Verteilung der Mehrwertsteuereinnahmen und durch Bundesergänzungszuweisungen. Auch wenn dies durchaus eine Verbesserung darstellt, so ändert es aber nichts daran, dass die finanzstarken Bundesländer weiterhin die Hauptlast des Finanzausgleichs tragen. Das *Problem falscher Anreize* wurde durch diese Reform sogar eher verschärft. Betrug die *Ausgleichsintensität* zugunsten der schwächeren Länder vormals gestaffelt zwischen 60 und 95 %, wurde sie nun auf 100 % erhöht, wodurch im Prinzip *jeder* fiskalpolitische Anreiz der Bundesländer, in die eigene Wirtschafts- und Steuerkraft zu investieren, vernichtet wurde.[3]

In einem echten föderalistischen System, wie es zum Beispiel in den USA anzutreffen ist, hat dagegen jede staatliche Ebene ihre eigene Steuerhoheit, aus der heraus sie ihre Aufgaben autonom zu finanzieren hat. Dort finanzieren sich die Kommunen und Kreise im Wesentlichen aus der Grundsteuer, die sie selbst festsetzen; die einzelnen Bundesstaaten erheben für ihren Aufgabenkreis eine eigene, staatliche Einkommens- und Erbschaftssteuer sowie eine Umsatzsteuer, die sie selbstverständlich ebenfalls eigenständig festsetzen; und auf der Ebene des Föderalstaats kommt dann eine föderale Einkommens- und Erbschaftssteuer hinzu, deren Aufkommen noch durch Zolleinnahmen ver-

---

[3] „Arm" und damit Nehmerland ist ein Bundesland, wenn seine Finanz*kraft* pro Kopf (= Steuereinnahmen/Einwohnerzahl) unterhalb des Finanz*bedarfs* pro Kopf (= Durchschnitt der Finanzkraft pro Kopf aller Bundesländer x Bedarfsschlüssel) liegt. Die anderen gelten als „reich" und sind Geberländer. Für die Stadtstaaten gilt ein Bedarfsschlüssel von 135 %, für die Flächenländer von 100 %. Mit der Neuordnung des Länderfinanzausgleichs im Jahr 2020 gilt eine Ausgleichsintensität von 100 %, also *volle* Kompensation, was vormals anders war. Da die Nehmerländer ihre Finanzlücken vollständig ausgeglichen erhalten, entfällt für sie jeder Anreiz, die eigene Wirtschafts- und Steuerkraft zu stärken.

stärkt wird. In einem solchen *Trennsystem,* welches das *Konnexitätsprinzip* („wer bestellt, bezahlt") stringent beachtet, besteht für den Wähler durchgehende Transparenz, welche Ebene welche Steuer erhebt und was sie damit finanziert.[4] Auch die politische Haftung ist damit glasklar.

Einen horizontalen Länderfinanzausgleich, der Zahlungen von Geber- an Nehmerländer vorsieht, gibt es in den USA nicht. Vielmehr behält es sich der Föderalstaat vor, einzelnen Staaten *programmgebundene* Zuschüsse aus dem Bundeshaushalt zu zahlen, wenn er das für nötig hält. Diese Form des *vertikalen, funktionellen Finanzausgleichs* weist ebenfalls erhebliche Transparenzvorteile auf und – meiner Meinung nach noch wichtiger – vermeidet die negativen Anreizprobleme eines Systems des Finanzausgleichs, das wie in der Bundesrepublik Deutschland auf *pauschalen Ausgleich* der Finanzkraft ausgerichtet ist.

Ich habe an anderer Stelle die *Kombination aus Trennsystem und vertikalem, funktionellen Finanzausgleich* als „*Bürgerföderalismus*" (Schmidt-Trenz und Fonger 2000) bezeichnet, weil der Bürger klar erkennt, *was* und *von wem* er für sein Steuergeld erhält, und in welchem Umfang er der föderalen Zentrale eine Bezuschussung einzelner Länder für bestimmte Zwecke erlauben will. Ein Föderalismus, der Bestand haben will, kommt an diesen Maßgaben langfristig nicht vorbei. Die Finanzverfassung der Bundesrepublik Deutschland weist an dieser Stelle einen *gravierenden Geburtsfehler* auf, der dem eigentlichen Sinn des Föderalismus zuwiderläuft. Solange er nicht durchgreifend korrigiert wird, wird das System nicht zur Ruhe kommen und von einer Verfassungsklage zur nächsten getrieben. Denn es handelt sich neben den Bürokratiekosten um die größte

---

[4] Ein ausgearbeitetes Plädoyer für ein Trennsystem, das auch den Länderfinanzausgleich auf eine neue und nachvollziehbare Grundlage stellen würde, findet sich in Schmidt-Trenz/Fonger (2000).

vorstellbare Wachstumsbremse überhaupt, weil sie mutige, auf die Stärkung der Wirtschaft setzende Landespolitiker um die Früchte ihrer Arbeit bringt. So wenden sie sich anderen, ihnen im politischen Wettbewerb „lohnender" erscheinenden politischen Themen zu mit der Folge einer *strukturellen Wachstumsschwäche.*

So wichtig die Finanzverfassung eines Staates für die Wachstumsorientierung der Wirtschaft ist, noch grundlegender erscheint mir allerdings seine *Wirtschaftsverfassung* zu sein, was uns in das nächste Hauptkapitel führt. Dort geht es um Geldwertstabilität, Unternehmensformen, funktionierende Märkte und Monopolkontrolle sowie die Förderung von Innovation.

Teil V

Wirtschaft

21

Geld: *Münzverschlechterung zu allen Zeiten*

Eigentlich war der Pfälzer Thomas Nast (1840–1902) Karikaturist der politischen Umstände seiner Zeit. Doch er hinterließ Bleibendes. Im Jahr 1840 in Landau geboren, war er in Kindheitstagen in die USA ausgewandert, wo er Berühmtheit erlangen sollte. Er erfand für die Vereinigten Staaten von Amerika bis heute prägende Ikonen wie den amerikanischen Weihnachtsmann „Santa Claus", gab „Uncle Sam" ein Gesicht und entwickelte den Elefanten als Erkennungszeichen der Republikaner. Doch das bedeutendste von ihm zur Bekanntheit geführte Ikonogramm ist das Dollar-Zeichen \$.[1] Dieses Symbol steht für die inzwischen längst wichtigste Währung der Welt, den Dollar, dessen Name übrigens auf das deutsche Wort „Taler"

---

[1] Sein genauer Ursprung im 18. Jahrhundert ist unklar, dürfte aber mit hoher Wahrscheinlichkeit in der Abkürzung für Pesos liegen, die spanisch-mexikanische Währung, deren Symbol die Vereinigten Staaten nach ihrer Staatsgründung für ihre neue Währung übernahmen.

H.-J. Schmidt-Trenz, *Die Ordnung der Welt,*
https://doi.org/10.1007/978-3-658-51053-4_21

zurückgeht.[2] Das Dollar-Zeichen ist in unzähligen Darstellungen das Synonym für Geld schlechthin.

Moderne Volkswirtschaften sind ohne die Institution des Geldes nicht denkbar. Sie sind Geldwirtschaften, in denen Zentralbanken die Wirtschaft mit Papiergeld versorgen, welches Unternehmen und Menschen ganz selbstverständlich benutzen, obwohl sein Materialwert im Unterschied zu den Edelmetallwährungen früherer Jahrhunderte gegen Null tendiert. Grenzt das nicht an ein Wunder? Deshalb soll hier die Frage gestellt werden: Wie ist das möglich? Und weiter: Welche Funktion erfüllt das Geld und welche Bedingungen müssen dazu vorliegen? Und: Wie ist es dazu gekommen? Fangen wir bei der letzten Frage an:

Bei den Jägern und Sammlern, die ihren Tagesbedarf über Jahrtausende in Form einer Art Subsistenzwirtschaft deckten, war der Bedarf an einem Tauschmittel gering. Man sammelte die Früchte des Waldes, erlegte Tiere und aß die reichhaltige Kost, die die Natur bereithielt. Tausch außerhalb von Familie oder Clan war in dieser Welt eigentlich nicht wirklich notwendig und daher eher die Ausnahme. Wenn man auf einen Fremden traf, der nicht dem eigenen Verband angehörte, ging man ihm wohl eher aus dem Weg. Und wenn er etwas zu bieten gehabt haben sollte, an dem Interesse bestand, dann nahm man es sich wahrscheinlich gewaltsam, oder – im Falle eines Patts – tauschte eben gegen etwas, das man gerade zur Hand hatte und auf Gegenliebe stieß.

Diese Situation änderte sich erst mit der *neolithischen Agrarrevolution* um 11.500 vor Christus, die wir in Kap. 14 bereits beschrieben haben. Vermutlich war es die Konstruktion großer Bauten zur Verehrung der Götter, die eine grö-

---

[2] Begriffsbildend waren die im früheren sudetendeutschen Sankt Joachimsthal (heute tschechisch Jáchymov) geprägten Guldengroschen aus dem frühen 16. Jahrhundert, die als „Joachimsthaler" bezeichnet wurden.

ßer angelegte Zusammenarbeit Vieler über eine Dauer von einigen Jahren erforderte. Dies erzwang Sesshaftigkeit und damit die Kultivierung von Pflanzen und die Züchtung von Tieren. Die heutige Forschung geht davon aus, dass je nach Region der Mais (Amerika), der Reis (Asien) und der Weizen (Europa) bevorzugt angebaut wurden. Ziegen und Schafe erwiesen sich als am leichtesten domestizierbar. Die Wirtschaft, die daraus entstand, wies erste Züge von *Arbeitsteilung* auf. Wer Kultstätten o. ä. baute, konnte nicht zugleich säen und ackern. Viele werden zugleich Ackerbau und Viehzucht betrieben haben, andere sich auf das eine oder andere konzentriert haben. Mit der Aussaat legte man sich lange vorher fest, welche Arten von Feldfrüchten man zeitversetzt ernten würde, was mit allerlei Risiken des Wetters und des Schädlingsbefalls verbunden war. Auch die Viehzucht barg vergleichbare Risiken.

Vor diesem Hintergrund erfuhr der *Tausch* höhere Bedeutung, mussten doch gegebenenfalls Güter, die man konsumieren wollte und selbst nicht oder vergeblich angebaut oder gezüchtet hatte, eingetauscht werden. Vieles spricht daher dafür, dass mit der Agrarrevolution und der einhergehenden Sesshaftigkeit auch die Tauschwirtschaft eine größere Dynamik erfuhr.

Wie hat man sich eine *Tauschwirtschaft* vorzustellen? Wenn ich als Viehzüchter Weizen gegen Ziegenmilch eintauschen möchte, die mir meine Tiere geliefert haben, so benötige ich einen Tauschpartner, der Ziegenmilch schätzt und zugleich in der Lage ist, Weizen bereitzustellen. Wenn ich einen solchen Menschen treffe und mich mit ihm über die Tauschbedingungen einigen kann, dann ist alles wunderbar. Ich kann aber auch an jemanden geraten, der Ziegenmilch schätzt, aber keinen Weizen besitzt. Das hilft dann nicht weiter. Ich kann auf jemanden treffen, der zwar über Weizen verfügt, aber Ziegenmilch verabscheut. Auch diese Begegnung ist nicht zielführend. Unter diesen Bedingungen kann ein Dritter mitunter nützlich sein: Jemand, der Ziegenmilch liebt und Zitronen im Überfluss hat, so dass ich meine Ziegenmilch gegen seine Zitronen eintauschen kann, was ich dann liebend gerne tue, wenn ich weiß, dass mein potentieller (Ziegenmilch hassender) Weizenlieferant Zitronen liebt. Mit den in einer ersten Tauschrunde erworbenen Zitronen kann ich dann gegebenenfalls in einer zweiten Tauschrunde meine gewünschte Ration Weizen eintauschen. Dieser *Dreieckshandel* setzt voraus, dass sich alle Parteien über die Tauschrelationen einig werden. Kurzum: Ein ziemlich aufwendiges Verfahren, das umso aufwendiger wird (zu messen an der Länge der erforderlichen Tauschkette), je spezialisierter eine Ökonomie ist. Es fallen erhebliche Suchkosten nach Tauschpartnern an, *Tauschketten* müssen organisiert werden und die Salden in Produkten, die man nur als Zwischenprodukt eintauscht, bergen das Risiko, dass man auf ihnen sitzen bleibt und erpressbar wird.

Eine erste Form der Abhilfe in dieser Situation ist die Etablierung eines *Marktes*, also eines Treffpunktes, an dem sich an einem bestimmten Tag zu einer gewissen Uhrzeit alle treffen, die etwas tauschen wollen. Das reduziert die Suchkosten, hilft der Findung fairer Tauschrelationen und senkt die Transaktionskosten der Organisation von Tauschketten wie der Beschriebenen.

Wenn mir kein zeitnaher Dreieckstausch gelingt und ich diesen auch nicht abwarten will, kann in dieser Welt natürlich passieren, dass ich als Ziegenmilchproduzent plötzlich Zitronen besitze, obwohl ich eigentlich Weizen haben will und dummerweise noch keinen Weizenlieferanten angetroffen habe, der meine Zitronen will. Schlimmer noch: Die Zitronen verderben nach einer gewissen Zeit. Geschieht dies, bevor ich einen interessierten Weizenlieferanten aufgetrieben habe, dann habe ich buchstäblich mit Zitronen gehandelt.

Wären in dieser Welt Zitronen wie Geld angesehen worden, so hätte ich keine Probleme gehabt. Aber Zitronen waren und sind als Geld nicht wirklich geeignet. Sie verderben, weshalb man mit ihnen keine Werte aufbewahren kann. Und sie werden auch nicht von allen gemocht, weshalb nicht jeder damit bezahlt werden möchte.

Des Rätsels Lösung konnte also nur ein Produkt bringen, das allgemein geschätzt und akzeptiert wurde und nicht verdirbt: Edelmetall, das mit dem Beginn der Metallurgie ab ca. 5000 v. Chr. nach und nach zur Verfügung stand. Relativ leicht zu transportieren war es auch noch. Die allgemeine Wertschätzung von Gold und Silber erwuchs daraus, dass es selten war, glänzte, seine Beschaffenheit von Bestand war und es sein Aussehen über die Zeit nicht veränderte und somit als etwas Besonderes wahrgenommen wurde, was insbesondere in der Verwendung für Schmuckgegenstände seinen Ausdruck fand.

Im frühen Rom wurden kleine Bronzebarren als Zahlungsmittel benutzt. In anderen Regionen der Welt kamen Perlen oder Muscheln zum Einsatz. Wurde Gold anfänglich als Staub, Granulat oder in Form kleiner Stücke/Barren als Zahlungsmedium eingesetzt, beginnt seine Nutzung in Form geprägter Münzen in Lydien durch den legendären König Kroisos um 600 v. Chr. (vgl. Kap. 15). Von dort fand es seinen Weg nach Griechenland, nach Rom, wo die Republik 289 v. Chr. die ersten Münzmeister einstellte, und in die keltische Welt.

Daran, dass sich Gold und Silber als Tausch- und Wertaufbewahrungsmedium aufdrängen *(Metallismus),* hat sich im Prinzip bis heute nichts geändert, auch wenn sie nicht alternativlos sind, wie wir später sehen werden. Nicht umsonst ging der deutsche Begriff für Geld aus dem Begriff

„Gold" hervor; ähnlich im Französischen, wo der Begriff für Geld („argent") soviel wie „Silber" heißt. Durch Verwendung von solcherlei Geld bedurfte es nicht mehr aller möglichen Tauschrelationen in Naturalien, sondern nur noch des Geldpreises, aus dem sich implizit auch die Tauschrelationen ergaben. Praktischerweise wurden die Edelmetalle in standardisierten Mengen benutzt: Münzen bestimmter Größe und bestimmten Gewichts, so dass dieses Geld auch als Recheneinheit fungieren konnte. Es handelte sich um Warengeld, auch *Kurantmünzen* genannt. Bei diesem Geld entspricht der Nennwert dem Metallwert (dieser war in früheren Zeiten i. d. R. nicht aufgeprägt).

Das englische „money" hat begriffstechnisch einen anderen Weg als das deutsche „Geld" oder das französische „argent" genommen und stammt von „Moneta" ab, dem Beinamen der römischen Göttin Juno, in deren kapitolinischem Tempel in Rom eine Münzstätte domizilierte. Spätere römische Münzen bildeten seit Kaiser Domitian (51–96) mitunter Moneta ab, typischerweise mit einer Waage in der Hand.

Der gebildete Leser weiß, dass eigentlich Justitia (die Göttin der Gerechtigkeit) die mit der Waage war. Die Ornamentik vieler Justizpaläste kündet davon. Und nun auch noch Moneta? Aber Waage ist eben nicht gleich Waage. Während die Waage der Justitia sinnbildlich für das gedankliche Abwägen des Pros und Contra eines Falles steht, geht es bei der Waage Monetas um deren eigentliche Funktion: Das Gewicht einer Sache zu wiegen! In diesem Fall das Gewicht einer Münze.

Das war deshalb so wichtig, weil die Falschmünzerei so alt ist wie das Münzwesen selbst. Der Opportunismus (vgl. Kap. 1) machte und macht hier wieder einmal keine Ausnahme. Daher hatten schon die Römer allen Grund, misstrauisch zu sein. Denn der Herausgeber von Münzen war der Versuchung ausgesetzt, nach anfänglich werthaltigen Münzen andere, billigere Metalle beizumischen und so die aus einer gegebenen Menge Edelmetall herzustellende Menge an Geld künstlich und somit seinen Reichtum zu vermehren. Man spricht von *Münzverschlechterung.*

Davon machten zum Beispiel die Reichsfürsten im Dreißigjährigen Krieg (1618–1648) zur Finanzierung ihrer Rüstungsausgaben Gebrauch. Zweiseitige Waagen, sogenannte „Wippen", dienten dazu, die guten Münzen zu „kippen" (auszusondern). Die Kipper der Landesherrn nutzten das wiedergewonnene Edelmetall zur Herstellung neuer, verschlechterter Münzen. Diese Periode ist als die „Wipper- und Kipperzeit" in die Geschichte eingegangen. Wenn die Menschen durch vergleichendes Wiegen alter und neuer Münzen den Unterschied erkannten, endete dieses Unterfangen in „Inflation", so dass schließlich unter sonst gleichen Bedingungen wieder alles beim Alten war.

Wenn Kaiser Domitian Ende des 1. Jahrhunderts also Moneta auf seine Münzen prägen ließ, so wollte er damit dem Publikum bei seinem Glauben an die Götter das heilige Versprechen abgeben, dass diese Münzen nicht verschlechtert seien. Vielleicht war er aber so gerissen, dass er es anders verstanden wissen wollte: Wer sich anmaßte, den Wert seiner Münzen anzuzweifeln, sollte als Gottesfrevler erscheinen.

Es galt aber auch, einen anderen Effekt zu beachten. Die Einführung von Geld führte aus den dargestellten Gründen zur *Einsparung von Transaktionskosten.* Es vereinfachte Austauschbeziehungen und Arbeitsteilung und führte somit ein Wirtschaftswachstum herbei, welches wiederum einen Mehrbedarf an Geld auslöste, wenn man den solchermaßen geölten Wirtschaftskreislauf in Schwung halten wollte. Wenn dieser Mehrbedarf durch Erschließung neuer Edelmetallvorkommen nicht gedeckt werden konnte, blieb nur der Weg der Münzverschlechterung – aber eben der offenbarten, und nicht der betrügerischen. Der Edelmetallgehalt, auch „Münzfuß" genannt, wurde „angepasst". Das schlechtere Geld verdrängte das zuvor geprägte, bessere Geld, da des letzteren Marktwert nun über seinem Nennwert lag, weshalb sich seine Hortung lohnte (Gresham'sches Gesetz). Der Prozess der Münzverschlechterung ging schließlich so weit, dass es zur Einführung von Münzen kam, deren Nennwert deutlich oberhalb ihres Marktwertes lag. Sie waren nachvollziehbarerweise sehr unbeliebt, weshalb häufig ein Annahmezwang postuliert wurde. Dies galt z. B. während eines Teils der Regierungszeit Kaiserin Maria-Theresias von Österreich (1717–1780), die sich aufgrund der Kriege mit Friedrich dem Großen in Geldnöten befand. Wer die Annahmen der Münzen verweigerte, galt als Hochverräter und wurde mit dem Tode bedroht. Wie man sich denken kann, war dies wenig wirtschaftsfördernd. Mehrheitlich wurde ihr Annahmezwang auf den kleinen Geldverkehr („Kleingeld") begrenzt und sie existierten als kleiner Bruder der Kurant-Münzen, zu denen auch die Silbermünze des „Maria-Theresia-Talers" gehörte, dessen Qualität zur Erhaltung der internationalen Handelsreputation nicht angetastet wurde. Vermutlich wegen dieses Unterschieds nannte man das verschlechterte Kleingeld in Deutschland ab dem 17. Jahrhundert *„Scheidemünzen"*. Gesichert ist diese Begriffsherkunft allerdings nicht.

Dass sich, je nach regionaler Verfügbarkeit, Gold und Silber (auch Kupfer und Bronze) grundsätzlich als Zahlungsmittel etablierten, kann als ein evolutionärer Prozess verstanden werden, als eine Regel, die sich aufgrund ihrer natürlichen Vorteile von selbst entwickelte und von selbst stabilisierte (vgl. Kap. 6). Die geschilderten opportunistischen Versuchungen und Standardisierungserfordernisse förderten jedoch auch einen Bedarf nach regulierenden

Eingriffen im Sinne einer „Qualitätssicherung" zutage, die sich in sogenannten *„Münzordnungen"* Ausdruck verschafften. Der Staat/die Obrigkeit übernahm i. d. R. die Herausgabe einer geregelten Währung. Selbstredend, dass auch er sich opportunistisch verhalten konnte, wie die o. g. Beispiele zeigen, und statt für Qualitätssicherung zu sorgen, aus fiskalischem Eigeninteresse selbst die Münzverschlechterung betrieb.

Eine der bedeutendsten Währungsordnungen ist die karolingische Münzordnung vom Ende des 8. Jahrhunderts. Sie führte im Frankenreich eine Silberwährung ein, bei der aus einem sogenannten Pfund aus 406,5 g Silber insgesamt 240 Pfennige geschlagen wurden. Der Silberpfennig entwickelte sich zum wichtigsten Zahlungsmittel des gesamten Mittelalters.

Gold- und Silber-gestützte Währungen vereinfachten auch den Handel zwischen den Angehörigen verschiedener Währungsgebiete, da es ja nicht auf den Prägestempel, sondern auf den Edelmetallgehalt ankam. Unterschiedliche Münzfuße in verschiedenen Landen erzeugten gleichwohl immer noch gewisse Transaktionskosten: Umtauschkurse mussten errechnet werden. Diese verbliebenen Transaktionskosten zu vermeiden, war Anlass, erste *„Währungsunionen"* über politische Grenzen hinweg zu bilden, wie z. B. den Rheinischen Münzverein der vier rheinischen Kurfürsten oder den Veroneser („Berner") Währungsraum zwischen Verona und dem Inntal. Im zersplitterten Deutschland dauerte die Vereinheitlichung des Münzfußes bis zur Einführung der Goldmark im Jahr 1871. Die 20-Mark-Münze hatte demnach 7,16845 g Feingold zu beinhalten und blieb bis zum 1. Weltkrieg in Umlauf.

In einer wachsenden Geldwirtschaft wird irgendwann das Münzgeld selbst zur Last, wenn große Beträge transferiert werden müssen. Dann mussten mehr oder weniger mit Begleitschutz versehene Fuhrwerke, die mit Zentnern von Gold oder Silber beladen waren, über Land fahren und den Weg zum Gläubiger finden. Ein gefundenes Fressen für Räuber, angebliche „Beschützer" und fahrendes Volk und somit ein unkalkulierbares Sicherheitsrisiko für Schuldner und Gläubiger, die sich kurzum hohen Transaktionskosten ausgesetzt sahen, die manchen Handel verhindert haben werden. Es musste also irgendwann eine Antwort her, und die bestand im *Schuldschein,* einer neuen Institution.

Wenn Händler sich in einer wiederkehrenden Geschäftsbeziehung befanden, so war es nicht notwendig, jeden Saldo sofort durch einen Bargeldtransfer auszugleichen. Dank der Verrechnungseinheit, die das Geld darstellte, konnten Schulden an Geld aufgezeichnet und immer wieder gegenseitig verrechnet werden, so dass Salden allenfalls gelegentlich tatsächlich in Bar ausgeglichen wurden. Diese Art Schuldschein steht am Beginn des *bargeldlosen Zahlungsverkehrs.* Das funktionierte natürlich nur zwischen Geschäftspartnern, die von der gegenseitigen Bonität überzeugt waren. Und es versteht sich von selbst, dass für den, der am großen Geschäft teilnehmen wollte, seine Bonität das höchste Gut darstellte, weil es die Voraussetzung der Teilhabe darstellte (vgl. Kap. 5).

In einem nächsten Schritt konnten Schuldscheine von Schuldnern guter Bonität nicht nur untereinander Verwendung finden, sondern vom Gläubiger auch zur Bezahlung Dritter eingesetzt werden, wenn sie den Schuldschein akzeptierten. Womit er zum „*Wechsel*" wurde: Der bisherige Gläubiger (Indossant) hatte dazu auf der Rückseite zu unterschreiben (Indossament) und konnte dann seine eigenen Schulden damit bezahlen. Ein solcher Wechsel konnte immer wieder als Zahlungsmittel eingesetzt werden. Wollte der letzte Gläubiger schließlich sein Geld tatsächlich in Bar, so bedurfte es einer ununterbrochenen Kette von Indossamenten auf dem Schuldschein und er konnte vom ursprünglichen Schuldner eine Auszahlung verlangen. Damit lag eine Frühform von *Papiergeld* vor *(Kreditgeld)*. Es beruhte auf dem abstrakten und handelbaren Zahlungsversprechen eines Schuldners guter Bonität. Was, möchte man fragen, war ein moderner 100 DM-Schein anderes?

Es galt, ein weiteres Problem zu lösen: Wer in Vorleistung trat und zunächst nichts anderes als einen Schuldschein erhielt und akzeptierte, musste also an die Werthaltigkeit des Schuldscheins, also das Zahlungsversprechen des Schuldners glauben (lateinisch credere). Er gab ihm also „*Kredit*". Dabei konnte Kredit nur geben, wer nicht von der Hand in den Mund lebte, sondern Rücklagen besaß. Viele längerfristige Geschäftsbeziehungen stellten sich so dar, dass man sich wechselseitig Kredit einräumte und man davon ausging, dass sich die wechselseitigen Zahlungsversprechungen langfristig ausgleichen würden.

Während der Händler davon ausging, dass sein Kredit in einem angemessenen Zeitraum durch eine werthaltige Warenlieferung mehr oder weniger ausgeglichen wurde, fand der Übergang zum *Bankier* dann statt, wenn er stattdessen einen *Zins* auf seine offenen Forderungen erwartete. Dank der Erfindung des Zinses konnten sich auch solche Personen in die vorteilhafte Position des Schuldners bringen, die keine Teilnehmer am Warenverkehr waren, sondern schlicht Geldbedarf hatten und die Rückzahlung dereinst in Geld beabsichtigten.

Der Zins war und ist also ein Preis, den zu entrichten man gegebenenfalls bereit ist, um sofort über Geld zu verfügen, das man nicht besitzt. Von einem klugen Banker wird man es daher nur erhalten, wenn man etwas anderes besitzt: „*Sicherheiten*", die zum Zeitpunkt des vereinbarten Rückzahlungstermins gegebenenfalls liquidiert werden können, wenn der Schuldner nicht flüssig oder säumig ist (vgl. Kap. 10). Eine Vorstellung davon, was der Schuldner mit dem Geld anstellen will, kann zwar in einem solchen Fall nicht schaden. Aber das ist dem Banker i. d. R. nicht so wichtig wie die „Sicherheit". Sonst wäre er ja Mitunternehmer und nicht Bankier.

Geldverleiher sind seit dem 12. Jahrhundert belegt, und sie gingen wohl aus den Geldwechslern hervor, deren Tresen, die *„Bank",* namensgebend für eine neue Institution wurde, ohne die moderne Volkswirtschaften nicht mehr auskommen.

Jakob Fugger (1459–1525), mit umgerechnet ca. 400 Mrd. € Vermögen der vermutlich reichste Mann, der neben Elon Musk (*1971) je gelebt hat, gab Kaiser Karl V. (1500–1558) Anfang des 16. Jahrhunderts große Kredite, um seine Krönung zum römisch-deutschen König zu bewerkstelligen. Es war ein Wahlamt und Bestechungszahlungen an die Kurfürsten mussten finanziert werden (vgl. Kap. 20). Dass Jakob Fugger später die Schuldscheine generös in Anwesenheit des in puncto Liquidität klammen Kaisers im Kaminfeuer verbrannt haben soll, ist eine wunderbare Legende, nicht mehr. Schürfrechte an Tiroler Kupfer- und Silberminen dienten als Sicherheit und wurden schließlich in der Folge zur Tilgung an den Fugger übertragen.[3] Übrigens auch Zeichen eines gezähmten Opportunismus und entwickelten Rechtsstaats. Denn Karl V. hätte den Fugger ja auch schlicht drangsalieren, ins Gefängnis werfen oder gar Schlimmeres veranlassen können, um sich seiner Verpflichtungen zu entledigen.

Es verdient, an dieser Stelle erwähnt zu werden, dass viele der großen *Religionen/Ideologien* dieser Welt den Zins als ungerechtfertigt und gottlos verteufelt und abgelehnt haben, teilweise bis heute. Diese Aussage gilt für das Christentum, das Judentum, den Islam sowie den Kommunismus.

---

[3] Näheres bei Amend-Traut (2022).

Dies ändert freilich nichts daran, dass ohne die Institution des Zinses eine moderne Volkswirtschaft ebenso wenig darstellbar ist wie ohne Geld. Ohne Zins gibt niemand auf längere Sicht Geld an einen Dritten, bedeutet es doch Konsumverzicht für ihn. Den möchte er in der Regel entgolten haben. Und der Dritte ist in der Regel zur Zinszahlung bereit, da er sofort über flüssige Mittel verfügen kann, mit denen er seinen Gegenwartskonsum erhöhen kann. Zu einer positiven Zinszahlung ist er immer dann bereit, wenn ihm Konsum heute lieber ist als Konsum morgen. In einer Gesellschaft *ohne* Zins wird am Ende kaum gespart, kaum Geld verliehen und kaum investiert. Eine solche Wirtschaft ist schwerlich von Bestand. Somit stellt sich die Frage: Wie lösten die genannten Religionen/Ideologien dieses Dilemma?

Im real existierenden Kommunismus war es die Planbürokratie, die Mittel für Investitionen *bürokratisch* bestimmte, einplante und verausgabte, statt dies dem Spiel des Geldmarkts und der Banken zu überlassen. Ob die Planbürokratie über das notwendige Wissen verfügte, das notwendig gewesen wäre, um richtige Investitionsentscheidungen zu treffen, darf im Lichte der Erfahrungen mit diesem System bezweifelt werden.

Die Christen des Mittelalters erfanden das „*Disagio*" (italienisch für „Abschlag"). Man zahlte schlicht einen geringeren Betrag aus als den, der als nominelle Kreditsumme im Vertrag stand und später zurückzuzahlen war. Diese Differenz war das Disagio. Es war letztlich äquivalent mit dem Zins. Noch heute wird ein Mischsystem aus Disagio und Zins genutzt, um mittels eines gewissen Disagios den nominellen Zins kleiner auszuweisen als er ohne Disagio betragen würde. Kreditnehmer sollten sich davon nicht täuschen lassen und nach dem „effektiven" Zins fragen, der das Disagio beinhaltet.

In die Lücke, die die Christen mit ihrer religiösen Verklemmung gegenüber dem Zins zeigten, sprangen im Mittelalter einige jüdische Mitbürger. Denen war der Zins zwar ebenso durch göttliches Gebot verboten, doch galt dies, so die herrschende jüdische Lehre, nur unter Juden. Gegenüber Glaubensbrüdern konnten sie natürlich ebenfalls mit dem Disagio arbeiten. Gegenüber Christen aber konnte ein Jude durchaus eine explizite Verzinsung verlangen. In der Folge entwickelten sich jüdische Kaufleute rasch zu führenden Bankiers in allen europäischen Staaten. Mittelalterliche Pogrome (Judenverfolgungen) erhalten vor diesem Hintergrund eine weitere Dimension. Lassen wir einmal dahin gestellt bleiben, wie groß der Anteil christlich-religiöser Eiferer an diesen Ausschreitungen und Morden war. Tatsache ist, dass sich viele Christen auf diesem Wege auch ihrer Schulden entledigen konnten. Es handelte sich um Opportunismus in seiner scheußlichsten Form.

Auch die Scharia des Islam lehnt den Zins als „ungerechtfertigten" Gewinn ab, was in Teilen der Welt bis heute beachtet wird. Banken, die sich daran orientieren, folgen dem *„Islamic banking"*. Selbstverständlich musste und muss auch hier ein Aliud für den Zins her. Während beim herkömmlichen Kredit der Schuldner einen Zins zahlt und dieser allein das Gewinn- und Verlust-Risiko seiner Investition trägt, ist die Bank beim Islamic banking an den Gewinnen oder Verlusten beteiligt. Das macht sie also zu einem Mitunternehmer statt reinem Kreditgeber. Der feste Zins wird also durch eine Gewinnbeteiligung ersetzt, die einer Wahrscheinlichkeitsverteilung folgt, die der Bankier einschätzt. Er ist damit faktisch Investor und die „Islamic bank" damit neudeutsch ein „investment banker".

Wir sehen: So oder so, das Geld, das Kaufkraft verleiht, hatte und hat immer seinen Preis. Lediglich dessen institutionelle Verpackung variiert je nach religiös/ideologischem

Hintergund – ein Beispiel für den prägenden Charakter von Weltanschauungen auf unsere Institutionen (vgl. Kap. 13)

Kommen wir zurück zum Geld an sich. Wie wir oben gesehen haben, konnten die steigenden Transaktionskosten des Edelmetall-basierten Münzwesens (Metallismus) durch die Erfindung des Schuldscheins und des Wechsels gesenkt und so die Arbeitsteilung und das Wirtschaftswachstum weiter vorangetrieben werden. Auch diese Institutionen entwickelten sich spontan, das heißt aus dem Handeln der Kaufleute. Unbeschadet der Tatsache, dass sich in späteren Zeiten (und bis heute) der Gesetzgeber der weiteren Normierung dieser „Finanzinstrumente" angenommen und gesetztes Recht geschaffen hat.

Auch diese Finanzinstrumente involvierten natürlich immer noch gewisse Transaktionskosten. Was war, wenn der ursprüngliche Schuldner nicht mehr zahlen konnte und der Wechsel „platzte"? Was war, wenn die Abfolge der Indossamente lückenhaft war oder Anlass zum Verdacht bestand, dass der Wechsel gefälscht war? Aus all diesen Gründen bestand also durchaus Regelungsbedarf. So hielt die Suche nach weiteren Möglichkeiten an, die Transaktionskosten des Geldverkehrs noch weiter zu senken.

Eine weitere Antwort war die Erfindung der Institution der *Banknote*. Die Banknote ist nichts anderes als eine Inhaberschuldverschreibung der herausgebenden (Zentral-) Bank, die dem Inhaber der Note das Recht auf eine Gegenleistung der Zentralbank gibt. Diese Leistung kann, wie früher, im Umtausch in Gold oder Silber bestehen, oder im abstrakten Versprechen auf „Werthaltigkeit" wie heute. Statt kistenweise Edelmetall zu transportieren, konnten Zahlungen nun buchstäblich leicht mit Banknoten getätigt werden.

Heute ist die Banknote praktisch in jedem Land als „gesetzliches Zahlungsmittel" für Schulden, Steuern und Gebühren vorgeschrieben. Ihre hohe Verkehrsfähigkeit senkt die Transaktionskosten erheblich. Aber auch hier bleibt ein Problem, und zwar die wegen ihrer hohen Verkehrsfähigkeit bestehende Versuchung, Banknoten zu fälschen. Die Transaktionskosten der Verwendung von Banknoten bestehen neben den Kosten ihrer Beschaffung hauptsächlich in der Verhinderung und Aussonderung von Fälschungen. Ein steter Wettlauf mit der kriminellen Energie, von der wir umgeben sind.

Das China der ersten Jahrtausendwende (Song-Dynastie) gilt als Erfinder der Banknote; seinerzeit zur Finanzierung eines Krieges angesichts von Münzknappheit. Schon damals führte fehlende Deckung zu Inflation. In Europa war es eine private (Noten-)Bank, die Bank von Stockholm, die im Jahr 1661 die ersten Banknoten herausgab, denen mangels hinreichendem Vertrauen in deren Werthaltigkeit nur mäßiger Erfolg beschieden war. Im Jahr 1694 wurde von dem schottischen Kaufmann William Paterson (1658–1719) auf der Grundlage königlicher Genehmigung die Bank of England gegründet. Und in Deutschland gab die kölnische „Banco di gyro d'affrancatione" mit Zustimmung des Kurfürsten 1705 die ersten „Bancozettel" aus. Faktisch handelte es sich bei diesen Zetteln/Papieren um Quittungen für in der Bank hinterlegte und verwahrte Münzen/Edelmetalle. Diese Notenbanken und ihre „Paten" waren natürlich wieder einer schrecklichen und opportunistischen Versuchung ausgesetzt: mehr Banknoten (Quittungen) auszugeben als tatsächlich an Edelmetall hinterlegt war. Insbesondere die Finanzierungsbedarfe der englischfranzösischen Kolonialkriege, des Siebenjährigen Krieges und der Revolutionskriege der französischen Revolution im 18. Jahrhundert öffneten dieser Versuchung Tür und Tor, so dass zunächst Inflation und dann Abstinenz des Publikums vom Papiergeld die Folge war, das diesem Instrument nun misstrauisch begegnete.

Vor diesem Hintergrund war das Deckungsversprechen, jede Banknote sei durch Kurantmünzen oder entsprechendes Edelmetall hinterlegt, für das Vertrauen des Publikums elementar. Doch war es andererseits auch nicht dienlich, da die zur Verfügung stehende Edelmetallmenge damit die Menge der Noten begrenzt und eine wachsende Wirtschaft womöglich gebremst hätte. In der Realität der Reichsbank der Kaiserzeit stellte sich in den Zeiten des *Goldstandards* heraus, dass es ausreichte, lediglich ein Drittel des Nennwerts der herausgegebenen Noten in Gold zu halten. Denn im Schnitt wurde nur jede dritte Banknote mit dem Wunsch nach Umwechslung in Gold präsentiert. So war es möglich, die Menge an Notengeld deutlich über die verfügbare Edelmetallmenge auszudehnen, ohne dass dies zu Verwerfungen geführt hätte.

Als *Game-Changer* erwies sich dann der 1. Weltkrieg. Der Finanzierungsbedarf dieser Urkatastrophe des 20. Jahrhunderts übertraf alles, was bisher dagewesen war und führte in kürzester Zeit in praktisch allen teilnehmenden Staaten zur Aufhebung der Deckungspflicht. Dem Publikum wurde eingeredet, dass im Falle des zu erwartenden Sieges, den jede Seite für sich vorhersah, die Normalität angesichts reicher Kriegsbeute wieder hergestellt würde. Dieser Appell an den Patriotismus hat dann auch mehr oder weniger funktioniert, bis zur allgemeinen Erschöpfung. Und im unterlegenen Deutschland brannte die Hütte. Nicht nur, dass die Kriegsanleihen nicht zurückgezahlt werden konnten, zusätzlich kamen jetzt noch Reparationsverpflichtungen in Gold bzw. Fremdwährung hinzu. Als diese im Januar 2023 nicht mehr beglichen werden konnten und die Alliierten als Antwort das Ruhrgebiet besetzten, rief die

Reichsregierung zum Generalstreik mit der Zusicherung der Lohnfortzahlung durch den Staat auf. Das war nur über die Notenpresse möglich und löste die wohl dramatischste Geldentwertung der Geschichte aus. Die *Hyperinflation* ging so weit, dass 1 US\$ am 20. November 1923 4,2 Billionen (Papier-)Mark kostete. Die am 15. November eingeführte, mit Grundschulden hinterlegte *Rentenmark* stabilisierte die Verhältnisse schlagartig. Ihr Umtauschkurs zur (Papier-)Mark betrug 1: 1 Billion. Nicht einmal 1 Jahr später wurde am 20. August 1924 die *Reichsmark* aus der Taufe gehoben, deren Kurs zur Rentenmark auf 1:1 festgesetzt wurde. Die letzten Scheine der Rentenmark wurden 1939 ausgegeben. Die Reichsmark war de facto eine reine Papierwährung. Ihr war zwar fiktiv eine Golddeckung zugeordnet, doch war diese nicht einlösbar.

Es begann das Zeitalter des *Fiat-Gelds,* in dem auf eine echte Hinterlegung mit Edelmetallen verzichtet wurde. Sein Wert beruht ausschließlich auf dem Vertrauen in die herausgebende Institution, die Geldschöpfung auf eine Menge zu begrenzen, die den Geldwert stabil hält.

Fiat ist in diesem Fall keine italienische Automarke, sondern steht lateinisch für: „Es geschehe". Fürwahr ein Wunder, oder? Denn nun konnte Geld scheinbar aus dem Nichts geschaffen werden. Aber das trifft es nicht wirklich. Was oberflächlich betrachtet als Nichts erscheint, kann man zwar nicht sehen, aber es ist für eine erfolgreiche Währung zwingend: *Vertrauen.* Wo es nicht besteht oder verloren geht, eignet sich das Papiergeld am Ende nur noch zum Anheizen des Kaminfeuers. Dieses Vertrauen zu schaffen und zu erhalten, ist die entscheidende Herausforderung für die institutionelle Struktur des Papiergeldes, wie wir es heute kennen. Direkte Eingriffsmöglichkeiten der Regierungen in die Geldschöpfung stehen krass im Gegensatz dazu. Die Geschichte der Selbstbedienung der Staatsspitzen ist

Legion, und ich habe oben zahlreiche Beispiele für eine daraus folgende Zerrüttung der Verhältnisse aufgeführt. Es kommt also darauf an, eine Brandmauer zwischen der Regierung und ihrem fiskalischen Eigeninteresse an der wunderbaren Geldvermehrung einerseits und der auf die Geldwertstabilität[4] verpflichteten Herausgeberinstitution des Geldes andererseits zu ziehen. Soll die Geldwertstabilität Vorrang haben, so muss die das gesetzliche Zahlungsmittel herausgebende „*Zentralbank*" vom Finanzministerium und der Regierung völlig „unabhängig" sein. Vor diesem Hintergrund erweist sich in einer modernen Volkswirtschaft die Zentralbank als Teil der Institutionen, denen eine eigenständige Rolle im System der *Gewaltenteilung* gebührt (vgl. Kap. 17). Seit der Erfindung des Fiat-Geldes bedarf es mehr denn je neben der Legislative, Exekutive und Judikative einer ebenso unabhängigen „*Monetative*".

Doch was heißt unabhängig? Da gibt es zum einen die Spielregeln der Benennung und Ausgestaltung der Mitglieder des Gremiums, das die geldpolitischen Entscheidungen trifft. Die mögen mehr oder weniger auf Unabhängigkeit orientiert sein. Doch dann gibt es immer noch die Frage, wie unabhängig die agierenden Personen tatsächlich sind oder ob sie nicht doch über (partei-)politische Karriereleitern mit dem Regierungskomplex verbun-

---

[4]Von Geldwertstabilität sprechen Zentralbanker gemeinhin dann, wenn die Inflation 2 % beträgt. Auf dieses Ziel sind ihre geldpolitischen Maßnahmen i. d. R. angelegt. Warum nicht 0 %? Eine maßgebliche Ursache dafür liegt darin, dass sich als langfristige Gesetzmäßigkeit herausgestellt hat, dass die Produktivität einer Volkswirtschaft wächst. Das können Mengeneffekte sein oder auch eine Verbesserung der Qualität der Waren. In einem gewissen Umfang (ca. 1 %) sind Preissteigerungen daher gerechtfertigt und stellen keine Inflation im engeren Sinne dar, sondern sind Ausweis der Tatsache, dass der Güterkorb, der der Inflationsmessung zugrundeliegt, von höherer Qualität ist als sein letztjähriges Pendant. Der Rest der Erklärung ist ein Pufferabstand zur Null-Linie, um deflationäre Tendenzen zu verhindern.

den sind. Sind es Fachleute, die die Sitze im Gremium besetzen, oder ehemalige Politiker?

Für die Deutsche Bundesbank als Hüterin der D-Mark galt deren Unabhängigkeit als ausgeprägt. Die *Europäische Zentralbank* (EZB) hat zwar ein sehr unabhängig ausgestaltetes Statut. So werden die Mitglieder des Direktoriums für 8 Jahre und ohne Recht auf Wiederwahl von den Regierungen der Mitgliedsstaaten auf Empfehlung des Europäischen Rates und nach Konsultation des Europäischen Parlamentes ernannt. Aber die Besetzungspolitik, bei der Ex-Minister Spitzenpositionen bekleiden, lässt Fragen zu. Dass die EZB während der Finanzkrise nach 2009 Schuldverschreibungen europäischer Länder aufkaufte und damit deren Defizite finanzierte, gilt vielen als Durchbrechen der Brandmauer. Es war die moderne Form der Münzverschlechterung, die wir schon in früheren Jahrhunderten kennengelernt haben, und es endete, wie es stets endet und enden musste: in Inflation.

Das Zeitalter des Papiergeldes stellte auch die internationalen Währungsbeziehungen vor eine neue Herausforderung. Zu Zeiten des Goldstandards sorgte der internationale Marktpreis für Gold für ein einheitliches Währungssystem in allen Staaten, die Goldmünzen einsetzten und ihre Banknoten entsprechend hinterlegten. Der 1. Weltkrieg hat dieses „goldene Zeitalter" fixer Wechselkurse zum Einsturz gebracht. Deutschland, Frankreich und England waren an die Grenzen ihrer ökonomischen Leistungsfähigkeit gebracht und zu Schuldnern geworden. Der 2. Weltkrieg sollte alles Vorangegangene noch einmal übertreffen, so dass nach seinem Ende 70 % der Goldreserven in den Händen der USA lagen, die den Krieg der Alliierten in Europa maßgeblich finanziert hatten. Der US$ war endgültig zur internationalen Leitwährung avanciert.

Die Idee einer einheitlichen Währung, wie sie dem Metallismus bzw. Goldstandard inhärent war, wurde nun auch auf die Welt des Fiat-Geldes übertragen. Entsprechend wurden im in den Jahren 1944/1945 geschaffenen *System von Bretton-Woods* feste Wechselkurse festgelegt: Für den Dollar galt, dass 35 $ mit einer Unze Gold zu hinterlegen waren: Jede Währung erhielt einen festen Wechselkurs zum US$ und damit auch untereinander. Die Zentralbanken hatten mit ihren Devisengeschäften dafür zu sorgen, dass sich ihr jeweiliger Wechselkurs in einer Bandbreite von +/- 1 % bewegte. Der *Internationale Währungsfonds* und die *Weltbank* wurden geschaffen, um dieses System zu unterstützen. Das dadurch wiedergewonnene Vertrauen ermöglichte einen beispiellosen wirtschaftlichen Aufschwung nach dem 2. Weltkrieg.

Das System von Bretton-Woods erforderte jedoch eine hohe Disziplin der Mitgliedsstaaten. Jeder nationale Versuch, „Münzverschlechterung" zu betreiben, war erschwert, was gut war. Und doch führten Unterschiede in der Lohn-, Fiskal- und Wirtschaftspolitik zu Spannungen, die sich in Auf- oder Abwertungspressionen einzelner Währungen widerspiegelten, die so groß wurden, dass sie nur durch diskretionäre Anpassung der Währungsrelationen aufgefangen werden konnten. Als die deutsche Bundesregierung 1971 den DM-Kurs vollständig freigab, wertete die DM um fast 10 % auf. Japan, die Schweiz und Großbritannien folgten 1973. Das System fester Wechselkurse wurde durch eines *flexibler Wechselkurse* abgelöst. Es folgte eine Zeit starker Wechselkursschwankungen, die mit Einführung des Europäischen Währungssystems 1979 eingedämmt und mit Einführung des Euro innerhalb Europas wieder gänzlich beseitigt wurden. Dessen Zukunft wird sich daran entscheiden, wie erfolgreich die europäischen Regierungen ihre Wirtschafts- und Fiskalpolitik einschließlich wirksamer

Schuldenbremsen nachhaltig harmonisieren und wie dauerhaft unabhängig die Europäische Zentralbank agiert. Die hier und da zu beobachtenden Versuche, die Schuldenbremse aufzuweichen, sind nichts anderes als eine moderne Form der Münzverschlechterung.

Zum Münz-, Kredit- und Papiergeld gesellte sich derweil noch das *„Plastikgeld"* und inzwischen das elektronische oder *„Kryptogeld"*. Das Plastikgeld funktioniert im Kern wie Kreditgeld. Gegenüber dem Gläubiger haftet die Bank, die dem Schuldner im Form einer Kreditkarte einen Kreditrahmen genehmigt hat. Beim Kryptogeld ist diese Frage weit schwieriger zu beantworten. Hier gibt es nicht „die" Bank, die haftet. Kryptowährungen sind vielmehr dezentral auf der Basis der Blockchain organisiert, an die man sich mittels eines „private key" ankoppelt. Insofern erinnert die Blockchain, die von einem sogenannten Genesis-Block ihren Ausgang nimmt, gewissermaßen an die Indossamente des Wechsels (s. o.). Es gibt also zunächst keinen institutionellen „Ansprechpartner". Inzwischen entwickeln sich Kryptobörsen in gewisser Weise hierzu (wie z. B. Coinbase) und bieten teilweise Versicherungen gegen Hacks und technische Fehler an. Die staatliche Regulierung ist noch in den Kinderschuhen, aber aus Gründen der Qualitätssicherung so notwendig wie eh und je. Und genau so wichtig bleibt es, auch hier darauf zu achten, dass der Regulierer nicht selbst zum Opportunisten wird.

22

Unternehmen: *Die Klöße in der Marktsuppe*

Hunger und Durst standen am Anfang der allerersten Unternehmen. Soweit es das erste schriftlich erwähnte Unternehmen der Weltgeschichte betrifft, war es der Durst. Genauer war es der Durst nach Bier, und er wurde durch *Brauereien* gestillt, die im 4. Jahrtausend vor Christus im mesopotamischen Ur (heute Irak) residierten. Bier war neben Wasser das wichtigste Getränk und wohl auch Handelsprodukt dieser Epoche.[1] Mit den Bieren der Welt vertraute Kenner mit schneller Auffassungsgabe könnten nun auf den verwegenen Gedanken kommen, dass der vom Pilsner Bier bekannte Namenszusatz „Urquell" etwas mit dem mesopotamischen Ur zu tun haben könnte. Das würde durchaus Sinn machen, ist aber doch nur ein Zufall. „Ur" als Teil des Wortes „Urquell" ist vielmehr germanischen Ursprungs und bedeutet „ursprünglich, sehr alt, am Anfang stehend", was für die Brauart in Pilsen unzweifelhaft gilt.

---

[1] Vgl. Röllig (1970) und Damerow (2012).

H.-J. Schmidt-Trenz, *Die Ordnung der Welt*,
https://doi.org/10.1007/978-3-658-51053-4_22

Denn es war der bayrische Braumeister Josef Groll, der 1842 im tschechischen Pilsen das erste helle, untergärige, hopfenbetonte Bier mit heller Malze präsentierte. Weshalb Pilsen Namensgeber für das „Pils" wurde.

Das Pils hat leider gar nichts zu tun mit dem Bier, das vor 4000 Jahren in Ur gebraut wurde. Es war wohl ein eher trüber, säuerlicher Gerstenbrei. Hopfen und Malz kamen als Ingredienzen noch nicht vor. Was für dieses Kapitel an den Vorgängen in Ur besonders wichtig ist: Bier erforderte einen komplexeren Produktionsprozess, so dass davon ausgegangen werden kann und muss, dass zu dessen Produktion Menschen ihre Arbeitskräfte bündelten und als Team zu Werke gingen. In einem solchen Arbeitsteam war es erforderlich, einige Grundregeln festzulegen:

(1.) *Wer entscheidet?*
Konkret: Wer trifft die Beschaffungs-, Produktions- und Absatzentscheidungen?
(das Entscheidungsproblem),
(2.) *Wer trägt Was und Wieviel bei?*
Konkret: Wie sieht die entsprechende Arbeitsorganisation aus?
(das Kontributionsproblem),
(3.) *Wer erhält am Ende Was?*
Konkret: Wie erfolgt die Verteilung der Erträge der gemeinsamen Arbeit?
(das Verteilungsproblem).

Das Regelbündel, das alle diese Inhalte regelt (und ggf. noch eine Ziffer (4.), siehe unten), macht die Organisation aus, die wir heutzutage „Unternehmen" nennen.[2]

---

[2] Vgl. Coleman (1979) sowie Schmidt-Trenz (2023), S. 112 ff.

Überall dort, wo die Menschen als Team arbeiten mussten, um ihre Ziele zu erreichen, entwickelten sich folgerichtig also Organisationsformen, die zumindest Anklänge an das haben, was wir heute als Unternehmen bezeichnen. *Jagdgemeinschaften* der Jäger und Sammler, um Großwild wie den Europäischen Waldelefanten oder das Mammut zu erlegen, fallen in diese Kategorie und sind mindestens seit ca. 300.000 vor Christus belegt.[3] Es waren wahrscheinlich Unternehmen auf Zeit, die sich nach erfolgreicher Jagd wieder auflösten. Es kann vermutet werden, dass eine solche Gruppe eine gewisse optimale Größe aufwies. War sie erreicht, war es wahrscheinlich nicht so leicht, als Bewerber aufgenommen zu werden. Möglicherweise hat man einen wie auch immer gearteten Eintrittspreis entrichten und bei der Verteilung der Beute erst einmal „klein anfangen" müssen. Schon Jagdgemeinschaften dürften also einen „Wert" besessen haben, der das Handeln der Insider und Outsider beeinflusst hat.

Diese Jagdgruppen dürften, zumindest temporär, auch Elemente von Autoritätsbeziehungen aufgewiesen haben. Setzte sich ein Mammut im Jagdgeschehen zur Wehr, war nicht die Zeit für ausgedehnte Diskussionen über die einzuschlagende Taktik. Nur die Übertragung von Kommandogewalt an einen Anführer sicherte in einer solchen Situation die Reaktionsfähigkeit und -schnelligkeit und damit das Überleben der Gruppe.

Mit der neolithischen Revolution ab ca. 11.500 vor Christus stellte auch die Landwirtschaft immer größere

---

[3] In Schöningen (Niedersachsen) wurden (die Schöninger-)Wurfspeere gefunden, die gemeinsam mit anderen Funden auf eine gemeinschaftliche Großwildjagd um 300.000 vor Christus schließen lassen. Das Leibniz-Zentrum für Archäologie (LEIZA) berichtet auf leiza.de am 2.3.2023, dass Neandertaler bei Halle um 125.000 vor Christus gemeinschaftlich Waldelefanten jagten. Ein einziger dieser bis zu 13 t schweren Elefanten bot 2500 Essensportionen, woraus die Forscher schließen, dass „die Neandertaler zumindest zeitweise in viel größeren Gruppen zusammenkamen" und auch Kenntnisse der Konservierung hatten.

Herausforderungen an Teamarbeit. Vieles konnte innerhalb der Familie oder des Clans bewältigt werden, wobei die Spielregeln des Miteinanders durchaus beinhalteten, was ein Unternehmen gemäß der obigen Logik ausmacht. Es handelte sich um *„Familienunternehmen"* in ihrer ursprünglichsten Form. Die „Entlohnung" konnte hier neben der Sicherung der Ernährungsgrundlage auch in der wechselseitigen Fürsorge bestehen; sozusagen eine betriebliche Kranken- und Altersversorgung.

Die Bewirtschaftung größerer Flächen mittels Bewässerungssystemen, die schon früh belegt sind, musste infolge der größeren Zahl Beteiligter zwangsläufig mit einer größeren Formalisierung der Antworten auf die oben aufgeworfenen drei Fragen einhergehen. Wir müssen davon ausgehen, dass sich davon ausgehend eine gewisse gesellschaftliche *Hierarchisierung* entwickelt hat: Personen, die zum Zwecke der Koordination eine gewisse Form von Aufsicht und Autorität ausübten und am Überschuss beteiligt waren, und solche Personen, die mehr oder weniger fix entlohnt wurden. Das schließt nicht aus, dass eine wie auch immer geartete Teilmenge des Teams an den Entscheidungen beteiligt war.

Moderne Forschungen zeigen, dass die Menschen der Frühzeit in der Tat viel egalitärer unterwegs waren als noch bis vor kurzem angenommen worden ist. Egalitäre und autoritäre Herrschaftsformen lösten sich beispielsweise auch innerhalb derselben Gruppe immer wieder ab – mit einer Tendenz zur autoritativen Führung, wenn Krisenzeiten herrschten und einer Rückkehr zu partizipativen Mustern, wenn diese wieder vorbei waren.[4] Die oben erwähnten Jagdgruppen sind ein gutes Beispiel hierfür: im Jagdgeschehen eine Hierarchie, ansonsten egalitär. Auch die Tradition der Germanen zeigt dieses Muster, wie bereits in

---

[4] Siehe Graeber/Weingrow (2021), S. 125–132.

Kap. 10 dargelegt wurde: Nach allem, was wir heute wissen, verhielten sie sich egalitär; nur in Kriegszeiten wählten sie einen Anführer, der sich nach einer Befriedung wieder einzureihen hatte. Auch hier bildeten Krisenreaktionsfähigkeit und -schnelligkeit die Ursache von Hierarchisierung. Sie blieb aber vorwiegend fallweise. Die *Organisationsform der Gruppe* war also im Grunde höchst *flexibel und variabel,* verschiedenen Situationen jeweils angepasst. Wobei die Inhaber einer hierarchischen Machtposition diese nach getaner Arbeit nur ungern wieder aufgegeben haben dürften, wie wir schon am Beispiel von Arminius alias Hermann (Kap. 10) gesehen haben. Julius Caesar, mehrfach zum befristeten Diktator gewählt, wollte davon ebenso wenig ablassen wie Diktatoren der Moderne (z. B. Adolf Hitler, Benito Mussolini, Ferdinand Marcos etc.), die sich unter Berufung auf *Notstände* hatten „ermächtigen" lassen und den Notstand nie für beendet erklärten.

Aber zurück nach Ur und dem „Notstand", den Durst statt mit bloßem Wasser auf höherwertige Weise zu stillen, nämlich mit Bier. Die Bierproduktion in Ur war von vornherein auf Dauer angelegt, und sie erforderte eine entsprechende, ebenfalls auf Dauer angelegte Organisationsform: ein Unternehmen. Ökonomen verbinden den Begriff des Unternehmens vor allem mit *Autorität*sbeziehungen. In der reinen Lehre heißt das soviel wie: Eine Person (oder eine kleine Gruppe) hat ein Ziel bzw. einen *Plan* und beschafft sich die dazu notwendigen Ressourcen an Material und Arbeitskräften, die im Folgenden mittels Anweisung geführt und für ihren Gehorsam entlohnt werden. Die so geschaffene Organisation hat die Struktur einer *geplanten Ordnung* in Form der *Hierarchie.* Es kommt damit eine vierte Grundregel für die Grundstruktur einer Unternehmung ins Spiel, die regelt:

(4.) *Wie wird bewerkstelligt, dass etwaige Mitarbeiter auf-
      tragsgemäß handeln?*
      Konkret: Wie werden die Mitarbeiter ausgewählt, geführt,
      überwacht und entlohnt?
      (das Delegationsproblem).

Die organisatorischen Gegenstücke zur *Unternehmung* bilden die *Gemeinschaft* und der *Markt.*[5] Während die Unternehmung hierarchiegeprägt ist, treffen sich in der Gemeinschaft und im Markt Gleiche auf Augenhöhe, um im Falle
der Einigung Waren gemeinschaftlich zu produzieren oder
zu tauschen und dann ggf. wieder ihren sonstigen Ge-
schäften oder Angelegenheiten nachzugehen.

In der Gemeinschaft[6] kennt man sich, ist familiär,
freundschaftlich oder durch Weltanschauung verbunden
und handelt konzertant und *reziprok,* was soviel bedeutet,
dass sich das Geben und Nehmen *langfristig* die Waage hält.
In Kap. 5 war dieses Phänomen bereits unter dem Stichwort „F-connections" (family, friendship, firm) eingeführt
worden. Man spricht auch von „relational contracting"[7]
und meint langfristige (Geschäfts-) Beziehungen.

Marktbeziehungen sind dagegen, weil sie zwischen un-
verbundenen Wirtschaftssubjekten jenseits von F-
connections stattfinden, auf *kurzfristigen* Ausgleich der
Leistungsbilanz gerichtet. In der Geldwirtschaft bedeutet
dies eine Transaktion, bei der eine Leistung unmittelbar mit
Geld bezahlt wird.

Hierarchie, Gemeinschaft und Markt haben stets ko-
existiert. Der Jäger, der sich einem mal als Gemeinschaft,
mal als Hierarchie organisierten Jagdverband anschloss und
einen Lohn in Form einer bestimmten Menge Fleisch

---

[5] Die Antipoden Markt und Hierarchie werden im Werk von Williamson (1975)
einander gegenübergestellt.

[6] Grundlegend für den Begriff der „Gemeinschaft" ist Tönnies (1920).

[7] Siehe Williamson (1985).

einstrich, konnte dieses nach Beendigung der Jagd gegen etwas anderes eintauschen. Das ist in der modernen Welt nicht anders: Arbeitnehmer, die sich am Arbeitsplatz dem (hierarchischen) Direktionsrecht ihres Arbeitgebers unterwerfen, sind, wenn sie das Werkstor verlassen, als Konsumenten souveräne Marktteilnehmer.

Die genannten Beispiele aus der Geschichte der Menschheit zeigen, dass Hierarchien bei der Bewältigung *bestimmter* Aufgaben überlegen und daher letztlich unerlässlich sind, auch wenn sie Risiken bergen. Deshalb werden komplexe Produkte arbeitsteilig und großteils hierarchisch in Unternehmen und nicht über endlose Tauschketten bereitgestellt. Stand am Anfang die Bereitstellung über reziproke oder Marktbeziehungen, so bildeten sich alsbald bedarfsorientiert Unternehmen, die als Hierarchien marktliche Ausnahmebereiche darstellten. In der klaren Marktsuppe entwickelten sich damit andersartige Klumpen: Hierarchiegeprägte Unternehmen als Klöße in der Marktsuppe. Diese Klöße haben die Marktsuppe bis heute nie vollständig verdrängt, so dass offensichtlich auch Gegenkräfte am Werke sind, denn auch der Markt bietet Vorteile. Dazu später mehr.

Insbesondere die Entdeckung des Metalls gab der institutionellen Entwicklung von „Unternehmen" einen mächtigen Impuls. Denn gerade die Herstellung von Metallgegenständen bestand aus einem komplexen Prozess, welcher der Organisation bedurfte: Aus Bergwerken mussten Erz gewonnen und dieses anschließend eingeschmolzen werden, um aus den Metallstücken schließlich Waren zu schmieden. Dieser im wesentlichen dreistufige Prozess ist seit 7000 Jahren praktisch unverändert: Vom *Erzbergwerk* geht es zur *Schmelzhütte,* und von dort zur *Hammerhütte.* Wie wir der Geschichte des Mittelalters entnehmen können, konnten Schmelzhütte (Eisenlieferant) und Hammerhütte (Schmiede) durchaus unter einem Dach betrieben werden. Man sprach dann von einem „Hammerwerk". Diese *Hammerwerke* hatten eine ausdifferenzierte soziale Struktur aus Hammerherr, Zerenner (zur Beschickung des Ofens), Hammermeister (zur Bearbeitung des Eisenstücks), Köhler (zur Herstellung der Holzkohle), Gehilfen und dem Kohlmesser (unter Strafandrohung vereidigt), der für die Abrechnung der Menge der verarbeiteten Holzkohle gegenüber dem Waldbesitzer verantwortlich war. Stand am Anfang der Entwicklung der Hammerhütte der handwerkliche Schmied, der noch den Fausthammer schwang, folgte alsbald der mit Wasserkraft gehobene mechanische Hammer, an den sich der dampfgetriebene Hammer anschloss bis zum heutigen modernen, hydraulischen Presswerk.

Warum wurden Schmelz- und Hammerhütte mal getrennt, mal gemeinsam gemanagt? Anders gewendet: Wann traten sich Schmelz- und Hammerhütte als unabhängige Verkäufer bzw. Käufer von schmiedefähigem Eisen, also marktmäßig gegenüber und unter welchen Bedingungen entschlossen sie sich zur *vertikalen Integration,* also zum Zusammenschluss zu einem einzigen Unternehmen? Warum ersetzten sie dann also ihre bisherige Marktbeziehung durch eine Hierarchie?

Die Antwort des Ökonomen lautet: wegen der in diesem Fall wohl zu hohen *Transaktionskosten* der Nutzung des Marktsystems.[8] Doch worin bestehen diese Kosten? Schauen wir uns hierzu das Beispiel eines Eisenlieferanten (Schmelzhütte) an, der unter vielen anderen einen Schmied (Hammerhütte) als Kunden hatte, der aus dem Eisen Waren schmiedete. Beide verabredeten einen Eisenpreis.

Wer als Hammerhütte Eisen verarbeiten wollte, war auf die stete Belieferung mit Eisenstücken durch eine Schmelzhütte angewiesen. Die Hammerhütte war angesichts der erforderlichen Werkzeuge aus Eisen vergleichsweise kapitalin-

---

[8] Diese Figur geht auf Coase (1937) zurück.

tensiv und diese Werkzeuge hatten, wenn sie nicht zum Schmieden eingesetzt werden konnten, kaum einen Wert außer ihrem Metallwert. Sie waren also in einem gewissen Umfang „*spezifisch*".[9] Ohne Belieferung mit schmiedefähigem Eisen lagen sie nutzlos und ohne Verwendungsalternativen in der Gegend herum und konnten sich nicht amortisieren. Was notwendig gewesen wäre, denn sie einst herzustellen, hatte ja viel Arbeit und Konsumverzicht gekostet. Was das Entscheidende ist: War sich der Eisenlieferant dieser Situation seines Kunden (des Schmiedes) bewusst und war er dessen einzige in der Nähe befindliche Bezugsquelle, so konnte er *nach Vertragsschluss* den Eisenpreis weiter opportunistisch in die Höhe treiben. Denn der Schmied wurde, nachdem er sich nach Vertragsschluß auf dieses Metier spezialisiert und sein Kapital in seine Werkzeuge gesteckt hatte, *erpressbar*. Und zwar bis zur Höhe des Mehrwerts, den er mittels seiner Schmiede aus der Veredelung des Eisens zu Eisenwaren erzeugte. Der Eisenlieferant sah sich vor diesem Hintergrund der opportunistischen Versuchung ausgesetzt, sich einen Großteil dieses Mehrwerts anzueignen, in dem er seinen Kunden zu Preisnachverhandlungen nötigte. Dazu musste er nur glaubhaft mit einem Eisen-Lieferstop drohen, dessen Aufhebung er für einen Eisen-Mehrpreis versprach, der gerade etwas unterhalb des erwähnten Mehrwerts lag. Denn bei einer höheren Forderung hätte der Schmied die Arbeit eingestellt und seine Werkzeuge an den Nagel gehängt oder eingeschmolzen, weil sich seine Arbeit nicht mehr gelohnt hätte. Darauf hatte der Eisenlieferant zu achten. Denn er wollte seinen Kunden schließlich nur auspressen, aber nicht verlieren.

In einer solchen Situation würde der Schmied nolens volens in den sauren Apfel beißen und einen höheren als den einst vereinbarten Preis zahlen.

---

[9] Zum Begriff der Kapitalspezifizität vgl. Williamson (1985), S. 55 u. 61 ff.

Was wir sehen ist: Die Beziehung zwischen Eisenlieferant (Schmelzhütte) und Schmied (Hammerhütte), die sich eine Lieferbeziehung zu einem festgelegten Preis zugesagt haben, ändert sich fundamental, wenn die Person, die als Schmied antritt, in Werkzeuge investiert, die außerhalb der Schmiede nicht mehr als das Eisen wert sind, aus dem sie selbst geschmiedet worden sind. Damit bringt sich der Schmied in Abhängigkeit und wird erpressbar. Das gilt jedenfalls für den *naiven* Schmied. *Nach* einem Vertragsschluss sieht die Welt eben vielfach anders aus als es *bei* einem Vertragsschluss zugesagt wird. Das gilt mitunter vom Ja-Wort in der Ehe bis hin zum Lieferantenvertrag im Geschäftsleben.

Ein *kluger* Schmied sieht dieses Phänomen, den drohenden Opportunismus seines Lieferanten *nach* Vertragsschluss, voraus. Der kluge Schmied fragt sich daher: Wie kann ich mich gegen die Möglichkeit der Erpressung schützen? Welche *Vorkehrungen* dagegen kann ich treffen, *bevor* ich mich spezialisiere? Der kluge Schmied baut also vor:

- Er kann und sollte einen Eisenlieferanten suchen, mit dem er sich in einer *F-connection* (vgl. Kap. 5) befindet. Liegen damit die Bedingungen einer langfristigen Geschäftsbeziehung vor, so werden sich beide kooperativ verhalten und ihre Vertragsversprechen einhalten.
- Oder er macht dem Eisenlieferanten das Angebot, seine Schmelzhütte zu kaufen und so ein Hammerwerk zu schaffen, kurzum *vertikal zu integrieren,* also Schmelze und Schmiede unter ein einheitliches organisatorischen Dach einer Unternehmens-Hierarchie zu stellen.
- Oder er entscheidet sich von vornherein dazu, in seiner Schmiede auch eine Erzschmelze zu betreiben. Womit er Kunde des Bergwerks wird...

War also die stetige Belieferung mit Eisen oder vielleicht auch dessen schwankende Qualität ein Problem, was so viel bedeutet wie *die Transaktionskosten der marktlichen Eisen-Versorgung für die Hammerhütte waren hoch,* so konnte es lohnend erscheinen, eine Schmelzhütte und eine Hammerhütte zusammenzuführen und unter ein gemeinsames organisatorisches Dach zu stellen. Es konnte aus analogen Gründen auch sinnvoll sein, zusätzlich ein Bergwerk zu erwerben, um die Schmelzhütte verlässlich mit Erz zu versorgen. Wenn die Dinge allerdings so lagen, dass Eisen in Hülle und Fülle angeboten wurde, so war es sicherlich für die Hammerhütte sinnvoller, eigenständig zu sein und die Eisenanbieter wettbewerblich gegeneinander auszuspielen. In diesem Fall waren die Transaktionskosten der marktlichen Eisen-Versorgung für die Hammerhütte vergleichsweise gering.

Die Grenzen zwischen Markt und Hierarchie werden also durch die Transaktionskosten gezogen. Je höher die Transaktionskosten des Marktsystems, desto größer der Impuls zur vertikalen Integration in Form der Hierarchie. Umgekehrt, umgekehrt. Dabei sind diese Transaktionskosten umso höher, je größer die Ungewissheit ist, die über die Entwicklung der Märkte herrscht, und je spezifischer das eingesetzte Kapital ist. Denn diese Spezifizität führt zu Abhängigkeiten und Erpressbarkeiten, was alles mit Problemen bzw. Kosten verbunden ist.

Während zum Beispiel Thyssen-Krupp keine eigenen Bergminen besitzt, wohl aber Schmelz- und Hammerhütten unter einem Dach vereint, ist Arcelor-Mittal, das derzeit weltweit größte Stahlunternehmen, stark vertikal integriert mit Erzminen z. B. in Brasilien und Kanada. Ähnliches gilt für Tata Steel und US Steel. Sie haben sich bewusst unabhängig von den internationalen Rohstoffmärkten gemacht und sichern so Liefertreue, Qualität und Kosten.

Gleiches gilt für komplexe Fertigungsprozesse und die Frage, ob sie innerhalb eines Unternehmens organisiert werden (sollten) oder sich auf mehrere Unternehmen verteilen. In der Fertigung von Verbrennerfahrzeugen steht jeder Automobilhersteller zum Beispiel vor der Frage, ob er seine Getriebe selbst produziert oder am Markt einkauft. Beides ist zu beobachten. Ausschlaggebend für die „make-or-buy-decision" sind neben Unterschieden in den Herstellungskosten stets die oben dargestellten Transaktionskosten. Niedrigere Herstellungskosten eines Fremdanbieters sind demnach noch kein hinreichender Grund, bestimmte Teile einzukaufen statt selbst zu fertigen. Auch die Risiken aus Abhängigkeiten, die mit einem Fremdbezug verbunden sein können, und die damit verbundenen Kosten müssen in die Entscheidung einfließen.

Je größer Unternehmen werden, gemessen an Kapitalbedarf und Mitarbeiterzahl, desto mehr *Binnenregulierung* ist sinnvoll und erforderlich. Das gilt auch für die *Außenregulierung,* z. B. wenn man Monopolbildung und -missbrauch verhindern will. Das wird in Kap. 23 erörtert werden. Hier soll es um die Binnenregulierung gehen.

Wenn Unternehmungen so viel Kapital benötigen wie kein einzelner aufbringen kann oder will, dann muss sich ein Team von Kapitalgebern bilden, das sich vertraglich organisiert. Dies geschieht i. d. R. auf der Grundlage eines unternehmensbegründenden *Gesellschaftsvertrags.* Er regelt die Investitionen, die Anteile und die Gewinnverteilung sowie die Art und Organisation der Geschäftsführung. Diese kann durch einen oder mehrere Gesellschafter wahrgenommen werden. Die Gesellschafter können sich aber auch entscheiden, diese Funktion an einen externen Manager zu delegieren. Während „mittelständisch" geführte

Unternehmen meist der ersten Kategorie folgen (sie werden also von einem „geschäftsführenden Gesellschafter" geleitet), ist der Prototyp des Management-geführten Unternehmens die *Aktiengesellschaft*.

Das erste bekannte Unternehmen in der Geschichte, das zur Deckung seines Kapitalbedarfs Aktien ausgab, war die *Vereenigde Oostindische Compagnie (VOC)*, die 1602 in den Niederlanden gegründet wurde. Ihr Ziel war es, den niederländischen Handel mit „Ostindien" zu organisieren, worunter die Länder des Fernen Ostens östlich von Indien zu verstehen waren. Der Kapitalbedarf dieses auf Eroberung und wirtschaftliche Ausbeutung gerichteten Unterfanges war immens. Zahlreiche Schiffe (im Laufe zweier Jahrhunderte waren es ca. 4700!) mussten gebaut und militärische Ausrüstung beschafft werden. Die angeheuerten Mannschaften mussten über Monate vorfinanziert werden, bevor ein Return on Investment zu erwarten war. Vor diesem Hintergrund gab die Gesellschaft Aktien aus, die kurze Zeit später an der Amsterdamer Börse (gegründet 1612) gehandelt werden konnten. Viele Elemente der heutigen Aktiengesellschaft nehmen von diesem Projekt ihren Ausgang. Dass die VOC über bloße Handelsaktivitäten hinaus ermächtigt war, Kriege zu führen und Kolonien zu gründen, machte sie besonders erfolgreich und gab ihr darüber hinaus eine besondere Note: der niederländische Staat hatte sein Militär kurzerhand privatisiert.

In der Aktiengesellschaft tritt also zu den drei erstgenannten Regelungsnotwendigkeiten eines Unternehmens die schon erwähnte vierte Regelungsdimension in herausragender Weise hinzu: das *Delegationsproblem*. Denn die Aktionäre delegieren die Durchführung des operativen Geschäfts typischerweise an eine Geschäftsführung/ein Management. Das Delegationsproblem besteht dann in der Frage (s. o.): Wie wird sichergestellt, dass der Delegat dem

Auftrag seines Auftraggebers folgt? Im Falle der VOC blieben die Aktionäre in Holland, und sie erwarteten die wunderbare Vermehrung ihres Geldes, das sie soeben abenteuerlustigen Seemännern und Händlern anvertraut hatten, die den Hafen Amsterdams mit der Aussicht einer ungewissen Rückkehr verlassen hatten. Was stellte sicher, dass sie jemals zurückkehren würden, statt sich mit den überlassenen Kapitalien komfortabel auf einer unauffindbaren Palmeninsel Indonesiens niederzulassen? Dem Zugriff und der Beobachtung durch die Aktionäre fern der Heimat weitgehend entzogen, dauerte es in der Tat nicht lange, bis die Firmierung VOC vom Volksmund umgedichtet wurde auf „vergaan onder corruptie", also „zerronnen unter Korruption".[10]

Heutzutage geht es manchen Aktionären gefühlt nicht anders, wenn sie dem Management gegenübertreten, was selten genug der Fall ist. Lässt das Management das Geld der Aktionäre zu deren maximalem Nutzen arbeiten oder richtet sich das Management komfortabel in großen Büros mit hohen Gehältern, teuren Möbeln und Dienstwagen ein und tut lediglich, was gerade notwendig ist, um die Aktionäre einigermaßen bei Laune zu halten? Die Informationsasymmetrie zwischen Kapitalgebern und beauftragtem Management öffnet derlei Opportunismus Tür und Tor. Stets kann das Management argumentieren, die Umstände des Wettbewerbs, der Beschaffungsmärkte und der großen Politik und Weltmärkte hätten kein besseres Ergebnis zugelassen. Wie will der Aktionär das Gegenteil beweisen, wenn er nicht mit dem Tagesgeschäft vertraut ist? Ohne eine solche Informationsasymmetrie gäbe es kein derartiges Delegationsproblem. Besteht sie dagegen, so entsteht Regelungsbedarf mit dem Ziel, das mögliche Maß an Ausbeutung der Aktionäre durch das Management, man spricht

---

[10] Vgl. Nierstrasz (2012), insbes. S. 151 ff.

auch von *managerial drift,* einzudämmen oder ganz zu verhindern.[11] Das können interne Regeln sein, die die Aktionäre bei Gründung des Unternehmens in den Gesellschaftsvertrag schreiben oder später einfügen: Akteneinsichts- und Auskunftsrechte, die Rechnungsprüfung, die Befristung von Managementverträgen und deren begründungslose Kündigung, die Bindung der Manager-Bezahlung an den Unternehmenserfolg, um nur diese Beispiele zu nennen. Es können auch äußere Regeln sein, die der Staat erlässt mit dem Ziel, eine Unternehmensform zu standardisieren, um dem Publikum durch rechtliche Klarheit eine größere Sicherheit im Umgang mit ihr zu verleihen, und sie so zu fördern, weil sie im Zusammenspiel mit den Börsen für die Organisation des Kapitalbedarfs des Industriezeitalters unentbehrlich ist. Natürlich ist hiermit das Aktiengesetz gemeint.

Das erste seiner Art in Deutschland trat 1843 in Preußen in Kraft und floss in das 1861 erlassene Allgemeine Deutsche Handelsgesetzbuch ADHGB des Deutschen Zollvereins ein, in dem auch das Recht der AG geregelt wurde. Auf dieser unternehmensrechtlichen Grundlage wurden in der Gründerzeit zwischen 1871 und 1873 insgesamt 928 Aktiengesellschaften mit einem Gesamtkapital von seinerzeit ca. 2,8 Mrd. Mark und 107 Aktienbanken mit einem Gesamtkapital von 740 Mrd. Mark gegründet. 1884 wurde das Aktienrecht noch einmal strenger gefasst, die Rechte der Aktionäre gestärkt und die Publizitätspflichten ausgebaut. Der „Aufsichtsrat" hatte den Vorstand zu überwachen. Das Aktiengesetz der Bundesrepublik Deutschland aus dem Jahr 1965 orientierte sich im weiten Teilen daran, hat aber als wesentliche neue Komponente die Mitbestimmung der Arbeitnehmer mit Zugriff auf die Hälfte der Auf-

---

[11] Aus der Fülle an Literatur zum „principal-agent"-Problem sei grundlegend verwiesen auf Williamson (1963). Einen Überblick verschafft Schmidt-Trenz (2023), S. 116 ff.

sichtsratssitze eingeführt, die es in vergleichbarer Form sonst nur noch in Skandinavien und Österreich gibt. In einigen anderen Ländern ist die Zahl der Arbeitnehmersitze im Aufsichtsrat auf 1/3 begrenzt.

Institutionell interessant ist sicherlich der Unterschied zwischen dem einstufigen amerikanischen *Board-System,* in dem Leitung (Executives) und Kontrolle (Non-Executives) in einem Gremium vereint sind, und dem dualen deutschen System aus Vorstand und Aufsichtsrat, in dem diese beiden Funktionen klar getrennt sind. Letzteres ist naturgemäß schwerfälliger, weil häufig zwei Gremien befasst werden müssen. Allerdings werden Interessenkollisionen zwischen Leitungs- und Kontrollfunktion eher vermieden als im Board-System, in dem Kontrolleure und Unternehmensleitung i. d. R. gemeinsam tagen und entscheiden, was die Funktionen vermischen kann.

Ist *Mitbestimmung* der Arbeitnehmer in den Aufsichtsgremien sinnvoll? Eine komplexe Frage grob beantwortet:

Wenn Mitbestimmung dafür benutzt wird, Verteilungskämpfe in die Unternehmensgremien zu tragen, statt diese in den dafür vorgesehenen Tarifverhandlungen der Tarifparteien (Gewerkschaften und Verbände) auszufechten, dann nein, denn dann wird die Unternehmensleitung sachfremd gelähmt.
Wenn Mitbestimmung aber dazu dient, betriebliche Informationen auf die Führungsebene zu tragen, die für gute Entscheidungen notwendig sind und sonst dort nicht ankämen, dann ja.[12] Dann ist Mitbestimmung gelebte Subsidiarität (vgl. Kap. 19).

Mitbestimmung war und ist insofern auch eine Antwort auf die sogenannte „wissenschaftliche Betriebsführung" des

---

[12] Vgl. Schmidtchen (1987).

Amerikaners Frederick W. Taylor (1856–1915),[13] bei der die dem industriellen Produktionsprozess zugrundeliegenden, zerlegten Bewegungsabläufe geschulter Arbeiter analysiert, per Stoppuhr erfasst und zur Arbeitsnorm erhoben wurden *(Taylorismus)*. Was der Effizienzsteigerung dienen sollte, schien jedoch zugleich die von Karl Marx (1818–1883) behauptete Entfremdung der Arbeiter zu befördern. Stoppuhr und Prämienlohn wurden vor diesem Hintergrund in den staatseigenen Fabriken der USA zwischen 1916 und 1949 verboten. Dass es auch anders ging, bewies Henry Ford, der die *Fließbandproduktion* 1913 erfolgreich einführte (Verachtfachung der Produktion!), aber – und zum Schrecken der Konkurrenz – zugleich die Löhne verdoppelte (1914), eine Gewinnbeteiligung der Arbeitnehmer und etwas später den 8-Stunden-Tag (1926) einführte. Er wollte, dass seine Arbeiter die Möglichkeit erhielten, die von ihnen gebauten Autos auch zu kaufen und zu fahren. In Deutschland orientierte sich in den 20er Jahren u. a. Opel mit dem Laubfrosch daran; Daimler-Benz folgte in den 30er Jahren. Die deutsche Weiterentwicklung des Taylorismus in Form der REFA[14]-Methoden in Kombination mit der im Nachkriegsdeutschland eingeführten Mitbestimmung erlaubte schließlich eine sinnvolle Hebung von Effizienzreserven bei gleichzeitiger Beachtung einer humanen Arbeitswelt, in der Arbeiter nicht nur als menschliche Automaten sondern auch als kreative, mitdenkende Individuen betrachtet wurden, was im Zentrum des japanischen, in Deutschland vielfach übernommenen „Kaizen" steht:[15] der *stetige Verbesserungsprozess* der Produktion durch Nutzbarmachung des dezentralen Wissens der am Arbeitsprozess Beteiligten, wozu man auf die *Selbstorganisation von*

---

[13] Grundlegend ist Taylor (1911).

[14] Die Abkürzung steht für „Reichsauschuss für Arbeitszeitermittlung".

[15] Grundlegend ist Imai (1996). Die japanische Originalausgabe erschien 1986.

„Arbeitsgruppen" zur Erreichung der betrieblichen Ziele vertraut. Das ist die Subsidiaritätsregel aus Kap. 19 übertragen in die Welt der Unternehmen.

Bis zur Erfindung der Aktiengesellschaft haftete der Kaufmann oder der Gewerbetreibende stets mit seinem Vermögen. Missmanagement, das eine Insolvenz auslöste, war stets mit der Verarmung des Unternehmers verbunden, der sich im Mittelalter dazu noch im Schuldturm wiederfand. Das wird viele Menschen vom Unternehmertum abgeschreckt haben.

Erst mit der Aktiengesellschaft entstand die Idee der Unternehmung als eigener Rechtspersönlichkeit: der *Körperschaft*. Es waren nun nicht mehr die beteiligten Personen, die hafteten, sondern die abstrakte Körperschaft, und zwar mit ihrem bilanziellen Eigenkapital. Der Manager konnte damit seinen Job, der Aktionär sein Aktienkapital verlieren, ja, aber mehr nicht. Ein Durchgriff der Gläubiger auf das Vermögen oder Einkommen der Organe der Gesellschaft war i. d. R. nicht möglich. Das beförderte den Mut zum unternehmerischen Wagnis. Außerdem konnten durch Kapitalaufnahme an der Börse Projekte einer Größenordnung gestemmt werden, die vorher schwerlich vorstellbar war (Beispiel Eisenbahn- und Kanalbau). Die Aktiengesellschaft wurde also eine Erfolgsgeschichte und ist es bis heute.

Das gilt auch für den kleinen Bruder der Aktiengesellschaft: die *Gesellschaft mit beschränkter Haftung,* die zur beliebtesten Rechtsform für das kleinere Gewerbe wurde und bis heute ist.[16] Indem die Haftung auf das Stammkapital in Höhe von 25 Tsd. Euro begrenzt ist, gehen die Gesellschafter praktisch kein weitergehendes Risiko ein, außer dass das Unternehmen seinen Betrieb einstellen muss. Das erwies sich als extrem förderlich für Unternehmensgründungen.

---

[16] Vgl. Schmoeckel (2008), S. 180 ff.

Das 1892 erlassene GmbH-Gesetz führte rasch zur Ausdifferenzierung der Unternehmenslandschaft im sich immer schneller industrialisierenden Deutschland. Bis heute hat das Unternehmensrecht eine dynamische Weiterentwicklung erlebt mit dem Ziel, Unternehmern Wahlmöglichkeiten über Unternehmensformen zu eröffnen, die in Ansehung sich wandelnder Unternehmensgegenstände volks- und betriebswirtschaftlich sinnvoll sind.

23

Markt & Monopol: *Die Feinde des Marktes lauern überall*

Am 6. September 1901 schoss der 28-jährige Anarchist Leon Czologosz (1873–1901) auf den amerikanischen Präsidenten William McKinley, der am 14. September seinen Verletzungen erlag. Damit schlug die große Stunde seines Vizepräsidenten *Theodore (Teddy) Roosevelt* (1858–1919), der nun als 26. und bislang jüngster amerikanischer Präsident (1901–1909) ins Oval Office in Washington einzog. Dass er wenig später zum Namensspender des Teddy-Bärs der Firma Steiff wurde, stimmt, ist aber eine andere Geschichte.

Er renovierte das Weiße Haus, ließ den Westflügel anlegen, gründete Nationalparks und zeigte ein Herz für den Umwelt- und Verbraucherschutz (vgl. Kap. 6). Aber nicht nur das. Der Republikaner war ambitioniert, vom amerikanischen Traum wie auch von den Kräften der Marktwirtschaft überzeugt. Wieso legte er sich dann ausgerechnet mit den Milliardären seiner Zeit, mit Wirtschaftsmagnaten wie Andrew Carnegie, John P. Morgan und John D. Rockefeller an?

© Der/die Autor(en), exklusiv lizenziert an Springer Fachmedien Wiesbaden GmbH, ein Teil von Springer Nature 2026
H.-J. Schmidt-Trenz, *Die Ordnung der Welt*,
https://doi.org/10.1007/978-3-658-51053-4_23

Nach dem amerikanischen Bürgerkrieg (1860–1865) hatten die USA eine stürmische industrielle Entwicklung erfahren, aus der mit der Zeit zahlreiche Großunternehmen hervorgingen. Dabei war oftmals die Institution des *„Trusts"* wegweisend, die am besten mit dem Begriff des *„Konzerns"* übersetzt wird. Zuvor unabhängige Firmen brachten ihre Aktien in einen Trust ein, dessen Vorstand die Geschäfte des Konglomerats dann konzertant leiten konnte. So baute Andrew Carnegie (1835–1919) die amerikanische Stahlindustrie auf, Cornelius Vanderbilt (1794–1877) die Dampfschifffahrt und die Eisenbahn. Thomas A. Edison (1837–1931) trieb die Elektrifizierung voran und John D. Rockefeller (1839–1937) setzte aufs Öl als Energiequelle.

Rockefeller hatte 1870 die Standard Oil gegründet und auf der Basis der institutionellen Konstruktion des Trusts über die Jahre schließlich 90 % des amerikanischen Ölgeschäfts unter seine Kontrolle gebracht. Er war dabei nicht zimperlich vorgegangen. Durch seine Marktmacht diktierte er den Eisenbahnen die Transportpreise: niedrige für ihn, hohe für die verbliebenen Konkurrenten. Die Raffinerie eines Mitbewerbers, der sich nicht einordnen wollte, ging kurze Zeit später in Flammen auf.

Carnegie hatte 1870 den ersten Hochofen zur Produktion von Stahl nach dem Bessemer Verfahren errichtet und 1881 die Firma des Koksproduzenten Henry C. Frick (1849–1919) im Wege der *vertikalen Integration* übernommen, woraus das zeitweise größte Stahlunternehmen der Welt hervorging. Carnegie verkaufte es 1901 an John P. Morgan (1837–1913), der daraus zusammen mit der ihm bereits zu großen Teilen gehörende Federal Steel Company im Wege der *horizontalen Integration* die US Steel schmiedete.

Ein ähnlicher Trust war die 1901 ebenfalls u. a. unter Beteiligung von Morgan gebildete „Northern Securities Company", die aus dem Zusammenschluss dreier Eisenbahngesellschaften bestand und gleichfalls eine marktbeherrschende Stellung einnahm.

Die Folgen des durch solcherlei Trusts eingeschränkten Wettbewerbs waren überhöhte Preise und – in den Augen der Zeitgenossen – das soziale Gleichgewicht gefährdende wirtschaftliche Verwerfungen, weshalb Roosevelt den Trusts den Kampf ansagte.[1] Schon 1890 war der nach dem gleichnamigen Senator benannte *„Sherman Antitrust Act"* verabschiedet worden, doch erst Roosevelt nutzte dieses Instrument konsequent, mit 45-mal mehr als doppelt so oft wie seine beiden Vorgänger zusammen. So wurde u. a. 1906 die Northern Securities Company aufgelöst, wenig später die Standard Oil. Roosevelt vertrat die Auffassung, dass Unternehmenskonzentrationen zwar nicht zwingend verboten, doch in einen beschränkenden Rahmen gebracht und überwacht gehörten. Alles Antichambrieren von Morgan bei Roosevelt hatte nichts genutzt. Das Kartellrecht hatte Zähne bekommen.

Dass Wettbewerb segensreich für die Hebung der allgemeinen Wohlfahrt ist, das hatten fast 100 Jahre zuvor auch die preußischen Reformer schon erkannt. Fürstin Christiane von Osten-Sacken (1733–1811) hatte 1806 ein Monopol für die Fabrikation von Blechlöffeln in Schlesien beantragt und war darin von Provinzialminister Karl Georg Heinrich von Hoym (1739–1807) unterstützt worden. Allein, eine bereits existierende und gut gehende Blechlöffelfabrik hätte dann schließen oder sich sonst wie fügen müssen. Der preußische Finanz- und Wirtschaftsminister *Karl Freiherr vom Stein* (1757–1831) lehnte dieses Ansinnen ab:

---

[1] Ausführlich Helferich (2018).

„Es lässt sich nicht wohl absehen, warum nicht zwei oder mehrere Löffelfabriken neben einander sollen bestehen können. Man kann die Gränzen des Absatzes irgend einer, zumal einer so gangbaren Waare im In- und Auslande nicht leicht bestimmen, dem einländischen Publicum aber, besonders dem ärmeren Theile, für welchen diese Fabriken allein arbeiten, ist die Wohlthat der Concurrenz um so mehr zu wünschen, da die fremden Blechlöffel in dem grössten Theil der Monarchie verboten sind"[2]

Beiläufig erfand er das Konzept des relevanten Marktes, der bei der Beurteilung von Fragen eines funktionierenden Wettbewerbs zu betrachten sei.

Dieses Eintreten Steins für den Wettbewerb war kein Einzelfall, sondern folgte einem Plan und war gelinde gesagt revolutionär. Denn die Freiheit wirtschaftlicher Betätigung kannte man in Gesellschaften mit autokratischer Regierungsform nicht. Hier war es die Obrigkeit, wenn nicht der Monarch selbst, der das Recht auf wirtschaftliche Betätigung in einem bestimmten Bereich „verlieh". Deshalb nannte man es auch „Regal", also ein Recht, das der König (lat. rex) vergab, und zwar im Austausch für treue Dienste oder auch schlicht für eine Summe Geldes. So waren über die Jahrhunderte viele Monopole entstanden, die sich zwar für den König und die Inhaber der Monopole auszahlten, aber nicht für die allgemeine Bevölkerung, die unter dem fehlenden Wettbewerb mit der Folge überhöhter Preise und geringer Realeinkommen zu leiden hatte.

In England hatte dieses Regalienunwesen bereits 1624 zu einem Umdenken geführt, als aufgrund sozialer Unruhen und eines erstarkenden Bürgertums das „*Statute of Monopolies*" erlassen worden war. Es hob bestehende Monopole auf und führte erlaubte Zeitmonopole für Erfindungen („Pa-

---

[2] Immediat-Bericht Steins, Berlin, 16. Februar 1806, Geh. Staatsarchiv Berlin. Rep. 89. 4. M. 1. Ausfertigung.

tente") ein. Wie ich im folgenden Kapitel 23 ausführen werde, ist in diesem Gesetz meiner Meinung nach der wesentliche Trigger für die industrielle Revolution zu sehen, die in England ihren Ausgang nahm.

Weitere 100 Jahre früher ist die erste Monopoldebatte im deutschen Reich verbürgt, die aber in den Kinderschuhen stecken blieb.[3] Karl V. (1500–1558) hatte mit Hilfe eines von den *Fuggern* gewährten Kredits, mit dem die Stimmen der Kurfürsten gekauft worden waren (vgl. Kap. 21), 1520 die römisch-deutsche Königs- und Kaiserwürde erlangt. Doch blies den Fuggern und den anderen oberdeutschen Handelshäusern der Wind der „öffentlichen Meinung" ins Gesicht. Sie und andere wurden unter Hinweis auf die Monopolisierung des Fernhandels für wirtschaftliche Missstände im Reich verantwortlich gemacht, und der Kaiser hatte den Kurfürsten vor seiner Wahl eine gegen die großen Handelshäuser gerichtete *Antimonopolpolitik* versprechen müssen.[4] Zweimal wurden die Handelshäuser wegen „Monopolien-Vergehen" auf der Grundlage der §§ 16–18 des Kölner Reichsabschieds von 1512 verklagt, der regelte[5]:

---

[3] Ausführlich bei Amend-Traut (2022), s. S. 376 ff.

[4] Siehe § 17 der Wahlkapitulation Karls V. v. 03.07.1519 : „Wir sollen und wellen auch die großen Geselschaften der Kaufgewerbsleut, so bisher mit irem Gelt regirt, irs Willens gehandelt und mit Teurung viel Ungeschicklichkeit dem Reich, des Inwonern und Underthan merklich Schaden, Nachteil und Beswerung zugefugt, infuren und noch teglich thun geberen, mit irer, der Chur-fursten, Fursten und andrer Stende Rate, wie dem zu begegen, hievor auch bedacht und furgenommen, aber nit volstreckt worden, gar abethun." Siehe Zeumer (1913), S. 311.

[5] Hier der vollständige Wortlaut der relevanten 3 Paragrafen des Reichsabschieds vom 26. August 1512, aus dem Frühneuhochdeutschen übertragen von Ralph Glücksmann, (https://ra.smixx.de/media/files/Reichsabschied-1512.pdf, abgerufen am 6.12.2025):

„§ 16. Und nachdem in den letzten Jahren im Reich eine große Anzahl von Handelsgesellschaften gegründet worden sind, und es auch eine Vielzahl von Personen gibt, die versuchen, den Handel mit allerlei Waren und Gütern wie Gewürzen, Erzen, Tuch aus Wolle und dergleichen in ihre alleinigen Hände und

„§ 16. Und nachdem in den letzten Jahren im Reich eine
große Anzahl von Handelsgesellschaften (…) versuchen,
den Handel mit allerlei Waren und Gütern (…) in ihre alleinigen Hände und Gewalt zu bringen, um zu ihrem eigenen Vorteil den Wert solcher Güter nach ihrem Belieben
festsetzen zu können, (…) haben Wir zur Förderung des allgemeinen Nutzens (…) verordnet (…), daß solche schädlichen Handlungen künftig verboten sind und sie niemand
betreiben oder ausüben soll. (…).

§ 17. Doch soll es hierdurch niemandem verboten sein,
sich mit einem anderen in einer Gesellschaft zusammenzuschließen, Waren, wo es ihm gefällt, zu kaufen und damit zu

---

Gewalt zu bringen, um zu ihrem eigenen Vorteil den Wert solcher Güter nach
ihrem Belieben festsetzen zu können, und die damit dem Heiligen Reich und
allen seinen Ständen einen erheblichen Schaden zufügen und gegen das allgemeine, geschriebene Kaiserliche Recht und alle Erbarkeit verstoßen; haben
Wir zur Förderung des allgemeinen Nutzens und aus der Notwendigkeit heraus
verordnet und wollen hiermit ernstlich, daß solche schädlichen Handlungen
künftig verboten sind und sie niemand betreiben oder ausüben soll. Wer aber dagegen verstößt, dessen Hab und Gut soll konfisziert werden und an die Obrigkeit des jeweiligen Ortes fallen; auch sollen diese Gesellschaften und Kaufleute
künftig von keiner Obrigkeit im Reich Geleit erhalten; sie sollen auch nicht berechtigt sein, ein solches Geleit, sei es durch Worte, Meinungen oder Klauseln,
entgegenzunehmen.

§ 17. Doch soll es hierdurch niemandem verboten sein, sich mit einem anderen in einer Gesellschaft zusammenzuschließen, Waren, wo es ihm gefällt, zu
kaufen und damit zu handeln; es sei denn, daß er die Waren in eine Hand zu
bringen und den Wert der Waren nach seinem Willen und Gefallen festzusetzen
versucht, oder dem Käufer oder Verkäufer anträgt, solche Waren nur an ihn zu
verkaufen oder zu übergeben, oder die Waren nur zu den Bedingungen zu übergeben, die er denn mit ihm vereinbart hat.

§ 18. Wenn aber diejenigen, die wie oben erwähnt unerlaubten Handel treiben, ihre Waren unangemessen verteuern sollten, dann soll eine jede Obrigkeit
mit Fleiss und Ernst dafür sorgen, dass eine solche Verteuerung abgeschafft wird,
und einen redlichen, angemessenen Kaufpreis verfügen. Wenn aber eine Obrigkeit in solchem lässig oder säumig ist und das unserem kaiserlichen Fiskal bekannt wird, soll unser Fiskal dieses der Obrigkeit, in deren Gebiet diese Kaufleute sesshaft oder wohnhaft sind, zu erkennen geben und sie ermahnen, diese
unerlaubte Handhabung abzuschaffen und in Monatsfrist zu bestrafen. Wenn
die Obrigkeit innerhalb der bestimmten Frist dieser Aufforderung nicht nach-
kommt, muss der Fiskal von Amts wegen Klage erheben und verfahren, wie es
sich gebührt; da er auch die Macht und das recht hat, solches zu tun, soll er dies
auch unverzüglich tun.“

handeln; es sei denn, daß er die Waren in eine Hand zu bringen und den Wert der Waren nach seinem Willen und Gefallen festzusetzen versucht, (...).

§ 18. Wenn aber diejenigen, die wie oben erwähnt unerlaubten Handel treiben, ihre Waren unangemessen verteuern sollten, dann soll eine jede Obrigkeit mit Fleiss und Ernst dafür sorgen, dass eine solche Verteuerung abgeschafft wird, und einen redlichen, angemessenen Kaufpreis verfügen. (...)."

Doch dem Kaiser, zugleich oberster Gerichtsherr im Reich, fehlte die „Ernsthaftigkeit" bei der Bekämpfung der Monopole. Er war ob seiner Abhängigkeit von den Fuggern befangen. Ein Gutachten jagte das nächste und verzögerte die Rechtsfindung. Karl wies schließlich die Einstellung der Verfahren an. Die seit 1512 existierende Antimonopolgesetzgebung des Reiches, also zeitlich deutlich vor England, war zwar eine gesetzgeberische Pioniertat, erwies sich aber angesichts derlei Interessenkonflikte und unklarer Rechtsbegriffe als zahnloser Tiger. Es sollte dreihundert Jahre dauern, bis sich ein deutscher Staat in Gestalt Preußens fand, der sich *tatsächlich* als Hüter des Wettbewerbs gerierte.

Was Theodore Roosevelt in Amerika wurde, das war Freiherr vom Stein in Preußen bereits gewesen. Wieder zeigte sich das in Schlesien. Dort hatten es Einzelhändler in Breslau gewagt, Waren bei fremden Großhändlern, statt bei den städtischen Grossisten einzukaufen. Die klagten dagegen und wieder unterstützte der Provinzialpräsident ihr monopolistisches Anliegen. Vom Stein dagegen ordnete an: [6]

---

[6] Immediat-Bericht Steins, Berlin, 16. Februar 1806, Geh. Staatsarchiv Berlin. Rep. 89. 4 A.

„Die Einschränkungen des Rechts, die erlaubten Handels-Gegenstände nach Willkühr einzukaufen, kann nicht praesumirt werden, vielmehr im Gegentheil ist die Vermuthung vor die natürliche Freyheit, man müsste denn der Meynung einiger Rechtsgelehrten seyn, welche behaupten, das Recht zu arbeiten und zu handeln sey ein Regal, welches das Oberhaupt des Staates erteilt und der Unterthan von ihm erkauft. Sollte die behauptete Einschränkung stattfinden, so wären die Breslauer Krämer in einer übleren Lage als die in den übrigen Preussischen Städten."

Stein warf das Ruder zugunsten des Wettbewerbs herum. Es machte ihm nichts aus, als „neuerungssüchtig"[7] verschrien zu sein. Seinem Monarchen war er letztlich irgendwie unheimlich und auch unbequem. Der König, den er als schwach ansah, entließ ihn im Januar 1807 u. a. wegen Hartnäckigkeit, Ungehorsam und Respektlosigkeit. Und stellte ihn im Juli des gleichen Jahres als Staatskanzler wieder ein, weil Napoleon ihn dazu gedrängt hatte, der Stein fälschlicherweise für einen Freund Frankreichs hielt. Als er durch einen abgefangenen Brief vom Gegenteil erfuhr, gab Napoleon Befehl, vom Stein zu erschießen, was der preußische König durch seine Entlassung im November 1808 mit anschließender Flucht vom Steins nach Böhmen vereitelte. In den 14 Monaten seiner Kanzlerschaft vollzog er die Aufhebung der Leibeigenschaft, erließ eine Städteordnung, die die kommunale Selbstverwaltung einführte (vgl. Kap. 19 zur Subsidiarität), und legte die Grundlagen für die *Gewerbefreiheit*, also dem grundsätzlichen Recht auf freie Berufs- und Tätigkeitswahl (im Rahmen der allgemeinen Gesetze). Dieses Recht wurde unter seinem Mitstreiter und Nach-Nachfolger Karl August von Hardenberg (1750–1822) im Jahre 1810 in Form der preußischen

---

[7] Stein über sich selbst an Kabinettsrat Carl Friedrich von Beyme, [Berlin,] 17. Februar 1806, Geh. Staatsarchiv Berlin. Rep. 89. 11. A

Gewerbeordnung in Kraft gesetzt und entwickelte sich zum Muster für entsprechende Rechtsbildungen in den anderen deutschen Staaten. Die Kontrollen des Marktzugangs, der Löhne und Preise durch die Zünfte wurden beseitigt und die Kräfte des Marktes buchstäblich entfesselt.

Das bis dahin zünftisch und damit als „closed shop" organisierte *Handwerk* lief ob der Veränderungen Sturm. Erst 1897 wurden mit dem Handwerkerschutzgesetz wieder berufsständische Regeln für das Handwerk eingeführt, die im durch die Nationalsozialisten 1935 eingeführten, sogenannten „Großen Befähigungsnachweis" (der Meisterpflicht) gipfelten, der durch die Handwerksordnung der Bundesrepublik Deutschland nach einer kurzen Phase der Gewerbefreiheit in den westlichen Besatzungzonen im Jahr 1953 übernommen wurde. Damit wurden erneut Marktzutrittsbarrieren für eine Vielzahl handwerklicher Tätigkeiten errichtet, die im Jahr 2004 in gewissem Umfang gelockert, aber nicht vollständig abgschafft wurden.

Kein Geringerer als der Begründer der Volkswirtschaftslehre Adam Smith (1723–1790) hat die überragende Bedeutung der Gewerbefreiheit in seinem epochalen Werk über den „Wohlstand der Nationen" (1776) ins rechte Licht gerückt:

„Das Eigentum, das jeder Mensch an seiner Arbeit besitzt, ist in höchstem Maße heilig und unverletzlich, weil es im Ursprung alles andere Eigentum begründet. Das Erbe eines armen Mannes liegt in der Kraft und in dem Geschick seiner Hände, und ihn daran zu hindern, beides so einzusetzen, wie er es für richtig hält, ohne dabei seinen Nachbarn zu schädigen, ist eine offene Verletzung dieses heiligsten Eigentums, offenkundig ein Übergriff in die wohlbegründete Freiheit des Arbeiters und aller anderen, die bereit sein mögen, ihn zu beschäftigen. So wie der eine daran gehindert wird, an etwas zu arbeiten, was er für richtig hält, so werden die anderen daran gehindert, jemanden zu beschäftigen, der ihnen passt. Das Urteil darüber, ob er für die Arbeit geeignet ist, kann ruhig der Entscheidung der Unternehmer überlassen bleiben, deren Interesse davon so stark berührt wird. Die heuchlerische Besorgnis des Gesetzgebers, diese könnten einen zumindest Ungeeigneten beschäftigen, ist offensichtlich ebenso unverschämt, wie sie bedrückend ist."[8]

So sehr Adam Smith auch zuzustimmen ist, so kann die Gewerbefreiheit ebenso wenig wie die das allgemeine Postulat nach Freiheit einen Blankoscheck darstellen, unternehmerisch alles zu tun, was einem gerade in den Sinn kommt.

So wie die Freiheit im Allgemeinen dort ihre Grenze findet, wo die Freiheit des anderen beginnt, so gilt dies auch für die Gewerbefreiheit. Wie die allgemeine Freiheit, so muss auch die Gewerbefreiheit im Speziellen auf Regeln gründen, die geeignet sind, die allgemeine Wohlfahrt zu erhöhen. Das können nur allgemeine Regeln sein, denen auf einer konstitutionellen Ebene alle Beteiligten zustimmen können (vgl. Kap. 13).

Eine gewerbliche Tätigkeit, die der Gesellschaft Kosten auferlegt, ohne diese Kosten bei ihren betrieblichen Entscheidungen zu berücksichtigen, bedarf natürlich des regulatorischen Eingriffs. Unbepreiste Schadstoffemissionen oder verschmutzende Abwassereinleitungen mögen als Beispiel dienen. Hier sind Regeln und Behörden erforderlich, die sicherstellen, dass solcherlei Kosten berechnet werden und in das Kalkül des Gewerbetreibenden eingehen, so dass betriebswirtschaftliches und volkswirtschaftliches Nutzen-Kosten-Denken synchronisiert werden.

Eine gewerbliche Tätigkeit muss auch eine gewisse Fairness gegenüber Konkurrenten und Konsumenten aufwei-

---

[8] Adam Smith: An Inquiry into the Nature and Causes of the Wealth of Nations, (Modern Library Edition New York 1937), S. 121 f. Deutsche Übersetzung gem. Max Stirner (Wohlstand der Nationen, Anaconda Verlag,) S. 106.

sen. Kartell-Absprachen unter Produzenten mit dem Inhalt, Preise festzusetzen und/oder Märkte abzugrenzen, um auf diese Weise Monopolrenten zu erzielen, passieren den oben erwähnten Regelzustimmungstest nicht. Die Verschworenen erhöhen zwar ihren Gewinn, schmälern aber die Wohlfahrt der Konsumenten, die, würden sie gefragt werden, dem Kartell eine Absage erteilen würden. Dabei kommt es nicht auf die explizite Frage an. Im römischen Reich stellte niemand dem Volk diese Frage *explizit* und trotzdem gab es eine Vorschrift, die solche Absprachen verbot. Und zwar weil die gefühlte, die *implizite* Zustimmung fehlte, was soziale Unruhe heraufbeschwor, die der römische Kaiser im 5. Jahrhundert durch ein Kartellverbot zu verhindern trachtete. Im Jahr 483 schreibt der oströmische Kaiser Flavius Zeno an seinen Präfekten Constantinus[9]:

„Wir verordnen, dass niemand (…) einen Alleinhandel auszuüben sich unterfangen, auch niemand in unerlaubten Zusammenkünften sich verschwören noch verabreden soll, gewisse Handelswaren nicht günstiger, als man untereinander übereingekommen, zu verkaufen.

§ 1. Auch den Baumeistern oder Bauunternehmern und Denen, die andere derartige Arbeiten betreiben, und den Badern soll gänzlich verboten sein, Verabredungen unter sich zu treffen, dass keiner von ihnen eine einem anderen übertragen gewesene Arbeit vollende, und keiner, eine einem anderen obgelegene Besorgung demselben wegnehme, vielmehr soll einem jeden freistehen, eine von einem anderen angefangene und verlassene Arbeit ohne Furcht irgend eines Nachteils zu vollenden und jede Verhinderung dergleichen ohne Scheu anzuzeigen, auch ohne gerichtliche Kosten.

---

[9] CIC, C 4,59,2, Übersetzung aus: Corpus Iuris Civilis. Das römische Zivilrecht. Der Codex Iustiniani. Bücher 1 bis 6, übersetzt von Rudolf Haller, siehe https://d-nb.info/105865523X/34 (abgerufen am 6.12.2025).

§ 2. Wer aber sich unterstehen wollte, einen Alleinhandel auszuüben, der soll seines Vermögens beraubt und zu ewiger Verbannung verurteilt werden.

§ 3. Die Vorsteher der übrigen Handwerker aber sollen, wenn sie in Zukunft entweder zur Festsetzung der Warenpreise, oder sonst zu anderen unerlaubten Verabredungen zusammenkommen und mit dergleichen Verträgen sich zu verpflichten, unterfangen sollten, um vierzig Pfund Gold gebüsst werden, auch soll deine Präfectur zu einer Strafe von fünfzig Pfund verurteilt werden, wenn sie in Betreff des verbotenen Alleinhandels und der untersagten Verabredungen der Zünfte, die nach Befinden verwirkten Verurteilungen, wie sie in Unsrer heilsamen Verfügung enthalten sind, entweder aus Bestechlichkeit oder aus Falschheit oder aus irgend einer anderen Pflichtwidrigkeit nicht gehörig vollstrecken sollte.“

Spätere Monarchen waren da, wie wir am Beispiel Karls V. gesehen haben, weniger konsequent und lavierten, wenn sie selbst durch die Monopolstrukturen profitierten.

Die fast vierhundert Jahre später in Preußen erlassene Gewerbefreiheit und die Kräfte des Wettbewerbs, die sie freisetzte, war eine der Voraussetzungen dafür, dass Deutschland rasch den Anschluss an die Industrialisierung fand und England bis zur Wende vom 19. zum 20. Jahrhundert als führende europäische Industriemacht überholt hatte. Doch die Tendenzen zur Monopolisierung blieben latent erhalten. Jeder Newcomer freute sich natürlich, ein Gewerbe seiner Wahl aufnehmen zu können. Hatte er dies mit Erfolg getan, war er mitunter geneigt, sich lästige Konkurrenz vom Hals schaffen zu wollen, in dem er sich nun plötzlich für neue Marktzugangsbeschränkungen einsetzte, von deren früherer Beseitigung er soeben noch selbst profitiert hatte.

So bildeten sich, wie in Amerika, auch hierzulande seit der Gründerzeit Kartelle, die das Reichsgericht 1897 sogar ausdrücklich erlaubte und deren Absprachen einklagbar waren. Das bekannteste unter ihnen bildete sich in der chemischen Industrie. Bayer-Chef Carl Duisberg hatte auf einer USA-Reise die Konstruktion der Trusts kennengelernt und favorisierte daraufhin auch in Deutschland eine „konkurrenzlose Zusammenarbeit" der Chemieunternehmen. Ergebnis war schließlich der im Jahr 1904 gegründete „Dreibund" (Agfa, Bayer, BASF), der die Produktsortimente koordinierte, und der „Dreiverband" (Hoechst, Cassella, Kalle), dessen Unternehmen auch kapitalseitig verflochten wurden. Beide Verbünde schlossen sich mit weiteren Firmen schließlich 1916 zu einer „Interessengemeinschaft der deutschen Teerfarbenfabriken" zusammen. Aus dieser IG ging schließlich durch Fusion der beteiligten Unternehmen die 1925 gegründete *IG Farben* hervor, das seinerzeit weltgrößte Chemieunternehmen und unter den Top 5 aller Industrieunternehmen der Welt. Es wurde nach unrühmlicher und verbrecherischer Verflechtung in die NS-Kriegswirtschaft durch den alliierten Kontrollrat nach dem 2. Weltkrieg aufgespalten, was Anfang der 50er Jahre zu im Wesentlichen drei Nachfolgeunternehmen (BASF AG, Bayer AG, Hoechst AG) führte.

Letztlich kam es in Deutschland gemäß der amerikanischen Blaupause und dem ordoliberalen Leitbild der vollständigen Konkurrenz[10] 1958 zum *Gesetz gegen Wettbewerbsbeschränkungen* (GWB), das ein *Kartellverbot* mit Ausnahmen, eine *Missbrauchsaufsicht* über Unternehmen mit marktbeherrschender Stellung und öffentliche Unternehmen sowie eine *Fusionskontrolle* mit dem Recht der Untersagung vorsieht, sollte eine Fusion den Wettbewerb erheblich einschränken.

Aber was ist ein funktionierender Wettbewerb und ab wann ist er gestört? Was bedeutet Marktbeherrschung und

---

[10] Grundlegend Eucken (1975), Erstausgabe 1952, sowie Eucken (1940).

wann liegt Missbrauch vor? Wie lassen sich gute von schlechten Monopolen unterscheiden? Das sind keine einfach zu beantwortenden Fragen.

Hier nur soviel:

Bei vollständigem Wettbewerb sieht sich eine Vielzahl von Anbietern einem vom Einzelnen nicht beeinflussbaren Marktpreis gegenüber und jeder dehnt seine Produktion so lange aus, bis der Preis die Produktionskosten der letzten Einheit gerade noch abdeckt. Jeder Anbieter ist also Mengenanpasser und hat *keine* Preissetzungsmacht. Das kann übrigens auch für ein sehr großes Unternehmen gelten, aber nur dann, wenn die Markteintrittsbarrieren gering sind. Dann sorgt der *potentielle* Wettbewerb dafür, dass es sich wie ein Mengenanpasser verhält und den Wettbewerbspreis, wie er sich aus Angebot und Nachfrage ergibt, nicht beeinflussen kann.

Preissetzungsmacht, wie sie kennzeichnend für Monopole oder monopolähnliche Strukturen ist, kann nur auf einer der folgenden fünf Quellen beruhen:

1. Das relevante Unternehmen ist im Besitz einer einzigartigen Ressource (einschließlich Wissen), die für den Produktionsprozess wichtig ist und über die so gut wie niemand sonst verfügt; *(Ressourcen-/Wissensmonopol)*
2. Der Staat hat einem Unternehmen das ausschließliche Produktionsrecht verliehen, verbietet die Produktion also allen anderen; *(Staatsmonopol)*
3. Der Produktionsprozess ist derart strukturiert, dass *eine* Firma das Produkt zu niedrigeren Kosten produzieren kann als eine Vielzahl von Firmen; *(Natürliches Monopol)*
4. Es liegt monopolistische Konkurrenz oder ein Oligopol vor; *(unvollständiger Wettbewerb)*
5. Es wurden Absprachen getroffen. *(Kartell)*

Betrachten wir diese fünf Fälle der Reihe nach genauer:

1. Ressourcen-/Wissensmonopol

Wer einen herkömmlichen PC benutzt, der kommt an den Produkten von Microsoft schwerlich vorbei, sei es Outlook, Word oder Excel. Die Konkurrenz ist überschaubar, Microsoft hat zweifellos die Möglichkeit, Preise festzusetzen.

Engpassressourcen wie Seltene Erden sind weltweit auf wenige Anbieter konzentriert wie z. B. die China Northern Rare Earth Group. Kobalt ist ein anderes Beispiel, dessen Förderung maßgeblich durch das Unternehmen Glencore im Kongo stattfindet.

In all diesen Fällen liegt Preissetzungsmacht vor. Der Gewinn wird dann regelmäßig bei einer Menge maximiert, die unterhalb der volkswirtschaftlich sinnvollen Bereitstellung liegt. Der Anbieter streicht eine Monopolrente ein. Einige Nachfrager gehen angesichts des überhöhten Preises leer aus, obwohl die Grenzkosten der Bereitstellung unterhalb ihrer Zahlungsbereitschaft liegen. Ökonomen bezeichnen diese Wohlfahrtseinbuße als *„deadweight loss"*. In solchen Fällen besteht unter Umständen Anlass einzugreifen, d. h. das Unternehmen zu zerschlagen und Wettbewerb zu erzeugen oder in dessen Preispolitik zu grätschen. Vorausgesetzt, es gibt eine Institution (Staat, Regulator), die diese Intervention durchsetzen kann. Wenn die Preissetzungsmacht allerdings im Ausland liegt, wird das aufgrund der Territorialität der Rechtsdurchsetzung regelmäßig schwierig. Die relative Machtlosigkeit der erdölimportierenden (Industrie-)Staaten gegenüber den erdölexportierenden Ländern des OPEC-Kartells ist ein bekanntes Beispiel hierfür. Übertreiben es die Kartellisten allerdings, so erzeugen sie zweierlei gegengerichtete Tendenzen: Zum einen wird es zunehmend lohnend für einzelne Kartellmitglieder, klammheimlich aus dem Kartell auszuscheren und sich durch geringfügige Preiszugeständnisse Absatz- und Gewinnvorteile zu verschaffen. Zum anderen erhalten die Abnehmer einen Anreiz, ihre Suche nach Substituten zu intensivieren.

2. Staatliche Monopole

Die soeben beschriebene Konstellation (volkswirtschaftlich zu geringe Produktion bei überhöhtem Preis) gilt auch für ein wirtschaftlich genutztes Patent (vgl. s. Kap. 24). Dem Inhaber wird nämlich nichts anderes als ein i. d. R. für 20 Jahre geltendes Monopol gewährt. Die temporäre Monopolrente wird damit gerechtfertigt, dass sie die Entwicklungskosten der „Idee" hereinspielen soll. Nur so würde überhaupt ein Anreiz für wirtschaftliche Innovation geschaffen, weil ohne Patentschutz Imitatoren, die die Idee einfach unentgeltlich klauen, den Erfinder in den Bankrott treiben könnten. Der „deadweight-loss" wird also zum Zwecke der Innovationsförderung ausdrücklich in Kauf genommen und als geringer eingeschätzt als die Gewinne aus einem innovationsgetriebenen dynamischen Wettbewerb.

Im Unterschied zum Patent haben wir staatliche Monopole auch in Form der sogenannten „Regale" kennengelernt, also der Monopole, die von Königen und autokratischen Staatsoberhäuptern verliehen wurden bzw. werden, um durch Gewährung von Privilegien an Gefolgsleute ihre Herrschaft abzusichern. Historische Beispiele sind „Bergregale", die zum alleinigen Abbau gewisser Erze berechtigten oder das „Salzregal". So funktionieren auch moderne Autokratien/Oligarchien wie z. B. Putins Russland. Die russische Firma Gazprom ist nichts anderes als ein modernes Bergregal. Solche Monopole sind volkswirtschaftlich natürlich nicht zu rechtfertigen, haben aber auch keinen Staatsanwalt, der gegen sie vorgeht, da dieser und der oberste Richter in solchen Systemen i. d. R. selbst korrumpiert sind.

3. Natürliches Monopol

Ein natürliches Monopol liegt in der Regel bei sehr hohen Fixkosten der Produktion vor. Um die Haushalte einer Stadt mit Trinkwasser zu versorgen, ist ein Leitungsnetz erforderlich, bevor Trinkwasser überhaupt „verteilt" werden kann. Die Kosten dieses Netzes können auf die Verbraucher umgelegt werden, so dass gilt: Je mehr Verbraucher angeschlossen sind, desto günstiger ist das Netzentgelt. In diesem Falle gibt es für einen potentiellen Wettbewerber kaum einen Anreiz, in den Markt einzutreten, da er hohe Investitionen tätigen muss und bei Marktteilung kaum mehr von derselben Kostendegression profitieren kann, die der etablierte Anbieter (der „Altsasse") besaß. Der existierende Netzbetreiber ist daher der Versuchung ausgesetzt, eine Monopolrente einzustreichen, sei es durch überhöhte Preise und/oder aufgeblähte Kosten.

Gute Gründe also, einen Regulator mit der Aufsicht über den Netzbetreiber zu beaufsichtigen. Meint man. Aber der Schuss kann auch nach hinten losgehen. Nämlich dann, wenn die Kosten des Regulators größer sind als der „deadweight loss". Schlimmer noch: Es ist denkbar, dass der Regulator mit dem Monopolisten gemeinsame Sache macht und sich vereinnahmen lässt, während er der Welt vorgaukelt, alles sei in bester Ordnung. Davon profitierte z. B. AT&T, dessen Telefonmonopol in den USA erst in den 80er Jahren zerschlagen wurde.

Alternativ erscheint vielleicht die Verstaatlichung als eine Lösung, wie sie in der Vergangenheit nach dem zweiten Weltkrieg vielfach Anwendung gefunden hat (Bahn, Post, Telekommunikation). Doch faktisch kommt man vom Regen in die Traufe. Sind *Bürokraten,* die von der *Politik* kontrolliert werden, weniger opportunistisch als die *Manager,* die von einem *Regulator* überwacht werden? In den letzten Jahren hat sich angesichts der Schwerfälligkeit staatlicher

Bürokratie und ihrer beschränkten politischen Kontrolle die Erkenntnis durchgesetzt, dass von der *Kombination Manager/Regulator* tendenziell mehr Stringenz und Effizienz erwartet werden kann (Managern kann gekündigt werden; Regulatoren sind spezialisierte Behörden). Eine Garantie dafür gibt es freilich nicht.

4. Unvollständiger Wettbewerb (Monopolistische Konkurrenz und Oligopol)

Nun ist die Vorstellung des vollständigen Marktes ein Idealbild, das es in der Realität so nicht gibt. Selbst die in einem intensiven Wettbewerb stehenden Hersteller von Bier, Butter, Fett, Speiseöl und Benzin – alles hochstandardisierte Produkte – besitzen eine gewisse, wenn auch aufgrund des Vorhandenseins zahlreicher Substitute geringe Preissetzungsmacht. Deren Quelle sind kleine Produktunterschiede, und sei es, dass sie bloß auf Marketing und Verpackungsunterschieden beruhen. Im Supermarkt ist mal Krombacher, Warsteiner, Bitburger oder König-Pilsener im Angebot und alle bewegen sich preislich in einer gewissen Range. Sage und schreibe ca. 50 % der Produktionskosten von Bier sind Marketingaufwendungen, um dem Konsumenten zu vermitteln, man gebrauche das bessere Wasser oder vermittle das bessere Lebensgefühl. Ein Präsident des Brauerverbandes hat mir in einem Privatissimum einmal verraten, dass seine Kollegen der großen Pils-Marken *im Blindtest* ihr eigenes Bier nicht erkennen.

Liegt Wettbewerb in Produkten mit geringen (tatsächlichen oder vermeintlichen) Unterschieden vor, so sprechen wir von *monopolistischer Konkurrenz*. Es handelt sich um das Abbild der Welt, wie wir sie im Alltäglichen einer modernen Marktwirtschaft am häufigsten erleben. Monopolrenten fallen hier *letztendlich* nicht an; sollten sie kurzfristig bestehen, so werden sie durch den Markteintritt neuer

Konkurrenten und/oder die Ausweitung der Produktion durch die bestehenden Wettbewerber beseitigt.

Der Staat hat hier wenig verloren. Außer vielleicht dabei zu helfen, dass irreführende Werbung unterbleibt und Konsumenten nicht allmählich vergiftet (vgl. s. Kap. 9) und abhängig gemacht werden. Firmen mit einem langfristigen Interesse haben aber ein Eigeninteresse, solche Handlungen zu unterlassen, da die wirtschaftlichen Schäden durch transparent gewordenes Fehlverhalten enorm sein können (siehe das Beispiel des Nudelskandals in s. Kap. 6). Daher lohnt es sich, eine Reputation für Qualität zu entwickeln, die sich in „Marken" manifestiert, die dann einen ökonomischen Wert besitzen, wenn sie den Kunden eine *zuverlässige* Qualität signalisieren und durch Erfahrung bestätigen.

Anders gelagert ist die Situation im *Oligopol.* Es liegt vor, wenn es in einem Markt nur wenige Anbieter gibt, er also von einem hohen Maß an Konzentration geprägt ist. Ein gebräuchliches *Konzentrationsmaß* ist die Antwort auf die Frage, wie groß der addierte Marktanteil der vier größten Anbieter ist. Liegt dieser Anteil bei über 40 %, so wird eine oligopolistische Tendenz unterstellt, bei über 60 % von einem eindeutigen Oligopol ausgegangen.[11] In den USA liegt dieser Anteil bei Frühstückszerealien, Luftfahrzeugen und Haushaltsgeräten bei weit über 50 %, um nur diese Beispiele zu nennen. Im deutschen Lebensmitteleinzelhandel kamen 2024 die vier Marktführer Edeka (ca. 28 %), Schwarz-Gruppe mit Lidl und Kaufland (ca. 22 %), Rewe (ca. 17 %) und Aldi (ca. 14 %) auf einen Marktanteil von zusammmen ca. 81 %. Über 40 % erreichen in Deutschland die Automobilindustrie (Volkswagen mit Audi, Mercedes-Benz, BMW), Mobilfunkdienstleister (Telekom, Vodafone, Telefonica), vom innerdeutschen Schienen- und Luftverkehr ganz zu schweigen. In diesen Fällen haben Preis- und

---

[11] Grundlegend ist Bain (1959).

Mengenentscheidungen eines Anbieters unmittelbare Wirkung auf die Mitbewerber, so dass hier ein *Spiel von Aktion und Reaktion* entsteht. Es kommt zur vorläufigen Ruhe, wenn die gewählten Aktionen die wechselseitigen besten Antworten aufeinander darstellen. Dann liegt ein Gleichgewicht vor. Kommt es zu einer Innovation, so fängt das Spiel von vorne an.

5. Kartell

Die eben erwähnte Gleichgewichtssituation im Oligopol ist mit geringeren Gewinnen verbunden als der Fall wäre, würden sich die Oligopolisten mit dem Ziel absprechen, sich wie ein Monopolist zu verhalten. Dazu müssten sie eine Vereinbarung über Preise bzw. Mengen und die auf die einzelnen Anbieter entfallenden Produktionsquoten treffen. Das ist Gegenstand eines Kartells. Die Konsumenten hätten das Nachsehen. Sie würden überhöhte Preise zahlen; viele könnten sich das Wunschprodukt gar nicht mehr leisten. Und das, obwohl ihre Zahlungsbereitschaft oberhalb der Produktionskosten liegt.

Es ist diese Situation, die die Kartellisten in eine Dilemma-Situation (vgl. Kap. 3) bringt. So sehr sie das Kartell im Vergleich zu einer Situation ohne Preisabsprache schätzen, so sehr sind sie versucht, durch kleine Preis-Zugeständnisse an die besagten Kunden Zusatzgewinne zu erzielen. Und wenn sich alle so verhalten, so fällt das Kartell in sich zusammen. In diesem Szenario ist kein staatlicher Eingriff notwendig. Die Dinge regeln sich also von selbst, weil das Kartellversprechen nicht selbst-durchsetzend ist.

Leider ist das nicht immer der Fall. Und zwar dann, wenn der Kartellbrecher eine Sanktion zu fürchten hat, die dem Kartell immanent ist. Eine solche besteht unter Umständen dann, wenn sich die Akteure im Oligopol *wiederholt* begegnen, wovon i. d. R. auszugehen ist, und ihre

Handlungen von den Beteiligten beobachtet werden können (vgl. s. Kap. 5). Oft wechseln Führungskräfte von einem Unternehmen zum anderen und sind um ihren Ruf in der Branche besorgt. Dann findet die Versuchung, das Kartellversprechen zu brechen, um einen kurzfristigen Sondergewinn davonzutragen, ein Gegengewicht durch das langfristige Interesse, angesehener Branchenvertreter und Mitglied des Kartells zu bleiben und auf Dauer davon profitieren zu können. Genauer lässt sich zeigen, dass die Wiederholungswahrscheinlichkeit eine kritische Schwelle überschreiten muss.[12] Je höher das Versprechensverletzungsinteresse, desto höher muss die Wiederbegegnungswahrscheinlichkeit sein. Ist letztere hoch, so hat das Kartell Aussicht auf Bestand und setzt sich von alleine durch. Jetzt ist der Staat in Form seiner Kartellbehörde gefordert, das Kartell aufzubrechen. Er tut dies durch Verhängung von Strafen. Diese müssen mindestens die Monopolgewinne abschöpfen, was abschreckend auf entsprechende Absprachen wirkt, natürlich nur unter der Voraussetzung, dass auch die Aufdeckungswahrscheinlichkeit hinreichend hoch ist.

Damit sind wir wieder beim Bier. Im Jahr 2014 verhängte das Bundeskartellamt wegen unerlaubter Preisabsprachen Strafgelder von insgesamt 106,5 Mio. € an Barre, Bitburger, Krombacher, Veltins und Warsteiner, nachdem Beck's von einer Kronzeugenregelung Gebrauch gemacht hatte. Noch größeren Umfang nahm das 2004 aufgedeckte Zementkartell an, dessen beteiligte Firmen, u. a. Holcim und HeidelbergCement, Strafen in Höhe von 328,6 Mio. Euro zu entrichten hatten. Hier ging es um Preisabsprachen und Marktaufteilungen.

Eine Alternative zum Kartell ist auch eine Fusion, wie wir das bereits am Beispiel der Trusts gesehen haben. Als präventive Maßnahme gibt es daher in zahlreichen Staaten

---

[12]Vgl. Schmidt-Trenz (2023), S. 94.

(u. a. EU, D, F, GB, USA, China, Japan, Indien) die Notwendigkeit der Genehmigung von Fusionen größerer Unternehmen, die sogenannte *Fusionskontrolle*. So wurden in Deutschland dem Bundeskartellamt im Jahr 2024 ca. 900 Anträge auf Unternehmenszusammenschlüsse zur Genehmigung vorgelegt. Nur *ein* Zusammenschluss wurde untersagt, nämlich der der beiden Universitätskliniken Mannheim und Heidelberg. Die hohe Genehmigungsquote zeigt, dass das Bundeskartellamt sehr wohl sieht, dass Unternehmenskäufe und -zusammenschlüsse oft aus Effizienz- bzw. Transaktionskostengründen und nicht aus Monopolisierungsabsicht geschehen. Im Fall der seltenen Ablehnungen kann die Entscheidung des Bundeskartellamts im Wege der sogenannten „Ministererlaubnis" overruled werden, wovon seit 1973 zehn Mal Gebrauch gemacht worden ist. Beispiele waren die Schaffung der Ruhrkohle AG 1975, die Übernahme von Ruhrgas durch E.ON im Jahr 2002 und die Übernahme von Kaiser's Tengelmann durch EDEKA im Jahr 2016. Alle Fälle waren naturgemäß außerordentlich umstritten. Der politische Druck war hoch, stets wurde mit der notwendigen Erhaltung von Arbeitsplätzen argumentiert. Nur zweimal, also sehr selten, wurde die Erlaubnis auch verweigert, zuletzt 2023, als der Minister die Übernahme weiterer Real-Märkte durch Globus ablehnte.

***

Halten wir also fest:

So segensreich der Markt wirken mag, seine Feinde lauern überall:

- bei den Unternehmen, die sich mitunter lästiger Konkurrenz entledigen und Markteintrittsbarrieren hochziehen wollen oder versucht sind, Absprachen zu treffen, wenn wenige Marktanbieter unter sich sind;

- bei den Inhabern der Regierungsgewalt, die sich nicht mit der Wächtergewalt zufriedengeben wollen, sondern ihre Bedeutung aus der Macht zur Intervention und dem Prestige ableiten, große öffentliche Unternehmen steuern zu können;
- bei den Parteien, die Klientelpolitik betreiben und auf Wählerstimmen zielen, in dem sie bestimmte Sektoren schützen.

Kein Wunder, dass die Staatsquote auf dem Vormarsch ist und das Maß an Regulation zunimmt. Wer ist – außer dem Kartellamt - überhaupt noch Anwalt des Marktes, ist man geneigt zu fragen?

Die Geschichte hat gezeigt, dass sich die Kräfte des Marktes erst dann Bahn über alle Ebenen hinweg verschaffen, wenn die wirtschaftlichen und gesellschaftlichen Verhältnisse durch die Masse diskretionärer Eingriffe so weit heruntergekommen sind, dass es für eine Rückkehr des Wachstums keine Alternative mehr dazu gibt, als dem auf allgemeinen Regeln beruhenden Markt die Ordnung der Verhältnisse zu überlassen. Ist das geschafft, folgt, Gott sei`s geklagt, wieder die Gegenbewegung.

24

Innovation & Patent: *Am Anfang war der Schnellkochtopf*

Es war der Schnellkochtopf, der vermutlich den Unterschied machte und uns in ein neues Zeitalter von Technologie und Wohlstand katapultierte. Hätten Sie es gedacht? In der Tat handelt sich um eine der vielen Erfindungen, die völlig unterbewertet werden. Jedenfalls nicht von mir. Der 1681 in London patentierte Dampfdruck-Kochtopf von Denis Papin war vielmehr die Schlüsseltechnologie, die uns in nichts Geringeres als das Industriezeitalter führte.

In der 2. Hälfte des 18. Jahrhunderts beschleunigte sich die technologische und wirtschaftliche Entwicklung in England dramatisch. Heute sprechen wir vom Beginn des *Industriezeitalters*. Andere europäische Staaten folgten zeitversetzt Jahrzehnte später. China und Indien wurden abgehängt und schwenken erst seit der Jahrtausendwende auf diesen Pfad. Wie konnte es dazu kommen? Warum in England? Diese Fragen sollen hier beantwortet werden.

Nun ist es ja nicht so, dass der technologische Fortschritt erst mit der sogenannten *„industriellen Revolution"*, also vor ca. 250 Jahren, Einkehr gehalten hätte. Auch wenn das lange 19. Jahrhundert eine kolossale „Verwandlung der Welt"[1] hervorbrachte, darf dies nicht zur Geringschätzung vorangegangener Epochen führen. Denn Innovation durchzieht die gesamte Menschheitsgeschichte. Ich teile sie innovationsgeschichtlich grob in 3 Phasen ein: *relative Ruhe* (ca. 2,5 Mio. v. Chr. bis ca. 11.500 v. Chr.) *Aufbruch* (ca. 11.500 v. Chr. bis ca. 1750) und *Sturm* (ca. 1750 bis heute).[2] Die wesentliche Frage dieses Kapitels wird sein: Was erklärt den Sturm?

Doch der Reihe nach: Innovation fängt in der Steinzeit mit der Entwicklung von zunächst geschlagenen und dann geschliffenen Steinwerkzeugen an, wohl vor ca. 2,5 Mio. Jahren. Auf ca. 1,5 Mio. Jahre alt wird die Beherrschung des Feuers datiert. Vor ca. 200.000 Jahren beginnt gemäß heutiger Auffassung die Kommunikation in Form komplexerer „Sprachen".

Um 11.500 vor Christus wird (inzwischen) die neolithische Agrarrevolution datiert, die als Folge der beginnenden Landwirtschaft (Ackerbau und Viehzucht) zum Phänomen der Sesshaftigkeit führt, auch wenn Jäger- und Sammlerkulturen parallel fortbestehen. War die menschliche Evolution, soweit wir es heute einschätzen können, also in den ersten 2,5 Mio. Jahren durch *relative Ruhe*

---

[1] So der Buchtitel von Osterhammel (2009).

[2] Es gibt eine Vielzahl von Systematiken zur zeitlichen Einteilung der Menschheitsgeschichte. Viele beinhalten letztlich eine stärkere Unterteilung der von mir postulierten drei Phasen. Was ich als *Phase relativer Ruhe* bezeichne, wird auch als Paläolithikum oder „Jäger und Sammler-Zeit" bezeichnet (2, 5 Mio. – 11.500 v. Chr.). Darauf folgt die sogenannte „neolithische Revolution", die ab 3000 v. Chr. – 500 n. Chr. durch die Bronze- und Eisenzeit abgelöst wird; auch „Antike" genannt. Es folgen Mittelalter ca. (500–1500), frühe Neuzeit (1500–1750), woran sich die erste industrielle Revolution anschließt (bis 1870, geprägt durch Kohle und Dampf, Mechanisierung). Es folgen die zweite industrielle Revolution (bis ca. 1960, geprägt durch Elektrizität, Chemie, Stahl und Otto- und Diesel-Motor, die dritte industrielle Revolution (ab ca. 1960, geprägt durch Computer und Digitalisierung) und die vierte, in der wir heute leben (geprägt durch KI).

geprägt gewesen, so kommt nun eine gewisse Beschleunigung auf. Es findet der *Aufbruch* statt.

Ab dem 5. Jahrtausend vor Christus kann erstmals die Verarbeitung reiner Metalle wie Gold, Silber und Kupfer (Vinca-Kultur auf dem Balkan, Türkei) nachgewiesen werden, was bereits hohe Fertigkeiten und Know-how voraussetzt.

Die Erfindung des Rades, die Kultivierung von ernährungssichernden Pflanzen im Rahmen großer Bewässerungssysteme und die Errichtung von Monumentalbauten wie den Pyramiden (ca. 2560 v. Chr.) sind weitere Beispiele des menschlichen Fortschrittes in der Frühphase unserer bekannten Geschichte. Wie der Bau letzterer vonstatten gegangen ist, gibt der Forschung bis heute Rätsel auf.

Ein großer technologischer Sprung, der wohl nur aus entsprechenden Experimenten hervorgegangen sein kann, war die etwas später stattfindende Beimischung von Zinn (zu etwa 15–20 %) zum Kupfer, was ein wesentlicher härteres Material, nämlich Bronze, hervorbrachte. Bronzegegenstände finden sich ab dem 3. Jahrtausend vor Christus in Palästina, Ägypten, Indien und etwas später in China.

Die Herstellung von *Bronze* war der sicherlich komplexeste Produktionsprozess, den die Menschheit bis dahin entwickelt hatte. Und er bedurfte zweifellos einer entsprechenden Organisation, die zur Herausbildung einer entsprechenden sozialen Struktur geführt haben dürfte (vgl. Kap. 22). Erzvorkommen mussten gefunden und ausgebeutet werden. Das Erz musste aufwendig zur Schmelze gebracht, gemischt und verarbeitet werden. Ein Prozess, an dem viele Individuen arbeitsteilig involviert gewesen sein müssen, so dass sich hier auch Menschen mit Autoritätscharakter entwickelt haben dürften, deren Impact über den reinen Familienverband hinausging. Der Metallabbau und die -verarbeitung dürften nicht nur einen Impuls zur Entstehung von Siedlungen und Unternehmen gesetzt haben.

Das Verlangen nach dem vergleichsweisen selten vorkommenden Zinn führte außerdem zu einem Handelsnetz, das die Lagerstätten (z. B. Erzgebirge, Cornwall, Chuzestan, Chorasan) mit den Abnehmern verband. Die Kriegführung wurde durch die neu ermöglichte Waffentechnik revolutioniert. Im Vorderen Orient entwickelten sich Schriften.

Die Griechen entwickelten im 1. Jahrtausend vor Christus Theater und Literatur und hinterließen beeindruckende Tempelbauten, für deren Errichtung Baukräne und Flaschenzüge belegt sind. Ihre Galeeren blieben als Grundtypus über 2500 Jahre das Maß aller Dinge für die Schifffahrt im Mittelmeer.

Die Römer bauten Wasserleitungen, Viadukte und Straßen über Hunderte von Kilometern. Ihre Ingenieur- und Belagerungstechnik sowie ihre Kriegsmaschinen waren technische Meisterleistungen. Ihre Fähigkeiten im Hochbau, noch heute zu besichtigen am Beispiel des Pantheons (118–125 n. Chr., Kuppel aus Beton mit einer Höhe von 43,3 m), des Kolosseums, der Caracalla-Thermen und der Hagia Sophia (532–537 n. Chr., Kuppelhöhe 55,6 m), suchten bis zur Neuzeit ihresgleichen.

Auch im oft zu Unrecht geschmähten „Mittelalter" ging die Entwicklung weiter. Die imposanten romanischen Kirchenbauten von Cluny (dritte Abteikirche ab 1024) und Speyer (1025–1061) künden, letzterer bis heute, von den Baufertigkeiten der romanischen Epoche. Diese wurden mit dem Übergang von runden Gewölben zu Spitzgewölben, so geschehen seit 1140 in St. Dénis bei Paris, im 12. Jahrhundert noch einmal revolutionär erweitert. Bei gleicher Scheitelhöhe konnten nun größere Weiten überbrückt werden, woraus sich die sogenannte „Gotik" mit etlichen Höhenrekorden entwickelte (z. B. Nordturm des 1176–1439 erbauten Straßburger Münsters: 142 m). Womit, nach ziemlich genau 4000 Jahren, in etwa die Höhe der Cheops-Pyramide (ursprünglich 146,6 m) wieder erreicht war! Der Druck mit beweglichen Lettern und erhebliche Fortschritte bei der mechanischen Zeitmessung vervollständigen das Bild.

Auch wissenschaftlich ging es voran. Man denke an die karolingische Renaissance Ende des 8. Jahrhunderts, die die Erkenntnisse der Antike wieder zu Tage förderte, den Kalender reformierte, die Schrift vereinheitlichte und damit die Kommunikation und Wissensverbreitung verbesserte.[3] Die Institution Kirche stand dem, im Unterschied zum heute gängigen Vorurteil, lange nicht im Weg. Vielmehr eröffnete sie mit ihren Klosterschulen und den unter bischöflichen Auspizien stehenden Bildungsstätten die Freiräume für Bildung und den wissenschaftlichen Diskurs.

Ende des 12. Jahrhunderts begannen sich einzelne Schulen aus dieser Abhängigkeit zu lösen und Selbstverwaltungsstrukturen aufzubauen, aus denen schließlich die ersten Institutionen vom Typ „Universität" hervorgingen: Oxford (1096), Bologna (ca. 1190) und Paris (1208/9). In der zweiten Hälfte des 14. Jahrhunderts folgten entsprechende Gründungen im deutschen Kulturraum: Prag (1348), Wien (1365), Heidelberg (1386), Köln (1388) und Erfurt (1392).[4] Durchgängig setzte man auf die Werke von Aristoteles, in der Jurisprudenz auf das justinianische Recht und das Kirchenrecht auf und diskutierte Thesen dialektisch.

Als die Widersprüche zu groß und damit für die Glaubwürdigkeit der Institution Kirche auch zu gefährlich wurden, erließ erstmals 1270 der Pariser Bischof Étienne Tempier ein Verbot einzelner Lehren, womit eine neue, wissenschaftshemmende Phase der katholischen Kirche eingeleitet wurde, die weit über die Epochengrenze zwischen Mittelalter und Renaissance hinausreichte. Für sein Festhalten am

---

[3] Vgl. Bost (1994).
[4] Vgl. Sarnowsky (2022).

kopernikanischen Weltbild, gemäß dem sich die Erde um die Sonne dreht und nicht umgekehrt, wurde Galileo Galilei noch 1633 verurteilt und bis zu seinem Lebensende 1642 unter Hausarrest und Veröffentlichungsverbot gestellt. Und sage und schreibe erst 1992 rehabilitiert! Protestantische Regionen wie England und etwas verzögert Preußen waren gegenüber Ländern, die von der inzwischen eher wissenschaftsfeindlichen katholischen Kirche geprägt waren, über lange Perioden in Führung (vgl. Kap. 13).

Von der kosmologischen Revolution zur Werkstoffrevolution: *Eisen* war schon recht früh bekannt. Meteoreisen wurde bereits um 3000 vor Christus verarbeitet. Am berühmtesten ist ein Dolch aus Meteoreisen (um 1350 v. Chr.), der im Grab Tutanchamuns gefunden wurde. Schriftliche Überlieferungen der Hethiter legen nahe, dass Eisen dort seit ca. 1300 vor Christus verhüttet wurde. Nur wenig später kann auch in der Levante die Erzeugung von Stahl nachgewiesen werden. Eisen wurde von diesem Zeitpunkt bis ins 18. Jahrhundert, also praktisch 3000 Jahre, durch verschiedenste Varianten sogenannter „Rennöfen" produziert, die meist mit Holzkohle befüllt, beheizt und mit immer leistungsfähigeren Blasebälgen angefacht wurden. Somit wurde das ebenfalls eingefüllte Eisenerz zu schmiedefähigem Eisen reduziert. Ab dem Mittelalter sind wasserkraftbetriebene Blasebälge bekannt, was größere Öfen (sogenannte „Stücköfen") ermöglichte. Ab dem 14. Jahrhundert sind ebenfalls mit Wasserkraft betriebene (also „automatische") Schmiedehämmer belegt, mit denen die Eisenstücke weiterverarbeitet wurden.

Die Wälder reichten aber bald nicht mehr für den wachsenden Bedarf an Holzkohle aus, und so wurde – erfolglos – mit Steinkohle experimentiert. Bis es dem Engländer Abraham Darby 1709 gelang, einen Hochofen mit Koks (ein Brennstoff, der aus der Verkokung von Steinkohle gewonnen wird) zu betreiben, was in Deutschland erst 1796 im Königlichen Hüttenwerk Gleiwitz gelang.[5]

Ein wesentlicher Meilenstein war das Patent Nr. 5701 des Schotten James Beamont Neilson aus dem Jahr 1828 über einen mit dem Gebläse gekoppelten Winderhitzer, mit dem die Eisenausbeute erheblich gesteigert werden konnte. Legendär wurde seine erfolgreiche Patentrechtsklage gegen die Hüttenbesitzer, die sich abgesprochen hatten, die fälligen Lizenzgebühren zu verweigern.[6] Diesem Meilenstein war freilich eine ganze Serie patentierter Erfindungen vorausgegangen, wie ich im Folgenden darlegen werde.

Das führt mich zu der entscheidenden Frage dieses Kapitels: Könnte die *Erfindung des Erfinderpatents* etwas damit zu tun haben, dass sich der technische Fortschritt im 18. und 19. Jahrhundert über alle Maßen beschleunigte?

Meine Antwort ist ein klares *ja*. Und damit sind wir wieder beim Schnellkochtopf vom Beginn dieses Kapitels. Denn auch er war Gegenstand eines Patents, das im Jahr 1681 in London angemeldet wurde. Der Franzose Denis Papin, der als protestantischer Emigrant seit 1675 in London lebte und arbeitete und 1687 einen Ruf an die Universität Marburg in Hessen annahm, hatte 1679 nach Experimenten mit Feuer, Dampf und Vakuum einen Dampfdruck-Kochtopf mit Überdruckventil entwickelt, der als „*Papinscher Topf*" in die Geschichte einging. 1690 folgte seine Dampfmaschine, in der ein sich in einem Zylinder bewegender Kolben Arbeit verrichtete. Was dann geschah, war eine Menge Pech: Seine Dampfdruckpumpe zur Bespielung der Springbrunnen im Schlosspark von Wilhelmshöhe (bei Kassel) hielt wegen schlechten Materials den Belastungen nicht stand. Und sein Dampf-getriebenes Schaufelradboot, mit dem er 1707 von Kassel nach Bremen

---

[5] Vgl. Rasch (2015).
[6] Vgl. Brown Mackenzie (1928).

fahren wollte, wurde im Streit um Passierrechte von der Mündener Schiffergilde zerstört, die diesen Fortschritt wohl als Bedrohung sah. Papin starb 1713 verarmt in London.

Die Entwicklung war gleichwohl nicht aufzuhalten. Über Thomas Saverys patentierte Dampfpumpe aus dem Jahr 1698 (Name: The Miner's friend), Thomas Newcomens wesentlich wirkungsvollere Kolbendampfmaschine aus dem Jahr 1712,[7] die sich ebenfalls vornehmlich im Bergbau durchsetzen konnte, ging der Weg zu der im Vergleich deutlich verbesserten, 1769 patentierten Dampfmaschine von James Watt. Sie bildete die Grundlage der in den folgenden Jahrzehnten stattfindenden Mechanisierung und Automatisierung

- im Bereich Bergbau, Metallverarbeitung, Textilwirtschaft (siehe die *Spinning Mule* von 1825 von Richard Roberts auf der Grundlage der noch mit Muskelkraft betriebenen *Spinning Jenny* von James Hargreaves aus dem Jahr 1760),
- im Bereich der Mobilität in Form der Eisenbahn (erste Lokomotive von Richard Trevithick 1804, Weiterentwicklung durch George Stephenson) und der Dampfschifffahrt (erstes Patent 1788 durch Isaac Briggs und William Longstreet),
- sowie in der Landwirtschaft (mechanische Dreschmaschine). Neue Grassorten, Erfolge in der Tierzucht und die Einführung der Dreifelderwirtschaft erhöhte die Produktivität der Landwirtschaft derart, dass nach der der ersten kleinen Bevölkerungsexplosion durch die neolithische Agrarrevolution eine zweite, weit größere Bevölkerungsexplosion eingeleitet wurde.

---

[7] Aufgrund des weit gefassten Patents von Savery konnte dieser Newcomen eine Partnerschaft aufnötigen.

Preußen verhielt sich opportunistisch und schreckte nicht vor *Industriespionage* in England zurück. Statt auf Watts Wunsch nach einem Liefermonopol einzugehen, schickte man unter Vorspiegelung falscher Tatsachen den Oberbergrat Carl Friedrich Bückling (1756–1812) nach England, der nach zweimaligem Besuch in der Lage war, den Nachbau einer Dampfmaschine zu bewerkstelligen, die 1785 in Betrieb genommen wurde. Der englische Patentschutz erwies sich somit auf dem Kontinent als wirkungslos. Von 1518 Dampfmaschinen auf dem Gebiet des Deutschen Zollvereins im Jahr 1846 erhöhte sich ihre Zahl bis 1861 auf 8695 Stück.[8]

Es sei hier fairerweise angemerkt, dass es die Idee eines geschützten Erfinderpatents schon in der Antike gegeben hatte, und zwar bei den *Köchen von Sybaris*, einer griechischen Kolonie an der Stiefelsohle Italiens, die Ende des 8. Jahrhunderts vor Christus gegründet wurde. Die Stadtväter von Sybaris gelten nämlich nicht nur als Erfinder der Badewanne und des Lärmschutzes, sondern vor allem anderen auch als Erfinder des Patents. Bei Athenaios' *Gastmahl der Gelehrten* heißt es: [9]

„Wenn ein Konditor oder Koch ein besonderes und ausgezeichnetes Gericht erfand, wurde keinem anderen erlaubt, dieses innerhalb eines Jahres herzustellen. Allein der Erfinder war in dieser Zeit berechtigt, aus der Herstellung des Gerichts Nutzen zu ziehen, um anderen einen Anreiz zu bieten, sich mit ähnlichen Bestrebungen hervorzutun."

Man darf annehmen, dass es in Sybaris reichlich kreative Köche, im regen Wettbewerb stehende Gaststätten und gut zu essen gab. Leider wurde dieses Anreizprinzip nicht auf

---

[8] Siehe Hahn (2011), S. 32.
[9] Athenaeus: The Deipnosophists – book 12, S. 510–528, Absatz 20, translated by C. D. Yonge (1854).

andere Lebensbereiche übertragen. Sybaris hätte dann ein Erfolgsmodell werden können. Stattdessen führte ein Bürgerkrieg im Jahre 510 vor Christus zu seinem vollständigen Untergang. Die Stadt, nach der lange gesucht worden war, wurde erst vor einigen Jahrzehnten lokalisiert.

Stattdessen trat das Erfinderpatent, auf alle technischen Lebensbereiche übertragen, seinen Siegeszug seit dem 17. Jahrhundert in England an. Heutzutage gibt es weltweit über *3 Mio. Patente*, die es ihrem Inhaber ermöglichen, die Nutzung seiner Erfindung durch Dritte zu verbieten – in Deutschland auf 20 Jahre, also etwas länger als im Falle der Köche von Sybaris.

Wozu Patentschutz?

Wie wir am Beispiel Preußens gesehen haben, ist Kopieren häufig billiger als Entwickeln und Erfinden. Wenn ich meine Entwicklungskosten nicht durch Vermarktungserlöse hereinholen kann, weil sich Dritte meine Ideen (durch Beobachtung und Nachahmung) kostengünstig aneignen können, gibt es einen stark geminderten, im Extremfall gar keinen Anreiz, sich als Entwickler oder Erfinder zu betätigen und entsprechende Werte zu schaffen. Es lohnt sich dann schlicht nicht, Erfinder zu sein. Das ist volkswirtschaftlich von Nachteil. Die allgemeine *Innovationstätigkeit* ist unter diesen Umständen geringer als es der Fall wäre, könnte sichergestellt werden, dass ein Erfinder im Falle einer werthaltigen Erfindung seine Kosten zuzüglich einer Marge erwirtschaften kann. Das Verfahren, dies sicherzustellen, ist der Patentschutz. Es gewährt einem Erfinder ein befristetes Eigentums- bzw. Nutzungsrecht an seiner Erfindung.

Warum befristet?

Es gibt nämlich einen gegenläufigen Effekt. Der Patentschutz gewährt seinem Inhaber ein Zeitmonopol, währenddessen er seine entstandenen Kosten und Mühen nebst Gewinn entweder durch eigenständige Verwertung oder durch Lizenzierung erwirtschaften kann. Was, wenn dies geschafft ist? Bei Aufrechterhaltung des Patentschutzes entstünden dann auf Seiten des Patentinhabers Monopolgewinne, die nicht mehr gerechtfertigt sind (vgl. Kap. 23). Volkswirtschaftlich wäre es zu diesem Zeitpunkt sinnvoll, die Nutzung dieser Erfindung allen Wirtschaftsteilnehmern zu erlauben und diese dem Wettbewerb auszusetzen.

Damit stellt sich die Frage nach der *optimalen Laufzeit* des Patentschutzes. Wollte man sie genau bestimmen, so wäre jeder Einzelfall gesondert zu prüfen. Sind doch Entwicklungszeiten und Produktzyklen in der Elektronikindustrie völlig andere als zum Beispiel in der Pharmabranche. In der Praxis, mit allen Schwierigkeiten konfrontiert, Einzelfälle zu beurteilen und zu administrieren, hat man sich für eine Daumenregel entschieden: eine einheitliche Laufzeit von 20 Jahren. So weit, so gut. Lediglich für Arzneimittel ist (in Deutschland) eine Verlängerung des Schutzes um weitere 5 Jahre möglich.

Doch was ist, wenn ein Erfinder eine Nutzung s(einer) nützlichen Erfindung, selbst wenn sie ihm entgolten würde, innerhalb dieses Zeitraums partout nicht zulässt? Gegen diese volkswirtschaftlich schädliche Haltung wirkt das Institut der *Zwangslizenz*.[10]

Gibt es Alternativen? Statt Patentschutz zu gewähren, um Entwicklungsarbeit zu incentivieren, könnte der Staat auch *Subventionen* zahlen und den Entwicklern den Wert ihres Patents erstatten. Diese Kosten würde also der Steuerzahler tragen. Auf seiner Habenseite wäre freilich zu verbuchen, dass eine Innovation sofort und von jedermann ohne Kosten genutzt werden könnte.

Was ist vorzuziehen? Die Patent- oder die Subventionslösung?

Um diese Frage zu beantworten, muss man sich klar machen, dass ein Großteil aller Patente niemals wirtschaftlich

---

[10]Vgl. Eucken (1975), S. 269, sowie Scheffler (2003), S. 97.

genutzt wird, weil sie zwar in den Augen ihres Erfinders einen (subjektiven) Wert besitzen, nicht jedoch in den Augen des Marktes. Man denke an Socken für Tischbeine, kleine Regenschirme für Schuhe oder einen Bananenschneider. Die Patentlösung führt in diesem Fall dazu, dass der Erfinder keinerlei Kompensation erfährt, und das ist in diesem Fall auch volkswirtschaftlich geboten.

Anders verhält es sich nur, wenn Dritte Interesse an der Erfindung zeigen, die sich in grundsätzlicher Zahlungsbereitschaft manifestiert. Eine solche Erfindung hat einen Marktwert. Die Patentlösung überlässt die Erkundung des Wertes eines Patents dem Markt, während die Subventionslösung auf einen Bürokraten angewiesen ist, der diesen Wert und damit die Subvention ermitteln soll. Es steht nicht zu erwarten, dass ein Bürokrat bei dieser Frage gegenüber den Marktteilnehmern überlegen ist. Und ein reiner Kostenersatz, in dem ein Erfinder dem Bürokraten schlicht seine Kosten angibt und mit einem Aufschlag versieht, kann keine Antwort sein, da dann auch wertlose Erfindungen finanziert würden.

Die Einführung eines Patentschutzes statt der Subventionslösung erweist sich vor diesem Hintergrund grundsätzlich als eine zielführende, innovationsfördernde Maßnahme. Er darf hierzu nicht zu schwach ausgeprägt sein, aber auch nicht zu stark.

***

Zurück nach England und der Dampfmaschine, der Schlüsseltechnologie des Industriezeitalters. Ist es ein Zufall oder Folge gesetzlicher Maßnahmen, dass die Entwicklung der Dampfmaschine von Menschen wie Papin, Savery, Newcomen und Watt vorangetrieben wurde, *die samt und sonders ihre Erfindungen patentrechtlich schützen ließen?*

Ich denke, die Frage beantwortet sich fast von selbst, macht man sich klar, dass das erste voll entwickelte Patentgesetz in Form des *Statute of Monopolies* im Jahr 1624 in England erlassen wurde, von einem venezianischen Patentgesetz aus dem Jahr 1474 einmal abgesehen.[11] In der Gesetzesbezeichnung wird deutlich, dass es um Regelungen über die Erteilung von Monopolen ging. Denn von alters her war es Praxis, dass Herrscher „Patente" (Schutzbriefe) gewährten, mit dem sie z. B. ausländische Fachleute zur Ausübung ihres Gewerbes ins Inland einluden mit der Maßgabe, ihr Wissen nach Auslaufen des zeitlich begrenzten Schutzes an Inländer weiterzugeben. So geschehen unter Henry VI. (1421–1471), der 1449 John von Utynam ein Patent auf die Herstellung von farbigem Glas für die Kapellenfenster von Eton verlieh. Königin Elisabeth I. (1533–1603) gewährte mehrere solcherlei Patente, um den Rückstand Englands gegenüber dem Kontinent aufzuholen.

Völlig anders gelagert und Stein des Anstoßes waren die zahlreichen *Handelsmonopole* („Regale", siehe Kap. 23), die die Königin *statt eines Gehalts* als Geldeinnahmequelle für Höflinge gewährte, wie z. B. das Süßweinmonopol, das Elisabeth I. an den 2. Earl of Essex, Robert Devereux (1565–1601), verlieh. Oder das Essig- und Zinnmonopol zu Gunsten von Sir Walter Raleigh. Diese Monopole und mehrere Dutzend weitere für z. B. Salz, Stärke, Essig und Öle waren Ausdruck eines wuchernden Patronagesystems, das die Königin zur Festigung ihrer Herrschaft einsetzte. Dieses System hatte allerdings buchstäblich seinen Preis. Nachdem praktisch alle Güter des Grundbedarfs außer Ge-

---

[11] Die Frage ist natürlich erlaubt, wieso die Dampfmaschine in England und nicht in Venedig erfunden bzw. vorangetrieben worden ist. Es zeigt, dass es neben den institutionellen Gegebenheiten auch einschlägiger Problemlagen bedarf. Konkret ging es um die in England virulente Frage, wie das Grundwasser in den immer tiefer werdenden Bergwerken, in denen das Erz und die Kohle für den wachsenden Eisenbedarf gefördert wurde, abgepumpt werden könnte. Gründe, mittels Dampfkraft Wasser abzupumpen, lagen freilich auch in Venedig genügend vor ...

treide monopolisiert waren, kam es zu monopolistischen Preissteigerungen auf breiter Front. Soziale Unruhen waren die Folge, denen schließlich das Parlament auf Druck der Commons mit dem *Statute of Monopolies* unter James I. (1566–1625) im Jahr 1624 definitiven Einhalt gebot, nachdem bereits im Zuge der „monopoly crisis"[12] 1601 einige Monopole aufgehoben worden waren. Seither begann die Rechtspraxis bereits zwischen *illegitimen Handelsmonopolen* und *legitimen Erfindermonopolen* zu unterscheiden.[13] Diese Rechtspraxis erhielt durch das Statute of Monopolies Gesetzesrang. Es erklärte alle Monopole für unwirksam und gesetzeswidrig, ausgenommen die Monopole, die für Erfindungen vergeben wurden. Die Patentdauer betrug 14 Jahre (2 Lehrzeiten à 7 Jahre).

Sektion 1 des Gesetzes postulierte die *Abschaffung aller Monopole*: [14]

> „(A)ll Monopolies, and all Commissions, Grants, Licences, Charters and Letters Patents heretofore made or granted, or hereafter to be made or granted, to any Person or Persons, Bodies Politique or Corporate whatsoever, of or for the sole Buying, Selling, Making, Working or Using of any Thing

---

[12] Dieser wertende Begriff geht zurück auf Neale (1957), S. 352 ff und 376 ff.

[13] Der entscheidende Präzedenzfall war *Darcy v(ersus) Allein* aus dem Jahr 1602. Das Gericht erklärte das Spielkartenmonopol, das Sir Edward Darcy einige Jahre zuvor durch die Königin zugesprochen worden war, für unwirksam und erklärte ausschließlich Erfinderpatente für zulässig. Das Urteil lautete, zitiert nach Davies (1934, S. 90 f): "All trades, as well mechanical as others, which prevent idleness and idleness is the bane of the commonwealth, are profitable for the commonwealth; therefore the grant to any man to have the sole making of cards … is utterly against the common law. But if a man hath brought in a new invention and a new trade within the realm, or a new engine tending to the furtherance of a trade, or the making of anything in the realm that was never made before; and that for the good of the realm, that the king may grant to him a monopoly patent for a reasonable time, until the subjects may learn the same, in consideration of the good that he doth bring by his invention to the commonwealth; otherwise not."

[14] Siehe Nachbar (2005), S. 1351.

within this Realm, or the Dominion of Wales or of any other Monopolies, or of Power, Liberty or Faculty, to dispense with any others, or to give Licence or Toleration to do, use or exercise any Thing against the Tenor or Purport of any Law or Statute and all Proclamations, Inhibitions, Restraints, Warrants of Assistants, and all other Matters and Things whatsoever, any way tending to the Instituting, Erecting, Strengthening, Furthering or Countenancing of the same or any of them are altogether contrary to the Laws of this Realm, and so are and shall be utterly void and of none Effect, and in no wise to be put in Use or Execution."

Dann postulierte Sektion 6 eine Ausnahme für das neu geschaffene *Patentrecht*, in dem die voranstehende Vorschrift

"shall not extend to any letters patents (b) and grants of privilege for the term of fourteen years or under, hereafter to be made, of the sole working or making of any manner of new manufactures within this realm (c) to the true and first inventor (d) and inventors of such manufactures, which others at the time of making such letters patents and grants shall not use (e), so as also they be not contrary to the law nor mischievous to the state by raising prices of commodities at home, or hurt of trade, or generally inconvenient."[15]

Damit wurde erstmals ein *Recht am geistigen Eigentum* eingeführt, auch wenn es so noch nicht genannt worden war.

Bei der Vergabe von Privilegien in Form von Handels- und Bergbaumonolpolen verhielten sich auch in Deutschland die Fürsten nicht anders als es im England des 16. Jahrhunderts und zuvor der Fall gewesen war. Im Deutschen Reich versuchten die Reichsstände in der ersten Hälfte des 16. Jahrhunderts weitgehend vergeblich, Kaiser

---

[15] Siehe https://www.legislation.gov.uk/aep/Ja1/21/3/contents (abgerufen am 6.12.2025). Die Jahreszahl von 1623 ergibt sich daraus, dass das Gesetzgebungsverfahren 1623 begonnen wurde. Es wurde 1624 abgeschlossen.

Karl V. zu einer Antimonopolpolitik gegen tatsächliche oder vermeintliche Monopole der Fugger, Welser, Höchstetter und anderer Kaufmannsfamilien zu bewegen, die für Preissteigerungen und wachsende soziale Ungleichheiten verantwortlich gemacht wurden (vgl. Kap. 23).[16] Neben den missbräuchlichen Monopolen gab es aber auch in deutschen Landen Ansätze, die in die Richtung von befürworteten Zeitmonopolen für Erfindungen wiesen. Aus dem Jahr 1593 ist ein Patentverletzungsprozess aus Nürnberg überliefert. Es ging um ein neu erfundenes Mühlwerk zum Schleifen von Halbedelsteinen. Der Patentinhaber klagte 1601 erneut gegen einen Patentverletzer, der zur Unterlassung und Entschädigung verurteilt wurde.

Preußen bildete keine Ausnahme. Der entscheidende Schritt vom fürstlichen Privilegien(un-)wesen zu einer gesetzlichen Grundlage der Patentierung, wie er in England bereits im 17. Jahrhundert vollzogen worden war, geschah dort als Bestandteil des *Allgemeinen Landrechts für die Preußischen Staaten* (ALR) im Jahr 1794. Auf dieser Grundlage wurde nach den Befreiungskriegen gegen Napoleon im Rahmen der größer angelegten preußischen Reformen das *Preußische Patentschutzgesetz* von 1815 erlassen. Ein Patent erlaubte demnach exklusive Nutzung für 15 Jahre, wenn es volkswirtschaftlich als „nützlich" angesehen werden konnte.

Im größeren Deutschland war der Patentschutz freilich kein Selbstgänger. Im Zuge der Reichseinigung forderten die Handelskammern eine Abschaffung der Patente, die sie im Gegensatz zum Ideal der Gewerbefreiheit wähnten, der zuvor zum Durchbruch verholfen worden war (vgl. Kap. 23). Werner von Siemens (1816–1892), unterstützt von der Industrie, wurde schließlich die treibende Kraft, Reichskanzler Otto von Bismarck (1815–1898) vom Erlass eines

---

[16]Vgl. Amend-Traut (2022), S. 376 ff.

deutschen Patentgesetzes (1877) zu überzeugen, das sich insbesondere an internationalen Standards orientierte.[17]

An diesem Vorgang wird einmal mehr die bereits im vorangegangenen Kapitel beleuchtete Ambivalenz der Institution des Patentschutzes deutlich. Monopole sind einerseits schlecht, weil wettbewerbs- und damit wohlfahrtsschädlich. Aufgabe des Staates sollte es sein, sie zu unterbinden. Andererseits, aus dynamischer Sicht, können bestimmte, gesetzlich geschaffene Monopole wie der für Erfindungen gewährte Patentschutz nützlich sein, da sie innovationsfördernd sind. Selbstredend, dass Monopole, die der der Staat errichtet, der volkswirtschaftlichen Begründung bedürfen.

***

Während ich in der *Schaffung eines funktionierenden Patentrechts* den Auslöser der industriellen Revolution sehe, stellen die beiden Nobelpreisträger Acemoglu und Robinson in ihrem vielbeachteten Buch (2014) auf S. 140 die These auf, der Ausbruch der industriellen Revolution ausgerechnet in England sei Folge der Errungenschaften der *Glorreichen Revolution* von 1688 gewesen, die eine parlamentarisch-konstitutionelle Monarchie etablierte und dem Bürgertum größere bürgerliche und wirtschaftliche Freiheit eröffnete.[18]

Die politischen Bedingungen in Spanien, Frankreich und Preußen waren im 17. Jahrhundert zunächst nicht ganz unähnlich von England gewesen. Auf bürgerliche Freiheiten bedachte Reformen fanden in diesen drei Ländern aber in der Tat erst nach 1789 (Französische Revolution), 1812 (spanische Verfassung von 1812) und 1807–1815 (Stein-Hardenberg'sche Reformen in Preußen) statt, also

---

[17] Näheres bei Donges/Selvert (2023). Eine Sicht auf die deutsche Patentstatistik zwischen 1815 und 1990 gewähren Donges/Streb (2024).

[18] Die Urheberschaft dieser These gebührt freilich North/Weingast (1989), was Acemoglu/Robinson unerwähnt lassen.

deutlich später als auf der britischen Insel. England eilte mit der Glorreichen Revolution, d. h. dem Übergang zur konstitutionellen Monarchie, der Stärkung von Parlament und Rechtsstaatlichkeit über 100 Jahre voraus.

Dies war meines Erachtens jedoch für das Auftreten der industriellen Revolution ausgerechnet in England nicht hinreichend.

Meiner Meinung nach hat die Glorreiche Revolution der industriellen Revolution sicherlich nicht im Wege gestanden, sie durchaus gefördert, ja. Die in diesem Kapitel dargestellten Zusammenhänge belegen aber: *Entscheidend* war das *„statute of monopolies"*, d. h. die Beseitigung der Handelsmonopole und die gleichzeitige Einführung eines *modernen Patentrechts im Jahr 1624. Mit der Schaffung eines Patentschutzes für geistiges Eigentum wurde die Glut gelegt.* Der daraus entstehende Erfindergeist sollte schließlich zu einem beispiellosen „take-off" der englischen Wirtschaft führen.[19]

Bleibt die Frage, wieso es noch einige Jahrzehnte dauerte, bis der (Feuer-)Sturm der industriellen Revolution ausbrach. Diese zeitliche Diskrepanz bis zu den oben genannten Schlüsselinnovationen erklärt sich daraus, dass mit dem „statute" zwar ein modernes Gesetz geschaffen worden war, das Wettbewerb und Patentrecht postulierte, andererseits damit aber noch keine besonders wirkungsvollen administrativen Strukturen vorlagen, diese Postulate in die Tat umzusetzen. Dazu brauchte es Zeit. In den ersten Jahrzehnten wurden Anträge durch Anwälte individuell im Austausch mit dem Hof und Gerichten vorangetrieben. Im Lichte der Entstehungsgeschichte des „statute" agierte man dort zurückhaltend; man kann nur mutmaßen, dass die „Gebühren", die an einzelne Beamte zu entrichten waren, hoch waren, für viele wahrscheinlich prohibitiv hoch. Der

---

[19] In Richtung meiner These neigt auch Kealey (2022).

entscheidende Schritt, dem allem Abhilfe zu leisten, erfolgte durch Reformen unter Queen Anne (1665–1714) im Jahr 1711. Diese sahen eine gewisse Zentralisierung des Antragsprozesses, eine Standardisierung der einzureichenden Dokumente und eine Senkung der Einreichungskosten vor.[20] Jetzt konnte erstmals in Europa eine Gruppe an *berufsmäßigen* Erfindern entstehen und in Erscheinung treten. Ort des Geschehens: England.

Natürlich haben die englischen Parlamentarier, die das statute of monopolies 1624 auf den Weg brachten, die vollumfänglichen Folgen ihres Tuns nicht vorhergesehen. Sie wollten einen Missstand beseitigen, ohne über das Ziel hinauszuschießen. Dass sie mit ihrer Antinmonolpolpolitik und der institutionellen Innovation des Patentrechts die Grundlagen für die industrielle Revolution legen würden, war ihnen sicherlich nicht klar. Die industrielle Revolution geschah dann im 18. Jahrhundert einfach und nahm vom institutionellen Vorreiter England ihren Ausgang. Die bereits oben an verschiedenen Stellen erwähnten, maßgeblichen Erfinder=Patentinhaber seien noch einmal summarisch aufgeführt: Denis Papin, Thomas Savery, Abraham Darby, Thomas Newcomen und James Watt (Dampfantrieb), James Hargreaves, Richard Arkwright, Richard Roberts (Spinnmaschinen), Edmund Cartwright (Webmaschine), Isaac Briggs, William Longstreet (Dampfschiff), Richard Trevithick und George Stevenson (Lokomotiven). Zwischen 1700 und 1800 wurden in England ca. 15.000 Patente registriert!

Andere Staaten folgten mit ihrem Patentrecht erst ca. 170 Jahre später: Die USA 1790, Frankreich 1791, Preußen

---

[20] Siehe https://intellectualpropertyrightsoffice.org/copyright_history/#statute_of_anne (abgerufen am 6.12.2025). Ein regelrechtes „Patentamt" (Intellectual Property Office) wurde 1852 durch den „Patent Law Amendment Act" geschaffen. Siehe https://www.wilsongunn.com/history/history_patents.tml (abgerufen am 6.12.2025).

1794 und Spanien 1820. So entstand in England viel früher als auf dem Kontinent eine *Population von berufsmäßigen Erfindern*, die die Grundlage für die industrielle Revolution legten.

Der Take-off der industriellen Revolution in England, mit der der technische Fortschritt und das Wirtschaftswachstum der letzten 250 Jahre entfesselt wurde und der alle anderen zu Nachahmern machte, beruht also – unter Berücksichtigung des kulturell-religiösen (vgl. die Ethik des Protstantismus in Kap. 13) und politischen Gesamtkontextes (siehe die Glorreiche Revolution) – ganz wesentlich auf einer Institution: dem modernen Patentwesen. Dass die Erfinder in einem protestantischen Umfeld sozialisiert waren und gewisse bürgerliche Freiheiten genossen, hat sicherlich das Seinige dazu getan. In der Mélange der *religionssoziologischen* (Weber 1904), *politökonomischen* (Acemoglu/Robinson 2014) und *institutionenökonomischen* Erklärung (hier), warum die industrielle Revolution in England ihren Ausgang nahm, erscheint mir letztere bislang, um es vorsichtig zu formulieren, nicht hinreichend gesehen worden zu sein. Obwohl die institutionenökomische Erklärung in Form des Patentwesens meines Erachtens die *entscheidende* Komponente darstellt.

***

Das Beispiel der Kopie der Watt'schen Dampfmaschine durch die Preußen zeigte indes, dass ein Patent zunächst nur *nationalen* Schutz gewähren konnte. Daran etwas zu ändern, war die Absicht bilateraler Abkommen, die notwendigerweise unzureichend blieben. Das wurde angesichts der zunehmenden internationalen Verflechtung zu einem schnell wachsenden Problem. Das Vorhaben einer internationalen Weltausstellung für Erfinder in Wien 1873 scheiterte letztlich an deren Angst, ihre Erfindungen unzureichend gegen einen möglichen Klau geschützt zu sehen.

Daraufhin setzten diplomatische Bemühungen ein, um die Grundlagen für einen international auf breiterer Grundlage funktionierenden Patentschutz zu legen. Ergebnis war schließlich die *Pariser Verbandsübereinkunft zum Schutz des gewerblichen Eigentums* von 1883. Es war das erste internationale Übereinkommen, welches den Schutz von Patenten und Marken regelte. Demnach genossen Erfinder unabhängig von ihrer Staatsangehörigkeit in allen Vertragsstaaten Schutz, wenn dieser innerhalb von 12 Monaten nach Anmeldung eines Patents im Heimatland in den Mitgliedsländern beantragt worden war. Zu den Gründungsstaaten gehörten die größten Industrienationen der Zeit: Großbritannien, Deutschland, die USA und Frankreich. Heute sind es etwa 180 Staaten. Das Abkommen wird durch die 1967 gegründete *World Intellectual Property Organization* (WIPO) mit Sitz in Genf überwacht. Das Europäische Patentübereinkommen von 1973 vereinfacht – als regionales Abkommen – das Patentverfahren innerhalb Europas mit der Möglichkeit einer zentralen Patentanmeldung beim neu geschaffenen Europäischen Patentamt.

Dass auch China seit 1985 Mitglied der Pariser Verbandsübereinkunft ist, zeigt jedoch angesichts der jahrzehntelangen Probleme mit dem Umgang geistigen Eigentums durch chinesische Nachahmer, dass ein internationaler Patentschutz nur insoweit wirksam ist, wie er international tatsächlich durchgesetzt werden kann. Die WIPO hat hierzu keinerlei Handhabe außer den Mitteln der Diplomatie und die Hilfe der World Trade Organization (WTO), deren Möglichkeiten gleichermaßen bescheiden sind.

Seit der Einführung der Institution des geistigen Eigentums in Form des international geschützten Patents verläuft die Entwicklung der Menschheit *stürmisch*, sowohl in Quantität (Produktion und Bevölkerungszahlen) als auch in Qualität (Wohlstand). Die Einzelbeispiele hierfür aufzuzählen, würde jeden Rahmen sprengen. Die Spannweite reicht vom Verbrennungsmotor über die Elektronik, die Fliegerei, die Schifffahrt, den Maschinenbau, die Kommunikations- und Raumfahrttechnik bis hin zur Gen- und Medizintechnik sowie der Informatik, um nur diese Bereiche zu nennen. Im Jahr 2021 sollen weltweit über 17 Mio. Patente in Kraft gewesen sein. Davon entfielen 91 % auf die 5 größten Patentämter: das Europäische Patentamt und diejenigen der USA, Chinas, Japans und Südkoreas. China und Indien, die bis 1750 ca. 2/3 des Weltsozialprodukts produziert hatten, bekamen erst in den letzten Jahrzehnten moderne Patentgesetze. Deshalb fand die industrielle Revolution zunächst in Europa und den USA statt und nicht dort.

Längst sind wir im Informationszeitalter angelangt, in dem dank der Beherrschung der Elektrizität und der Erfindung des Transistors (1925 patentiert) stark wachsende Rechenleistungen bei sinkenden Preisen möglich waren, die durch neuronale Netze und Quantencomputer weiter gesteigert werden können. Alle grundlegenden und andauernden Erfindungen in diesen Bereichen profitieren vom Patentschutz. Im Jahr 2022 gingen beim Europäischen Patentamt 193.460 Patentanmeldungen ein (Plus 2,5 % gegenüber dem Vorjahr). Einen Patent-Boom verzeichneten Batterietechnik und Halbleiter, aber auch die Digitaltechnik. Microsoft verfügt über 107.000 Patente u. a. in den Bereichen Cloud Computing, Netzwerklösungen, Cybersicherheit, Benutzeroberflächen und Bildverarbeitung. Apple besitzt über 95.500 Patente mit den Schwerpunkten Benutzeroberflächen, Hardware-Design sowie Künstliche Intelligenz und maschinelles Lernen.[21]

---

[21] Patentführer in den USA ist IBM mit ca. 150.000 Patenten, in Deutschland besitzt Bosch die meisten Patente (ca. 54.000), gefolgt von Siemens (ca. 46.700) und Mercedes-Benz (ca. 38.000). Die Zahlen stammen aus verschiedenen öffentlich zugänglichen Quellen; für die Patentneuzugänge des Jahres 2024; vgl.

Die spannende Frage der Zukunft wird sein, ob und inwieweit KI-erzeugte Innovationen geschützt werden können? Sollten sie das überhaupt? Wer ist der Urheber? Der Entwickler? Die KI selbst? Was sind die Incentives einer KI? Das Patentrecht steht vor neuen Fragen und bedarf voraussichtlich einer entsprechenden Weiterentwicklung.

***

Nachdem wir den menschheitsgeschichtlichen Übergang vom *Aufbruch* zum *Sturm* (um ca. 1750) durch eine Antimonopolpolitik bei gleichzeitiger Schaffung eines Rechts auf geistiges Eigentum in Form eines Erfinderpatentrechts – also institutionell bzw. durch Regeländerung – erklärt haben, sei noch die Frage beleuchtet, was den Übergang von der Phase *relativer Ruhe* zum *Aufbruch* (um ca. 11.500 v. Chr.) hervorgerufen hat. Dieser Übergang war natürlich genauso wenig messerscharf wie alle Folgenden, sondern geschah schleichend. Als Jäger und Sammler hatten die Menschen bei geringer Population über Jahrtausende ein beschauliches Leben führen können, das wahrscheinlich viel weniger konfliktträchtig war als das eines sesshaften Bauern, der Acker und Hütte zu verteidigen hatte und nicht ausweichen konnte. Folgt man Yuval N. Harari,[22] so ist es vermutlich eine neue Form der Verehrung der Götter gewesen, die die Wende brachte: den Göttern gewidmete Monumentalbauten, deren Bau einer stationären Gruppe einiger Größe bedurfte, die sich über längere Zeit aus einem bestimmten Gebiet ernähren musste. Deshalb wurden Samenkörner gesät und Tiere gehalten und gezüchtet. Arbeitsteilung wurde notwendig, die Produktivität stieg. Die einsetzende Bevölkerungszunahme verhinderte eine Rückkehr zum Dasein der Jäger und

---

insbes. https://insights.greyb.com/germany-patent-rankings/ (abgerufen am 6.12.2025).

[22] Siehe Harari (2013), S. 115 ff.

Sammler. Ältester bekannter Ausweis dieser Theorie sind die bis zu 7 t schweren Stelen aus Göbekli Tepe in der südöstlichen Türkei, die auf die Zeit von ca. 11.500 vor Christus datiert werden, und bei deren Errichtung tausende Menschen über einen längeren Zeitraum zusammengearbeitet haben müssen.[23] Folgt man dieser Sicht, dann ist die landwirtschaftliche Revolution, die ich als Beginn der Phase des Aufbruchs bezeichnet habe, kulturell-religiös motiviert gewesen, damit letztlich also auch institutionell. Stonehenge (4500 v. Chr.) und die Pyramiden (ca. 2500 v. Chr.) lassen grüßen.

Nun steht das letzte Hauptkapitel an: die internationale Ordnung und die Betrachtung der Regeln, auf denen sie beruht. Die Bedeutung dieser Ordnung kann nicht hoch genug angesetzt werden, denn ihre Beschaffenheit entscheidet über Krieg und Frieden und damit darüber, ob es überhaupt eine gedeihliche wirtschaftliche und humane Entwicklung für die bis heute fragmentierte Menschheit als Ganzes gibt.

---

[23] Vgl. Schmidt (2006).

Teil VI

Internationales

25

Staatensystem: *Krieg und Frieden, Quo vadis?*

Am 16. Dezember 1740 überfiel der preußische König Friedrich II., gerade 6 Monate im Amt und später „der Große" genannt, das habsburgische Schlesien, ohne die österreichische Antwort auf sein Ultimatum abzuwarten.

Am 7. Dezember 1941 überfiel Japan, während sein Botschafter noch Verhandlungen in Washington führte, unangekündigt die im US-amerikanischen Hafen Pearl Harbor vor Anker liegende amerikanische Flotte und eröffnete den Krieg mit den USA.

Am 22. Juni 1942 überfiel Hitler-Deutschland die Sowjetunion, obwohl keine drei Jahre zuvor am 24. August 1939 ein deutscher-sowjetischer Nicht-Angriffspakt („Hitler-Stalin-Pakt") unterzeichnet worden war.

Ende Dezember 1989 überfielen die US-Streitkräfte unter dem Operationsnamen „Just Cause" mittels der größten Luftlandeoperation seit dem 2. Weltkrieg das mittelamerikanische Panama, um ihre Interessen am Kanal zu wahren und Diktator Manuel Noriega zu stürzen, der zuvor

© Der/die Autor(en), exklusiv lizenziert an Springer Fachmedien Wiesbaden GmbH, ein Teil von Springer Nature 2026
H.-J. Schmidt-Trenz, *Die Ordnung der Welt*,
https://doi.org/10.1007/978-3-658-51053-4_25

jahrelang auf der Gehaltsliste der amerikanischen CIA gestanden hatte.

Und am 24. Februar 2022 überfiel die russische Föderation die Ukraine, nachdem bis zuletzt von höchster Stelle beteuert worden war, bei dem an der Grenze zu beobachtenden Truppenaufmarsch handele es sich lediglich um ein Manöver.

Die vorstehende, exemplarische Aufzählung lässt keine andere Schlussfolgerung als die folgende zu: Die Geschichte des Miteinanders der Staaten der Neuzeit ist, nicht weniger als die des Mittelalters und der Antike, eine Abfolge von Betrug, Nötigung, Gewalt und ausgewachsenen Kriegen. Der Stärkere setzt sich durch. Es herrscht *zwischenstaatliche Anarchie*. Das ist leider eine mehr als gut belegbare Tatsache.

Die Datenbank „Correlates of War" verzeichnet allein zwischen 1816 und 2007 insgesamt 227 „inter-state wars."[1] Das sind solche, bei denen es mindestens 1000 Tote (meistens waren es erheblich mehr!) im Kampfgeschehen zwischen organisierten Armeen zweier oder mehrerer Staaten gegeben hat. Hinzukommen weitere 182 „extra-state wars". Darunter sind Kriege zwischen Staaten und solchen Gruppen zu verstehen, die kein völkerrechtlich anerkanntes Subjekt darstellen. In diese Kategorie fallen Kolonialkriege oder Auseinandersetzungen zwischen Staaten und bewaffneten ausländischen Organisationen wie z. B. der Krieg Israels gegen Terrororganisationen wie die Hisbollah und die Hamas.

Äußerer Frieden ist also keine Selbstverständlichkeit. Krieg ist an der Tagesordnung, bis heute, immer irgendwo auf der Welt. Das ist ein Faktum, dem man ins Auge blicken muss.

---

[1] Vgl. Sarkees et al. (2010). Neben den inter-state und extra-state wars sind noch zu unterscheiden intra-state wars (Bürgerkriege) und non-state-wars. Beispiele für letzteres sind Kämpfe zwischen Kurdenmilizen und dem IS. Die Statistik zählt 441 Bürgerkriege und 94 non-state wars.

In dieser Welt der zwischenstaatlichen Anarchie gilt das *Recht des Stärkeren*. Folgt man dem in diesem Buch bislang benutzten Sprachgebrauch, so herrscht ungezügelter Opportunismus (vgl. Kap. 1). Weil es keinen Weltstaat gibt, der das Gewaltmonopol und die Mittel besitzt, um einer allseits anerkannten internationalen Rechtsordnung Geltung zu verschaffen.

Verschiedentlich ist zu hören, die Welt sei in Aufruhr,[2] in Unordnung oder sei „aus den Fugen".[3] Ich denke, angesichts meiner Einleitung in dieses Kapitel sollte klar sein, dass wohl jede Generation der Menschheit bislang gute Gründe hatte, solcherlei Formulierungen für die jeweils aktuelle Lagebeschreibung zu benutzen – meistens mehr, manchmal weniger.

„Welt-Unordnung" (vgl. Münkler, 2024: S. 12, 15 sowie Masala, 2025) herrscht jedenfalls nicht. Ganz im Gegenteil. Die Ordnung der Welt, so wie sie ist, mag uns nicht gefallen, aber ungeordnet im Sinne von unvorhersehbar ist sie nicht. Ordnung heißt ja: Ich kann begründete Erwartungen über das Verhalten der relevanten Akteure bilden. Das ist in der Ordnung der Staaten durchaus der Fall. Das Muster ist nur leider das der *Anarchie* (vgl. Kap. 4). In der Anarchie herrscht Ordnung im Sinne von: Das Verhalten der Akteure ist vorhersehbar, denn es folgt dem Muster des Rechts des Stärkeren. Es wird gedroht und, werden keine Konzessionen gemacht, ggf. auch attackiert. Will man in dieser Welt überleben, muss man stets auf der Hut und verteidigungsbereit sein, wie es schon der Römer Vegetius um 400 n. Chr. formulierte: *Si vis pacem, para bellum* (Wenn Du den Frieden erhalten willst, bereite Dich auf den Krieg vor). Diese Ordnung ist, daran kann kein Zweifel bestehen,

---

[2] So der Titel von Münkler (2024).

[3] So Bundespräsident Frank-Walter Steinmeier anlässlich der 56. Münchener Sicherheitskonferenz am 14.2.2020.

minderwertig, weil ein Großteil der Ressourcen in militärische Zwecke gelenkt werden (müssen). Alle rüsten sich. Höherwertig wäre eine Friedensordnung, die eine Freisetzung dieser Ressourcen zugunsten produktiver und sozialer Leistungen ermöglichte. Aber ohne das supranationale Gewaltmonopol eines dem Frieden verpflichteten *Weltstaats* ist das nicht zu erwarten.

Ja, es gibt Ansätze zu einer internationalen Rechtsordnung in Form des *Völkerrechts,* das maßgeblich aus den Vereinbarungen der *Vereinten Nationen* (UN) fließt: Souveränität und Gleichheit der Staaten, Gewalt- und Interventionsverbot, Selbstbestimmungsrecht, Verbot von Völkermord und Verbrechen gegen die Menschlichkeit. Zwar hat die UN 1945 den Internationalen Gerichtshof in Den Haag gegründet.[4] Aber: Seine Zuständigkeit ist nur bindend, wenn die beteiligten Staaten seine Zuständigkeit zuvor im Einzelfall oder grundsätzlich anerkannt haben. Nur 74 Staaten (Deutschland seit 2006) haben bis heute eine *generelle* Unterwerfungserklärung abgegeben. Was aber noch viel entscheidender ist betrifft die Frage: Hat die UN eine Exekutivgewalt, eine *Weltpolizei* zu ihrer Verfügung, die das Völkerrecht auch durchsetzt? Die Antwort lautet: Leider nein.

Dauerte es schon Jahrhunderte, bis es im Heiligen Römischen Reich Deutscher Nation unter Kaiser Maximilian zu einem „*allgemeinen Landfrieden*" kam, der das Raubrittertum ausmerzte (vgl. Kap. 7), so sind wir von einem „*allgemeinen Weltfrieden*" noch meilenweit entfernt. In vielen Fällen haben wir die Anarchie, die *innerhalb* von Staaten

---

[4] Kläger und Beklagte sind *Staaten.* Der von der UN geschaffene Internationale Gerichtshof ist daher keineswegs zu verwechseln mit dem durch das Rom-Statut 1998 *außerhalb* der UN geschaffenen Internationalen Strafgerichtshof in Den Haag, der *Personen* bestraft, die an Völkermord und Verbrechen gegen die Menschlichkeit nach dem 1. Juli 2002 beteiligt sind. Nur 125 Staaten gehören dem Statut an. Die Vereinigten Staaten, Russland und Israel gehören zu denjenigen, die ihre Unterschrift zurückgezogen haben.

herrschte, beseitigt oder zumindest zurückgedrängt und lokale Anarchie durch effektive Staatsbildung überwunden. Die 441 Bürgerkriege im Zeitraum 1816 bis 2007 zeigen jedoch, dass auch der *innere Frieden* keine Selbstverständlichkeit ist. Was in der Welt der Staatenvielfalt, in der wir leben, bei allen Erfolgen der Befriedung im Innern, bleibt, ist jedenfalls der Rest an Anarchie, der sich *zwischen* diesen Staaten auftut. Weil sie partout und bis heute keine höhere, allgemein akzeptierte und militärisch ausgestattete Autorität finanzieren und anerkennen wollen.

Wer sich mit der Ordnung der Staaten beschäftigt, kommt also um eine Betrachtung der Gegebenheiten einer anarchischen Welt nicht herum. Dort, wo das Recht des Stärkeren gilt, ist es individuell rational, bewaffnet zu sein, um sich zu verteidigen und in der Not auch übergriffig zu sein, weil alle sich so verhalten. Gegebenenfalls auch aus präventiven Gründen. Sonst zieht man den Kürzeren. In einer anarchischen Welt ist es sogar individuell rational, andere über die eigenen Absichten und das eigene Tun zu täuschen, um sich einen Vorteil zu verschaffen. Und das, obwohl man weiß, dass wenn jedermann sich so verhält, dies zu keiner besonders komfortablen Situation für alle führt.

Die anarchische Welt entspricht dem Dilemma, das wir in Kap. 4 schon grundsätzlich kennengelernt haben.[5] Zu kooperieren ist kein Selbstgänger, wie Matrix 25.1 verdeutlicht. Dargestellt sind zwei Staaten A und B, von denen jeder zwei Strategien einschlagen kann: sich zu *rüsten,* also eine mit «m» bezeichnete «militärische» Strategie einzuschlagen, bei der die Militärausgaben, sagen wir mal, ca. 5 % des Sozialprodukts ausmachen; oder *abzurüsten,* also eine mit «f» bezeichnete «friedfertige» (pazifistische)

---

[5] Spieltheoretisch handelt es sich um das sogenannte „Gefangenendilemma", das einer Vielzahl sozialer Probleme zugrundeliegt. Näheres siehe Schmidt-Trenz (2023), S. 5, 18, 31, 56 und 88.

Strategie einzuschlagen, die ohne nennenswerte Militärausgaben auskommt. Die Zahlen in der Matrix geben für jede Strategiekombination das Wohlfahrtsniveau wieder, das Staat A (linke Zahl) und Staat B (rechte Zahl) im jeweiligen Fall erzielen. Haben zwei militärisch aufgestellte und in etwa gleich starke Staaten A und B (das entspricht der Kombination «m, m») einen Ausgangsnutzen von jeweils 1:1, so sind sie zwar imstande zu erkennen, dass sie sich durch friedvolle Kooperation (Kombination «f, f»)) beide besser stellen könnten, was im Beispiel durch ein Nutzenniveau von 3:3 wiedergegeben wird. Dazu müssten sie lediglich einen Abrüstungsvertrag schließen, ihre Waffen verschrotten und auf eine mächtige Instanz vertrauen können, die diesen Abrüstungsvertrag überwacht. Die freiwerdenden Ressourcen könnten dann für Konsumartikel eingesetzt werden (Brot statt Panzer).

Was aber, wenn es eine solche Instanz nicht gibt? Kann und sollte Staat A dann einem Abrüstungsversprechen von Staat B trauen? Gesetzt den Fall, Staat A tut dies und Staat B bricht sein Versprechen (Kombination «f, m»). Die Folge wäre, dass Staat A durch Nötigung oder Gewalt um seinen Reichtum und seine Freiheit beraubt werden könnte; die sich ergebende Nutzenverteilung zwischen Staat A und Staat B lautete dann auf 0:6. Staat B wäre der große Gewinner. Umgekehrt, umgekehrt.

In dieser Welt ist es beklagenswerterweise *individuell* rational, nicht abzurüsten, weil man sonst Gefahr läuft, zum Opfer zu werden. Obwohl die *kollektive* Rationalität eine allgemeine Abrüstung gebietet! Was grundsätzlich sinnvoll wäre, setzt sich im Dilemma also nicht von alleine um. Denn für Staat A (Staat B) ist es *stets besser,* eine militärische Strategie einzuschlagen, egal was Staat B (Staat A) tut.

Das lässt sich leicht zeigen: Ist Staat B militärisch unterwegs, ist Staat A es besser auch. Rüstet Staat B ab, kann

Staat A gleichfalls nur gewinnen, im Unterschied zu B zu rüsten, weil er dann Druck auf Staat B ausüben und Vorteile erlangen kann. Dem Nutzen aus dem Abrüstungsvertrag (3-1) steht der höhere Nutzen aus dem Vertragsbruch (6-3) bzw. einer ggf. erfolgreichen Täuschung über das eigene Abrüstungsversprechen (6-1) gegenüber.

Matrix 25.1 Abrüsten oder rüsten

Staat A	Staat B Abrüsten/Friedvolle Strategie (f)	Rüsten/Militärische Strategie (m)
Abrüsten/Friedvolle Strategie (f)	3:3	0:6
Rüsten/Militärische Strategie (m)	6:0	1:1

Wie man es auch dreht und wendet: Die militärische Strategie ist eine *dominante* Strategie, d. h. sie ist stets besser als jede andere. Das gilt für beide Akteure. Das Ergebnis ist ein *Gleichgewicht des Schreckens*. Im besten Fall ein kalter Krieg, eine bewaffnete Art von Frieden.

In den Anfängen, keiner weiß es natürlich so genau, lebten die Menschen, manche einzeln, die meisten wohl als Familiengruppe, in einer solchen anarchischen Welt. Sie ist von Misstrauen, Vorsicht, Drohgebärden und Gewalt geprägt und es müssen Ressourcen aufgewendet werden, um sich zu verteidigen. In einem Prozess der Staatsbildung mit wachsenden Staatsgrößen konnte die Anarchie allmählich zurückgedrängt und einer regelbasierten Ordnung *innerhalb* der Staaten zum Durchbruch verholfen werden. Zentral hierfür war und ist das Gewaltmonopol einer protektiven Instanz aus Polizei und Gerichten, die die Ordnung im Innern durch glaubwürdige Strafandrohung für unerlaubte Handlungen durchsetzen (vgl. Kap. 4, 7 und 14).

Die Zahl der Staaten hat zwar auf lange Sicht erheblich abgenommen (allein Deutschland bestand im 17. Jahrhundert aus bis zu 350 Staaten!), und so sind wir dem Ziel des

Frieden stiftenden Weltstaates irgendwie nähergekommen. Aber da befinden wir uns noch nicht – vermutlich auf sehr lange Zeit. Die Vereinten Nationen haben zur Zeit 193 Mitgliedsstaaten. Da die optimale Staatgröße des Territorialstaats aus Kostengründen grundsätzlich endlich ist (vgl. Kap. 14) und beim heutigen technologischen Stand nicht die komplette Weltbevölkerung umfasst, existiert offensichtlich noch immer eine Menge an Territorialstaaten, die sich wie Staat A und Staat B in meinem Beispiel anarchisch gegenüberstehen. Friedensschwüre sind das Papier nicht wert, auf dem sie gedruckt sind, ohne eine Instanz, die das Versprechen auf Gewaltverzicht und Nichteinmischung wirksam durchsetzt. Wer unter solchen Bedingungen Friedensbeteuerungen glaubt, ohne ihren Wahrheitsgehalt überprüfen zu können und ohne gerüstet zu sein, wird leicht, ja sogar mit an Sicherheit grenzender Wahrscheinlichkeit, zum Opfer.

In allen anfangs aufgeführten Fällen und vielen hunderten mehr hat der Angreifer bis zuletzt, teilweise bis in die letzten Minuten, Friedensbeteuerungen ausgesendet. Es ist natürlich auch rational für ihn, dies zu tun. Warum sollte er das ins Visier genommene Opfer warnen? Das würde nur die eigenen Kosten erhöhen, weil man dann auf einen vorbereiteten Gegner träfe.

Seit dem Angriffskrieg Russlands gegen die Ukraine befindet sich auch Europa wieder gefühlt im Normalzustand der Menschheitsgeschichte und ist aus der illusionären Befindlichkeit, deren Ende sei gekommen und der ewige Frieden ausgebrochen, erwacht. Mit dem amerikanischen Präsident Donald Trump als Adrenalinspritze. Das ist keine Katastrophe, sondern überfällige Anerkenntnis einer Realität, wie sie grundsätzlich immer bestanden hat. In der Anarchie zwischen den Völkern ungerüstet zu sein, ist verantwortungslos und eine Einladung zum Krieg. Jetzt muss sich Europa beeilen.

Doch es besteht Hoffnung. Zum Glück ist eine Welt der Anarchie auch ohne übergeordnete Instanz nicht vollkommen aussichtslos. Menschen und Gruppen können friedlich benachbart sein und kooperieren, obwohl das beschriebene Dilemma grundsätzlich besteht (vgl. Kap. 5). Eine Chance auf stabile Kooperation besteht nämlich dann, wenn sich die beteiligten Akteure häufiger begegnen als nur ein einziges Mal. Denn wiederholte Begegnungen eröffnen die Möglichkeit, auf das Verhalten der anderen Seite zu *reagieren* und eine *Reputation* für kooperatives Verhalten aufzubauen. Robert Axelrod (1984) hat in seinem berühmten Tournament eines Dilemmas, das mit einer positiven Wiederholungswahrscheinlichkeit gespielt wurde, entsprechende Strategien untersucht und herausgefunden, dass die Strategie des „*Tit for Tat*" unter gewissen Bedingungen Kooperation ermöglichte und besser als alle anderen Strategien war. Diese Strategie besagt: Sei zu Beginn kooperativ und tue dann das, was Dein Mitspieler in der vorhergehenden Begegnung getan hat. Diese Strategie ist so einfach wie klar. Sie ist *freundlich,* weil sie kooperativ startet. Sie ist *strafend,* weil sie nicht-kooperatives Verhalten sanktioniert. Sie ist *verzeihend,* weil sie die Kooperation wieder aufnimmt, wenn der Partner sich eines Besseren besinnt. Das Verhältnis zwischen De Gaulle und Adenauer, die die Grundlagen für die deutsch-französische Freundschaft nach dem 2. Weltkrieg gelegt haben, kann man sich in diesem Sinne vorstellen. Dies gilt für einige ihrer Nachfolger übrigens auch. So entstand das deutsch-französische Tandem als Motor und Kern des vereinten Europas.

Tit for Tat funktioniert jedoch leider nicht per se. Die Bedingungen, damit Tit for Tat zu einem Gleichgewicht erfolgreicher und fortgesetzter Kooperation führt, sind im Wesentlichen zweierlei.

Zum einen muss die *Wiederbegegnungswahrscheinlichkeit* eine *kritische Schwelle* überschreiten, deren Höhe maßgeblich durch das *Versprechensverletzungsinteresse* geprägt wird (im Beispiel der Matrix 25.1 entspricht es dem Wert 6-3).[6] Ist dieses hoch, so müssen die erwarteten zukünftigen Gewinne aus einer andauernden Kooperation umso höher ausfallen, damit die Kooperation eingeschlagen bzw. aufrechterhalten wird.

Zum anderen müssen die Partner in der Lage sein, *kooperatives* Verhalten von *nicht-kooperativem* Verhalten klar und eindeutig zu *unterscheiden*. Wo liegt in der Praxis die Grenze zwischen diesen beiden Verhaltensweisen? Ist eine Beantwortung nicht zweifelsfrei möglich, so können bloße *Missverständnisse* hierüber zum Abbruch der Kooperation führen. Ist eine Truppenkonzentration an der Grenze bloß eine Übung oder ein beginnender feindlicher Akt? Ist die Zerstörung einer Pipeline in der Ostsee unbeabsichtigte Folge der kaputten Ankerwinde eines Schiffes oder gezielte Sabotage? Ist eine Drohne, die die Grenze überfliegt, eine Kriegserklärung, oder nur eine provokative Stichelei, die jederzeit abgestritten werden kann?

Manches echte „Missverständnis" hat die Tür zum Krieg geöffnet. Am 18. Oktober 1925 überquerte ein griechischer Soldat, der seinem Hund hinterherlief, versehentlich die bulgarisch-griechische Grenze. Er wurde von bulgarischen Grenzposten erschossen. Bulgarien drückte sein Bedauern aus, doch Griechenland startete eine Strafaktion in Form einer Invasion *(„Krieg des streunenden Hundes")*, die der Völkerbund letztlich einbremsen und durch wechselseitige Entschädigungszahlungen beenden konnte.

Ein anderes berühmtes Beispiel ist der *„Jenkins' Ear War"* (1739–1748). Der britische Kapitän und Schmuggler

---

[6] Die Bedingungen im Einzelnen enthält Schmidt-Trenz (2023), S. 154 f und 94 f.

Robert Jenkins hatte berichtet, dass ein Offizier der spanischen Küstenwache ihm bei einer Kontrolle in der Karibik das Ohr abgeschnitten habe. Es sollte eine Warnung sein, nicht mehr. Nachdem über den Vorfall im „The Gentleman`s Magazine" im Juni 1731 berichtet worden war und Jenkins sein in einem Krug verwahrtes Ohr schließlich 1738 dem englischen House of Commons vorführte, schaukelte sich die öffentliche Meinung im fernen England so hoch, dass England Spanien den Krieg erklärte. Der Wahrheitsgehalt des Vorfalls wurde nie wirklich bewiesen. Der französische Revolutionär Graf Mirabeau (1749–1791) nahm diesen Vorgang als Paradebeispiel, um der verfassungsgebenden französischen Nationalversammlung, deren Vorsitzender er war, 1790 nahezulegen, das Recht zur Kriegserklärung niemals einem Parlament zu übertragen.

Diese Ausführungen wären nicht vollständig, würde ich nicht auch darauf hinweisen, dass das nicht-kooperative Verhalten, das im nicht-wiederholten Spiel dominant ist, auch im wiederholten Spiel zu einem Verhaltensgleichgewicht führt. Hat man es mit einem Akteur zu tun, der stur und unbeirrbar nicht-kooperiert, so ist die beste Antwort dieselbe: Dauerhafte Nicht-Kooperation. Das Verhältnis zwischen Churchill und Hitler im 2. Weltkrieg lässt sich sicherlich so interpretieren.

Eine weitere Möglichkeit, zwischenstaatliche Anarchie zu überwinden, besteht darin, wenn schon nicht die Staaten an sich, so doch zumindest das Militär der beteiligten Staaten (quasi) zu fusionieren und unter ein einheitliches Oberkommando zu stellen. Das befriedet nach Innen und kräftigt nach Außen. Das lenkt den Blick auf *integrierte Militärbündnisse* wie die NATO. Ihr Sicherheitsversprechen einschließlich des Atomschirms ist in der Sprache der Ökonomen ein „öffentliches Gut". Alle Mitgliedsländer profitieren von diesem Schutz einschließlich der möglichen

Effizienzvorteile und Kostenteilungsmöglichkeiten. Mitgliedsländer, die es allerdings am notwendigen Finanzierungsbeitrag fehlen lassen, können – wie es für öffentliche Güter typisch ist – nur schwerlich vom Nutzen der Sicherheitsgarantie ausgeschlossen werden. Im Falle Luxemburgs oder Belgiens erscheint das evident, sind sie doch von NATO-Mitgliedsländern umgeben. Allenfalls Mitgliedsländer mit potenzieller Frontlage (siehe Finnland, Polen und das Baltikum) können unter Druck gesetzt werden, ihren Beitrag zu leisten, und tun es daher aus purem Eigentinteresse auch von ganz alleine.

Fakt ist, dass die USA über Jahrzehnte die finanzielle Hauptlast der Militäraufwendungen der NATO getragen haben, während viele europäische Länder sich selbst eine „Friedensdividende" in einer Art von Beitragsrabatten genehmigten, was ohne amerikanische Sicherheitsgarantie niemals möglich gewesen wäre. Die USA haben über weite Strecken diese Lücken ausgeglichen, die europäische Sicherheit finanziert und dürfen sich zurecht als „chicken" fühlen. Eine Figur, die aus dem *Chicken Game*[7] (vgl. s. Kap. 5) bekannt ist und deren Eigenschaft darin besteht, aus wohlverstandenem Eigeninteresse durch das eigene Verhalten zu kompensieren, was der Partner nicht leistet. Auch wenn man dadurch in der Netto-Betrachtung schlechter abschneidet als dieser.

Unter der Trump-Administration haben die frustrierten Amerikaner offensichtlich beschlossen, aus diesem Chicken-Game auszusteigen und die Sicherheit der Europäer diesen selbst zu überlassen. Damit sind wir des Weltpolizisten beraubt, unter dem wir uns über Jahrzehnte in Freiheit und Wohlstand eingerichtet haben und die zwischenstaatliche Anarchie in beträchtlichem Umfang überwunden zu haben glaubten. Durch die von uns geübte Unfairness in der

---

[7] Siehe Schmidt-Trenz (2023), S. 90.

Lastenverteilung haben wir den Bündnisvorteil leichtfertig aufs Spiel gesetzt. Jetzt haben wir den Salat. Unser vergangener Opportunismus wird uns teuer zu stehen kommen. Seit Juni 2025 ist das Preisschild bekannt: Verdreifachung der bisherigen Militärausgaben, wenn nicht mehr!

An Versuchen zu einer *überstaatlichen Friedensordnung* hat es nicht gemangelt. Waren der westfälische Frieden (1648), der Wiener-Kongress (1815) und die Konferenz für Sicherheit und Zusammenarbeit in Europa (KSZE-Schlussakte 1975) noch auf eine europäische Friedensordnung begrenzt, so wurden mit dem Völkerbund (1920) nach dem 1. Weltkrieg und der Gründung der Vereinten Nationen (1945) nach dem 2. Weltkrieg Schritte zu einer Weltorganisation gemacht, die die friedliche Regelung von Konflikten ermöglichen sollte. Die eingangs dieses Kapitels dargestellte Statistik verrät, dass diese Bestrebungen nur von mäßigem Erfolg gekrönt waren. Der Völkerbund ging im zweiten Weltkrieg unter; die Zukunft der Vereinten Nationen wankt.

Auf der Habenseite kann verbucht werden, dass es der zumindest der *Europäischen Union* (seit 1957) immerhin gelungen ist, einen Kontinent, dessen Staaten über Jahrhunderte in Form schwerster kriegerischer Auseinandersetzungen miteinander rangen, nahezu vollständig zu befrieden. Nicht durch eine gemeinsame Armee oder Polizeitruppe, sondern durch ein derart hohes Maß an ökonomischer Verflechtung, dass Krieg und die damit verbundenen Risiken nicht mehr als lohnende Alternative im Vergleich zu den beträchtlichen wechselseitigen Gewinnen aus einem friedlichen Miteinander erscheinen.

Schon Immanuel Kant (1795) führte aus: „Es ist der Handelsgeist, der mit dem Kriege nicht zusammen bestehen kann, und der früher oder später sich jedes Volks bemächtigt." Doch ist dies eine *sehr,* wahrscheinlich *zu*

optimistische Hypothese. In dem Maße, wie diese wechselseitigen Gewinne aus Gründen von Intransparenz oder gar
Ignoranz als unbedeutend bewertet oder nicht der EU zu-
gerechnet werden, ist selbst dieses Friedensprojekt in Gefahr, wie das Beispiel des Brexit vor unserer Haustür erah-
nen lässt. Zum Glück hat es – zumindest aus der Rück-
wärtsbetrachtung – die Menschen der Mitgliedsstaaten
einschließlich der heutigen Mehrheit der Engländer einstweilen gelehrt, dass sich ein Ausstieg nicht wirklich lohnt.
Die EU hat dank des größeren Binnenmarktes Wachstum
und Wohlstand erzeugt. Sie hat, als grundlegende Voraussetzung hierfür, vor allem den inneren Frieden Europas
durch eine regelbasierte Form der Austragung von
Interessenkonflikten gesichert.

Hat die EU auch den äußeren Frieden gesichert? Bislang
durchaus, freilich nicht ohne maßgebliche Hilfe der sie umhüllenden NATO und dank des Atomschirms der
USA. Will sie diese Abhängigkeit reduzieren, so wird sich
die EU als militärischer Akteur profilieren müssen.

Die bipolare, von den USA und der Sowjetunion domi-
nierte Welt der 2. Hälfte des 20. Jahrhunderts wird vermutlich von einer mehrpoligen Welt abgelöst, in der die *USA,
China, Europa, Russland und Indien* den Ton angeben. Ein
solches 5-Mächte Konzert *(Pentarchie)* ist nichts Neues und
hat die Geschichte der europäischen Neuzeit über weite
Strecken gekennzeichnet. Daher liegt die Frage nah: Was
können wir von den vergangenen Pentarchien lernen?
Schauen wir uns diese *Pentarchien der Geschichte* zunächst
einmal näher an.

Waren es im 17. Jahrhundert im Zeitalter des 30-jährigen
Krieges *Österreich, Frankreich, England, Schweden und Spanien,* die die Geschicke Europas lenkten, so traten im Verlauf des 18. Jahrhunderts *Preußen und Russland* an die Stelle
des in der Schlacht von Poltawa 1709 nachhaltig

geschlagenen *Schwedens* und eines *Spaniens,* das nach dem Spanischen Erbfolgekrieg (1701–1714) mit dem Verlust seiner niederländischen und italienischen Besitzungen das Interesse an Europa verlor. Es blieb also bei fünf maßgeblichen Mächten, nur in anderer Zusammensetzung.

Eine Konstellation von fünf etwa gleich starken Mächten ist sehr instabil, wenn sich drei gegen zwei (3:2) oder sogar vier gegen einen (4:1) verbünden. Eine gewisse Stabilität, aber nur eine gewisse, verspricht die Konstellation zweier Zweierbündnisse mit einem bewaffneten Autonomen, der eine SAS-Strategie verfolgt (Stand Alone and Swing if necessary), also als Zünglein an der Waage (Swing Power) fungiert, wenn sich das Mächtegleichgewicht neigt und seine Wiederherstellung sein Eingreifen erfordert. Es handelt sich um die Konstellation 2:2:1.

Im 17. Jahrhundert stand Frankreich an der Seite Schwedens gegen Österreich und Spanien, während England sich aufgrund innerer Herausforderungen nicht auf dem Kontinent einmischte (2:2:1). Der 30-jährige Krieg (1618–1648) war deshalb ein Abnutzungskrieg ohne Sieger. Entsprechend sicherte der westfälische Friede den Frieden für geraume Zeit.

Im Spanischen Erbfolgekrieg (1701–1714) mit dem vakanten spanischen Thron als Verhandlungsmasse stand Frankreich allein Österreich, Preußen und England gegenüber; Schweden (bereits geschwächt) und Russland hielten sich heraus (1:3:1), da sie untereinander in den Großen Nordischen Krieg verwickelt waren, der Schwedens Großmachtstellung beendete. Frankreich gelang es, die jahrhundertealte habsburgische Einkreisung zu sprengen und seinen Protegé auf dem spanischen Thron durchzusetzen; er mußte jedoch im Friedensschluss Neapel, Sizilien, Sardinien und die spanischen Niederlande aufgeben.

Im österreichischen Erbfolgekrieg (1740–1748) ging es Friedrich dem Großen letztlich um Ruhm durch die Gewinnung Schlesiens von Österreich und nur als Vorwand um die Frage der Anerkennung Maria-Theresias als Erbe der habsburgischen Besitzungen. Hier standen Frankreich und Preussen den Verbündeten Österreich und England gegenüber. Russland mischte sich nicht wirklich ein (2:2:1). Es blieb weitgehend beim Status quo: Maria Theresia auf dem Thron; Friedrich durfte Schlesien behalten.

In all diesen Fällen hatte der jahrhundertealte Antagonismus zwischen Frankreich und dem von den Habsburgern dominierten Heiligen Römischen Reich (Deutscher Nation) Pate für die beiden Kristallisationspunkte der gegnerischen Bündnissysteme gestanden. Bis es unmittelbar vor dem 7-jährigen Krieg (1756–1763) zu einer gravierenden Umwälzung der Allianzen kam. Sie wurde durch die Westminster-Konvention Englands mit Preußen (1756) getriggert. War England bislang traditionell mit den Habsburgern (Österreich) verbunden, so nahm Frankreich die Westminster Konvention zum Anlass, sich in einem epochalen Schritt mit seinem „ewigen" Erzfeind Österreich zu verbünden. Damit waren die bisherigen Verhältnisse komplett auf den Kopf gestellt. Der französische Historiker Richard Waddingtom (1838–1913) sprach (1896) von der *Umkehrung der Bündnisse,* dem „renversement des alliances". Russland, auf Eroberungen im Westen aus, schloss sich dieser Allianz an. Plötzlich stand es 3:2 (Frankreich, Österreich, Russland gegen Großbritannien und Preußen). Preußen wäre durch die Übermacht fast vernichtet worden, wäre nicht Russland völlig unerwartet durch die Thronbesteigung Peters III. 1762 aus dem Krieg ausgeschert. Damit stand es wieder 2:2:1. Nach allgemeiner Erschöpfung einigte man sich 1763 auf den Status quo (in Europa), sieht man vom Wechsel der nordamerikanischen Besitzungen von Frankreich an England einmal ab.

Diese Friedensordnung wurde dann durch die Französische Revolution (1789) und die verheerenden Volkskriege Napoleons (14 Konstellation) über den Haufen geworfen, bis sie durch den Wiener Kongress 1815 wieder restauriert wurde. Jetzt und nach diesen Erfahrungen wurde eine Friedensordnung formuliert, die als „Heilige Allianz" in die Geschichte einging und die die Prinzipien der christlichen Moral auf das Miteinander der Staaten anwendete. In der Gründungserklärung heißt es:[8]:

„Im Namen der heiligen und unteilbaren Dreieinigkeit! Ihre Majestäten, der Kaiser von Österreich, der König von Preußen und der Zar von Russland haben infolge der großen Ereignisse, die Europa in den letzten drei Jahren erfüllt haben, und besonders der Wohltaten, die die göttliche Vorsehung über die Staaten ausgegossen hat, deren Regierungen ihr Vertrauen und ihre Hoffnungen auf sie allein gesetzt haben, die innere Überzeugung gewonnen, dass es notwendig ist, ihre gegenseitigen Beziehungen auf die erhabenen Wahrheiten zu begründen, die die unvergängliche Religion des göttlichen Erlösers lehrt. Sie erklären daher feierlich, dass die gegenwärtige Vereinbarung lediglich den Zweck hat, vor aller Welt ihren unerschütterlichen Entschluss zu bekunden, als die Richtschnur ihres Verhaltens in der inneren Verwaltung ihrer Staaten sowohl als durch in den politischen Beziehungen zu jeder anderen Regierung alleine die Gebote der Gerechtigkeit, der Liebe und des Friedens, die, weit entfernt, nur auf das Privatleben anwendbar zu sein, erst recht die Entschließung der Fürsten direkt beeinflussen und alle ihre Schritte lenken sollen, damit sie so den menschlichen Einrichtungen Dauer verleihen und ihren Unvollkommenheiten abhelfen."

---

[8] Vgl. www.habsburger.net, abgerufen am 1.12.2025.

Fast alle europäischen Fürsten traten dieser Allianz bei. Ausnahme bildeten der Kirchenstaat, dem die protestantische und orthodoxe Komponente missfiel, und England, dessen König der Allianz zumindest als König von Hannover beitrat.

Das Staatensystem, das aus dem Wiener Kongress hervorging, wurde also letztlich durch eine Pentarchie gesichert (1:1:1:1:1), die aus den 4 Siegermächten über Frankreich bestand, die letzteres bereits 1818 in ihren Kreis aufnahmen. Diese Garantiemächte bildeten eine Art Sicherheitsrat, der den Frieden und das Gleichgewicht auf Basis des Status quo in Europa einige Jahrzehnte zu wahren wusste, wenn auch auf Kosten von Illiberalität im Innern. Als Russland Machtausdehnung und den Zugang zur Ägäis suchte, brach dieses System auseinander, und es kam zum Krimkrieg (1853–1856). Dann folgten die italienischen und deutschen Einigungskriege und die Würfel wurden mit der Niederlage Frankreichs im Deutsch-Französischen Krieg (1870–1871) und der Gründung des Deutschen Reiches 1871 neu gemischt.

Jetzt stellte sich wieder eine 2:2:1-Konstellation ein. Frankreich und England bewegten sich zum Zweck des kolonialen Ausgleichs aufeinander zu, während das Deutsche Reich eine Achse mit Österreich-Ungarn bildete und Russland neutral beiseite stand, manifestiert in einem *Rückversicherungsvertrag,* mit dem sich Bismarck die russische Neutralität im Jahr 1887 hatte schriftlich geben lassen. Als Kaiser Wilhelm II. (1859–1941) nach der Entlassung Bismarcks diese Vereinbarung 1890 nicht verlängerte und sich Russland auf die Seite Frankreichs schlug (1894), das sich 1904 mit England auf die „Entente Cordiale" verständigte, war der Weg zur „Triple Entente" 1914 zwischen England, Frankreich und Russland geebnet. Damit lag eine Deutschland einkreisende 3:2 Konstellation vor und war die bestehende Ordnung dem Untergang geweiht, der sich in

Form des Ersten Weltkriegs ereignete. Dabei hatte vor allem das konkurrenzierende Streben um Vorherrschaft zwischen England und Deutschland eine wachsende Sprengkraft im Spiel der fünf Akteure erzeugt, in dem es 1914 nun faktisch 3:2 für England stand. Der Kriegseintritt der USA 1917 tat sein Übriges. Was 1914 als Urkatastrophe des 20. Jahrhunderts begann, fand erst 1945 mit dem Ende des 2. Weltkrieges ein neues Gleichgewicht.

Die ständigen Mitglieder des UN-Sicherheitsrats, die Siegermächte des 2. Weltkrieges, waren wieder fünf und haben *bis heute* Veto-Macht in den Vereinten Nationen: die USA, Russland, China, Frankreich und Großbritannien. Doch längst reflektieren sie nicht mehr vollständig die Verhältnisse, wie sie sich im 21. Jahrhundert entwickeln. Frankreich und Großbritannien erscheinen als Platzhalter für Europa. Das größte Volk der Erde, Indien, fehlt zur Gänze. Die Verlierer des 2. Weltkrieges, Deutschland und Japan, immerhin die dritt- und viertgrößten Volkswirtschaften der Welt (2024), sind bis heute, 80 Jahre nach Kriegsende, keine ständigen Mitglieder im Sicherheitsrat!

Was lehren uns diese vergangenen Pentarchien?

Die Heilige Allianz war der Versuch einer auf Gleichberechtigung der Staaten beruhenden Friedensordnung, der eine Zeitlang funktionierte. Sie war Vorläufer von Völkerbund und Vereinten Nationen. Zwei dieser drei Ordnungen sind bereits untergegangen, weil sie sich nicht wandelten oder/und ihnen die Machtmittel fehlten. Auch das Schicksal der Vereinten Nationen wird sich an diesen Fragen entscheiden.

Grundsätzlich Status quo- und friedensfördernde Konstellationen sind solche vom Typ 2:2:1. In diesen hat sich Krieg selten gelohnt, sieht man vom Gewinn Schlesiens durch Friedrich II. einmal ab. Solche Konstellationen sind in gewissem Umfang friedenserhaltend, leider häufig erst, nachdem sich die Akteure militärisch gegenseitig getestet oder an den Rand des Abgrunds gebracht haben. So war es nach dem 30-jährigen Krieg, nach dem spanischen und österreichischem Erbfolgekrieg und dem Siebenjährigen Krieg. Bis einer der Akteure aus dem *System* ausbricht und sich doch einen Gewinn aus Krieg und Neuverhandlungen verspricht. Was dann der Fall ist, wenn sich das der Pentarchie zugrundeliegende Kräftegleichgewicht über die Zeit zugunsten desjenigen verschiebt, der dann als Störer in Erscheinung tritt. Was sich Napoleon mit den Kräften der Revolution ausrechnete, das erstarkende Russland im Krimkrieg, Bismarck durch die Einigung Deutschlands. Als die Einigung geschafft war, fügte sich das neue Deutsche Reich dank eines umsichtigen Bismarcks immerhin in eine friedenssichernde Geometrie ein, die nach seinem Abgang (1890) durch die von England als Bedrohung angesehene Flottenpolitik Kaiser Wilhelms II. und dessen Vernachlässigung Russlands wieder über den Haufen geworfen wurde.

3:2 und 4:1-Konstellationen sind für den Frieden besonders prekär und es besteht eine Versuchung, sie herbeizuführen. Maria-Theresia unternahm diesen Versuch zur Zerschlagung Preußens, um sich für den Raub Schlesiens zu rächen und ihn rückabzuwickeln. Es war das *„Mirakel des Hauses Brandenburg"* (so der preußische König Friedrich II. an seinen Bruder Heinrich), dass die drei verbündeten Armeen Österreichs, Frankreichs und Russlands nach der Schlacht von Kunersdorf (1759) nicht kurzen Prozess mit Preußen machten, *bevor* Russland überraschend aus dieser Allianz schied, womit das Gleichgewicht wiederhergestellt war. Ein solches Mirakel stellte sich weder vor, noch zu Beginn, noch während des Ersten oder Zweiten Weltkriegs ein. Deutschland unterlag. England erschöpft. Frankreich traumatisiert. Das Ergebnis war die bipolare Weltordnung des kalten Krieges zwischen den USA und der Sowjetunion nach 1945.

Mehr als 80 Jahre später gibt es nun, nach dem Zerfall der Sowjetunion und der Renaissance Chinas wieder *fünf* Akteure, auf die es weltweit ankommt. (Nordkorea, Iran, Israel und die arabische Welt blende ich aufgrund ihres vorwiegend regionalen Impacts aus der Betrachtung aus). Neben Europa, Russland und Indien sind mit den *USA* und *China* zwei darunter, die um die erste Stelle wetteifern. Ihr Wettstreit erinnert an das spannungsvolle Verhältnis zwischen England und dem Deutschen Reich vor dem ersten Weltkrieg. Es wäre zu kurz gesprungen zu denken, „America first" bedeute einen Rückzug der USA aus der Welt. Ja, es geht auch darum, die Überbeanspruchung der Kräfte durch Refokussierung auf inländische Themen wieder ins Lot zu bringen. Aber es kann kein Zweifel daran bestehen, dass es dem Selbstverständnis der USA auch weiterhin entspricht, auf dem Siegertreppchen des internationalen Wettbewerbs ganz oben zu stehen. Gleiches kann vom „Reich der Mitte" erwartet werden, das sich über Jahrtausende als Nabel der Welt definiert und die beiden letzten Jahrhunderte nur als Betriebsunfall der Geschichte betrachtet hat. Die Seidenstraßeninitiative, die tief nach Westen ausgreift und längst auch Afrika umfasst, verrät den Weltmachtanspruch und hat bewerkstelligt, dass China das Vakuum, das der Untergang der Sowjetunion in diesen Weltregionen hinterlassen hat, mehr als gefüllt hat. Die Schärfe des Handelskriegs im Jahr 2025 zwischen den USA und China ist ein erster, gravierender Beleg für diese große Rivalität und Auseinandersetzung.

Die in Tab. 25.1 dargestellte Statistik zur Pentarchie des 21. Jahrhunderts (Quelle: Statista und eigene Berechnungen) zeigt, dass die Kräfteverhältnisse noch sehr ungleich sind. China und Indien holen mit ihrem ökonomischen Potential auf, und Europa ist im Außenbild viel

Tab. 25.1 Die Pentarchie des 21. Jahrhunderts

	Bevölkerung in Mrd (2025)	Bruttoinlandsprodukt in Bill. $ (2023)	NuklearSprengköpfe (2024)	FlugzeugträgerKampfgruppen (2025)	Truppenstärke in Mio. (2025)	Militärausgaben in Mrd. $ (2023)
USA	0,35	28	5044	11	1,33	916
China	1,42	18	500	3	2,04	296
Europa (EU einschließlich Großbritannien.)	0,51	18	515 (Frankreich 290 und Großbritannien 225)	5 (2 Kampfgruppen Großbritanniens („Queen Elizabeth" + „Prince of Wales") + 1 Frankreich („Charles de Gaulle") +1 Italien („Cavour") + 1 Spanien („Juan Carlos I"))	1,5	Ca. 400
Russland	0,14	2	5580	1	1,32	109
Indien	1,46	3,5	172	2	1,46	83,6

stärker als es seinen eigenen Bürgern oftmals erscheint. Die seit 2025 eintretende Dynamik bei der Steigerung der Militärausgaben wird ein Übriges tun. Russland mit der begrenzten Größe seiner Bevölkerung und einer Volkswirtschaft, die (2025) kleiner als die Italiens ist, wird auf Dauer schwerlich mithalten können; Russland ist, seiner Landmasse zum Trotz, ein *Scheinriese* und seine Stärke beruht vornehmlich auf seiner unverhältnismäßig hohen Atombewaffnung. Die USA führen die Tabelle nach mehreren Maßstäben an. Mit ihren 11 Flugzeugträger-Kampfgruppen (Carrier Strike Groups) sind die USA derzeit die einzige Macht der Erde, die konventionell an praktisch jedem relevanten Ort des Planeten kraftvoll operationsfähig ist und zwei Kriegstheater gleichzeitig bespielen kann. Gefolgt von den gemeinhin unterschätzten Europäern, wenn sie es denn schaffen, ihre Kräfte zu bündeln und aufklärungstechnisch autark zu werden.

Nun wurde oben dargelegt, dass in einer Pentarchie zum Zweck der Friedens- und Freiheitssicherung eine 2:3 oder gar 1:4 Konstellation verhindert werden muss. Längerfristig verspricht nur eine *2:2:1 Konstellation* Aussicht auf eine einigermaßen geartete Form der Stabilität. Dazu müssten vier Akteure eine *Allianzstrategie* und einer eine *SAS-Strategie* (Stand Alone and Swing if necessary) verfolgen. Ich bezeichne letzteren im weiteren auch als Autonomen. Welche Kombinationsmöglichkeiten ergeben sich hieraus und wie wahrscheinlich sind sie?

Mathematisch betrachtet gibt 15 verschiedene mögliche 2:2:1-Konstellationen in einer Pentarchie,[9] aber nicht alle sind gleich wahrscheinlich, wenn man die Welt, so wie sie ist, in Rechnung stellt.

---

[9] Jdes der 5 Mitglieder der Pentarchie kann die Rolle des Autonomen einnehmen. Für die verbleibenden 4 sind dann 3 verschiedene Paarkonstellationen möglich. Daraus ergeben sich 5x3=15 Möglichkeiten.

So wenig, wie sich die Konkurrenten England und Deutschland vor dem Ersten Weltkrieg im selben Boot sahen, so wenig ist zu erwarten, dass im 21. Jahrhundert die USA und China eine Allianz untereinander bilden werden, auch wenn das grundsätzlich selbstverständlich denkbar ist. Folgt man dieser Prämisse und nimmt fürs Erste weiterhin an, daß beide Großmächte nach einem Allianzpartner suchen, so haben die USA auf der Suche nach einem Alliierten die Wahl zwischen Europa, Russland und Indien; gleiches gilt für China. Damit ergeben sich 6 denkbare Konstellationen mit gewisser Aussicht auf Stabilität, unter denen die unwahrscheinlichen Varianten e) und f) nur der Vollständigkeit halber aufgeführt sind:

a) USA + Europa / China + Russland / Indien
b) USA + Europa / China + Indien / Russland
c) USA + Russland / China + Indien / Europa
d) USA + Russland / China + Europa / Indien
e) USA + Indien / China + Russland / Europa
f) USA + Indien / China + Europa / Russland

Unter diesen Konstellationen ist Variante a) diejenige, von der bis zur 2. Amtszeit Trumps sicher auszugehen war und unter der wir bis zuletzt leben. Sie ist aus europäischer Sicht bewährt und wäre wohl auch für die Zukunft die beste aller Welten. *Variante a) ist die Vorzugsvariante,* und es bleibt zu hoffen, dass sie sich weiterhin im Spiel der Kräfte durchsetzt.

Diese Sicherheit existiert aber nicht mehr unumstößlich, seit sich die USA-Administration im Zuge der Behandlung des Ukraine-Konflikts unter Umgehung der Europäer immer wieder Russland angenähert hat. Droht ein neues „renversement des alliances", eine Bündnisumkehr? Sollte sich die Annäherung der USA an Russland als nachhaltiger strategischer Schritt herausstellen und auf die Gegenliebe Russlands fallen, so versprechen nur die Varianten c) und d) die Aussicht auf eine künftige stabile Weltordnung, unter denen d) als die für die Europäer sinnvollste Variante erscheint, um einer Einkreisung zu entgehen. Demnach müsste sich Europa auf China zubewegen, würden die USA den Europäern nachhaltig die kalte Schulter zeigen. In diesem Szenario mit einem autonomen Indien wäre jeder der weiteren vier Akteure von Mitgliedern des anderen Lagers umzingelt.[10]

Wollte Europa die Rolle des Autonomen einnehmen (Variante c), müssten sich China und Indien aufeinander zu bewegen. Das würde eine spannende Frage werden. Klar ist, dass eine SAS- statt Allianzstrategie Europas in dieser neuen Pentarchie nur funktionieren würde, wenn Europa bis an die Zähne bewaffnet wäre, einschließlich einer wirksamen, eigenen nuklearen Abschreckung. Dazu wäre es freilich noch ein weiter Weg.

Jüngst tritt eine Konstellation zutage, die neben der Vorzugsvariante a) inzwischen als mindestens so wahrscheinlich unterstellt werden muß, seit die USA am 4. Dezember 2025 eine neue „National Security Strategy (NSS)" veröffentlicht haben. Diese unterstreicht die Vorrangstellung der nationalen Interessen der USA und relativiert deren Engagement in Europa. Einhellig wird das Papier so verstanden, daß sich die USA aus der Rolle des Weltpolizisten zurückzieht und ihren künftigen Fokus auf den amerikanischen Kontinent zu legen gedenkt. Letzteres übrigens ein Muster, das bereits in der sogenannten „Monroe-Doktrin" des 19. Jahrhunderts aufscheint. Der amerikanische Präsident James Monroe hatte sich in seiner State of the Union Adress am 2. Dezember 1823 jedweden europäischen Ein-

---

[10] Europa von den USA und Russland; Russland von Europa und China; China von Russland und den USA; die USA von China und Europa. Vorausgesetzt, Indien nimmt die Rolle des Neutralen an und lebt danach.

fluß in Nord- und Südamerika verbeten und erklärt, sich nicht in europäische Angelegenheiten einzumischen. Folgerichtig wird die NSS als eine Form der Neuauflage der Monroe-Doktrin angesehen. Kommentatoren sprechen angesichts der NSS auch von einer „Stand alone"-Strategie der Vereinigten Staaten. Das ist zunächst zutreffend, übersieht jedoch die Swing-Komponente, weshalb ich in der neuen Doktrin eher eine SAS-Strategie erkenne, um dem Ansatz gerecht zu werden. Dies ist insbesondere am Beispiel der amerikanischen Rolle im Russland-Ukraine-Konflikt erkennbar. Man sieht sich dort nicht mehr an der Seite einer angegriffenen Demokratie (d. h. der Ukraine) und eines gefährdeten Europas, sondern versteht sich in der Rolle des neutralen Vermittlers, der wechselseitig Druck auf jede der beiden Seiten auszuüben bereit und imstande ist. Gleichzeitig ist seit dem Ukraine-Konflikt eine nachhaltige Annäherung zwischen Russland und China sichtbar, deren Wurzeln gleichwohl tiefer liegen. Das bevölkerungsreiche, rohstoffhungrige China, in seinem kultivierbaren Landstreifen in Ost- und Südostchina beengt, sieht sich einem rohstoffreichen und in seinem östlichen Bereich nahezu menschenleeren Russland gegenüber. Das gegenseitige Handelsvolumen hat sich zwischen 2020 und 2024 verdoppelt. Inzwischen heute gibt es umfangreiche Farmland-Pachten von Chinesen auf russischem Gebiet jenseits von Amor und Ussuri. Diese Entwicklungen führen in Summe zu Variante

g) Europa + Indien / China + Russland / USA

Demnach ist Europa anzuraten, sich auf Indien zuzubewegen und eine Allianz zu schmieden, in die gegebenenfalls weitere südost-asiatische Staaten einzubeziehen sind, um auch in Zukunft ein friedenssichernden Gleichgewicht der Kräfte auf dem eurasischen Kontinent zu bewerkstelligen. Zugegebenrmaßen ist auch die Variante

h) Europa + China / Indien + Russland / USA

angesichts der traditionellen, noch aus den Zeiten der Sowjetunion herrührenden Partnerschaft zwischen Russland und Indien denkbar, das seit Jahrzehnten weit überwiegend russische Rüstungsgüter einkauft und einsetzt. Sollte Indien auf diesem Kurs bleiben, so müssten sich die Europäer verstärkt China zuwenden, um die Verhältnisse auszubalancieren. Diese Empfehlung folgte auch bereits, wie wir gesehen haben, aus Variante d).

Wie man es auch dreht und wendet: Europa muß sich militärisch auf eigene Füße stellen und aller Voraussicht nach neue Partneroptionen prüfen und verfolgen, sollte sich die amerikanische „stand-alone" -Strategie auf der Zeitachse erhärten. Dabei heißt „Stand alone" zunächst nur, dass die Amerikaner im Stande sein wollen, militärisch alleine durchschlagend zu handeln, ohne auf Allianzen angewiesen zu sein. Das muss nicht heißen, dass sie bestehende Allianzen zwingend aufkündigen. Ein solcher Schritt würde ihnen – bei fehlender Abhängigkeit – allerdings im Bedarfsfall leichter fallen.

Die Vielzahl der ohne Anspruch auf Vollständigkeit geschilderten Varianten zeigt das Maß an Unsicherheit, der die Welt auf der Suche nach einem neuen Gleichgewicht ausgesetzt ist, seit der dynamische Bedeutungszuwachs Chinas und die sich verändernde Ausrichtung der USA die Plattentektonik der Mächte in Bewegung gesetzt haben. Münkler (2024, S. 205) vertritt die Auffassung: „Ein Fünfersystem, …, ist von seiner Konstruktion her sehr viel besser als eine bipolare Ordnung in der Lage, Veränderungen, die sich in Friedenszeiten vollziehen, abzufedern und entsprechende Umgewichtungen vorzunehmen." Ich vertrete eine etwas andere Auffassung: Ein Fünfersystem ist, wie die Geschichte gezeigt hat, in seinen Kombinationsmöglichkeiten so variantenreich und komplex, dass Umwälzungen der Allianzen das System sehr leicht aus dem Gleichgewicht *heraus* werfen können. Bipolare Ordnungen von relativ gleich starken Kräften sind im Vergleich dazu viel einfacher, berechenbarer und die Kontrahenten sind durchaus im Stande, über lange Zeit tragfähige Kooperationsbeziehungen zur Erhaltung des Friedens aufzubauen. Das hat das Verhältnis zwischen den USA und der Sowjetunion in der zweiten Hälfte des 20. Jahrhunderts bewiesen. Ein „kalter" Krieg ist immer noch besser als ein „heißer". Einstweilen werden wir uns, so die zutreffende Formulierung Münklers (2024: S. 206), in einer „bipolar grundierten Pentarchie" (in Anspielung auf die herausgehobene Bedeutung der USA und Chinas) bewegen. Im Gegensatz zu ihm zeigen meine Überlegungen aber, dass das bipolare Element darin vielleicht gar nicht so schlecht ist.

26

Außenhandel: *Handel ohne Gewaltmonopol*

Nach allem, was wir bislang über Opportunismus und zwischenstaatliche Anarchie gehört haben, stellt sich doch unweigerlich die Frage: Wie ist Außenhandel zwischen Unternehmen in dieser zersplitterten Weltordnung ohne Rechtseinheit und supranationalen Schutz überhaupt möglich? Wie kann – ohne Beteiligung eines mächtigen Dritten – Besitz- und Tauschsicherheit (vgl. Kap. 7) im internationalen Wirtschaftsverkehr überhaupt hergestellt werden? Ohne diese Ingredienzen eines wirksamen Rechtsstaates erscheint eine auf Arbeitsteilung und Handel ausgerichtete globalisierte Wirtschaft eigentlich gar nicht vorstellbar! Doch das wäre ein Kurzschluss!

Die Weltgeschichte zeigt uns, dass *Außenhandel,* verstanden als *Handel zwischen Rechtsordnungsfremden* (Schmidt-Trenz, 1990), von Anbeginn und allen Widrigkeiten zum Trotz funktioniert hat, wenn auch vielleicht nicht in ganz großem Maßstab. Wie muss man sich das vorstellen?

H.-J. Schmidt-Trenz, *Die Ordnung der Welt,*
https://doi.org/10.1007/978-3-658-51053-4_26

Den ältesten Anhaltspunkt dafür, wie dies möglich war, liefert uns der griechische Geschichtsschreiber Herodot (ca. 490-430 v. Chr.) mit seiner Geschichte vom „*Strand-handel*" zwischen den griechischen Karchedoniern und den damaligen Einwohnern des heutigen Marokko, hier in der übersetzten Fassung[1]:

„Nach den Erzählungen der Karchedonier setzt sich das bewohnte Libyen noch über die Säulen des Herakles fort. Wenn die Karchedonier dorthin fahren, laden sie ihre Waren aus und legen sie nebeneinander an den Strand. Dann steigen sie wieder in die Schiffe und zünden ein Feuer an. Sobald die Eingeborenen den Rauch sehen, kommen Sie ans Meer, legen als Preis für die Waren Gold hin und ziehen sich wieder weit zurück. Nun steigen die Karchedonier aus, um nachzuschauen, und wenn das Gold dem Wert der Waren gleichkommt, nehmen sie es und fahren ab. Wenn es aber nicht genug ist, steigen Sie wieder in die Schiffe und warten. Die Eingeborenen kommen dann wieder und legen Gold dazu, bis jene zufriedengestellt sind. Keiner schädigt den anderen: die Karchedonier rühren das Gold nicht eher an als bis es den Waren gleichwertig ist, und jene rühren die Waren nicht eher an als bis die Karchedonier das Geld genommen haben."

Es erhebt sich die Frage, wieso hier eigentlich niemand den anderen schädigt? Wieso rennt niemand mit den ungeschützt auf dem Strand liegenden Waren und dem Gold auf Nimmerwiedersehen davon?

Ohne eine von beiden Gruppen anerkannte und durchsetzungsfähige Strandpolizei liegt hier - auf den ersten Blick - ein Dilemma vor (vgl. Kap. 3). Ich nenne es das *Tausch-dilemma*. Wer in Vorleistung geht und seine Waren als Erster auslegt, der setzt sich dem Risiko der unterlassenen

---

[1] Zitiert nach Schmidt-Trenz (1990), S. 266.

Gegenleistung und des Diebstahls aus. Niemand will daher – normalerweise – derjenige sein, der in Vorleistung geht. Der eine sagt: „Erst die Ware, dann das Geld". Der andere fordert: „Erst das Geld, dann die Ware." Die sich daraus ergebende Pattsituation kann bedeuten, dass eine Transaktion gar nicht zustandekommt, obwohl sie vorteilhaft wäre. Das macht das Dilemma aus.[2]

Eine denkbare Möglichkeit, ein solches Patt aufzuheben, ist der absolut *synchrone* Tausch „Zug um Zug". Den gibt es allerdings nur in der Theorie. In der Praxis gibt es immer Phasen offener Salden, die den einen plötzlich zum Gläubiger und den anderen zum Schuldner einer Leistung machen. Damit ist klar: Das Tauschdilemma ist ein Handelshemmnis.

Wie kann es überwunden werden?

Wir haben in vorangehenden Kapiteln gesehen, dass der moderne Rechtsstaat Instrumente bereitstellt, den Anreiz zum Diebstahl oder zur Nichtrückzahlung von Schulden zu unterdrücken, in dem er für solcherlei Tun Strafen verhängt.

Ohne strafenden Staat, wie im Beispiel Herodots, sind die Wirtschaftstreibenden dagegen *auf sich selbst gestellt*. Die Abhilfe liegt im Aufbau von *Reputation*. Die Karchedonier kamen offenbar nicht nur einmal, sondern *öfter* an die Gestade Marokkos. Wähnen sich die Beteiligten in einem Zustand wiederholter Begegnung, so ändert sich die Situation fundamental. Die auf dem Strand ausgelegten Waren zu ergreifen und davonzulaufen, ist unter diesen Umständen wahrscheinlich keine nachhaltig erfolgreiche Strategie der Marokkaner. Die Karchedonier würden wahrscheinlich niemals wiederkehren und ihre speziellen Waren würden nie wieder den Weg nach Marokko finden. Es ist

---

[2] Die zugrundeliegende Struktur ist wiederum die eines Gefangenendilemmas, wie wir es schon im vorangegangenen Kapitel kennengelernt haben. Vgl. Schmidt-Trenz (2023) S. 150 ff

also die Angst vor dem Verlust erwünschter, *künftiger* Tauschgewinne, die plötzlich den Anreiz schafft, eine aktuelle Vorleistung mit einer Gegenleistung zu beantworten. Wer sich kooperativ verhält, wird also mit künftigen Gewinnen belohnt. Im Falle einer rechtsstaatlichen Regelung funktioniert der Anreiz anders herum: Wer sich nicht-kooperativ verhält, wird bestraft.

Es lässt sich zeigen, dass die bloße Aussicht auf künftige Gewinne alleine nicht ausreicht. Es muss mehr hinzukommen. Konkret muss die *Wiederbegegnungswahrscheinlichkeit* größer sein als eine *kritische Schwelle.*[3] Deren Höhe nimmt mit zunehmender Höhe des periodischen Tauschgewinns ab und steigt, je höher der Einmalgewinn ist, der anfällt, wenn man das Tauschversprechen einseitig bricht. Ein solcher Anreiz liegt tendenziell vor, wenn der Wert der auf dem Strand liegenden Waren außerordentlich hoch ist. Dann kann der Anreiz zu deren Diebstahl so hoch sein, dass man auf die Wiederkehr der Karchedonier pfeift. Auch die Zeitpräferenz spielt eine Rolle. Wer künftige Gewinne aus der Tauschbeziehung geringschätzt, weil er im Hier und Heute lebt und einen eher kurzen Zeithorizont hat, wird sich für den Diebstahl statt für die Fortsetzung der Geschäftsbeziehung entscheiden.

Für erfolgreiche Transaktionen ohne die helfende Hand eines Rechtsstaates kommt es also darauf an, den *gewünschten Wiederholungscharakter* der Transaktion zu *signalisieren,* also das Interesse an einer längerfristigen Geschäftsbeziehung zu bekunden (*notwendige* Bedingung). Die Salden zwischen Vor- und Gegenleistungen dürfen dabei nie so groß werden, dass sich für einen der Beteiligten nach Erhalt einer Vorleistung der Abbruch der Beziehung lohnt (*hinreichende* Bedingung).

---

[3] Die genaue Ableitung dieser Schwelle befindet sich in Schmidt-Trenz (1990), S. 241 ff sowie Schmidt-Trenz (2023), S. 149ff.

Das werden die Gedankengänge der Karchedonier auf ihrem Schiff und der Marokkaner hinter dem Schilf gewesen sein. Und da die vermutete Wiederbegegnungswahrscheinlichkeit größer war als die besagte kritische Schwelle, kam es zu einer fortgesetzten Reihe erfolgreicher Transaktionen.

Vor diesem Hintergrund wird auch klar, was die *Hanse* war. Generationen von Gelehrten haben sich darüber gestritten, worum es sich bei diesem Verbund gehandelt hat? Ein Verbund von Städten? Von Kaufleuten? Mit eigener Staatlichkeit? Welcher Art? Mit welchen Grenzen? Entscheidungsmechanismen? *Keine* dieser Fragen ist *klar* zu beantworten, insbesondere dann nicht, wenn man die Dinge vom Gedanken einer staatlichen Verfasstheit aus betrachtet.[4] Das erscheint mir allerdings auch als der falsche Ansatz.

Die Hanse war *kein Staat,* sondern *die Antwort auf einen schwachen Staat.* Sie war ein *Handelsclub* nach innen und eine *Schutzgemeinschaft* nach außen. Die Hanse war daher weder ein reiner Kaufmanns- noch ein reiner Städtebund, sondern eine zweckorientierte Kombination und Mischung von beidem.[5] Denn Außenhandel über Nord- und Ostsee war im Mittelalter grundsätzlich lohnend, aber auch eine Herausforderung, die durch gemeinsames Handeln besser zu bewerkstelligen war als für kaufmännische Einzelkämpfer.

Schauen wir alternativ zunächst auf die Antike und das Mittelmeer. Dieses war zu jener Zeit von einem *Netzwerk griechischer Kolonien* umspannt (seit ca. 750 vor Christus), und mutierte dann seit Kaiser Augustus um 30 vor Christus zum *„mare nostrum"* des *römischen Imperiums.* Zu jedem Zeitpunkt gab es somit dieselben Auffassungen von Recht zwischen Massalia (im heutigen Frankreich) und Alexan-

---

[4] Vgl. z. B. den renommierten Hanse-Wissenschaftler Hammel-Kiesow (2021), S. 10 ff.

[5] Siehe die entsprechende Quellenlage bei Hammel-Kiesow (2021), S. 77 ff.

dria (im heutigen Ägypten) und Leistungsstörungen konnten auf dieser Grundlage bereinigt werden. Der griechische Literat Demosthenes (ca. 384-322 v. Chr.) schildert einen entsprechenden Fall, an dem Menschen aus Athen, Massalia und Syrakus beteiligt waren, alle griechischer Abstammung und in der griechischen Rechtstradition stehend. Es ging um eine Schiffsladung Getreide aus Athen, zu deren Transport ein Schiff in Massalia gechartert wurde, was Banker aus Syrakus mittels eines Kredits ermöglichten. Tatsächlich wurde das Getreide nie verschifft, und das Schiff, das samt Ladung als Sicherheit diente, wurde betrügerisch versenkt, um der Rückzahlung des Kredits zu entgehen. Der Fall war schwierig, und wir wissen leider nicht, wie er ausgegangen ist. Doch eines ist klar. Heutzutage wäre die Rechtsfindung viel schwieriger. Während sich seinerzeit Griechen, die sich einer *einheitlichen* Rechtstradition unterworfen fühlten, untereinander begegneten, sind aus diesen heute Franzosen, Italiener und verbliebene Griechen geworden; drei *unterschiedliche* Rechtsordnungen sind also beteiligt und erschweren infolge von *Normkollisionen* die Rechtsfeststellung und aufgrund von *Vollstreckungsproblemen* die Rechtsdurchsetzung weit mehr, als dies in der Antike der Fall gewesen ist.[6]

Damit sind wir wieder bei der Nord- und Ostsee des Mittelalters. Der englische König, der dänische König, die Nachfahren der Wikinger, der Deutsche Orden und die litauischen und russischen Fürsten, sie alle stritten um Macht und einen Anteil vom Kuchen der Handelsgewinne. In dieser Situation gab es in Nord- und Ostsee nicht ansatzweise einen die Handelsbeziehungen flankierenden, umfassenden und unangefochtenen Rechtsstaat. Vielmehr taten die Kaufleute angesichts der konkurrierenden Mächte und Jurisdiktionen gut daran, den Handel untereinander und

---

[6] Näheres bei Schmidt-Trenz (1990), S. 27 ff.

mit fremden Kaufleuten so zu organisieren, dass er *ohne* Staat auskam. Das war nur auf der Grundlage von *Reputationsmechanismen* und langfristiger Geschäftsbeziehungen möglich. Hansischer Kaufmann zu sein, bedeutete vor diesem Hintergrund, einem Netzwerk anzugehören, in dem Transparenz über das kaufmännische Gebaren des Einzelnen herrschte bzw. hergestellt werden konnte. Dies galt unter Kollegen wie gegenüber Fremden, die es sich bei Fehlverhalten mit der ganz Gruppe der Hansekaufleute verscherzten. Die Sanktion für Fehlverhalten bestand dann nicht nur im Verlust der Gewinne aus der betroffenen Geschäftsbeziehung sondern möglicherweise im faktischen Ausschluss aus dem gesamten Netzwerk. Wozu es keines Beschlusses des Netzwerkes bedurfte sondern lediglich seines konkludenten Verhaltens. Fehlverhalten eines Kaufmanns sprach sich schnell herum und erzeugte ihm gegenüber Reaktanz aller dem Netzwerk angehörenden Kaufleute, die sich nicht dem Vorwurf schlechter Gesellschaft aussetzen wollten. So wurde kooperatives Verhalten gefördert. Verstärkt und vereinfacht wurde diese auf Reputationspflege bedachte Haltung durch Entsendung von Familienangehörigen in die fremden Länder, so dass der internationale Handel gewissermaßen innerfamiliär abgewickelt wurde, was die für Kooperation entscheidende Wiederbegegnungswahrscheinlichkeit spezifisch erhöhte. Die Hanse war also ein *Handelsclub,* eine F-connection (s. u. und Kap. 5). Aber nicht nur.

Da die Hansekaufleute aufgrund ihres wirtschaftlichen Erfolgs unter besonderer Beobachtung der diversen Mächte der Zeit standen, die ihren Anteil haben oder mit Interventionen die Handelsprofite an sich ziehen wollten, waren gewaltsame Konflikte vorprogrammiert. Öfters war es im Verhältnis zu den dänischen Königen erforderlich, dass sich die hansischen Kaufleute ihrer Haut erwehren mussten. Sie und die Städte ihrer Herkunft mussten also wehrhaft sein, was im Verein besser und auch erfolgreich gelang. Sie bildeten also auch eine *Schutzgemeinschaft.* Einher ging ein Bedarf an einer gewissen Form von „Außenpolitik". In diesem Kontext können wir Elemente wie die Hansetage sehen, die vorwiegend der Beratung darüber dienten, wie mit äußeren Bedrohungen umzugehen sei. Sie erinnern an eine Form der Staatlichkeit, wie wir sie in Kap. 14 in Form einer *Mischung von personenverbands- und territorialstaatlichen Komponenten* kennengelernt haben. Eine entwickelte Staatlichkeit war aber nicht der tiefere Zweck der Hanse, weshalb solcherlei Strukturen situativ, flexibel und flüchtig blieben. Die Hanse war vor allem ein Handelsclub, der zum Zwecke der Verfolgung gemeinsamer wirtschaftlicher Interessen im Notfall auch bewaffnete Außenpolitik betreiben musste und konnte, wozu es entsprechender Entscheidungsmechanismen der Hansekaufleute und ihrer von ihnen dominierten Heimatstädte bedurfte.

Noch heute bevölkern solche Handelsclubs (ohne besagte außenpolitische Komponente) viele Hubs des Welthandels. Sie erscheinen als Netzwerke z. B. jüdischer, indischer oder chinesischer Kaufleute und/oder als Familien, die das internationale Tauschdilemma über die ethnisch-familiäre langfristige Verbundenheit auflösen.[7]

Den Handelsclubs liegt die Figur der *F-connection* (family, friendship, firm) zugrunde, die wir in Kap 5 kennengelernt haben. Auch heute gilt nach wie vor: In Ermangelung eines Weltstaats und angesichts der Territorialität des Rechts und seiner Rechtsdurchsetzung ist der Welthandel in besonderer Weise auf F-connections angewiesen und davon geprägt. Die Kollision verschiedener Rechtsordnungen, wenn Staatsangehörige verschiedener Länder

---

[7] Carr/Landa (1983) sprechen von „Ethnically Homogeneous Middleman Groups". Vgl. auch Rauch (2002) im Hinblick auf die chinesischen Netzwerke.

(Rechtsordnungsfremde) Handel miteinander treiben, potentielle Konflikte bei der Frage, wessen Gerichte zuständig sein sollen, welches Recht gelten soll und wie ein Urteil im Ausland vollstreckt werden kann, das alles bedeutet *spezifisch erhöhte Transaktionskosten im Außenhandel,* die es in dieser Form in der Binnenwirtschaft nicht gibt, und nährt die Motivation, internationale Transaktionen so einzubetten, dass man hoffen kann, dass Transaktionen reibungslos ablaufen, sodass man der Antworten auf die besagten Fragen gar nicht bedarf. Das spart Transaktionskosten.[8] Diese *Einbettung* erfolgt in *F-connections.* Deren intrinsisches Sanktionspotential sorgt dafür, dass die Beteiligten sich von sich aus kooperativ verhalten. Eines helfenden Staates, den es im internationalen Kontext nur notleidend, weil mehrdeutig gibt, bedarf es dann nicht.

Und wenn es keine F-connection zwischen den Wunsch-Handelspartnern gibt? Das kann auf den ersten Blick bedeuten, dass eine Transaktion nicht stattfindet, weil sich zwei Kaufleute nicht auf die Modalitäten eines Ex- oder Imports einigen können, weil sie sich nicht kennen, misstrauen und den Gang vor ausländische Gerichte scheuen, deren Rechtsordnung und Sprache sie nicht kennen. Dissens über Fragen wie *Wer zahlt zuerst? Wer liefert zuerst?* können zur Blockade führen; der Handel unterbleibt dann. Die Akteure finden, auf sich allein gestellt, möglicherweise keinen Weg aus dem Tauschdilemma heraus.

Aber auch in diesen Fällen ist Abhilfe möglich, und zwar in dem sich die Kaufleute *Absatzmittler,* also das *Netzwerk Dritter,* dienstbar machen, die über eine F-connection verfügen.[9] Solche Dritte sind z. B. „Außenhändler", also

---

[8] Grundlegend ist die hierzu vom Autor entwickelte Neue Institutionenökonomik Internationaler Transaktionen. Vgl. Schmidt-Trenz (1990) und Schmidt-Trenz (2023), S. 135 ff.

[9] Vgl. Schmidt-Trenz (1990), S. 258 ff sowie Schmidt-Trenz (2023), S. 157 ff.

Export- oder Importhäuser, die über die relevanten F-connections verfügen. Der Kaufmann aus Land A übergibt dann seine Waren auf gesicherter inländischer Rechtsgrundlage einem inländischen Exporthaus. Das nutzt seine langjährigen Verbindungen zu einem ausländischen Importhaus im Lande des Importeurs, das die Ware an den dort domizilierenden Kaufmann des Landes B weiterleitet. Gleiches gilt für den Zahlungsstrom in umgekehrter Reihenfolge. Die störungsanfällige internationale Transaktion wird damit von den beiden sich fremd fühlenden Kaufleuten auf die Ebene zweier Außenhändler gehoben, die über eine F-connection verfügen, was die reibungslose Überbrückung der Probleme erlaubt, die sich aus der Kollision zweier Rechtsordnungen und Durchsetzungsinstanzen ergibt. Die Mittelsmänner werden sich für diesen Dienst natürlich entlohnen lassen. Zu ihrer Einschaltung kommt es dann, wenn diese Gebühr geringer ausfällt als der Kooperationsgewinn der beiden Kaufleute.

Die Rolle, die hier Außenhändlern zuwächst, kann auch von international zusammenarbeitenden Banken wahrgenommen werden, sogenannten *„Korrespondenzbanken"*. Als befreundete Banken können sie eine internationale Brücke bauen und haben dazu die Institution des *Dokumentenakkreditivs*[10] entwickelt, dessen erste Standardisierung 1933 durch die International Chamber of Commerce erfolgte. Kurz gesagt erhält der Exporteur sein Geld nach Vorlage der Abgangsdokumente von *seiner* inländischen Korrespondenzbank; diese leitet die Dokumente weiter; der Importeur erhält dann die Dokumente von *seiner* (ausländischen) Korrespondenzbank, nachdem er den Kaufpreis an diese entrichtet hat. Mit diesen Dokumenten kann er die Ware im ausländischen Zoll-Lager abholen. Derweil wird die internationale Zahlungstransaktion durch die beiden

---

[10] Zur genauen Funktionsweise siehe Schmidt-Trenz (2023), S. 159 ff.

befreundeten Korrespondenzbanken abgewickelt. Das Dokumentenakkreditiv ist damit eine Institution, die sich spezifisch in der Außenwirtschaft entwickelt hat, um die Defizite auszugleichen, die sich aus der notleidenden staatlichen Flankierung im grenzüberschreitenden Wirtschaftsverkehr ergeben.

Auch die *Firma,* als drittes Beispiel für eine F-connection, erhält im Außenwirtschaftsverkehr eine besondere Dimension. Denn auch die in einer Firma verbunden Manager befinden sich in einer Situation wiederholter Begegnungen und gegenseitiger Abhängigkeiten, was kooperationsfördernd ist. In diesem Lichte sind *multinationale Unternehmen (MNU)* nicht vorrangig Organisationen, die dem gängigen Vorurteil folgend mit dem Ziel gegründet werden, eine marktbeherrschende Rolle einzunehmen. Das wird man Mercedes Benz und seinem weltweiten Netz an Tochterunternehmen angesichts der weltweiten Konkurrenz im Automobilbau schwerlich vorwerfen können. Angesichts der Territorialität des Rechts erscheinen MNUs vielmehr ebenfalls als Brücke, um die Probleme zu überwinden, die sich aus den spezifischen Kooperationsrisiken im grenzüberschreitenden Handel ergeben.[11] Internationale Transaktionen werden in diesem Fall nicht als Ex- oder Import zweier unabhängiger Einheiten abgewickelt, sondern in das Innere eine Unternehmens versetzt, das multinational aufgestellt ist. Es ist dann eine offene Frage, ob das Direktionsrecht gegenüber einem ausländischen Untergebenen leichter durchzusetzen ist als das Recht auf Zahlung gegenüber einem unabhängigen, säumigen ausländischen Fahrzeugimporteur. Die multinationale Unternehmung erweist sich immer dann als zu erwägender Weg zur Bearbeitung eines Auslandsmarkts im Vergleich

---

[11]Vgl. Schmidt-Trenz (2023, S. 165 ff) sowie Schmidtchen/Schmidt-Trenz (1990).

zum direkten Export, wenn sie die Indienststellung einer wirksamen F-connection vermag, die die reibungslose Abwicklung des grenzüberschreitenden Waren- und Zahlungsverkehrs vergleichsweise kostengünstig ermöglicht. Eine multinationale Firma wird daher den Geschäftsführer ihrer ausländischen Einheit oder Tochter immer besonders sorgfältig auswählen und durch seine anreizgestützte, langfristige Bindung an das Unternehmen sicherzustellen versuchen, dass er auch jenseits der Möglichkeiten des ausländischen Arbeitsrechts geführt und zur vertrauensvollen Kooperation angehalten werden kann.

Außenhandel ist ohne Gewaltmonopol also durchaus möglich, erfordert aber sich-selbst-tragende Beziehungen in Form der diversen F-connections. Der Außenhandel folgt damit seinen eigenen Gesetzmäßigkeiten, die auch als *„Lex Mercatoria"* bezeichnet werden können, also als das *selbstgeschaffene Recht der Wirtschaft.* Dazu gehört auch der intensive Einsatz des Instruments der *Schiedsgerichtsbarkeit* der Internationalen Handelskammer (Sitz: Paris) oder anderer Schiedsgerichte, die die Außenhandelspartner vorab und im Nachhinein vereinbaren können, um strittige Rechtsfragen zu klären, ohne staatliche Instanzen anrufen zu müssen. Letzteres wäre wegen der Fragen, wessen Landes Gerichte zuständig und welches Recht gilt, sehr mühsam und langwierig, wenn die Antworten auf diese Fragen nicht vorher vereinbart worden sein sollten. Häufig erweist sich das wegen der konfliktären Interessen der Parteien als unmöglich, weil jeder *sein* Heimatgericht und *sein* Recht durchsetzen will. Die Schiedsgerichtsbarkeit an neutralen Standorten bietet dagegen einen *schnellen* und *kostengünstigen* Weg, solche Blockaden zu überwinden und ein vollstreckbares Urteil zu erhalten. Da kein öffentliches Verfahren stattfindet, ist er zudem *diskret,* erlaubt damit die Gesichtswahrung der Parteien im Außenverhältnis und deshalb gegebenenfalls sogar die Fortsetzung ihrer Geschäftsbeziehung.

Die Lex Mercatoria sollte nicht verwechselt werden mit dem, was mitunter als „*regelbasierte Handelsordnung der Welt*" bezeichnet wird. Damit sind die durchaus verdienstvollen Versuche *staatlicher* Akteure zu verstehen, die zwischenstaatliche Anarchie und die Territorialität der Rechtsordnungen mit ihren negativen Folgen für die privaten, internationalen Wirtschaftsbeziehungen durch suprantionale Regelsetzungen zu mildern.[12]

Dazu zählen die vielfältigen Versuche der *Rechtsharmonisierung*, um die Transaktionskosten aus der Kollision von Normen zu vermeiden, die sich bei Sachverhalten ergeben, bei denen verschiedene Rechtsordnungen beteiligt sind. Rechtsharmonisierung ist ein Bohren dicker Bretter, dem die häufig unterschiedlichen, ererbten und erlernten Rechtskulturen entgegenstehen (vgl. Kap. 12).

Einfacher und erfolgversprechender sind daher die Versuche, ein *spezielles Recht für internationale Sachverhalte* zu schaffen, das durch die Privaten als Vertragsgrundlage genutzt werden kann. Das *UN-Kaufrecht* (CISG) von 1980 ist automatisch anwendbar auf *grenzüberschreitende* Kaufverträge, sofern beide Vertragsparteien ihren Sitz in einem Vertragsstaat und das UN-Kaufrecht nicht ausdrücklich ausgeschlossen bzw. eine andere Rechtswahl getroffen haben. Bis heute wurde das UN-Kaufrecht immerhin von 97 Staaten ratifiziert. Es erleichtert die *Rechtsfindung* erheblich, leider aber nicht unbedingt die Rechts*durchsetzung*, wenn sie im Ausland stattzufinden hat.

Die EU hat neben der Rechtsharmonisierung insbesondere in diesem Bereich Erfolgsgeschichte geschrieben. Vor allem anderen ist das *Europäische Gerichtsstands- und Vollstreckungsabkommen* aus dem Jahr 1968 zu nennen („Brüsseler Übereinkommen", das 1988 als *„Lugano Convention"*

---

[12] Vgl. ausführlich Schmidt-Trenz (2023), S. 176, unter der Überschrift „Multilaterale Konstitutionelle Politik".

auf die EFTA ausgedehnt wurde), das den Weg zu einem europäischen Rechtsraum geebnet hat, der weiterer Ausformung bedarf.

Weltweit ist die 1994 errichtete World Trade Organization (WTO) zu nennen, deren Ziel darin besteht, Zölle und nicht-tariffäre Handelshindernisse zu reduzieren und entsprechende Streitigkeiten zu schlichten. Aber die WTO-Regeln kranken natürlich daran, dass sie keine echte Durchsetzungsinstanz kennen und vom reziproken Verhalten der Vertragsstaaten abhängig sind. Schert ein wichtiger Staat aus, so herrscht sofort *„Handelskrieg"*, der von Vergeltungsmaßnahmen geprägt ist, die an ein „chicken game" erinnern, also einen Nervenkrieg der beteiligten Akteure (vgl. Kap. 5 und 25). Umso mehr sind die Privaten dann wieder einmal auf sich allein gestellt.

Der kluge und nachhaltige Teilnehmer des Außenhandels richtet daher die Dinge letztlich so ein, dass er auf staatliche Instanzen und ihre zweifelhafte Hilfe, so gut es geht, nicht angewiesen ist. Bis zu der in weiter Ferne liegenden Errichtung eines Weltstaates bleibt die F-connection das Mittel seiner Wahl, auch wenn sie mit Kosten verbunden ist und nicht alle Probleme lösen kann. Ein Außenhändler hat auf die Frage, wie er seine Geschäfte angesichts der Territorialität des Rechts und der einhergehenden Durchsetzungsprobleme abwickele, einmal sinngemäß geantwortet:[13] *Verträge sind Zeitverschwendung. Wir hatten nie Probleme, weil wir unsere Kunden und Zulieferer kennen. Würden wir mit einem Geschäftspartner Verträge brauchen, würden wir keine Geschäfte mit ihm machen.* Gerade im Außenhandel zeigt sich, was das größte Kapital ist, wenn der Staat schwach oder unberechenbar ist: eine persönliche Reputation für Zuverlässigkeit.

---

[13] Sinngemäß zitiert nach Macaulay (1971), S. 9.

Epilog

Dieses Buch ist den Mustern menschlichen Verhaltens gewidmet, wie sie sich aus den Anlagen und den institutionellen Anreizen entwickeln, denen die Menschen ausgesetzt sind. Der Mensch hat die Fähigkeit zu beobachten, zu innovieren, nachzuahmen und zu lernen. Daraus hervorgegangen ist eine auf Regeln beruhende soziale Ordnung der Welt, die sich über die Jahrhunderte in Form immer umfangreicherer Gesetzgebungswerke und immer komplexerer Organisationen wie Vertragswerken, Unternehmen, Verbänden, Staaten und internationalen Organisationen entwickelt hat. Diese Entwicklung wird selbstverständlich weitergehen. Nichts ist beständiger als der technologische und damit auch der gesellschaftliche und institutionelle Wandel. Von zeitloser Gültigkeit ist: Wer nur die Handlungen der Menschen sieht, versteht die Welt nicht wirklich. Hierzu muß der Betrachter auf die Regeln schauen, die die Handlungsmöglichkeiten erst eröffnen und präjudizieren, welche lohnend sind und welche nicht. Diese

© Der/die Herausgeber bzw. der/die Autor(en), exklusiv lizenziert an
Springer Fachmedien Wiesbaden GmbH, ein Teil von Springer
Nature 2026
H.-J. Schmidt-Trenz, *Die Ordnung der Welt*,
https://doi.org/10.1007/978-3-658-51053-4

Regelwerke prägen unser Leben und lenken unser Verhalten. *Nur wer die Regeln versteht, versteht die Ergebnisse.* Nur wer die Regeln versteht, versteht die Welt. Denn die Regeln bilden ihr Betriebssystem, ihre unsichtbare Architektur.

In diesem Buch wurde gezeigt, wie Menschen bewusst Regelwerke bzw. Institutionen *schaffen* oder Regeln *sich von alleine entwickeln.* Regelwerke, die Freiheitsspielräume eröffnen und die Nutzung des verteilten Wissens der Menschen erlauben, erweisen sich als besonders wohlfahrtsfördernd. Mal passt sich der Mensch an, mal gestaltet er Regelwerke aktiv und füllt sie aus. Meistens verspricht er Kooperation, hält sich aber nicht immer daran, eines einseitigen oder kurzfristigen Vorteils wegen. *Der Mensch, in die Welt geworfen, ist Ordnungsliebhaber, bricht aber häufig die Regeln.* Er ist Opportunist. *Der Wunsch nach Einhegung des menschlichen Opportunismus steht daher am Anfang der Bildung von Regeln und der Entwicklung von höherwertigen Ordnungen.*

Manchmal helfen Beziehungen vom Typ *Familie und Freundschaft,* die die Menschen zu reziprokem, kooperativen Verhalten anhalten, ohne dass es äußerer Sanktionen bedarf. In der anonymen Welt der großen Gesellschaft sind es dagegen *Haftung, Strafen und Belohnungen,* die die Menschen aus den zahlreichen opportunistischen Versuchungen und Dilemmata herausführen, denen sie ausgesetzt sind. Das sozial Wünschenswerte muss so incentiviert werden, dass es im Interesse der Einzelnen liegt. Für ihr effizientes Design benötigen solche Sanktionssysteme die unterliegende *explizite oder implizite Zustimmung* der Beteiligten. Dann können sie *Legitimität* beanspruchen und erzeugen Fortschritt. Ohne einen solchen Rahmen oder mit lückenhaften oder wirkungslosen Sanktionssystemen droht dagegen Betrug, bürokratische und politische Drift, am Ende

Bürgerkrieg oder Krieg – je nach Ebene, auf der wir uns bewegen. Jede höherwertige Ordnung muss *wehrhaft* sein, nach innen wie nach außen und sie muss das *Vertrauen* und die implizite Zustimmung der überwältigenden Mehrheit ihrer Schutzbefohlenen genießen. Sonst ist sie ein Kartenhaus, das beim leisesten Windstoß wankt und krachend zusammenfällt. Weil die Kosten ihrer Durchsetzung zu hoch werden.

Es kommt also auf „good governance" an: von den Beteiligten deutlich mehrheitlich getragene Regeln, geteilte Werte und die konsequente Durchsetzung der Regeln durch eine entsprechend beauftragte, integre und effiziente Organisation. Unser Wohlstand beruht auf solchen funktionierenden, legitimen Institutionen. Das beweist nicht zuletzt der Blick auf Staaten unterschiedlicher Entwicklungsstufe. Nichts erklärt den Unterschied zwischen armen und reichen Ländern besser als die unterschiedliche Qualität der Institutionen.[1]

Der Rechtsdurchsetzung kommt besondere Bedeutung zu. Ohne Durchsetzung ist das Recht das Papier nicht wert, auf dem es steht. Es mag zwar "gelten", aber es "wirkt" nicht. Wie dies zum Beispiel im Völkerrecht in Ermangelung eines Weltpolizisten häufig zu beobachten ist. Aber auch national ist es eine Herausforderung, dem Recht Wirkung zu verschaffen. Seine Durchsetzung ist die vorrangigste Aufgabe des eigens dafür eingerichteten schützenden Staats in Gestalt von Militär (Schutz nach außen) und Polizei und Justiz (Schutz nach innen). Diesen Staat gibt es nicht zum Nulltarif. Im Innern hilft eine von den Bürgern geteilte Leitkultur, die die Verfassungsgrundsätze und ererbten Regeln pflegt und schätzt, die notwendigen Kosten für Polizei

---

[1] Vgl. Rodrik u. a. (2004, S. 131). Sie kommen zum Ergebnis, dass unter den Entwicklungsdeterminanten Geografie, Handel und Institutionen „the quality of institutions ‛trumps‛ everything else."

und Justiz zu begrenzen. Jeder erfolgreiche Staat setzt darauf, daß sich die Mehrzahl der Bürger aus innerem Antrieb im Großen und Ganzen an das geltende Recht hält, auch wenn ihnen nicht jederzeit ein Polizist oder Staatsanwalt über die Schulter schaut. Für die Erlangung der Staatsbürgerschaft sollte daher - im wohlverstandenen Interesse aller - die uneingeschränkte Wertschätzung für die Verfassungswerte oberstes Kriterium sein. Nur dann bleibt der schützende, weil durchsetzende Staat finanzierbar und wird seine Ordnung von Dauer sein. Umgekehrt gilt: In dem Maße, wie der Staat aufhört, sein im Rahmen des Gesellschaftsvertrages den Bürgern gegebenes Vertragsversprechen "Schutz und Wohlstand gegen Steuern" wirksam und zu vertretbaren Kosten einzulösen, schwindet die Bindungskraft des staatsbegründenden Gesellschaftvertrags. Am Ende mutiert er, wenn er den gegen ihn gerichteten inneren und äußeren Kräften unterliegt, in eine neue Ordnung, welche die neuen Kräfteverhältnisse wiederspiegelt. Das kann auch disruptiv geschehen. Die Weimarer Republik starb an ihren inneren Feinden, das Dritte Reich an seinen äußeren, die DDR an beiden. Und die heutige Bundesrepublik Deutschland? Sie steht vor Herausforderungen an beiden Fronten. Es bleibt abzuwarten, ob durchgreifende Regeländerungen im Innern ("Reformen") und mit Bündnispartnern erfolgende Aufrüstungen im Verhältnis nach Außen ihren Bestand sichern.

Es gibt eine weitere Herausforderung: Der schützende Staat, in seiner uneigennützigen und effektiven Variante eigentlich als Lösung gedacht, kann sich selbst zum Problem entwickeln, sobald er beginnt, opportunistisch zu handeln. Als Wächter über das Recht notwendigerweise mit dem Gewaltmonopol ausgestattet, unterliegt er der Versuchung, seine Machtmittel in Form von Mißbrauch, Unterlassen, Bereicherung und Verschwendung zu seinem eigenen Vorteil zu nutzen und damit gegen diejenigen zu wenden, für deren Wohlstand und gedeihliches Miteinander er wirken soll. Als einzige Präventionsmaßnahme gegen den drohenden Opportunismus des Wächters erweist sich die horizontale (Legislative, Exekutive, Judikative und Monetative) und vertikale (Bund, Länder, Kommunen) *Gewaltenteilung* – also die bewusste Vermeidung des Umstands, dass alle Macht in einer Hand gebündelt ist. Gewaltenteilung bedeutet Kontrolle der Mächtigen, auch und gerade jenseits von Wahlen. Das ist leichter postuliert als in der Praxis garantiert. Die Aufrechterhaltung der Gewaltenteilung ist kein Selbstgänger und eine Bewährungsprobe für jede Demokratie. Der gegenseitige Respekt der Gewalten untereinander ist der einzige wirkliche Schutz vor der Autokratie und ihren Gefahren. Gerade Deutschland hat im nationalsozialistischen Deutschland (1933–1945) und in der kommunistischen DDR (1949–1990) erlebt, was es bedeuten kann, wenn die Gewaltenteilung aufgehoben wird und alle Macht in der Hand eines Einzelnen, einer kleinen Gruppe oder einer einzigen Partei liegt. Deren Macht bestand nicht primär darin, Regeln zu *brechen* (Handlungs-Opportunismus), sondern darin, sie ohne Rückkopplung mit den Betroffenen und ohne jede Kontrolle nach ihren alleinigen Interessen zu *machen* (Regel-Opportunismus). Wohin uns das geführt hat, weiß heute jedes Kind. Lernen wir auf Dauer daraus.

Deutschland hat aber, wie in diesem Buch ohne Schmälerung der Errungenschaften anderer Nationen gezeigt wurde, auch viel Gutes hervorgebracht, wenn es um Regeln und Prinzipien geht, die eine höherwertige Ordnung unterstützen und ausmachen: den *Föderalismus* und den *Protestantismus* und das *Subsidiaritätsprinzip* – alles im Großen und Ganzen *deutsche Erfindungen*. Sie stehen in einem weiteren Sinne für *Wettbewerbsorientierung* (Föderalismus),

Emanzipation und Reformorientierung (Protestantismus) sowie *Partizipation und Wissensbasierung* (Subsidiarität) – samt und sonders Ingredienzen einer leistungsfähigen Ordnung. Es handelt sich um die Stärken Deutschlands, wie sie sich kulturell entwickelt und institutionell verankert haben, und die für die Erfolgsgeschichte unseres Landes stehen. Wie anders ist es zu erklären, dass Deutschland, in seiner im Vergleich zu anderen europäischen Nationen so anders abgelaufenen Geschichte - ohne längere, ausgeprägte Kolonialgeschichte, ohne starke Zentrale und bei zwei verlorenen Weltkriegen - ein im internationalen Vergleich so erfolgreiches Gemeinwesen wie die Bundesrepublik hervorbringen konnte? Darauf können wir durchaus stolz sein. Und weiter bauen können wir, bei allen anhaltenden Reformerfordernissen, darauf auch.

International betrachtet bleiben die Herausforderungen an eine künftige Ordnung beträchtlich. Wohlfahrtsgewinn aus Spezialisierung, Arbeitsteilung und Handel setzt eine Friedensordnung ohne Handels-, kalten oder heißen Krieg voraus. Ohne Weltpolizisten keine leichte Aufgabe, denkt man. International herrscht Gewaltenteilung der Natur der Sache nach. Kein Wächter besteht, der eine allumfassende Dominanz ausüben kann. Dieser Nachteil kann aber auch ein Vorteil sein, wie wir angesichts der Gefahren des Machtmissbrauchs gesehen haben! Es bleibt uns nichts anderes übrig als zu hoffen, dass die *Pentarchie des 21. Jahrhunderts (die USA, China, Europa, Indien und Russland)* ihre langfristigen gemeinsamen Interessen erkennt und den Frieden wenigstens im Großen und Ganzen zu wahren weiß. Vier von diesen fünf Mächten bevölkern den eurasischen Kontinent. Hier ist und bleibt das Theater, in dem Krieg oder Frieden gegeben wird. Den Übergang von der alten zur neuen Weltordnung friedlich zu bewerkstelligen, das ist die Herausforderung der nahen Zukunft. Für das Nachkriegs-

Europa bedeutet sie auf jeden Fall ein Ende der Gemütlichkeit, ein Verlassen der Komfort-Zone, in der uns amerikanische Sicherheitsgarantien gewogen haben.

Die *wünschenswerte Ordnung* der Welt ist die, die einen *gedeihlichen Frieden im Innern und im Miteinander der Völker* befördert. Ob wir sie herbeiführen und bewahren können, entscheidet bis auf weiteres allein der Mensch. Eines kann nach allem, was hier dargestellt worden ist, als gesichert gelten: Stabile Regelsysteme, die wir sehen, sind stets *Reflex des unterliegenden Kräfteverhältnisses* der Beteiligten. Dies gilt für die Verträge zwischen Privaten genauso wie für die Gesetzgebung und Verfassungen, die auf Parlamenten, Volksabstimmungen oder Dekreten beruhen. Es überträgt sich international auf die Frage des Inhalts und der Befolgung völkerrechtlicher Verträge und die Ziehung von Grenzen. Verschieben sich die unterliegenden Kräfte (verstanden als physische, gesellschaftspolitische und technische Fähigkeiten der Beteiligten mit dem Willen, sie zum eigenen Vorteil einzusetzen), verändern sich à la longue die Regeln bzw. Institutionen – evolutionär oder disruptiv – und damit die Ergebnisse. Der Übergang von der alten zur neuen Ordnung kann schmerzhaft sein. Wobei die Erkenntnis über das letztlich Unausweichliche helfen kann, Anpassungen schnell und reibungslos vorzunehmen. Kooperation ist nämlich kein voraussetzungsloses Wunschkonzert, sondern knüpft, wenn sie funktionieren soll, an der Realität des Status quo und den validen Drohpunkten der Beteiligten an. Das muss nicht immer ausgesprochen werden. Klugen Zeitgenossen reicht das stille Wissen hierüber, und sie handeln entsprechend.

Ob die künstliche Intelligenz bei der Entwicklung höherwertiger Ordnungen helfen oder schaden wird, ist aus heutiger Sicht noch nicht zu beantworten, ist aber sicher eine bedeutende Quelle zukünftiger institutioneller Dynamik. Wir sollten es optimistisch angehen.

Auch wenn unser Wissen und unsere technischen Verarbeitungsmöglichkeiten steigen, wird immer die Ungewissheit über die Entwicklung der Zukunft bestehen. So bleibt von alternativloser Gültigkeit: Der Mensch, der sich zum alltäglichen Handeln entschließt, kompensiert diese Ungewissheit bewusst oder unbewusst durch Vertrauen in Institutionen, in Regeln. Der Entscheider in Politik und Wirtschaft, der ungeregeltes Neuland betritt oder Regulierungsdefizite erkennt, muss institutionelle Innovationen wagen. Er kompensiert Ungewissheit durch Vertrauen in Ordnungsfantasie. Und darf dabei Vorkehrungen gegen den menschlichen Opportunismus nicht vergessen. Versuch und Irrtum, Lernen und wieder Versuch. Wie alle Betriebssysteme braucht auch unser gesellschaftliches Regelsystem regelmäßige Updates, manchmal aber auch einen Systemwechsel.

Anhang (zu Kap. 14)

Höhe des Kostenvorteils des Territorialstaats (TS) gegenüber einem Personenverbandsstaat (PS)

Um eine Vorstellung von der kostenmäßigen Überlegenheit des TS gegenüber dem PS zu erhalten, soll ein geometrisches Modell Verwendung finden, in dem jeder Mensch, der einer bestimmten Sozialvertragsgemeinschaft angehört, als Quadrat erscheint. Betrachtet werden in Abb. A.1[1] insgesamt 4 „Weiße" und 4 „Schraffierte", die sich jeweils zu einem Personenverbandsstaat (PS) zusammengeschlossen haben.

Betrachten wir zunächst den Fall, dass diese 8 Personen «gemischt» leben.

Ein PS hat in diesem Fall bei 4 Bürgern, die als Quadrate modelliert sind, 16 Außenkanten (4 pro Quadrat). Die Zahl der Außenkanten ist ein Kostenindikator für die

---

[1] Entnommen aus Schmidt-Trenz (2023), S. 85. Vgl. auch Schmidt-Trenz (1990), S. 210.

H.-J. Schmidt-Trenz, *Die Ordnung der Welt,* https://doi.org/10.1007/978-3-658-51053-4

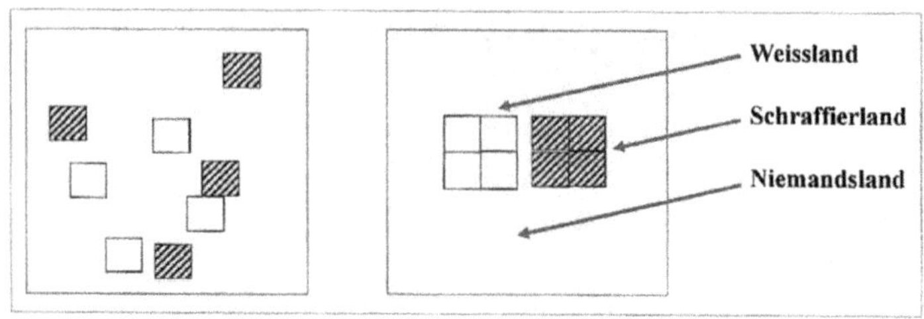

Abb. A.1   Personenverbandsstaat (PS) versus Territorialstaat (TS)

Durchsetzung des Sozialvertrags nach innen (ggü. Rechts-ordnungsgenossen) wie nach außen (ggü. Rechtsordnungs-fremden). Es handelt sich um die Kosten des protektiven Staates, der den Sozialvertrag durchsetzt. Je größer die Zahl der Bürger (B), desto höher die Durchsetzungskosten des Sozialvertrags, gemessen an der Zahl der Außenkanten. Bei 6 Bürgern 24 Außenkanten; bei 10 Bürgern 40 Außen-kanten; bei 20 Bürgern 80 Außenkanten, bei 1000 Bürgern 4000 Außenkanten usw. usf.

Für den Kostenindex des PS (abgekürzt KIPS), gemessen an der Zahl der (Quadrat-) Kanten und in Abhängigkeit von der Zahl seiner Bürger B

gilt demnach für alle B > 1 (2 ist die Mindestzahl der Mitglieder eines Sozialvertrags)

KIPS = 4 B

Betrachten wir nun den Fall, dass sich die Weißen bzw. Schraffierten zu einem „Weißland" bzw. «Schraffierland» räumlich clustern, also einen TS bilden. Unterstellt man für einen Territorialstaat der Einfachheit halber eine *doppel-reihige Clusterung der Quadrate*, so hat ein solches Gebilde bei 4 Bürgern 8 *Außenkanten* zuzüglich 4 *Innenkanten*, also insgesamt 12 Kanten, die der Überwachung durch den pro-tektiven Staat unterliegen. Bei 6 Bürgern entstehen 10

Außenkanten und 7 Innenkanten, also insgesamt 17 Kanten; bei 10 Bürgern entstehen 14 Außenkanten und 13 Innenkanten, also insgesamt 27 Kanten; usw. usf.

Bemisst man den Kostenindex des TS (abgekürzt KITS an der Zahl der zu überwachenden *Außen- und Innenkanten* in Abhängigkeit von der Zahl seiner Bürger B

gilt für alle *geraden* Zahlen an B > 1 (2 ist die Mindestzahl der Mitglieder eines Sozialvertrags) also

KITS = 2,5 B + 2,

sofern man die besagte gestreckte, doppelreihige Anordnung der Quadrate annimmt. Aufgespalten nach Außen- (AK) und Innenkanten (IK) gilt genauer:

KITS,AK = B + 4 und

KITS,IK = 1,5 B − 2, was in Summe die schon erwähnte Funktion

KITS = 2,5 B + 2 ergibt.

Um den Kostenvorteil des TS gegenüber dem PS zu quantifizieren, setzen wir den KITS und den KIPS für große B ins Verhältnis

lim (1 < B geht gegen unendlich) KITS/KIPS = (2,5 B +2) / 4 B

Dieser Wert konvergiert für große B gegen den Wert 2,5/4 =0,625.

Die Kosten eines TS betragen gemäß diesem Modell also nur 62,5 % der Kosten des PS. Anders gewendet: Der TS ist um 37,5 % kostengünstiger als der dieselbe Zahl an Bürgern umfassende PS.

Dieser Effekt fällt *noch größer* aus, je „runder" sich die Bürger anordnen (statt doppelreihiger Anordnung). Ein weiterer, kostendämpfender Effekt tritt unter der Annahme auf, dass «Innenkanten» sich in der Überwachung als kostengünstiger erweisen als «Außenkanten».

Literatur

Acemoglu, D., & Robinson, J. A. (2014). *Warum Nationen scheitern. Die Ursprünge von Macht, Wohlstand und Armut.* Frankfurt.

Acemoglu, D., & J. A. Robinson (2019). *Gleichgewicht der Macht. Der ewige Kampf zwischen Staat und Gesellschaft.* Frankfurt.

Akerlof, G. (1970). The Market for "Lemons": Quality Uncertainty and the Market Mechanism. *Quarterly Journal of Economics, 84,* 488–500.

Althoff, G. (1990). *Verwandte, Freunde und Getreue. Zum politischen Stellenwert der Gruppenbindungen im früheren Mittelalter.* Darmstadt.

Amend-Traut, A. (2022). Wirtschafts- und Handelspolitik Kaiser Karls V. im Heiligen Römischen Reich. Strukturelemente und rechtliche Grundlagen. In I. Czegun & H. Lück (Hrsg.), *Kaiser Karl V. und das Heilige Römische Reich. Normativität und Strukturwandel eines imperialen Herrschaftssystems am Beginn der Neuzeit* (S. 367–396). Stuttgart.

© Der/die Herausgeber bzw. der/die Autor(en), exklusiv lizenziert an Springer Fachmedien Wiesbaden GmbH, ein Teil von Springer Nature 2026

H.-J. Schmidt-Trenz, *Die Ordnung der Welt,*
https://doi.org/10.1007/978-3-658-51053-4

Athenaeus (1854). *The deipnosophists*. Book 12 (S. 510–528, Absatz 20), translated by C. D. Yonge.

Axelrod, R. (1984): *The Evolution of Cooperation*. Ann Arbor.

Bain, J. S. (1959). *Industrial organization*. Berkeley.

Ben Porath, Y. (1980). The F-connection: Families, friends and firms and the organization of exchange. *Population and Development Review, 6,* 1–30.

Bendlin, A. (2001). Romulus. In *Der Neue Pauly. Enzyklopädie der Antike, 10* (S. 1130–1133). Stuttgart/Weimar.

Bertelsmann-Stiftung. (2019). *Schwindendes Vertrauen in Politik und Parteien, Eine Gefahr für den gesellschaftlichen Zusammenhalt?* Verantw. K. Unzicker.

Bleckmann, B. (2009). *Die Germanen. Von Ariovist bis zu den Wikingern.* München.

Bost, A. (1994). *Das Buch der Naturgeschichte. Plinius und seine Leser im Zeitalter des Pergaments.* Heidelberg.

Brown Mackenzie, Th. (1928). *Life of James Beaumont Neilson.* Glasgow.

Buchanan, J. M. (1975). *The limits of liberty. Between anarchy and leviathan.* Chicago u. London.

Buchanan, J. M. (1977). *Freedom and constitutional contract. Perspectives of a political economist.* College Station u. London.

Buchanan, J. M. & G. Tullock (1965). *The calculus of consent. Legal foundations of constitutional democracy.* Ann Arbor.

Calabresi, G., & Melamed, D. A. (1972). Property rules, liability rules, and inalienability: One view of the Cathedral. *Harvard Law Review, 85,* 1089–1128.

Cantoni, D. (2009). *The economic effects of the protestant reformation: Testing the weber hypothesis in the German lands.* Harvard University (Job Market Paper).

Carr, J., & Landa, J. (1983). The economics of symbols, clan names and religion. *Journal of Legal Studies, 12,* 125–156.

Christie, N. (2011). *The fall of the western roman empire. An archaeological & historical perspective.* Bloomsbury Publishing.

Coase, R. (1937). The nature of the firm. *Economica, 4,* 386–405.

Coleman, J. S. (1979). *Macht und Gesellschaftsstruktur,* Tübingen.

Damerow, P. (2012). Sumerian beer: The origins of brewing technology in ancient mesopotamia. *Cuneiform Digital Library Journal,* 2012-01-22 (ISSN: 1540-8779).

Davies, D. S. (1934). The early history of the patent specification in England. *Law Quarterly Review, 50*, 86–112.

Diesselhorst, M. (1984). *Die Prozesse des Müllers Arnold und das Eingreifen Friedrichs des Großen*. Göttingen.

Donges, A. & F. Selgert (2023). *Patente und Innovationen in der Industrialisierung. Wie Institutionen den technologischen Wandel in den deutschen Staaten beeinflussten, 1815-1877*. Wiesbaden.

Donges, A., & Streb, J. (2024). Causes of German inventiveness, 1815–1990. What we can learn from patent statistics. *German Economic Review, 25*(4), 301–323.

Downs, A. (1957/1968). *Theorie der Demokratie*. Tübingen (amerikanische Originalausgabe 1957).

Elias, N. (1978/1980). Über den Prozeß der Zivilisation. Soziogenetische und Psychogenetische Untersuchungen. 2 Bände. Ulm.

Engelmann, B. (1987). *Die Freiheit! Das Recht! Johann Jacoby und die Anfänge unserer Demokratie*. München.

Eschenburg, T. (1963): *Jahre der Entscheidung 1930–1933. Die Endphase der Weimarer Republik*. Stuttgart.

Eucken, W. (1940). *Grundlagen der Nationalökonomie*. Jena.

Eucken, W. (1975). *Grundsätze der Wirtschaftspolitik*. 5. Aufl. Tübingen.

Görtemaker M. (1994). *Deutschland im 19. Jahrhundert*. 4. Aufl. Opladen.

Graeber D. & D. Weingrow (2021): *The dawn of everything. A new history of humanity*. New York.

Hahn, H.-W. (2011). *Die industrielle Revolution in Deutschland. Enzyklopädie deutscher Geschichte*. München.

Hammel-Kiesow, R. (2021). *Die Hanse*. 6. Aufl. München.

Harari, Y. N. (2013a). *Eine kurze Geschichte der Menschheit*. Stuttgart.

Harari, Y. N. (2013b): Why technology favors tyranny. *The Atlantic*, https://www.theatlantic.com/magazine/archive/2018/10/yuval-noah-harari-technology-tyranny/568330/. Zugegriffen: 5. Dez. 2025).

Hardin, G. (1968). The tragedy of the commons. *Science, 162*, 1243–1248.

Hayek, F. A. v. (1952). Die Verwertung des Wissens in der Gesellschaft, In: Ders. (1952), *Individualismus und wirtschaftliche Ordnung* (S. 103-121). Erlenbach und Zürich.

Hayek, F. A. v. (1971). *Die Verfassung der Freiheit.* Tübingen.

Hayek, F. A. v. (1996). *Die Anmaßung von Wissen.* Tübingen.

Hayek, F. A., & v. (1969). *Freiburger Studien. Gesammelte Aufsätze.* Tübingen

Heiner, R. (1983). The origin of predictable behavior. *American Economic Review, 73,* 560–595.

Helferich, G. (2018). *An Unlikely Trust. Theodore Roosevelt, J. P. Morgan, and the Improbable Partnership That Remade American Business.* Washington D.C.

Herodot (o. J.). *Historien.* Deutsche Gesamtausgabe. Übersetzt von A. Horneffer, neu herausgegeben und erläutert von H. W. Haussig, mit einer Einleitung von W. F. Otto (4. Buch, Ziffer 1961).

Hirschmann, A. O. (1974). *Abwanderung oder Widerspruch.* Tübingen.

Hobbes, Th. (1642). *De Cive (Elementorum Philsophiae Sectio Tertia De Cive).* London.

Hobbes, Th. (1651). *Leviathan, or the matter, forme, & power of a common-wealth ecclesiasticall and civil.* London.

Holcombe, R. G. (1994). *The Economic Foundations of Government.* Houndsmills u. London.

Hoppmann, E. (1972). *Fusionskontrolle.* Tübingen.

Imai, M. (1996). *Kaizen. Der Schlüssel zum Erfolg der Japaner im Wettbewerb* (7. Aufl.). München.

Jäckle, S., & Wagschal, U. (2023). Politisches Vertrauen in Zeiten der Corona-Pandemie. *Gesellschaft, Wirtschaft, Politik, 1,* 63–77.

Kaehler, S. A. (1961). Frey, Johann Gottfried. In *Neue Deutsche Biographie, 5,* 416 f. Berlin.

Kant, I. (1795). *Zum ewigen Frieden. Ein philosophischer Entwurf.* Königsberg.

Kincaid, P. (1986). *The rule of the road. An international guide to history and practice of traffic.* Greenwood Press, Westport.

Koboldt, C. M., Leder, M., & Schmidtchen, D. (1992). Ökonomische Analyse des Rechts. *WiSt, 7,* 334–342.

Kronman, A. T. (1985). Contract law and the state of nature. *Journal of Law, Economics and Organization, 1,* 4–32.

Kunisch, J. (2005). *Friedrich der Grosse. Der König und seine Zeit.* 5. Aufl. München.

Lachmann, L. M. (1963). Wirtschaftsordnung und wirtschaftliche Institutionen. *ORDO, 14,* 63–77.

Linkola, P. (2009). *Can Life Prevail? A Radical Approach to the Environmental Crisis?* Berwick-Upon-Tweed.

Macaulay, S. (1971). The use and non-use of contracts in the manufacturing industry. In I. I. R. McNeil (Hrsg.), *Contracts: Exchange transactions and relationships* (S. 9–12).

Masala, C. (2025). *Weltunordnung. Die globalen Krisen und die Illusionen des Westens* (9. Aufl.). München.

Mayer, Th. (1935). *Der Staat der Herzoge von Zähringen.* Freiburg.

Menzel, U. (2024). *Die Ordnung der Welt* (2. Aufl.). Berlin.

Merton, R. K. (1938). Science, technology and society in seventeenth century England. *Osiris, 4(2),* 360–632.

Münkler, H. (2024). *Welt in Aufruhr. Die Ordnung der Mächte im 21. Jahrhundert.* 12. Aufl. Berlin.

Nachbar, T. B. (2005). Monopoly, mercantilism, and the politics of regulation. *Virginia Law Review, 91,* 1313–1379.

Neale, J. E. (1957). *Elizabeth I and Her Parliaments, 1584-1601.* London.

Nelson, P. (1970). Information and consumer behavior. *Journal of Political Economy, 78(2),* 311–329.

Neumann, J., & v. (1958). *The computer and the brain.* Yale University Press.

Nierstrasz, C. (2012). *In the shadow of the company: The dutch east India company and its servants in the period of its decline (1740–1796).* E-Book, ISBN 978-90-04-23583-0.

North, D. C. (1990). *Institutions. Institutional change and economic performance.* Cambridge.

North, D. C., & Weingast, B. R. (1989). Constitutions and commitment. Evolution of institutions governing public choice in 17th century England. *Journal of Economic History, 49,* 803–832.

OECD (2024). *Lack of trust in institutions and political engagement. An analysis based on the 2021 OECD Trust Survey.* OECD Working Paper on Public Governance. No. 75. Autoren: M. Prats, S. Smid u. M. Ferrin. Siehe https://doi.org/10.1787/83351a47-en. Zugegriffen: 15. Nov. 2025.

Olson, M. (1965). *The logic of collective action. Public goods and the theory of groups.* Cambridge.

Osterhammel, J. (2009). *Die Verwandlung der Welt. Eine Geschichte des 19. Jahrhunderts.* München.

Ostrom, E. (1990). *Governing the commons. The evolution of institutions for collective action.* Cambridge.

Otto, K.-H. (2003). *Die Mühle von Sanssouci.* Edition Märkische Reisebilder. Potsdam.

Phillips, C. R. (2002). Terminus. In *Der Neue Pauly, 12(1),* S. 160, Stuttgart.

Poehler, E. E. (2017). *The traffic system of pompei.* Oxford.

Polanyi, K. (1959). Anthropology and economic theory, In M. Fried (Hrsg.), *Readings in anthropology. Vol. 2* (S. 161–184). New York.

Poten, B. V. (1890). Schmettau, Karl Christoph Graf von, In *Allgemeine Deutsche Biographie, 31* (S. 642–644). Leipzig.

Rasch, M. (2015). *Der Kokshochofen. Entstehung, Entwicklung und Erfolg von 1709 bis in die Gegenwart* (2. Aufl.). Essen.

Rauch, J. E. (2002). Ethnic Chinese networks in international trade. *Review of Economics and Statistics, 84,* 116–130.

Rawls, J. (1975). *Eine Theorie der Gerechtigkeit.* Frankfurt.

Rexheuser, R. (2005). *Die Personalunionen von Sachsen-Polen 1697-1763 und Hannover-England 1714–1837: Ein Vergleich.* Wiesbaden.

Ricardo, D. (1817). *On the principles of political economy and taxation.* London.

Rodrik, D. A., Subramanian, A., & Trebbi, F. (2004). Institutions rule: The primacy of institutions over Ggeography and integration in economic development. *Journal of Economic Growth, 9, 131–165.*

Rogers, W. (1712). *A cruising voyage round the world,* frei zugänglich in: Gutenberg.org.

Röllig, W. (1970). *Das Bier im Alten Mesopotamien*. Berlin.

Röpke, J. (1977). *Strategie der Innovation. Eine systemtheoretische Untersuchung der Interaktion von Individuum, Organisation und Markt im Neuerungsprozess*. Tübingen.

Rothbard, M. N. (1978). *For a new liberty. The libertarian manifesto*. New York.

Sahakian, B. & J. N. LaBuzetta (2013). *Bad moves. How decision making goes wrong, and the ethics of smart drugs*. Oxford.

Sarkees, M. R. u. F. W. Wayman (2010). *Resort to war: A data guide to inter-state, extra-state, intra-state, and non-state wars, 1816–2007*. Washington DC.

Sarnowsky, J. (2022). *Bildung und Wissenschaft im Mittelalter*. Göttingen.

Schäfer, H.-B., & Ott, C. (2020). *Lehrbuch der ökonomischen Analyse des Zivilrechts* (6. Aufl.). Berlin u. a.

Scheffler, D. (2003). Die (ungenutzten) Möglichkeiten des Rechtsinstituts der Zwangslizenz. *Gewerblicher Rechtsschutz und Urheberrecht (GRUR), 105*, 97–105.

Schmettau, M. G., & v. (1961). *Schmettau und Schmettow. Geschichte eines Geschlechts aus Schlesien*. Glücksburg.

Schmidt, K. (2006). *Sie bauten die ersten Tempel. Das rätselhafte Heiligtum der Steinzeitjäger. Die archäologische Entdeckung am Göbekli Tepe*. München.

Schmidtchen, D. (1987). Sunk costs. *Quasirenten und Mitbestimmung, Jahrbuch für Neue Politische Ökonomie, 6*, 139–163.

Schmidtchen, D. (2004). Wozu Strafrecht? Another View of the Cathedral. In H. Radtke, E. Müller, G. Britz, H. Koriath u. H. Müller-Dietz (Hrsg.), *Muss Strafe sein?* (S. 123–150). Baden Baden.

Schmidtchen, D., & Schmidt-Trenz, H.-J. (1990). New institutional economics of international transactions. Constitutional uncertainty and the creation of institutions in foreign trade as exemplified by the multinational firm. *Jahrbuch für Neue Politische Ökonomie, 9*, 3–34.

Schmidtchen, D., & Schmidt-Trenz, H.-J. (1994). Theorie optimaler Rechtsräume. Die Regulierung sozialer Beziehungen durch die Kontrolle von Territorium. *Jahrbuch für Neue Politische Ökonomie, 13,* 7–29.

Schmidt-Trenz, H.-J. (1989). The state of nature in the shadow of contract formation. Adding a missing link to J. M. Buchanan's social contract theory. *Public Choice, 62,* 237–251.

Schmidt-Trenz, H.-J. (1990). *Außenhandel und Territorialität des Rechts. Grundlegung einer Neuen Institutionenökonomik des Außenhandels.* Baden Baden.

Schmidt-Trenz, H.-J. (1996). *Die Logik kollektiven Handelns bei Delegation.* Tübingen.

Schmidt-Trenz, H. J. (2023). *Institutionenökonomik. Theorie der Governance.* München.

Schmidt-Trenz, H.-J & M. Fonger (Hrsg.) (1900). *Bürgerföderalismus. Zukunftsfähige Maßstäbe für den bundesdeutschen Finanzausgleich.* Baden Baden.

Schmidt-Trenz, H.-J. & D. Schmidtchen (1991). Private international trade in the shadow of the territoriality of law: Why does it work? *Southern Economic Journal, 58,* 329–338.

Schmidt-Trenz, H.-J., & Schmidtchen, D. (2002). Enlargement of the European Union. Determining the boundaries of an optimum legal area. In B. Steunenberg (Hrsg.), *Widening the European Union. The politics of institutional change and reform* (S. 58–79).

Schmöckel, M. (2008). *Rechtsgeschichte der Wirtschaft. Seit dem 19. Jahrhundert.* Tübingen.

Shannon, C. E. (1950). Programming a computer to play chess. *Philosophical Magazine, Series, 7, vol. 41,* 256–275.

Shepsle, K. A. (1992). Bureaucratic drift, coalitional drift, and time constistency: A comment on macay. *Journal of Law, Economics, and Organization, 8,* 111–118.

Simon, H. A. (1978). Rationality as process and as a product of thought. *American Economic Review, 68,* 1–16.

Sinclair, U. (1906). *The Jungle.* New York.

Smith, A. (1776/1937). *An inquiry into the nature and causes of the Wwealth of nations* (Modern Library Edition, New York). Deutsche Übersetzung gem. Max Stirner (Wohlstand der Nationen, Anaconda Verlag). Köln.

Snyder, T. (2017). *On tyranny: Twenty lessons from the twentieth century*. London.

Stein, Karl Freiherr v. Neue Stein-Ausgabe (1957–1974) Band 2.1. Im Internet-Portal „Westfälische Geschichte". Siehe https://lwl.org/westfaelische-geschichte/portal/Internet/finde/langDatensatz.php?urlID=502&url_tabelle=tab_websegmente. Zugegriffen: 1. Dez. 2025.

Swann J.P. (2006). How chemists pushed for consumer protection: The food and drugs act of 1906. *Chemical Heritage 24(2)*, 6–11.

Taylor, F. W. (1911). *The principles of scientific management*. New York.

Tealakh, G. O., Odibat A. u. M. AlShaer (2002). *Small Arms and Light Weapons in the Arab Region*. National and Regional Measures. Amman. Siehe https://nisat.prio.org/misc/download.ashx?file=31061. Zugegriffen: 30. Nov. 2025).

Tönnies, F. (1920). *Gemeinschaft und Gesellschaft – Grundbegriffe der reinen Soziologie* (3. Aufl.). Berlin.

Volz, G. B. (1913/14). *Die Werke Friedrichs des Großen*. Berlin.

Waddingtom, R. (1896). *Louis XV et le renversement des alliances: préliminaires de la Guerre de sept ans, 1754–1756*. Paris.

Walters, B. (1998). Huge Roman Quarry found in North Wiltshire. *ARA The Bulletin of The Association for Roman Archaeology, 6*, 8–9.

Weber, M. (1904). Die protestantische Ethik und der Geist des Kapitalismus. *Archiv für Sozialwissenschaft und Sozialpolitik, 20*, 1–54.

Weiler, B. (2008). Stupor Mundi. Matthäus Paris und die zeitgenössische Wahrnehmung Friedrichs II. in England. In K. Görich u. a. (Hrsg.), *Herrschaftsräume, Herrschaftspraxis und Kommunikation zur Zeit Friedrichs II.* (S. 63–95). München.

Wesel, U. (2022). *Geschichte des Rechts. Von den Frühformen bis zur Gegenwart* (5. Aufl.). München.

Wiener, N. (1952). *Mensch und Menschmaschine. Kybernetik und Gesellschaft*. Frankfurt.

Williamson, O. E. (1963). Management discretion and business behavior. *American Economic Review, 53*, 1032–1057.

Williamson, O. E. (1975). *Markets and hierarchies: Analysis and antitrust implications*. New York u. London.

Williamson, O. E. (1983). Credible commitments, using hostages to support exchange. *American Economic Review, 73*, 519–540.

Williamson, O. E. (1985). *The economic institutions of capitalism: firms, markets and relational contracting*. New York.

Wilson, R. (2009). *The man who was Robinson Crusoe: A personal view of Alexander Selkirk*. Glasgow.

Wilson, P. H. (2016). *Heart of Europe. A history of the Holy Roman empire*. Cambridge.

Wittfogel, K. A. (1931). *Wirtschaft und Gesellschaft Chinas. Versuch der wissenschaftlichen Analyse einer grossen asiatischen Agrargesellschaft*. Leipzig.

Wright, M. (1975). *Theory and practice of the balance of power, 1486–1914*. London.

Zeumer, K. (1913). *Quellensammlung zur Geschichte der deutschen Reichsverfassung. 2. Bd*. Tübingen.

Zheng, J., & Meister, M. (2024). The unbearable slowness of being: Why does we live at 10 bits/s? *Neuron, 113*. https://doi.org/10.1016/-j.neuron.2024.11.008

Zweigert, K. (1961). Zur Lehre von den Rechtskreisen. In K. H. Nadelmann, A. T. v. Mehren, & J. N. Hazard (Hrsg.), *20th century comparative and conflicts law. Legal essays in honor of H. E. Yntema* (S. 42–55). Leyden.

GPSR Compliance
The European Union's (EU) General Product Safety Regulation (GPSR) is a set
of rules that requires consumer products to be safe and our obligations to
ensure this.

If you have any concerns about our products, you can contact us on

ProductSafety@springernature.com

In case Publisher is established outside the EU, the EU authorized
representative is:

Springer Nature Customer Service Center GmbH
Europaplatz 3
69115 Heidelberg, Germany